Marburger Schriften zum Gesundheitswesen

Herausgegeben von

Prof. Dr. Wolfgang Voit,
Universität Marburg

Band 14

Christoph Göttschkes

Beschaffung von Hilfsmitteln durch die gesetzliche Krankenversicherung

Zur Unvereinbarkeit des § 127 SGB V mit dem unionsrechtlichen Vergaberecht

Nomos

Die Deutsche Nationalbibliothek verzeichnet diese Publikation in
der Deutschen Nationalbibliografie; detaillierte bibliografische
Daten sind im Internet über http://dnb.d-nb.de abrufbar.

Zugl.: Marburg, Univ., Diss., 2010

ISBN 978-3-8329-6289-0

1. Auflage 2011
© Nomos Verlagsgesellschaft, Baden-Baden 2011. Printed in Germany. Alle Rechte, auch die des Nachdrucks von Auszügen, der photomechanischen Wiedergabe und der Übersetzung, vorbehalten. Gedruckt auf alterungsbeständigem Papier.

Für meine Eltern

Vorwort

Die vorliegende Arbeit ist die geringfügig überarbeitete Fassung meiner im Sommer 2010 von der Juristischen Fakultät der Philipps-Universität Marburg angenommenen Dissertation. Sie entstand im Zeitraum von 2008 bis 2010 neben meiner beruflichen Tätigkeit als Rechtsanwalt.

Allen die zum Gelingen dieser Arbeit beigetragen haben, bin ich zu Dank verpflichtet. Dies betrifft zunächst Herrn Prof. Dr. Wolfgang Voit, der meine Arbeit betreut und maßgeblich zu einer zügigen Fertigstellung vor dem Hintergrund der hohen Aktualität der erörterten Problematik beigetragen hat. Für die überaus schnelle Erstellung des Zweitgutachtens danke ich Herrn Prof. Dr. Michael Kling.

Ein herzlicher Dank gilt auch meinem Kollegen Dr. Oliver Esch für die hilfreichen Anregungen und die gedankliche Bestätigung meiner Thesen, ohne welche eine Fertigstellung der Arbeit in der Kürze der Zeit schwer vorstellbar gewesen wäre. Ganz besonders danken möchte ich meinen Eltern, Maria und Josef Göttschkes, sowie meiner Lebensgefährtin Diana Nohl, die mich unablässig dazu ermuntert haben, meinen Gedankengang fortzuführen.

Bettina und Eberhard Nohl sowie Dieter Götz haben mir bei der endgültigen Fertigstellung wertvolle Hilfe geleistet, weshalb ich auch ihnen meinen Dank aussprechen möchte.

Schließlich möchte ich mich bei dem Förderkreis der Forschungsstelle für Pharmarecht der Philipps-Universität Marburg e.V. bedanken, der mich im Rahmen der Veröffentlichung dieser Arbeit erheblich unterstützt hat.

Essen, im November 2010   Christoph Göttschkes

Inhaltsverzeichnis

Abkürzungsverzeichnis   17

A. Einleitung   21

B. Problemstellung   26

C. Anwendbarkeit des Kartellvergaberechts auf Hilfsmittelversorgungsverträge nach § 127 I, II SGB V   31

I. Möglicher Ausschluss des Kartellvergaberechts   32
    1. Kein Ausschluss des Kartellvergaberechts durch § 69 SGB V   32
    2. Kein Ausschluss des Vergaberechts durch § 22 I 1 SVHV   34
II. Anwendbarkeit des Kartellvergaberechts kraft Verweisung in § 127 I 1 SGB V   35
III. Vorliegen der Anwendbarkeitsvoraussetzungen der §§ 98 ff. GWB   36
    1. Krankenkassen als öffentliche Auftraggeber im Sinne von § 98 Nr. 2 GWB   37
       a) Krankenkassen als juristische Personen des öffentlichen Rechts   39
       b) Im Allgemeininteresse liegende Aufgaben nicht gewerblicher Art   39
           (1) Allgemeininteresse der Aufgaben   40
           (2) Nichtgewerblichkeit der Aufgaben   41
       c) Staatsgebundenheit der gesetzlichen Krankenkassen   43
    2. Hilfsmittelversorgungsverträge nach § 127 I, II GWB als öffentliche Aufträge im Sinne des § 99 GWB   45
       a) Vertragsparteien eines öffentlichen Auftrags   46
       b) Vorliegen von Verträgen im Sinne von § 99 I GWB   47
           (1) Personenverschiedenheit der Vertragspartner   48
           (2) Öffentlich rechtliche Natur der Verträge   48
       c) Art der vertragsgegenständlichen Leistungen   50
           (1) Begriff des Lieferauftrages nach § 99 II GWB   51
           (2) Begriff des Dienstleistungsauftrages nach § 99 IV GWB   52

		(3)	Einordnung der Hilfsmittelversorgungsverträge nach § 127 I, II SGB V	53
			(aa) Abgrenzungskriterium aus § 99 VII 1 GWB	53
			(bb) Abgrenzung von Hilfs- zu Heilmitteln	55
	d)		Vergabe von Hilfsmittelversorgungsverträgen nach § 127 I, II SGB V als mögliche Konzessionen	58
		(1)	Wesen und Arten von Konzessionen	58
		(2)	Nichtanerkennung einer vergaberechtsfreien Figur der Lieferkonzession	59
		(3)	Hilfsmittelversorgungsverträge als mögliche (Dienstleistungs-)Konzessionen	64
	e)		Vergabe von Hilfsmittelversorgungsverträgen nach § 127 I, II SGB V als Rahmenvereinbarungen	66
		(1)	Abgrenzung zwischen Konzession und Rahmenvereinbarung	68
		(2)	Bedenken gegen die Annahme von Rahmenvereinbarungen	72
	f)		Entgeltlichkeit der Rahmenvereinbarungen nach § 127 I, II SGB V	74
		(1)	Relevanz der Entgeltlichkeit von Rahmenvereinbarungen	74
		(2)	Begriff der Entgeltlichkeit	78
		(3)	Entgeltlichkeit der Einzelaufträge	79
		(4)	Entgeltlichkeit der Rahmenvereinbarungen	80
			(aa) Keine Entgeltlichkeit durch Abrufverpflichtung	80
			(bb) Entgeltlichkeit durch Vermittlung von Exklusivitätsrechten	81
			(aaa) Exklusivität von Rahmenvereinbarungen nach § 127 I SGB V	81
			(bbb) Mögliche Exklusivität von Rahmenvereinbarungen nach § 127 II SGB V	82
		(5)	Zwischenergebnis	85
	g)		Exklusivität als mögliches eigenständiges Tatbestandsmerkmal eines öffentlichen Auftrags	86
	h)		Vorliegen eines Beschaffungsvorgangs	95
	i)		Ergebnis	98
3.			Überschreiten des Schwellenwertes aus § 2 Nr. 2 VgV	98
	a)		Höhe des Schwellenwertes	98
	b)		Schätzung des Auftragswertes	99
		(1)	Schätzung des Auftragswertes bei Rahmenvereinbarungen nach § 127 I, II SGB V	99
		(2)	Schätzung des Auftragswertes bei Einzelvereinbarungen nach § 127 III SGB V	101

	4.	Kein Auftrag im Sinne von § 100 II GWB	102
IV.	Eingeschränkte Bereichsausnahme gemäß §§ 1 III VOL/A-EG, 4 IV VgV in Verbindung mit Anhang I Teil B zur VOL/A-EG		102
V.	Mögliche Bereichsausnahmen aus dem Unionsrecht		104
	1.	Keine Bereichsausnahme infolge der Zugehörigkeit zu einem System sozialer Sicherung	105
	2.	Keine Bereichsausnahme aus Art. 168 AEUV	105
		a) Bedeutung und Systematik von Art. 168 AEUV	105
		b) Primärrechtskonforme Auslegung der Vergabekoordinierungsrichtlinie vor dem Hintergrund von Art. 168 AEUV	108
		(1) Verhältnis von Art. 168 AEUV zu Art. 114 AEUV	111
		(2) Rechtmäßigkeit des Erlasses der Richtlinie 2004/18/EG aufgrund von Art. 114 AEUV	111
		(aa) Subjektive Zielrichtung der Richtlinie 2004/18/EG	113
		(bb) Objektive Verbesserung des Binnenmarktes durch die Richtlinie 2004/18/EG	114
VI.	Zwischenergebnis		118

D. Exkurs - Geltung eines vergaberechtlichen Mindeststandards bei der Vergabe von kartellvergaberechtsfreien Hilfsmittelversorgungsaufträgen aufgrund von Vorgaben des europäischen Primärrechts und des nationalen Verfassungsrechts   119

I.	Primärrechtliche Grundsätze zur Vergabe von Dienstleistungskonzessionen	120
II.	Übertragbarkeit dieser Grundsätze auf die Vergabe von Unterschwellenaufträgen und Aufträgen über nicht-prioritäre Dienstleistungen	122
III.	Inhaltliche Vorgaben des Vergabeprimärrechts	125
IV.	Verfassungsrechtliche Vorgaben zur Vergabe von kartellvergaberechtsfreien Aufträgen	128

E. Die Vereinbarkeit der Systematik aus § 127 I, II SGB V mit der kartellvergaberechtlichen Hierarchie der Verfahrensarten   131

I.	Bestehen einer Divergenz zwischen der Systematik aus § 127 I, II SGB V und der kartellvergaberechtlichen Hierarchie der Verfahrensarten	131

1. Hierarchie und Arten der kartellvergaberechtlichen
   Vergabeverfahren 132
   a) Grundsätzlicher Vorrang des offenen Verfahrens nach
      § 101 VII 1 1. HS GWB 132
   b) Verfahrenswahlfreiheit für Sektorenauftraggeber nach
      § 101 VII 2 GWB 132
   c) Das offene Verfahren nach § 101 II GWB 133
   d) Das nichtoffene Verfahren nach § 101 III GWB 134
   e) Der wettbewerbliche Dialog nach § 101 IV GWB 136
   f) Das Verhandlungsverfahren nach § 101 V GWB 137
      (1) Verhandlungsverfahren mit vorheriger
          Vergabebekanntmachung 137
      (2) Verhandlungsverfahren ohne vorherige
          Vergabebekanntmachung 138
2. Einordnung von § 127 II SGB V in die kartellvergaberechtliche
   Terminologie 139
   a) Verständnis von § 127 II 1 SGB V nach der Systematik der
      Vorschrift 140
   b) Teleologisches Verständnis von § 127 II 1 SGB V 141
   c) Einordnung der Bekanntmachungsobliegenheit aus
      § 127 II 3 SGB V 142
3. Zulässigkeit des Verhandlungsverfahrens 144
   a) Verweisung auf die VgV 145
   b) Verweisung auf die VOL/A 145
   c) Zulässigkeit des Verhandlungsverfahrens nach
      § 3 III, IV VOL/A-EG 146
4. Unzulässigkeit der optionalen Vergabe von Rahmenvereinbarungen nach § 127 II SGB V im Verhandlungsverfahren .. 147
   a) Zulässigkeit des Verhandlungsverfahrens ohne
      Teilnahmewettbewerb, § 3 IV VOL/A-EG 148
      (1) Übergang ins Verhandlungsverfahren mangels
          annehmbarer Angebote, § 3 IV lit. a) VOL/A-EG .. 148
      (2) Beschaffung von Waren zu Forschungs- und
          Entwicklungszwecken, § 3 IV lit. b) VOL/A-EG ... 149
      (3) Leistungserbringung nur durch ein Unternehmen
          möglich, § 3 IV lit. c) VOL/A-EG 150
      (4) Zwingende Dringlichkeit der Vergabe,
          § 3 IV lit. d) VOL/A-EG 153
      (5) Zusätzliche Lieferungen zur Erneuerung oder
          Erweiterung, § 3 IV lit. e) VOL/A-EG 156

		(6) Zusätzliche Dienstleistungen und Wiederholung gleichartiger Dienstleistungen, § 3 IV lit. f) und g) VOL/A-EG	156
		(7) Auftragsvergabe im Anschluss an einen Wettbewerb, § 3 IV lit. h) VOL/A-EG	157
		(8) Einkauf auf Warenbörsen, § 3 IV lit. i) VOL/A-EG	158
		(9) Vorteilhafte Gelegenheiten, § 3 IV lit. j) VOL/A-EG	158
	b)	Zulässigkeit des Verhandlungsverfahrens mit Teilnahmewettbewerb, § 3 III VOL/A-EG	161
		(1) Nur auszuschließende Angebote, § 3 III lit. a) VOL/A-EG	161
		(2) Unmöglichkeit der vorherigen Gesamtpreisfestlegung, § 3 III lit. b) VOL/A-EG	162
		(3) Unmöglichkeit der Festlegung vertraglicher Spezifikationen, § 3 III lit. c) VOL/A-EG	164
	c)	Zwischenergebnis	165
5.	Kein Einfluss von § 69 II 3 SGB V auf das gefundene Ergebnis		166
6.	Kein Einfluss der Empfehlungen nach § 127 I a SGB V auf das gefundene Ergebnis		168
	a)	Rechtliche Unverbindlichkeit der Empfehlungen	169
	b)	Kartellvergaberechtswidrigkeit des Empfehlungsinhalts	169
		(1) Kosten-Nutzen-Relation von Ausschreibungen, § 2 Nr. 1 der Empfehlungen	170
		(2) Enger Anbieterkreis, § 2 Nr. 2 der Empfehlungen	172
		(3) Gesundheitsrisiko für die Versicherten und Störung des Versorgungsablaufs, § 2 Nr. 5 und 6 der Empfehlungen	173
		(4) Nicht standardisierbare Leistungen und Leistungen mit hohem Dienstleistungsanteil, § 2 Nr. 3 und 4 der Empfehlungen	174
II.	Richtlinienkonforme Auslegung von § 127 I, II SGB V		174
1.	Grundsätzliches zur richtlinienkonformen Auslegung		175
2.	Verbindlichkeit der Zielvorgaben der Vergabekoordinierungsrichtlinie		178
	a)	Rechtsetzungsauftrag der Vergabekoordinierungsrichtlinie	178
	b)	Lückenhafte Umsetzungssituation in Deutschland	179
3.	Methodische Grenzen der richtlinienkonformen Auslegung		180
	a)	Wortlaut von § 127 I 1, II 1 SGB V	182
		(1) Richtlinienkonforme Auslegung des Wortes »können« in § 127 I 1 SGB V	183
		(2) Richtlinienkonforme Auslegung des Begriffs der »Zweckmäßigkeit« aus § 127 I 1 SGB V	185

	(3) Richtlinienkonforme Auslegung des Begriffs der »Ausschreibung« aus § 127 I 1 SGB V	185
	(4) Entbehrlichkeit einer richtlinienkonformen Interpretation von § 127 II 1 SGB V	186
	b) Sinn und Zweck der Systematik aus § 127 I, II SGB V	187
	c) Kein Verbleib eines nennenswerten eigenständigen Anwendungsbereichs von § 127 I, II SGB V	188
	d) Zwischenergebnis	190
4.	Richtlinienkonforme Rechtsfortbildung der Systematik aus § 127 I, II SGB V	190
	a) Herleitung der Pflicht zur richtlinienkonformen Rechtsfortbildung	191
	b) Methodische Grenzen der richtlinienkonformen Rechtsfortbildung	192
	(1) Bestehen einer planwidrigen Regelungslücke	193
	(2) Unzulässigkeit der vollständigen Reduktion von § 127 I, II SGB V im Wege der Rechtsfortbildung	195
5.	Ergebnis	201
III.	Unmittelbare innerstaatliche Wirkung von Art. 28 Unterabsatz 2 VKR	201
1.	Ausnahmecharakter der unmittelbaren innerstaatlichen Wirkung von Richtlinienbestimmungen	204
2.	Unvollständige Umsetzung der Richtlinie 2004/18/EG	207
3.	Hinreichende Genauigkeit von Art. 28 Unterabsatz 2 VKR	208
4.	Unbedingte Ausgestaltung von Art. 28 Unterabsatz 2 VKR	209
5.	Reichweite und Grenzen der unmittelbaren innerstaatlichen Wirkung	210
	a) Zulässige vertikale und unzulässige umgekehrt vertikale unmittelbare Wirkung von Richtlinienbestimmungen	210
	b) Unzulässigkeit einer horizontalen unmittelbaren Wirkung von Richtlinienbestimmungen	211
	c) Differenzierende Betrachtung bei drittbelastender unmittelbarer Wirkung von Richtlinienbestimmungen	212
	d) Zulässige Form der drittbelastenden unmittelbaren Wirkung von Art. 28 Unterabsatz 2 VKR	213
IV.	Gesamtergebnis und rechtsdogmatische Folgen der unmittelbaren innerstaatlichen Wirkung von Art. 28 Unterabsatz 2 VKR	217
F.	Fallgruppen einer kartellvergaberechtlich zulässigen Wahl des Verhandlungsverfahrens bei der Vergabe von Rahmenvereinbarungen zur Hilfsmittelversorgung	221

I.	Vergabe von Rahmenvereinbarungen zur Hilfsmittelversorgung im Wege des Verhandlungsverfahrens ohne vorherige Vergabebekanntmachung, § 3 IV VOL/A-EG	221
	1. Leistungserbringung nur durch ein Unternehmen möglich, § 3 IV lit. c) VOL/A-EG	221
	2. Zusätzliche Lieferungen zur Erneuerung oder Erweiterung, § 3 IV lit. e) VOL/A-EG	224
	a) Erneuerung der Leistung	224
	b) Erweiterung der Leistung	225
	c) Allgemeines	225
	3. Übergang ins Verhandlungsverfahren mangels annehmbarer Angebote, § 3 IV lit. a) VOL/A-EG	226
	4. Bestehen einer Bekanntmachungspflicht aus § 127 II 3 SGB V	229
II.	Vergabe von Rahmenvereinbarungen zur Hilfsmittelversorgung im Wege des Verhandlungsverfahrens mit vorheriger Vergabebekanntmachung, § 3 III VOL/A-EG	230
	1. Unmöglichkeit der vorherigen Gesamtpreisfestlegung, § 3 III lit. b) VOL/A-EG	230
	2. Nur auszuschließende Angebote, § 3 III lit. a) VOL/A-EG	231
	3. Keine eigenständige Bedeutung von § 127 II 3 SGB V	232
III.	Beweislast und Darlegungsobliegenheit der gesetzlichen Krankenkassen, § 24 II lit. f) VOL/A-EG	233
IV.	Rahmenvereinbarungsschluss im Verhandlungsverfahren contra kartellvergaberechtsfreie Einzelvereinbarung nach § 127 III SGB V	234
G.	Fazit und Ausblick	236
Literaturverzeichnis		239

Abkürzungsverzeichnis

ABl.	Amtsblatt
AEG	Allgemeines Eisenbahngesetz
AEUV	Der Vertrag über die Arbeitsweise der Europäischen Union
a.F.	alte Fassung
Alt.	Alternative
AMNOG	Gesetz zur Neuordnung des Arzneimittelmarktes in der gesetzlichen Krankenversicherung
AOK	Allgemeine Ortskrankenkassen
AöR	Archiv des öffentlichen Rechts
A&R	Arzneimittel und Recht
Art.	Artikel/ Artikeln
Az.	Aktenzeichen
BaWü	Baden – Württemberg
Bay.	bayerisch
Beschl.	Beschluss
BMG	Bundesministerium für Gesundheit
Urt.	Urteil
BGB	Bürgerliches Gesetzbuch
BGBl.	Bundesgesetzblatt, mit I = Teil 1; mit II = Teil 2; mit III = Teil 3
BGH	Bundesgerichtshof
BGHZ	Entscheidungen des Bundesgerichtshofs in Zivilsachen
BR-Drs.	Bundesratsdrucksache
BSG	Bundessozialgericht
BSGE	Entscheidungen des Bundessozialgerichts
BT-Drs.	Bundestagsdrucksache
BVerfG	Bundesverfassungsgericht
BVerfGE	Entscheidungen des Bundesverfassungsgerichts
BVerwG	Bundesverwaltungsgericht
BVerwGE	Entscheidungen des Bundesverwaltungsgerichts
bzw.	beziehungsweise
DB	Der Betrieb
Die BKK	Die Betriebskrankenkasse
DÖV	Die Öffentliche Verwaltung
DVAL	Deutscher Vergabe- und Vertragsausschuss für Lieferungen und Dienstleistungen

DVBl	Das Deutsche Verwaltungsblatt
EG	Europäische Gemeinschaft
EGV	Vertrag zur Gründung der Europäischen Gemeinschaft
etc.	et cetera
EU	Europäische Union
EuGH	Europäischer Gerichtshof
EuGRZ	Europäische Grundrechte-Zeitschrift
EuR	Europarecht
EuZW	Europäische Zeitschrift für Wirtschaftsrecht
EWG	Europäische Wirtschaftsgemeinschaft
EWS	Europäisches Wirtschafts- und Steuerrecht
f./ff.	folgende/ fortfolgende
FS	Festschrift
GA	Generalanwalt am Europäischen Gerichtshof
GesR	GesundheitsRecht
GewArch	Gewerbearchiv
GG	Grundgesetz
GKV	Gesetzliche Krankenversicherung
GKV-GRG 2000	Gesetz zur Reform der gesetzlichen Krankenversicherung ab dem Jahr 2000
GKV-OrgWG	Gesetz zur Weiterentwicklung der Organisationsstrukturen in der gesetzlichen Krankenversicherung
GKV-WSG	Gesetz zur Stärkung des Wettbewerbs in der gesetzlichen Krankenversicherung
GWB	Gesetz gegen Wettbewerbsbeschränkungen
hessSOG	Hessisches Gesetz über die öffentliche Sicherheit und Ordnung
HS	Halbsatz
HwO	Handwerksordnung
IBR	Immobilien- und Baurecht
Jura	Juristische Ausbildung
jurisPK-SGB V	Juris Praxis-Kommentar zum Fünften Buch des Sozialgesetzbuches
jurisPK-VergR	Juris Praxis-Kommentar zum Vergaberecht
JZ	Juristen Zeitung
KassKomm	Kasseler Kommentar zum Sozialversicherungsrecht
Komm.	Kommentar
KrW-/AbfG	Gesetz zur Förderung der Kreislaufwirtschaft und Sicherung der umweltverträglichen Beseitigung von Abfällen
lit.	Buchstabe
LSG	Landessozialgericht
MedR	Medizinrecht
Mio.	Millionen

MPG	Medizinproduktegesetz
MPJ	Medizinprodukte Journal
MPR	Medizin Produkte Recht
Mrd.	Milliarden
MTD	Medizinisch-Technischer Dialog
MüKO	Münchener Kommentar zum Bürgerlichen Gesetzbuch
n.F.	neue Fassung
NJW	Neue Juristische Wochenschrift
NJW-RR	Neue Juristische Wochenschrift – Rechtsprechungsreport Zivilrecht
Nr.	Nummer
NRW	Nordrhein – Westfalen
NVwZ	Neue Zeitschrift für Verwaltungsrecht
nwOBG	Gesetz über Aufbau und Befugnisse der Ordnungsbehörden in Nordrhein – Westfalen
nwPolG	Polizeigesetz des Landes Nordrhein – Westfalen
NZBau	Neue Zeitschrift für Bau- und Vergaberecht
OLG	Oberlandesgericht
PatG	Patentgesetz
PharmR	Pharmarecht
PKV	private Krankenversicherung
S.	Satz
SGb	Die Sozialgerichtsbarkeit
Slg.	Amtliche Sammlung der Entscheidungen des EuGH und des EuG
SVHV	Verordnung über das Haushaltswesen in der Sozialversicherung
NZS	Neue Zeitschrift für Sozialrecht
Rn.	Randnummer
Rs.	Rechtssache
Schlussantr.	Schlussanträge eines Generalanwalts am Europäischen Gerichtshof
SektVO	Verordnung über die Vergabe von Aufträgen im Bereich des Verkehrs, der Trinkwasserversorgung und der Energieversorgung
SG	Sozialgericht
SGB V	Fünftes Buch des Sozialgesetzbuches – gesetzliche Krankenversicherung
SGB VII	Siebtes Buch des Sozialgesetzbuches – gesetzliche Unfallversicherung
SGG	Sozialgerichtsgesetz
SozR	Sozialrecht
TA-Lärm	Technische Anleitung zum Schutz gegen Lärm
TA-Luft	Technische Anleitung zur Reinhaltung der Luft
thürOBG	Thüringer Gesetz über die Aufgaben und Befugnisse der Ordnungsbehörden
thürPAG	Thüringer Gesetz über die Aufgaben und Befugnisse der Polizei
UPR	Umwelt und Planungsrecht

UWG	Gesetz gegen den unlauteren Wettbewerb
VergabeR	Vergaberecht
VerwArch	Verwaltungsarchiv
vgl.	vergleiche
VgV	Vergabeverordnung
VK	Vergabekammer
VKR	Vergabekoordinierungsrichtlinie
VOB/A	Vergabe und Vertragsordnung für Bauleistungen Teil A
VOF	Vergabeordnung für freiberufliche Leistungen
VOL/A, -EG	Vergabe und Vertragsordnung für Leistungen Teil A, Abschnitt 2
VOL/A 2006	Verdingungsordnung für Leistungen in der nicht mehr gültigen Fassung der Bekanntmachung vom 06.04.2006
VÜA	Vergabeüberwachungsausschuss
VVDStRL	Veröffentlichungen der Vereinigung der Deutschen Staatsrechtslehrer
VVG	Versicherungsvertragsgesetz
WHG	Gesetz zur Ordnung des Wasserhaushalts
WM	Wertpapiermitteilungen – Zeitschrift für Wirtschafts- und Bankrecht
WuW/E Verg	Wirtschaft und Wettbewerb – Entscheidungen zum Vergaberecht
WzS	Wege zur Sozialversicherung
z.B.	zum Beispiel
ZEuP	Zeitschrift für Europäisches Privatrecht
ZESAR	Zeitschrift für europäisches Sozial- und Arbeitsrecht
ZfBR	Zeitschrift für deutsches und internationales Bau- und Vergaberecht
ZGR	Zeitschrift für Unternehmens- und Gesellschaftsrecht
Ziff.	Ziffer
ZIP	Zeitschrift für Wirtschaftsrecht
ZMGR	Zeitschrift für das gesamte Medizin- und Gesundheitsrecht

A. Einleitung

Die Ausgaben des gesamten deutschen Gesundheitssystems steigen bereits seit den siebziger Jahren überproportional an. So sind auch die Ausgaben der gesetzlichen Krankenversicherung für die Versorgung der Versicherten mit Hilfsmitteln kontinuierlich gestiegen.[1] Die Gründe dafür sind vielfältig und reichen von einer veränderten Alters- und Morbiditätsstruktur der Bevölkerung bis hin zum medizintechnischen Fortschritt und einer damit gestiegenen Erwartungshaltung der Patienten.[2] Vor allem aber der lange Zeit fehlende Wettbewerb zwischen den Leistungserbringern hat sich negativ auf die Kosten ausgewirkt.[3] Um dieser ungebremsten Ausdehnung des Ausgabenvolumens und der damit einhergehenden Steigerung der Beitragssätze entgegen zu wirken, hat der Gesetzgeber schon früh begonnen, zahlreiche Reformmaßnahmen zu verabschieden.[4] Positive Kosteneffekte stellten sich jedoch meist nur temporär ein.[5] In jüngerer Vergangenheit hat der Gesetzgeber dann vermehrt wettbewerbliche Ansätze im Sinne selektiver

---

1 Während die jährlichen Ausgaben der GKV für Hilfsmittel im Jahr 1991 bundesweit bei 2,94 Mrd. € lagen, stiegen diese bis zum Jahr 2003 auf 5,4 Mrd. € an. Durch die Einführung gesetzlicher Zuzahlungen war im Jahr 2004 ein Ausgabenrückgang auf 4,46 Mrd. € zu verzeichnen, im Jahr 2007 lag die Ausgabenhöhe jedoch bereits wieder bei 4,70 Mrd. € (Quelle: *Grienberger*, ZMGR 2009, 59 (60)).
2 *Grienberger*, ZMGR 2009, 59 f.
3 *Grienberger*, ZMGR 2009, 59 (60).
4 Gesetz zur Strukturreform im Gesundheitswesen (GRG) vom 20.12.1988, BGBl. I, S. 2477; Gesetz zur Sicherung und Strukturverbesserung der gesetzlichen Krankenversicherung (GSG) vom 21.12.1992, BGBl. I, S. 2266; Gesetz zur Entlastung der Beiträge in der gesetzlichen Krankenversicherung (BeitrEntlG) vom 01.11.1996, BGBl. I, S. 1631; Erstes Gesetz zur Neuordnung von Selbstverwaltung und Eigenverantwortung in der gesetzlichen Krankenversicherung (1. GKV-NOG) vom 23.06.1997, BGBl. I, S. 1518; Zweites Gesetz zur Neuordnung von Selbstverwaltung und Eigenverantwortung in der gesetzlichen Krankenversicherung vom 23.06.1997, BGBl. I, S. 1660; Gesetz zur Stärkung der Solidarität in der gesetzlichen Krankenversicherung (GKV-SolG) vom 19.12.1998, BGBl. I, S. 3853; Gesetz zur Reform der gesetzlichen Krankenversicherung (GKV-GRG 2000), BGBl. I, S. 2626; Gesetz zur Begrenzung der Arzneimittelausgaben der gesetzlichen Krankenversicherung vom 15.02.2002, BGBl. I, S. 684; Gesetz zur Sicherung der Beitragssätze in der gesetzlichen Krankenversicherung und in der gesetzlichen Rentenversicherung (BSSichG) vom 23.12.2002, BGBl. I, S. 4637.
5 *Grienberger*, ZMGR 2009, 59.

Kontrahierungsmöglichkeiten zwischen den Leistungserbringern und den gesetzlichen Krankenkassen im Fünften Buch des Sozialgesetzbuches (SGB V) verankert.[6]

Mit dem Ziel, den so entstandenen Wettbewerb durch die Mobilisierung von Wirtschaftlichkeitsreserven im Hilfsmittelsektor im Wege des Vertragswettbewerbes zu stärken, implementierte der Gesetzgeber durch das GKV-Wettbewerbsstärkungsgesetz (GKV-WSG)[7] mit Wirkung zum 01.04.2007 eine grundsätzliche Ausschreibungspflicht in § 127 I 1 SGB V a. F. Die Krankenkassen, deren Landesverbände oder Arbeitsgemeinschaften sollten fortan Verträge über die Lieferung einer bestimmten Menge von Hilfsmitteln, die Durchführung einer bestimmten Anzahl von Versorgungen oder die Versorgung für einen bestimmten Zeitraum, im Wege der Ausschreibung mit den im Hilfsmittelbereich tätigen Leistungserbringern schließen. Lediglich für den Fall der Unzweckmäßigkeit solcher Vertragsschlüsse im Wege der Ausschreibung räumte der Sozialgesetzgeber den Krankenkassen in § 127 II SGB V a. F. das Recht ein, die Verträge mit geeigneten Leistungserbringern anderweitig zu schließen. Die kassenrechtliche Zulassung von Leistungserbringern im Hilfsmittelbereich wurde durch das GKV-WSG aufgehoben und die Versorgungsberechtigung der Leistungserbringer, abgesehen von Übergangsregelungen,[8] an den Abschluss von Verträgen nach § 127 I, II, III SGB V gekoppelt. Entsprechend sieht § 126 I 1 SGB V auch in der heute noch gültigen Fassung vor, dass Hilfsmittel an Versicherte nur auf Grundlage von Verträgen nach § 127 I, II, III SGB V zu Lasten der gesetzlichen Krankenversicherung abgegeben werden dürfen.

---

6 In diesem Zusammenhang ist vor allem das GKV-Modernisierungsgesetz (GMG) vom 14.11.2003, BGBl. I, S. 2219 zu nennen. Dieses leitete einen Paradigmenwechsel ein, da es mit seinem Inkrafttreten zum 01.01.2004 in § 127 II SGB V a.F. erstmals die öffentliche Ausschreibung für den Abschluss von Selektivverträgen über Hilfsmittelversorgungen im SGB V vorsah. Eine Abschaffung des kollektiven Zulassungssystems erfolgte seinerzeit jedoch nicht. So war nach § 126 SGB V a.F. auch ein zugelassener Leistungserbringer zur Versorgung der Versicherten berechtigt. Die Stärkung der wettbewerblichen Prägung des Systems der GKV wird aktuell auch durch die zum 01.01.2010 eingeführte Insolvenzfähigkeit der Krankenkassen deutlich. *Uwer*, GesR 2009, 113 (114) sieht daher gar einen allgemeinen Trend, wirtschaftliche Wettbewerbsstrukturen in das Sozialrecht zu übertragen.
7 Gesetz zur Stärkung des Wettbewerbs in der gesetzlichen Krankenversicherung (GKV-WSG) vom 26.03.2007, BGBl. I, S. 378.
8 So blieben nach § 126 II SGB V a.F. alle Leistungserbringer, welche am 31.03.2007 über eine Zulassung nach § 126 SGB a.F. verfügten, bis zum 31.12.2008 auch ohne Verträge versorgungsberechtigt. Diese Übergangsregelung wurde später durch das GKV-OrgWG um ein Jahr, also bis zum 31.12.2009 verlängert.

Bedenklich erscheint bei diesem Paradigmenwechsel schon auf den ersten Blick, ob das Selektivvertragssystem dem Gebot der Leistungserbringervielfalt aus § 2 III SGB V noch ausreichend Rechnung trägt. Nach § 2 III SGB V ist bei der Auswahl der Leistungserbringer deren Vielfalt zu beachten. Schließlich ist ein Auswahlrecht entscheidende Voraussetzung für ein Vertrauensverhältnis zwischen Versichertem und Leistungserbringer.[9] Für eine Vereinbarkeit des Selektivvertragssystems im Bereich der Hilfsmittelversorgung mit diesem Grundsatz spricht jedenfalls eine Entscheidung des BGH aus dem Jahr 2003, worin dieser zumindest bezüglich der Versorgung mit wiederverwendbaren, den Versicherten leihweise zur Verfügung gestellt Hilfsmitteln festgestellt hat, dass es weder gegen den Pluralitätsgrundsatz noch gegen sonstige sozialversicherungsrechtliche Grundsätze verstößt, wenn eine Krankenkasse zur Versorgung ihrer Mitglieder für einen bestimmten Zeitraum nur solche Leistungserbringer zulässt, die sich vorher in einem Ausschreibungsverfahren durchgesetzt haben.[10] Eine weitergehende, detaillierte Auseinandersetzung mit dieser Problematik soll jedoch im Rahmen dieser Arbeit nicht erfolgen.

Nicht die Abkehr vom Zulassungssystem, wohl aber die grundsätzliche Verpflichtung zum Abschluss der Hilfsmittelversorgungsverträge im Wege der Ausschreibung lockerte der Gesetzgeber durch das Gesetz zur Verbesserung der Organisationsstrukturen in der gesetzlichen Krankenversicherung (GKV-OrgWG)[11] mit Wirkung zum 01.01.2009 aber erstaunlich schnell wieder. Nachdem das Bundeskabinett den Gesetzesentwurf zum GKV-OrgWG, welches primär das Ziel verfolgte, den Regelungsauftrag aus dem GKV-WSG umzusetzen und die letzten Details vor dem Start des Gesundheitsfonds zu regeln, am 23.05.2008 beschlossen hatte,[12] wurde dieser Gesetzesentwurf[13] bereits am 17.06.2008 durch die Bundesregierung in den Bundestag eingebracht. Am 19.06.2008 leitete der Bundestag den Gesetzesentwurf nach erfolgter erster Beratung zur federführenden Beratung an den Ausschuss für Gesundheit weiter. Diverse Änderungen des Gesetzesentwurfes wurden danach noch von diesem Ausschuss angeregt.[14] Dazu zählt auch die hier relevante Änderung des § 127 SGB V, welche auf diesem Wege quasi durch die Hintertür in das GKV-OrgWG gelangte. Dementsprechend ergibt sich die Begründung für diese Änderung aus dem Beschluss des Gesund-

---

9   *Scholz*, in: Becker/ Kingreen, § 2 Rn.7.
10 BGH, Urt. v. 24.06.2003, Az.: KZR 18/01, NZS 2004 S. 33 (35 f.).
11 Gesetz zur Weiterentwicklung der Organisationsstrukturen in der gesetzlichen Krankenversicherung (GKV-OrgWG) vom 15.12.2008, BGBl. I, S. 2426.
12 BR-Drs. 342/08.
13 BT-Drs. 16/9559.
14 Beschlussempfehlung und Bericht des Ausschusses für Gesundheit, BT-Drs. 16/10609.

heitsausschusses vom 15.10.2009.[15] Die zweite und dritte Beratung im Bundestag fand sodann am 17.10.2008 statt. Das GKV-OrgWG wurde schließlich am 17.12.2008 durch Veröffentlichung im Bundesgesetzblatt verkündet.[16] Die meisten der im GKV-OrgWG enthaltenen Neuerungen traten gemäß Art. 7 des GKV-OrgWG zum 01.01.2009 in Kraft, so auch die Änderung des § 127 SGB V aus Art. 1 Ziff. 2 lit. c) des GKV-OrgWG.

Nach der seit Jahresbeginn 2009 geltenden Fassung des § 127 I 1 SGB V wird den Krankenkassen, deren Landesverbänden oder Arbeitsgemeinschaften nunmehr anstelle der vormaligen grundsätzlichen Ausschreibungspflicht eine Ausschreibungsoption eingeräumt. Die Krankenkassen können danach Versorgungsverträge im Wege der Ausschreibung mit den Leistungserbringern schließen, wenn sich eine Ausschreibung als zweckmäßig erweist. Sollte hinsichtlich der betreffenden Hilfsmittelversorgung keine Ausschreibung durch die Krankenkassen durchgeführt werden, erlaubt es § 127 II 1 SGB V, die Versorgungsverträge mit den Leistungserbringern anderweitig zu schließen.

Die Krankenkassen können also nach dem Wortlaut des § 127 I 1, II 1 SGB V selbst dann von einer Ausschreibung ihres beabsichtigten Vertragsschlusses absehen, wenn eine solche zweckmäßig im Sinne von § 127 I 1 SGB V ist. Mithin kann zumindest bei erster Betrachtung der Systematik aus § 127 I, II SGB V von einem echten Verfahrenswahlrecht der Krankenkassen bei dem Abschluss von Versorgungsverträgen im Hilfsmittelbereich ausgegangen werden.

Im Rahmen der von den gesetzlichen Krankenkassen zu bestimmenden Zweckmäßigkeit einer Ausschreibung hat der Gesetzgeber in einem neuen Absatz 1 a des § 127 SGB V dem GKV-Spitzenverband[17] und den Spitzenorganisationen der Leistungserbringer auf Bundesebene aufgegeben, bis zum 30.06.2009 gemeinsame Empfehlungen zur Zweckmäßigkeit von Ausschreibungen im Sinne von § 127 I SGB V abzugeben.[18]

Zudem hat der Gesetzgeber durch das GKV-OrgWG einen gänzlich neuen Absatz 2 a in § 127 SGB V eingefügt, in welchem solchen Leistungserbringern, die nicht aufgrund eigener Verträge in dem betreffenden Versorgungsbereich zur Versorgung der Versicherten berechtigt sind, ein Beitrittsrecht zu mit anderen Leistungserbringern geschlossenen Versorgungsverträgen eingeräumt wird. Der

---

15   BT-Drs. 16/10609, S. 72 f.
16   BGBl. I, 2426.
17   Der GKV-Spitzenverband ist der Spitzenverband Bund der Krankenkassen gemäß § 217 a SGB V.
18   Zum Inhalt dieser Empfehlungen und zur Bedeutung desselben für die im Rahmen dieser Bearbeitung untersuchte Problematik siehe unten unter E. I. 6.

Beitritt wird jedoch ausweislich des Wortlauts von § 127 II a 1 SGB V nur zu Versorgungsverträgen nach § 127 II SGB V ermöglicht und erfordert, dass der beitretende Leistungserbringer die Bedingungen des Vertragswerkes vollumfänglich akzeptiert. Ein solches Beitrittsrecht hatte das SG Hannover nach alter Rechtslage, vor in Kraft treten des GKV-OrgWG, noch verneint.[19] Flankiert wird das Beitrittsrecht durch das ebenfalls neue Informationsrecht aus § 127 II 4 SGB V, wonach die Leistungserbringer berechtigt sind, Einsicht in die geschlossenen Verträge zu nehmen, um auf diese Weise prüfen zu können, ob ein Beitritt für sie wirtschaftlich ist.

Ob der Sozialgesetzgeber mit dem neuen Beitrittsrecht tatsächlich nur, wie die Gesetzesbegründung den Eindruck vermittelt, die weitere Versorgungsberechtigung von bisher vertragslosen Leistungserbringern sicherzustellen beabsichtigt und einen willkürlichen Ausschluss dieser Leistungserbringer von ausgehandelten Verträgen verhindern will,[20] darf wohl bezweifelt werden. So spielt doch das neue Beitrittsrecht aus § 127 II a SGB V im Rahmen der Prüfung des Vorliegens eines öffentlichen Auftrags, zumindest nach den Vorstellungen des Gesetzgebers, eine nicht unerhebliche Rolle. Daher wird teilweise auch offen die Ansicht geäußert, dass das Beitrittsrecht nicht deshalb ins Gesetz aufgenommen wurde, weil der Gesetzgeber um das Wohl der Leistungserbringer besorgt war, sondern um eine möglicherweise bestehende, europarechtlich determinierte Ausschreibungspflicht auszuhebeln.[21]

Im Rahmen dieser Arbeit soll nun untersucht werden, ob die Vergabe der Hilfsmittelversorgungsverträge nach § 127 I, II SGB V, auch unter Berücksichtigung des Beitrittsrechts aus § 127 II a SGB V, dem vom Europarecht geprägten deutschen Vergaberecht unterfällt und ob die Systematik des § 127 I, II SGB V mit diesen vergaberechtlichen Wertungen vereinbar ist.

---

19 SG Hannover, Beschl. v. 10.04.2008, Az. S 44 KR 75/08 ER.
20 BT-Drs. 16/10609, S. 72.
21 So *Hertkorn-Ketterer* anlässlich eines Seminars des Bundesverbandes des Sanitätsfachhandels Ende Mai 2007 in Köln, wiedergegeben in MTD Heft 7 aus 2009, 6 (7).

B. Problemstellung

Wie einleitend aufgezeigt, ermöglicht es die neue Systematik des § 127 I, II SGB V den gesetzlichen Krankenkassen bei erster Betrachtung, das Vertragsschlussverfahren zum Abschluss von Versorgungsverträgen mit den Leistungserbringern im Hilfsmittelbereich weitgehend frei zu wählen. Ob die einzelnen gesetzlichen Krankenkassen, deren Landesverbände oder Arbeitsgemeinschaften von dem Recht, nicht mehr grundsätzlich eine Ausschreibung durchzuführen zu müssen, Gebrauch machen oder künftig ihre Ausschreibungstätigkeit gar forcieren werden, ist nur schwer abzusehen. Für eine zunehmende Ausschreibungspraxis spricht der, im Hinblick auf das Gebot der Leistungserbringervielfalt aus § 2 III SGB V bedenkliche, aber vielfach mehr oder weniger offen nach außen kommunizierte Wille der gesetzlichen Krankenkassen, mit einer deutlich reduzierten und somit überschaubareren Anzahl von Leistungserbringern im Hilfsmittelbereich zusammenarbeiten zu wollen.[22]

Gegen die Forcierung und für eine Reduzierung der hohen Anzahl von Ausschreibungen spricht jedoch, dass die einzelnen Kassen, wie die Vergangenheit nicht nur im Bereich der Hilfsmittelversorgung, sondern vor allem auch bei den Arzneimittelrabattverträgen nach § 130 a VIII SGB V und den Verträgen zur integrierten Versorgung nach §§ 140 b f. SGB V gezeigt hat, oft mit dem administrativen Aufwand, den eine dem europäischen Vergaberecht genügende Durchführung einer europaweiten Ausschreibung mit sich bringt, überfordert sind. So hat es vor allem im Bereich der Arzneimittelrabattverträge nach § 130 a VIII SGB V, aber auch bei Hilfsmittelversorgungsverträgen nach § 127 I, II SGB V bereits zahlreiche Verfahren vor den Vergabekammern gegeben, in denen Aus-

---

22 Vgl. *Grienberger*, ZMGR 2009, 59 (60).

schreibungen der Krankenkassen auf die Rüge eines oder mehrerer Mitbewerber hin aufgehoben oder von der Vergabekammer beanstandet worden sind.[23]

In jüngerer Vergangenheit zeichnete sich eine Tendenz zu einer abnehmenden Anzahl von Ausschreibungen durch die Krankenkassen ab.[24] Während die Ausschreibungen der gesetzlichen Krankenkassen im Hilfsmittelbereich seit in Kraft treten des GKV-WSG am 01.04.2007 bis zum 3. Quartal 2008 kontinuierlich zunahmen, nahm die Zahl der Ausschreibungen bis zum 1. Quartal 2009 auf lediglich vier Ausschreibungen wieder ab, während die Zahl der Vertragsabsichten der Krankenkassen stagniert bzw. zunimmt.[25] Diese Tendenz setzt sich bis ins Jahr 2010 hinein fort.[26] Im Rahmen eines ursprünglich im Hinblick auf die mögliche Europarechtswidrigkeit der §§ 69, 127 SGB V a.F. vor der EU-Kommission eingeleiteten Vertragsverletzungsbeschwerdeverfahrens[27] wird sogar vorgetragen, dass Hilfsmittelversorgungsverträge aktuell durch die gesetzlichen Krankenkassen nur noch ohne vorhergehende Ausschreibung vergeben würden.[28]

Da jedoch der Wortlaut der Regelung aus § 127 I, II SGB V den Krankenkassen das beschriebene Wahlrecht zumindest bei erster Betrachtung einräumt, muss sich die Regelung, unabhängig von der daraus entstehenden Verwaltungspraxis, als Akt der Legislative an den Vorgaben des europarechtlich determinierten Vergaberechtsrechts messen lassen, wenn dieses auf den Abschluss von Hilfsmittelversorgungsverträgen durch die gesetzlichen Krankenkassen Anwendung findet.

---

23 Ausschreibungen im Hilfsmittelbereich: 1. VK Bund, Beschl. v. 16.12.2008, Az.: VK 1 156/08; 3. VK Bund, Beschl. v. 07.02.2008, Az.: VK 3 169/07; Beschl. v. 06.02.2008, Az.: VK 3 11/08; Beschl. v. 05.02.2008, Az.: VK 3 23/08; Beschl. v. 09.01.2008, Az.: VK 3 145/07; Ausschreibungen von Arzneimittelrabattverträgen: 2. VK Bund, Beschl. v. 14.09.2009, Az.: VK 2 153/09; 3. VK Bund, Beschl. v. 03.08.2009, Az.: VK 3 145/09; Beschl. v. 28.07.2009, Az.: VK 3 142/09; Beschl. v. 25.07.2009, Az.: VK 3 139/09; Beschl. v. 24.07.2009, Az.: VK 3 151/09; Beschl. v. 24.07.2009, Az.: VK 3 136/09; 1. VK Bund, Beschl. v. 03.07.2009, Az.: VK 1 107/09; 2. VK Bund, Beschl. v. 26.05.2009, Az.: VK 2 30/09; 1. VK Bund, Beschl. v. 19.11.2008, Az.: VK 1 135/08; 2. VK Bund, Beschl. v. 10.04.2008, Az.: VK 2 37/08.
24 *Schmid*, MTD Heft 5 aus 2009, S. 3; *Hertkorn-Ketterer* anlässlich eines Seminars des Bundesverbandes des Sanitätsfachhandels Ende Mai 2007 in Köln, wiedergegeben in MTD Heft 7 aus 2009, 6 (7).
25 *Schmid*, MTD Heft 5 aus 2009, 3.
26 So Prof. Hans-Georg Will vom BMG, anlässlich eines EUROCOM-Forums am 13.10.2010 in Bonn zum Thema »Neuordnung des Hilfsmittelmarktes«.
27 Vertragsverletzungsbeschwerde vom 15.01.2008, Az.: Markt/C 3/WR/ng (2009), 142060, zitiert nach *Stelzer*, WzS 2009, 303 (304).
28 Begründung der Beschwerde vom 06.05.2009, zitiert über *Stelzer*, WzS 2009, 336 (338); siehe auch Schreiben des Beschwerdeführers vom 24.06.2009, zitiert nach Stelzer, WzS 2010, 46 (52).

Dieses unionsrechtliche Vergaberecht gibt für den hier maßgeblichen Rechtsbereich die Richtlinie 2004/18/EG des Europäischen Parlaments und des Rates vom 31.03.2004 über die Koordinierung der Verfahren zur Vergabe öffentlicher Bauaufträge, Lieferaufträge und Dienstleistungsaufträge (Vergabekoordinierungsrichtlinie)[29] vor. Diese Richtlinie wurde in Deutschland zuvorderst im Gesetz gegen Wettbewerbsbeschränkungen (GWB) und dort in den §§ 97 bis 129 b GWB umgesetzt, weshalb man das europäisch determinierte deutsche Vergaberecht national überwiegend als Kartellvergaberecht[30] bezeichnet. Daneben existieren jedoch zahlreiche untergesetzliche Regelungen. So verweist das GWB auf weitere Umsetzungsregelungen in der Vergabeverordnung (VgV), welche ihrerseits wiederum auf die Vergabe- und Vertragsordnungen für Bauleistungen – Teil A, Abschnitt 2 (VOB/A), für Leistungen – Teil A, Abschnitt 2 (VOL/A-EG)[31] und für freiberufliche Leistungen (VOF) verweist. Das Kartellvergaberecht basiert dementsprechend auf einem so genannten Kaskadenprinzip[32].

Es sieht für die Vergabe von öffentlichen Aufträgen oberhalb der durch die VgV festgelegten Schwellenwerte nach § 101 VII 1 GWB bzw. § 3 I VOL/A-EG[33] eine strenge Hierarchie der Verfahrensarten zur Vergabe dieser Aufträge vor. Danach haben öffentliche Auftraggeber öffentliche Aufträge grundsätzlich

---

[29] Die Vergabekoordinierungsrichtlinie 2004/18/EG fasst die Regelungen der Richtlinien 92/50/EWG des Rates vom 18.06.1992 über die Koordinierung der Verfahren zur Vergabe öffentlicher Dienstleistungsaufträge, 93/36/EWG des Rates vom 14.06.1993 über die Koordinierung der Verfahren zur Vergabe öffentlicher Lieferaufträge sowie 93/37/EWG des Rates vom 14.06.1993 über die Koordinierung der Verfahren zur Vergabe öffentlicher Bauaufträge mit dem Ziel zusammen, die bisherigen Texte zu vereinfachen und zu modernisieren. Neben der Vergabekoordinierungsrichtlinie existiert nunmehr nur noch die so genannte Sektorenrichtlinie 2004/17/EG, welche die Koordinierung der Zuschlagserteilung im Bereich der Wasser-, Energie- und Verkehrsversorgung sowie der Postdienste zum Regelungsgegenstand hat, sowie die weitergeltenden Rechtsmittelrichtlinien 89/665/EWG (Sektoren) und 92/13/EWG (allgemein). Da die Sektorenrichtlinie hier jedoch offensichtlich nicht einschlägig ist, reduziert sich die weitere Darstellung europarechtlicher Vorgaben auf die Vergabekoordinierungsrichtlinie. Die Vergabekoordinierungsrichtlinie wird nachstehend im Zusammenhang mit der Angabe von Artikeln als VKR bezeichnet.

[30] Wenn im Rahmen der weiteren Bearbeitung diese Bezeichnung verwendet wird, ist stets das europarechtlich determinierte Vergaberecht gemeint.

[31] Regelungen des 2. Abschnitts der VOL/A werden fortan mit dem Zusatz VOL/A-EG zitiert, Regelungen des ersten Abschnitts der VOL/A werden ohne Zusatz zitiert und Regelungen der vormals gültigen VOL/A werden mit dem Zusatz VOL/A 2006 zitiert.

[32] Zu dieser Begrifflichkeit vgl. Hertwig, Rn. 31.

[33] Der 2. Abschnitt der VOB/A sieht vergleichbare Regelungen vor, jedoch kommen für die Vergabe von Hilfsmittelversorgungsaufträgen, soviel sei vorweggenommen, auf der Ebene der Vergabe- und Vertragsordnungen lediglich die Vorschriften der VOL/A-EG in Betracht, weshalb auch im Folgenden nur noch die VOL/A-EG zitiert wird.

im Wege des offenen Verfahrens gemäß § 101 II GWB zu vergeben. Die Anwendung einer anderen vergaberechtlichen Verfahrensart, wie sie § 127 II SGB V bei erster Betrachtung erlaubt, stellt nach der Wertung des § 101 VII 1 GWB kartellvergaberechtlich die Ausnahme dar und ist nur zulässig, wenn sie aufgrund des GWB explizit gestattet ist. Im Kartellvergaberecht findet sich aber nur eine recht eng gehaltene Aufzählung von Fallgruppen, in denen an Stelle des grundsätzlich durchzuführenden offenen Verfahrens ein anderes Vergabeverfahren, insbesondere das am wenigsten förmliche Verhandlungsverfahren, gewählt werden kann.

Ob die sozialrechtliche Systematik aus § 127 I, II SGB V im Hinblick auf die darin vorgesehenen Verfahrensarten zum Abschluss von Hilfsmittelversorgungsaufträgen, auch unter nach § 69 II 3 SGB V gebotener besonderer Berücksichtigung des Versorgungsauftrages der gesetzlichen Krankenkassen, dieser strengen kartellvergaberechtlichen Hierarchie der Verfahrensarten zur Vergabe öffentlicher Aufträge durch öffentliche Auftraggeber gerecht wird, erscheint überaus fraglich.

Diese Frage stellt sich indes nur dann, wenn die Vergabe von Hilfsmittelversorgungsaufträgen durch die gesetzlichen Krankenkassen nach § 127 I, II SGB V überhaupt vom Geltungsbereich des europarechtlich determinierten Kartellvergaberechts erfasst wird.

Sollte die weitere Bearbeitung diese Feststellung erlauben und sich überdies herausstellen, dass sich die sozialrechtlich vorgesehenen Vorgaben zu den Verfahrensarten bei der Vergabe von Hilfsmittelversorgungsverträgen nicht mit der kartellvergaberechtlichen Hierarchie der Verfahrensarten decken, tritt eine Divergenz beider Regelungsbereiche zutage. Es müsste dann die Frage gestellt werden, ob § 127 SGB V eine vorrangige Spezialregelung gegenüber den kartellvergaberechtlichen Regelungen zur Hierarchie der Verfahrensarten ist und die Krankenkasse mithin ihre Hilfsmittelversorgungsaufträge nach 127 II SGB V vergeben kann, wenn zwar die sozialrechtliche Unzweckmäßigkeit einer Ausschreibung im Sinne von § 127 I SGB V vorliegt, aber das Kartellvergaberecht eine wie in § 127 II SGB V beschriebene Vergabe nicht gestattet, oder ob die Systematik aus § 127 I, II SGB V hinsichtlich der Art des Vertragsschlussverfahrens wegen einer möglichen Kollision mit der im Kartellvergaberecht geltenden Hierarchie der Verfahrensarten leer läuft.

Speziell wäre in diesem Rahmen dann zu klären, wie sich die europarechtliche Determinierung des Kartellvergaberechts auf diese Problematik auswirkt. Schließlich sind die kartellvergaberechtlichen Regelungen zur Hierarchie der Verfahrensarten nicht aus Eigeninitiative des deutschen Gesetzgebers heraus entstanden, sondern in Umsetzung der Zielvorgaben aus den Art. 28 ff. VKR kodifiziert worden.

Aus diesem Umstand könnte folgen, dass die Systematik aus § 127 I, II SGB V mit europarechtlichen Vorgaben kollidiert und die Frage aufgeworfen werden muss, ob sie im Hinblick auf die Art. 28 ff. VKR richtlinienkonform ausgelegt werden muss und ob dies überhaupt möglich ist. Schließlich hat auch das Institut der richtlinienkonformen Auslegung seine methodischen Grenzen.

Von dem Ergebnis dieser Frage abhängig, könnte zudem eine unmittelbare innerstaatliche Wirkung der entsprechenden Bestimmungen der Vergabekoordinierungsrichtlinie in Betracht kommen, falls eine richtlinienkonforme Auslegung von § 127 SGB V geboten, aber rechtlich nicht möglich ist, die Norm eine unvollständige Umsetzung der Vergabekoordinierungsrichtlinie bedingt und die weiteren Voraussetzungen der unmittelbaren innerstaatlichen Wirkung von europäischen Richtlinienbestimmungen vorliegen.

C. Anwendbarkeit des Kartellvergaberechts auf Hilfsmittelversorgungsverträge nach § 127 I, II SGB V

Allgemein wird unter dem Vergaberecht die Gesamtheit aller Normen verstanden, die ein Träger öffentlicher Verwaltung bei der Beschaffung von sachlichen Mitteln und Leistungen, die er zur Erledigung seiner Aufgaben benötigt, einzuhalten hat.[34]

Das in Deutschland geltende Vergaberecht weist eine zweigliedrige Struktur auf, wobei die Teilung durch festgelegte Schwellenwerte erfolgt. Unterhalb der Schwellenwerte gelten die rein nationalen Bestimmungen des so genannten »Haushaltsvergaberechts«, welche sich in diversen Haushaltsordnungen und im jeweils ersten Abschnitt des Teils A der Vergabe- und Vertragsordnungen finden. Dabei handelt es sich um Verwaltungsvorschriften, die allein dem Zweck dienen, die korrekte und wirtschaftliche Verwendung öffentlicher Gelder zu sichern und für die Bieter keine gerichtlich durchsetzbaren Rechte begründen.[35]

Für Aufträge oberhalb der Schwellenwerte gilt das auch nach außen verbindliche und in Umsetzung der europarechtlichen Vorgaben ergangene Kartellvergaberecht der §§ 97 ff. GWB. Dieses begründet subjektive Rechte der Bieter in der Form, dass sie die Einhaltung der vergaberechtlichen Vorgaben durch den öffentlichen Auftraggeber bei der Vergabe öffentlicher Aufträge notfalls im Wege der Anrufung von Nachprüfungsstellen erzwingen können.

In Anbetracht der Zielsetzung dieser Arbeit gilt es im Folgenden die Anwendbarkeit des Kartellvergaberechts der §§ 97 ff. GWB auf die Vergabe von Hilfsmittelversorgungsverträgen nach § 127 I, II SGB V in einem ersten Schritt zu untersuchen.[36]

---

34 BVerfGE 116, 135 (136); *Kohout*, S. 23; *Bungenberg*, in: Loewenheim/ Meesen/ Riesenkampff, Vor §§ 97 ff. GWB Rn.1; *Rudolf,* in: Byok/ Jaeger, Rn. 1.
35 *Otting*, in: Bechtold, Vor § 97 Rn. 1.
36 Während das BSG, Beschl. v. 22.04.2009, Az. B 3 KR 2/09 D und das LSG Mecklenburg Vorpommern, Beschl. v. 24.08.2009, Az.: L 6 B 171/09, 20 f. genau diese Kernfrage ausdrücklich offen gelassen haben, bejaht die 3. VK Bund in ihrem Beschl. .v. 12.11.2009, Az.: VK 3 193/09, bestätigt durch 1. VK Bund, Beschl. v. 21.12.2009, Az.: VK 1 212/09, die Anwendbarkeit der §§ 97 ff. GWB auch auf Verträge nach § 127 II SGB V.

I. Möglicher Ausschluss des Kartellvergaberechts

Zunächst ist dabei zu prüfen, ob ungeachtet vom Vorliegen der Anwendbarkeitsvoraussetzungen des Kartellvergaberechts, die Geltung desselben für Versorgungsverträge jedweder Art zwischen den Krankenkassen und deren Leistungserbringern nach dem SGB V möglicherweise von vornherein wirksam ausgeschlossen ist.

1. Kein Ausschluss des Kartellvergaberechts durch § 69 SGB V

In der Vergangenheit wurde diskutiert, ob die Anwendung der §§ 97 ff. GWB durch die Vorschrift des § 69 SGB V a. F. ausgeschlossen war. So war in der bis zum 17.12.2008 gültigen Fassung von § 69 S. 1 SGB V normiert, dass die Rechtsbeziehungen der Krankenkassen zu den Leistungserbringern und ihren Verbänden, welche als Leistungserbringerrecht[37] bezeichnet werden, im Vierten Kapitel des SGB V (§§ 69 bis 140 h) und den §§ 63 und 64 SGB V abschließend geregelt sind. § 69 S. 2 SGB V erklärte lediglich die §§ 19 bis 21 GWB für entsprechend anwendbar. Daraus wurde zum Teil gefolgert, dass im Hinblick auf die zu schließenden Versorgungsverträge nach § 127 SGB V die §§ 97 ff. GWB gerade keine Anwendung finden.[38] Diese Auffassung stieß jedoch sowohl bei anderen Gerichten als auch im überwiegenden Schrifttum auf erheblichen Widerstand.[39] Insoweit kann keine Rede davon sein, dass die Regelungen der § 97 ff. GWB nach allgemeiner Auffassung vor in Kraft treten des GKV-OrgWG auf Beschaffungsmaßnahmen der gesetzlichen Krankenkassen nicht anwendbar waren.[40]

---

37 Diese Begrifflichkeit wird ganz allgemein verwendet. Vgl. statt aller: *Kingreen*, NJW 2008, 3393 (3397); *Auktor*, in: Kruse/ Hänlein, § 69 Rn. 1 f.; *Becker/ Kingreen*, in: Becker/ Kingreen, § 69 Rn. 1.
38 LSG Baden-Württemberg, Beschl. v. 04.04.2007, Az.: L 5 KR 518/07 ER-B; LSG Nordrhein-Westfalen, Beschl. v. 20.12.2007, Az.: L 16 B 127/07; SG Stuttgart, Beschl. v. 20.12.2007, Az.: S 10 KR 8404/07; *Engelmann*, SGb 2008, 133 (144).
39 OLG Düsseldorf, Beschl. v. 19.12.2007, Az.: VII-Verg 51/07, VergabeR 2008, 73 (78 ff.); Beschl. v. 18.11.2007, Az.: VII-Verg 47/07, PharmR 2008, 141 (146 ff.); 2.VK Bund, Beschl. v. 15.11.2007, Az.: VK 2 108/07; 3. VK Bund, Beschl. v. 15.08.2008, Az.: VK 3 107/08; *Rixen*, GesR 2006, 49 (54); *Hesselmann/ Motz*, MedR 2005, 498 (499); *Wille*, MPJ 2008, 81 (84); *Boldt*, NJW 2005, 3757 (3758); *Gabriel*, NZS 2007, 344 (345); *Grienberger*, ZMGR 2009, 59 (64 f.); *Rohde*, MPR 2004, 57 (58 f.).
40 Die Darstellung von *Dalichau*, in: Dalichau, § 127, 28 ist insoweit unzutreffend.

Auf die kontrovers geführte Diskussion hat der Gesetzgeber reagiert und sich der herrschenden Auffassung angeschlossen. Durch das GKV-OrgWG wurde die Vorschrift des § 69 SGB V mit Wirkung zum 18.12.2008[41] dergestalt verändert, dass nunmehr gemäß § 69 II 1 2. HS SGB V ausdrücklich auch die §§ 97 bis 115 und 128 GWB auf die Rechtsbeziehungen zwischen Krankenkassen und Leistungserbringern Anwendung finden, so deren Voraussetzungen vorliegen. Die Geltung der kartellvergaberechtlichen Regelungen ist nach § 69 II 2 SGB V nur dann weiterhin ausgeschlossen, wenn die Krankenkassen oder deren Verbände zum Abschluss der Verträge mit den Leistungserbringern gesetzlich verpflichtet sind und bei deren Nichtzustandekommen eine Schiedsamtsregelung gilt. Zwar kann man zumindest von einer mittelbaren gesetzlichen Verpflichtung der Krankenkassen zum Abschluss von Hilfsmittelversorgungsverträgen mit den Leistungserbringern sprechen, da sie ansonsten wegen des Vertragsversorgungsgrundsatzes aus § 126 I 1 SGB V nicht in der Lage sind, ihrer aus den §§ 27 I 2 Nr. 3, 33 SGB V folgenden Verpflichtung zur Versorgung der versicherten Mitglieder mit Hilfsmitteln nachzukommen. Jedoch gilt für den Fall, dass die Krankenkassen gleichwohl keine Hilfsmittelversorgungsverträge schließen, keine Schiedsamtsregelung. Schiedsamtsfähig sind vielmehr nach § 89 I 1 SGB V die Verträge über die vertragsärztliche Versorgung. Dazu zählen die Bundesmantelverträge nach § 82 I SGB V, die Gesamtverträge nach § 83 SGB V, Arznei- und Heilmittelvereinbarungen nach § 84 SGB V, Vereinbarungen über die Höhe der Gesamtvergütung nach § 85 SGB V, Vereinbarungen über Inhalt und Durchführung von Wirtschaftlichkeitsprüfungen nach den §§ 106 III, 106 a V SGB V, Vereinbarungen über die Krankenversichertenkarte gemäß § 291 III SGB V und Vereinbarungen über die Übermittlung von Leistungsdaten nach § 295 III SGB V.[42]

Mithin bedarf es im Rahmen dieser Bearbeitung keiner Entscheidung darüber, ob der fortbestehende partielle Ausschluss des Kartellvergaberechts aus § 69 II 2 SGB V europarechtskonform ist,[43] denn dieser beansprucht jedenfalls für den

---

41 Der diesbezügliche Art. 1 Ziff. 1 e) des GKV-OrgWG trat bereits am Tag nach dessen Verkündung im Bundesgesetzblatt, mithin also am 18.12.2008 in Kraft.
42 *Krauskopf*, in: Krauskopf, § 69 SGB V Rn. 19; *Kingreen*, in: Becker/ Kingreen, § 89 Rn. 5.
43 *Stelzer*, WzS 2009, 303 (308) spricht sich, allerdings ohne eingehende Begründung für eine Europarechtswidrigkeit von § 69 II 2 SGB V aus. Auch der Beschwerdeführer des eingangs erwähnten Vertragsverletzungsbeschwerdeverfahrens hält § 69 II 2 SGB V zumindest für richtlinienkonform auslegungsbedürftig (Schreiben des Beschwerdeführers vom 24.06.2009, zitiert über *Stelzer*, WzS 2010, 46 (48 ff.)).

Abschluss von Verträgen der Krankenkassen mit den Leistungserbringern zur Hilfsmittelversorgung nach § 127 SGB V keine Geltung.

Der Gesetzgeber hat mit der neu eingeführten Regelung in § 69 II 1 2. HS SGB V aber keinesfalls das Kartellvergaberecht per se auf die (angestrebten) Rechtsbeziehungen zwischen den Krankenkassen und den Leistungserbringern für anwendbar erklärt. Vielmehr wurde durch den letzten Halbsatz von § 69 II 1 SGB V »[...], so deren Voraussetzungen vorliegen.« klargestellt, dass in jedem Einzelfall zu untersuchen ist, ob die sachlichen und persönlichen Anwendbarkeitsvoraussetzungen des Kartellvergaberechts erfüllt sind. Rechtstechnisch handelt sich bei § 69 II 1 2. HS SGB V also nicht um eine Rechtsfolgen-, sondern um eine bloße Rechtsgrundverweisung auf die Vorschriften des Kartellvergaberechts.[44]

2. Kein Ausschluss des Vergaberechts durch § 22 I 1 SVHV

Nach § 22 I 1 SVHV, welcher auf Basis der Verordnungsermächtigung aus § 78 SGB IV von der Bundesregierung mit Zustimmung des Bundesrates am 21.12.1977 erlassen und durch Änderungsverordnung vom 30.10.2000[45] modifiziert wurde, muss dem Abschluss von Verträgen über Lieferungen und Leistungen durch die Sozialversicherungsträger, zu denen die gesetzlichen Krankenkassen nach § 1 I 1 SGB IV zählen, eine öffentliche Ausschreibung vorausgehen, es sei denn, es handelt sich um Verträge, die der Erbringung gesetzlicher oder satzungsmäßiger Versicherungsleistungen dienen. Was unter den gesetzlichen Leistungen der Krankenversicherung zu verstehen ist, ist im 3. Kapitel des SGB V (§§ 11 bis 69) geregelt. Zu den gesetzlichen Versicherungsleistungen im Krankheitsfall zählen unter anderem die Versorgung der Versicherten mit Arznei- und Verbandmitteln (§§ 27 I 2 Nr. 3, 31 SGB V), mit Heilmitteln (§ 27 I 2 Nr. 3, 32 SGB V) und mit Hilfsmitteln (§§ 27 I 2 Nr. 3, 33 SGB V). Folglich ist der Abschluss von Hilfsmittelversorgungsverträgen nach § 127 SGB V durch die gesetzlichen Krankenkassen nicht von der Regelung aus § 22 I 1 SVHV erfasst.

Diese Regelung schließt aber, entgegen teilweise vertretener Ansicht,[46] die Geltung anderer Normen, welche für Verträge, die der Erbringung gesetzlicher Versicherungsleistungen dienen, die Pflicht zur Durchführung einer Ausschrei-

---

44 *Burgardt*, MPJ 2009, 4 (7); *Sormani-Bastian*, ZESAR 2010, 13; *Ebsen*, Die BKK, 76 (78).
45 BGBl. I, S. 1485.
46 *Grienberger*, ZMGR 2009, 59 (64).

bung normieren, nicht aus.[47] Der Verordnungsgeber wollte die Sozialversicherungsträger durch die Regelung des § 22 I 1 SGB V lediglich dazu anhalten, Beschaffungen im Rahmen der Durchführung ihrer Verwaltungsangelegenheiten möglichst wirtschaftlich und mit ausreichendem Wettbewerb zu gestalten. Der Umstand, dass er Beschaffungen der Krankenkassen zur Erbringung gesetzlicher Versicherungsleistungen vom Anwendungsbereich des § 22 I 1 SVHV ausnahm, zeigt zwar Zurückhaltung in dem Sinne, dass er die Krankenkassen nicht mit Problemen belasten wollte, die die Durchführung von Ausschreibungen im Rahmen der Versichertenversorgung möglicherweise mit sich bringt. Allerdings kann § 22 I 1 SVHV nicht allein deshalb dahingehend interpretiert werden, dass der Verordnungsgeber dadurch der Geltung anderer, insbesondere europarechtlich determinierter, Vergabebestimmungen widersprechen wollte. Ein solcher Wille kann dem Verordnungsgeber mangels hinreichender Anhaltspunkte nicht unterstellt werden.

In diesem Sinne wurde ein durch Vertragsverletzungsbeschwerde vom 11.09.2001[48] im Hinblick auf diese Problematik eröffnetes Vertragsverletzungsbeschwerdeverfahren von der EU-Kommission eingestellt, da das Bundesgesundheitsministerium in einem Rundschreiben vom 15.02.2002 alle Bundesländer und gesetzlichen Krankenkassen darum gebeten hatte, § 22 SVHV jedenfalls richtlinienkonform in der Weise auszulegen, dass er nur unterhalb der Schwellenwerte Geltung beansprucht[49] und daher der eventuellen Anwendbarkeit des Kartellvergaberechts auf Aufträge der gesetzlichen Krankenkassen nicht entgegensteht.

Demnach hat § 22 I 1 SVHV keinen Einfluss auf die mögliche Anwendbarkeit des Kartellvergaberechts beim Abschluss von Hilfsmittelversorgungsverträgen durch die Krankenkassen. Aus dieser Norm folgt lediglich, dass aus haushaltsrechtlicher Sicht keine Ausschreibungspflicht für Hilfsmittelversorgungsverträge nach § 127 SGB V besteht.

II. Anwendbarkeit des Kartellvergaberechts kraft Verweisung in § 127 I 1 SGB V

Ob das Kartellvergaberecht zumindest für Hilfsmittelversorgungsverträge der Krankenkassen nach § 127 I SGB V, ungeachtet des Vorliegens von dessen An-

---

47 So auch *Klöck*, NZS 2008, 178 (182).
48 Registriernummer: 2001/4883, SG (2001) A/10118.
49 Schreiben der EU-Kommission vom 13.11.2002, zitiert über: *Stelzer*, WzS 2009, 303 (304).

wendbarkeitsvoraussetzungen, bereits durch die Verwendung des Begriffes der Ausschreibung in § 127 I 1 SGB V durch den nationalen Gesetzgeber für anwendbar erklärt wird,[50] kann dahinstehen, da eine europarechtlich verpflichtende Anwendung des Kartellvergaberechts mit den daraus resultierenden Konsequenzen jedenfalls nur dann angezeigt ist, wenn die Anwendbarkeitsvoraussetzungen des europäisch geprägten Kartellvergaberechts für Versorgungsverträge nach § 127 I, II SGB V erfüllt sind.[51] Dem entspricht die somit nur noch deklaratorische Rechtsgrundverweisung aus § 69 II 1 2. HS SGB V, wonach die Anwendbarkeit der §§ 97 bis 115 und 128 GWB nur für den Fall angeordnet wird, dass die dort genannten Voraussetzungen erfüllt sind.

III. Vorliegen der Anwendbarkeitsvoraussetzungen der §§ 98 ff. GWB

Somit wird im Folgenden zu prüfen sein, ob Hilfsmittelversorgungsverträge nach § 127 I, II SGB V die Anwendbarkeitsvoraussetzungen des europäischen Vergaberechts erfüllen. Diese Voraussetzungen sind in den §§ 98 – 100 GWB bzw. deren Richtlinienvorgaben aus den Art. 1, 7 und 12 bis 18 VKR normiert und müssen kumulativ vorliegen.

Im Einzelnen handelt es sich bei den Anwendbarkeitsvoraussetzungen um die Nachfrage eines öffentlichen Auftraggebers (§ 98 GWB bzw. Art. 1 IX VKR) und das Vorliegen eines öffentlichen Auftrages (§ 99 GWB bzw. Art. 1 II lit. a) VKR), welcher die festgesetzten Schwellenwerte überschreitet und nicht nach § 100 II GWB per se vom Geltungsbereich des europäischen Vergaberechts ausgenommen ist. Im Rahmen der Erörterungen zum Vorliegen eines öffentlichen Auftrags ist es dabei, wie noch zu zeigen sein wird, bei der Prüfung einiger Unterpunkte erforderlich, zwischen Versorgungsverträgen nach § 127 I SGB V und solchen nach § 127 II SGB V zu unterscheiden.

---

50 Dies verneint *Engelmann*, SGb 2008, 133 (142). Eine Verneinung erscheint auch überzeugend, da in § 127 I 1 SGB V nur der Begriff der »Ausschreibung«, nicht aber die maßgeblichen vergaberechtlichen Termini des »offenen« und »nichtoffenen Verfahrens« Erwähnung finden.
51 *Kingreen*, NJW 2008, 3393 (3397); *Knispel*, GesR 2009, 236 (237); *Stelzer*, WzS 2009, 267 (270); *Sorman-Bastian*, ZESAR 2010, 13.

1. Krankenkassen als öffentliche Auftraggeber im Sinne von § 98 Nr. 2 GWB

Zunächst muss der persönliche Anwendungsbereich des Kartellvergaberechts eröffnet sein. Das setzt voraus, dass es sich bei den nachfragenden gesetzlichen Krankenkassen um öffentliche Auftraggeber im Sinne von § 98 GWB bzw. dessen Richtlinienvorgabe aus Art. 1 IX, X VKR handelt.

Diese Fragestellung war in der Vergangenheit umstritten. Während die überwiegende Literatur und auch Teile der Rechtsprechung davon ausgingen, dass die gesetzlichen Krankenkassen als öffentliche Auftraggeber einzustufen sind,[52] wurde vereinzelt vertreten, dass sie die Voraussetzungen der öffentlichen Auftraggebereigenschaft nicht erfüllen.[53] Im Sinne des herrschenden Schrifttums hat sich im Jahr 2005 auch das Bundesversicherungsamt in einem Rundschreiben an die bundesunmittelbaren Sozialversicherungsträger gewandt.[54]

Aus Anlass eines Vorlagebeschlusses des OLG Düsseldorf[55] hat sich nunmehr der EuGH mit dieser Problematik befasst und auf die erste Vorlagefrage geantwortet, dass die gesetzlichen Krankenkassen in Deutschland für die Anwendung der Vorschriften der Vergabekoordinierungsrichtlinie als öffentliche Auftraggeber anzusehen sind[56], weshalb sich der bisher bestehende Meinungsstreit zumindest für die Praxis erledigt hat. Diese Entscheidung des EuGH verdient Zustimmung.

Das Unionsrecht und ihm folgend § 98 GWB verfolgt keinen institutionellen, sondern einen funktionalen Auftraggeberbegriff.[57] Wer in diesem Sinne als öffentlicher Auftraggeber anzusehen ist, ergibt sich aus der enumerativen Aufzählung in § 98 Nr. 1 bis 6 GWB bzw. deren Richtlinienvorgabe in Art. 1 IX VKR. Daher kommt es darauf an, ob die gesetzlichen Krankenkassen unter einen der

---

52   1. VK Bund, Beschl. v. 09.05.2007, Az.: VK 1 26/07, bestätigt durch Beschl. v. 09.01.2008, Az.: VK 3 145/07; *Gabriel*, NZS 2007, 344 ff.; *Kaeding*, PharmR 2007, 239 (242 f.); *Koenig/ Klahn/ Schreiber*, ZESAR 2008, 5 (6 ff.).

53   Bay. OLG, Beschl. v. 24.05.2004, Az.: Verg. 006/04; OLG Brandenburg, Beschl. v. 23.07.2007, Az.: VergW 14/07; SG Stuttgart, Beschl. v. 20.12.2007, Az.: S 10 KR 840/07.

54   Schreiben vom 26.08.2005.

55   OLG Düsseldorf, Beschl. v. 13.5.2007, AZ.: VII - Verg 50/06, VergabeR 2007, 622.

56   EuGH, Urt. v. 11.06.2009, Rs. C-300/07 (Hans und Christophorus Oymanns), MPR 2009, 131.

57   EuGH, Urt. v. 15.05.2003, Rs. C-214/00 (Kommission/ Spanien), NZBau 2003, 450 (454), Rn. 53; Urt. v. 12.12.2002, Rs. C-470/99 (Universale-Bau AG), NZBau 2003, 162 (165), Rn. 53; Urt. v. 01.02.2001, Rs. C-237/99 (Kommission/ Frankreich), VergabeR 2001, 118 (121), Rn. 43; Urt. v. 20.09.1988, Rs. 31/87 (Beentjes), Slg. 1988, 04635, Rn. 11; *Stickler*, in: Reidt/ Stickler/ Glahs, § 98 GWB Rn. 4; *Otting*, in: Bechtold, § 98 Rn. 1; *Zeiss*, in: jurisPK-VergR, § 98 Rn. 3; *Werner*, in: Byok/ Jaeger, Rn. 287.

dort angeführten Tatbestände subsumierbar sind. Da die gesetzlichen Krankenkassen keine Gebietskörperschaften[58] oder deren Sondervermögen im Sinne von § 98 Nr. 1 GWB sind und auch offensichtlich nicht unter § 98 Nr. 3 bis 6 GWB fallen, kommt einzig eine öffentliche Auftraggebereigenschaft nach § 98 Nr. 2 GWB in Betracht.[59] Die dort aufgeführten Merkmale eines öffentlichen Auftraggebers treffen auf die gesetzlichen Krankenkassen zu.

Nach § 98 Nr. 2 GWB setzt die öffentliche Auftraggeberschaft von Institutionen voraus, dass diese

- juristische Personen des öffentlichen oder privaten Rechts sind,[60]
- die mit dem besonderen Zweck gegründet worden sind, im Allgemeininteresse liegende Aufgaben nichtgewerblicher Art wahrzunehmen und
- überwiegend durch Gebietskörperschaften finanziert werden oder unter deren Aufsicht hinsichtlich ihrer Leitung stehen (Staatsgebundenheit).

Dieser Tatbestand erweitert mithin den Auftraggeberkreis über die klassischen Auftraggeber nach § 98 Nr. 1 GWB hinaus auf andere öffentliche Unternehmen und auch auf privatrechtlich organisierte Einheiten der öffentlichen Hand.[61] Ihm liegt insoweit ein funktionaler Ansatz zugrunde.[62] Denn § 98 Nr. 2 GWB hat das Ziel, mit dem Vergaberecht der weitgehenden Freiheit der öffentlichen Hand in der Wahl des Trägers einer öffentlichen Aufgabe und seiner Rechtsform zu folgen.[63] So soll die Wahl einer privaten Rechtsform zur Erfüllung einer öffentlichen Aufgabe keine Flucht aus dem Vergaberecht ermöglichen.[64] Gleichfalls wird jedoch dem Umstand Rechnung getragen, dass nicht alle Aufgaben, die ju-

---

58   Gebietskörperschaften sind Körperschaften des öffentlichen Rechts, deren Hoheitsbereich durch einen räumlich abgegrenzten Teil des Staatsgebietes bestimmt wird. Dazu zählen vor allem der Bund, die Länder, die (Land-)Kreise und die Gemeinden. Maßgebend für die Mitgliedschaft einer Person in dieser Form der Körperschaft ist deren Wohnsitz im Hoheitsgebiet.
59   *Knispel*, GesR 2009, 236 (237).
60   Der deutsche Gesetzgeber hat den europäischen Begriff »Einrichtungen des öffentlichen Rechts, [...] die Rechtspersönlichkeit besitzt« aus Art. 1 IX VKR in Form der Wendung »juristischen Personen des öffentlichen und privaten Rechts« umgesetzt.
61   *Eschenbruch*, in: Kulartz/ Kus/ Portz, § 98 Rn. 86.
62   *Zeiss*, in: jurisPK-VergR, § 98 GWB Rn. 23; *Dreher*, in: Immenga/ Mestmäcker, § 98 Rn. 21; *Wagner*, in: Langen/ Bunte § 98 Rn. 11; *Aicher*, in: Müller-Wrede VergR, Kap. 2 Rn. 9.
63   *Dreher*, in: Immenga/ Mestmäcker, § 98 Rn. 19.
64   *Bungenberg*, in: Loewenheim/ Meesen/ Riesenkampff, § 98 GWB Rn. 10; *Eschenbruch*, in: Kulartz/ Kus/ Portz, § 98 Rn. 86.

ristische Personen für die klassischen Auftraggeber durchführen, staatliche Aufgaben sind, die die Anwendung des Vergaberechts nach sich ziehen müssen.[65]

a) Krankenkassen als juristische Personen des öffentlichen Rechts

Dass die Krankenkassen als rechtsfähige Körperschaften des öffentlichen Rechts juristische Personen des öffentlichen Rechts sind und mithin die erste Voraussetzung von § 98 Nr. 2 GWB erfüllen, bestimmt § 4 I SGB V.

b) Im Allgemeininteresse liegende Aufgaben nicht gewerblicher Art

Zudem sind die gesetzlichen Krankenkassen als juristische Personen des öffentlichen Rechts zu dem besonderen Zweck gegründet worden, im Allgemeininteresse liegende Aufgaben nicht gewerblicher Art wahrzunehmen.
  Dieses Merkmal des Tatbestandes aus § 98 Nr. 2 GWB bzw. dessen unionsrechtliche Vorgabe aus Art. 1 IX lit. a) VKR verfolgt den Zweck, rein erwerbswirtschaftliche Betätigungen unter den Bedingungen des Marktes, die grundsätzlich nicht an das Vergaberecht gebunden sind, von Tätigkeiten zum Zwecke des Allgemeinwohls, die dem Vergaberecht unterliegen, abzugrenzen.[66] Eine Definition des Begriffs der im Allgemeininteresse liegenden Aufgaben nicht gewerblicher Art findet sich weder im deutschen Recht noch in den Vergaberichtlinien. Obwohl insbesondere der Begriff der Gewerblichkeit durch die Rechtsprechung deutscher Gerichte mit nationalem Inhalt geprägt ist, kann auf diesen Inhalt im Rahmen der Auslegung dieses Merkmals nicht unmittelbar zurückgegriffen werden. So hat der EuGH in konsequenter Anwendung des Grundsatzes der einheitlichen Anwendung des Unionsrechts in den Mitgliedstaaten entschieden, dass der Begriff der im Allgemeininteresse liegenden Aufgaben ein Begriff des Unionsrechts ist, der in allen Mitgliedstaaten eine autonome und einheitliche Auslegung erfahren muss, die unter Berücksichtigung des Kontextes der Vorschrift und den mit ihr verfolgten Zwecken zu ermitteln ist.[67]
  Beide Begrifflichkeiten, das Allgemeininteresse einerseits und die Nichtgewerblichkeit der Aufgaben andererseits, stehen miteinander im Zusammenhang.

---

65 *Dreher*, in: Immenga/ Mestmäcker, § 98 Rn. 19.
66 *Zeiss*, in: jurisPK-VergR, § 98 GWB Rn. 55.
67 EuGH, Urt. v. 16.10.2003, Rs. C-283/00 (Siepsa), Slg. 2003, I-11697, Rn. 79; Urt. v. 27.02.2003, Rs. C-373/00 (Adolf Truley), Slg. 2003, I-01931, Rn. 35.

Daher hat der EuGH beide Begrifflichkeiten in seiner früheren Rechtsprechung miteinander vermengt und einheitlich geprüft.[68] Nunmehr betont er jedoch, dass es sich bei dem Merkmal des Allgemeininteresses und dem Kriterium der Nichtgewerblichkeit, unabhängig von deren Wechselbezüglichkeit, um selbstständig zu prüfende Tatbestandsmerkmale handelt.[69] Beim Allgemeininteresse steht der tätigkeitsbezogene Aufgabenzuschnitt im Fokus, während es bei der Nichtgewerblichkeit um die marktbezogene Wettbewerbsform des Auftraggebers geht.[70]

(1) Allgemeininteresse der Aufgaben

Die Aufgaben der Krankenkassen liegen zunächst im Allgemeininteresse.

Nach der Rechtsprechung des EuGH zum funktionalen Auftraggeberbegriff zeichnen sich im Allgemeininteresse liegende Aufgaben dadurch aus, dass sie eng mit den institutionellen Funktionen und dem allgemeinen Wohl des Staates und der Bevölkerung verknüpft sind[71] und durch ein Gesetz oder aufgrund eines Gesetzes zugewiesen werden.[72]

Den Krankenkassen obliegt kraft gesetzlicher Regelung in § 1 I 1 SGB V die originär aus dem Sozialstaatsprinzip des Art. 20 I GG herrührende staatliche Aufgabe, die Gesundheit der Versicherten zu erhalten, wiederherzustellen oder deren Gesundheitszustand zu verbessern. Dabei ist unbeachtlich, dass derartige Aufgaben auch von Privatunternehmen erfüllt werden oder erfüllt werden können.[73]

Mithin nehmen die Krankenkassen aufgrund einer gesetzlichen Zuweisung Aufgaben wahr, die unmittelbar dem Wohl der Bevölkerung und dadurch auch mittelbar dem Wohl des Staates dienen.

---

68 Vgl. etwa EuGH, Urt. v. 27.02.2003, Rs. C-373/00 (Adolf Truley), Slg. 2003, I-01931, Rn. 33 ff.
69 EuGH, Urt. v. 22.05.2003, Rs. C-18/01 (Korhonen), NZBau 2003, 396 (398), Rn. 40.
70 *Eschenbruch*, in: Kulartz/ Kus/ Portz, § 98 Rn. 122.
71 EuGH, Urt. v. 22.05.2003, Rs. C-18/01 (Korhonen), Slg. 2003 I-05321, Rn. 31 ff.; Urt. v. 27.02.2003, Rs. C-373/00 (Adolf Truley), Slg. 2003 I-01931, Rn. 27 ff.; Urt. v. 15.01.1998, Rs. C-44/96 (Mannesmann Anlagenbau), Slg. 1998, I-00078, Rn. 20 ff.; *Zeiss*, in: jurisPK-VergR, § 98 Rn. 57.
72 *Zeiss*, in: jurisPK-VergR, § 98 Rn. 57.
73 EuGH, Urt. v. 10.04.2008, Rs. C-393/06 (Aigner), VergabeR 2008, 632 (637), Rn. 40.

(2) Nichtgewerblichkeit der Aufgaben

Diese im Allgemeininteresse liegenden Aufgaben der gesetzlichen Krankenkassen sind überdies auch nichtgewerblicher Art.[74] Einen gegenteiligen Schluss lassen die gesetzlichen Rahmenbedingungen, unter denen die Krankenkassen ihren Aufgaben nachkommen, nicht zu.

Das Kriterium der Nichtgewerblichkeit ist im Zusammenhang mit dem Begriff der im Allgemeininteresse liegenden Aufgaben zu sehen und soll diesen präzisieren.[75] Innerhalb der Aufgaben, welche im Allgemeininteresse liegen, ist daher zwischen solchen gewerblicher und solchen nichtgewerblicher Art zu unterscheiden.[76]

In Anbetracht des oben Ausgeführten kann zur Auslegung des Merkmals der Nichtgewerblichkeit aus § 98 Nr. 2 GWB nicht der nationale Gewerbebegriff herangezogen werden, sondern es ist eine europarechtskonforme Auslegung des Begriffs der Nichtgewerblichkeit vorzunehmen.[77] Somit muss dieser Terminus entsprechend dem Sinn und Zweck des europäischen Vergaberechts, nämlich einen funktionierenden Wettbewerb zwischen Unternehmen um öffentliche Aufträge zu gewährleisten, ausgelegt werden. Daher spricht es nach der Rechtsprechung des EuGH gegen das Vorliegen einer nichtgewerblichen Aufgabe, wenn der Auftraggeber seinen Aufgaben im Rahmen eines wettbewerblich geprägten Umfelds mit Gewinnerzielungsabsicht und unter Tragung des wirtschaftlichen Risikos der eigenen Tätigkeit nachgeht.[78]

In diesem Zusammenhang könnte man an einen Wettbewerb der gesetzlichen Krankenkassen untereinander denken, da den nach § 5 SGB V versicherungspflichtigen genauso wie den nach § 9 SGB V versicherungsberechtigten Personen gemäß §§ 173 bis 175 SGB V ein Wahlrecht zwischen den einzelnen gesetzlichen Krankenkassen zusteht und diese somit um Mitglieder konkurrieren. Insbesondere aufgrund der seit dem 01.01.2009 geltenden grundsätzlichen Versicherungspflicht nach § 193 III VVG kann auch ein Wettbewerb mit den privaten

---

74 So im Ergebnis auch EuGH, Urt. v. 11.09.2009, Rs. C-300/07 (Hans und Christophorus Oymanns), MPR 2009, 131 (134), Rn. 49 allerdings lediglich unter dem Hinweis auf eine fehlende Gewinnerzielungsabsicht der Krankenkassen und ohne weitere Begründung derselben.
75 *Wagner*, in: Langen/ Bunte, § 98 Rn. 27.
76 *Dreher*, in: Immenga/ Mestmäcker, § 98 Rn. 72.
77 *Wagner*, in: Langen/ Bunte, § 98 GWB Rn. 26; *Dreher*, in: Immenga/ Mestmäcker, § 98 Rn. 74; *Dreher*, DB 1998, 2579 (2582).
78 EuGH, Urt. v. 10.04.2008, Rs. C-393/06 – (Aigner), VergabeR 2008, 632 (637), Rn. 41 ff.; Urt. v. 22.05.2003, Rs. C-18/01 (Korhonen), Slg. 2003, I-05321, Rn. 49; Urt. v. 27.02.03, Rs. C-373/00 (Adolf Truley), Slg. 2003, I-01931, Rn. 60.

Krankenversicherern um versicherungsberechtigte Personen nicht von vornherein ausgeschlossen werden.

Wegen des Risikostrukturausgleiches zwischen den einzelnen gesetzlichen Krankenkassen nach den §§ 266 ff. SGB V, der diesen einen Teil des wirtschaftlichen Risikos ihrer Tätigkeit nimmt, sowie der solidarischen Finanzierung (§ 3 SGB V) muss jedoch an einem echten Leistungswettbewerb, sowohl der Kassen untereinander, als auch im Verhältnis zu den privaten Krankenversicherern, stark gezweifelt werden, da die Krankenkassen das wirtschaftliche Risiko bei Weitem nicht in demjenigen Umfang tragen, wie es in der privaten Wirtschaft üblich ist.[79] Dies muss für das Verhältnis der gesetzlichen Krankenkassen untereinander nach Einführung des Gesundheitsfonds erst Recht Geltung beanspruchen. Schließlich wird der Beitragssatz jetzt nicht mehr von den Krankenkassen selbst, mit der Folge unterschiedlicher Beitragssätze, festgelegt, sondern gemäß § 241 SGB V von der Bundesregierung durch Rechtsverordnung einheitlich für alle Kassen festgesetzt und erforderlichenfalls geändert. Wettbewerbsrelevante Unterschiede, wie vormals vor allem die Höhe des Beitragssatzes,[80] bestehen zwischen den Krankenkassen deshalb kaum noch.

Die so skizzierten Umstände stehen der Annahme eines echten Wettbewerbsverhältnisses zwischen den gesetzlichen Krankenkassen untereinander als auch zu den privaten Krankenversicherern entgegen.

Des Weiteren spricht eine andere Besonderheit des Systems der gesetzlichen Krankenversicherung für das Fehlen einer gewerblichen Tätigkeit der gesetzlichen Krankenkassen. So sind die Krankenkassen nach § 4 IV 1 SGB V verpflichtet, bei der Durchführung ihrer Aufgaben und in ihren Verwaltungsangelegenheiten sparsam und wirtschaftlich zu verfahren und dabei ihre Ausgaben so auszurichten, dass Beitragssatzerhöhungen ausgeschlossen werden können, es sei denn, die notwendige medizinische Versorgung ist anders nicht zu gewährleisten. Diese Obliegenheit zeigt, dass eine Gewinnerzielungsabsicht dem System der GKV, anders als dem der PKV, wesensfremd ist. Eine Gewinnerzielungsabsicht ist jedoch sowohl nach dem nationalen als auch dem unionsrechtlichen

---

79   So auch BSGE 82, 78 (79 f.) für das Verhältnis der gesetzlichen Krankenkassen untereinander.
80   Siehe dazu LSG Hamburg, Beschl. v. 18.09.2008, Az.: L 1 B 139 und 149/08 ER KR, NZS 2009, 502.

Verständnis ein wesentliches Merkmal des Gewerbebegriffes, bei dessen Fehlen von einer nichtgewerblichen Tätigkeit ausgegangen werden muss.[81]

c) Staatsgebundenheit der gesetzlichen Krankenkassen

Schließlich weisen die gesetzlichen Krankenkassen auch die von § 98 Nr. 2 GWB vorausgesetzte Staatsgebundenheit auf, da sie nach dem System der gesetzlichen Krankenversicherung überwiegend staatlich finanziert werden.

Diese Feststellung ist die Kernaussage des EuGH-Urteils in der Rechtssache C-300/07 und kam insbesondere im Hinblick auf die Ausführungen des EuGH zur mittelbaren Finanzierung durch den Staat im Urteil zur öffentlichen Auftraggeberschaft der öffentlich rechtlichen Rundfunkanstalten[82] wenig überraschend.

Die Feststellung ist indes rechtlich nicht zu beanstanden. So bestimmt zwar § 3 SGB V, dass die Leistungen und sonstigen Ausgaben der gesetzlichen Krankenkassen durch Beiträge der Mitglieder, also der Versicherten, finanziert werden. Eine unmittelbare Finanzierung der Kassen durch den Staat als Gebietskörperschaft scheidet daher aus. Jedoch wird die Mitgliedschaft in den Krankenkassen (§ 5 SGB V) und auch die aus der Mitgliedschaft folgende Pflicht zur Beitragszahlung (§§ 220 ff. SGB V) gesetzlich angeordnet. So kann es im Ergebnis keinen Unterschied machen, ob eine direkte Mittelzuwendung durch die öffentliche Hand oder eine indirekte Steuerung des Mittelflusses über eine gesetzliche Zwangsmitgliedschaft mit der Verpflichtung zur Zahlung von Beiträgen erfolgt, da im Ergebnis die Mittel jedenfalls in der gesetzlich vorgesehenen Höhe den Kassen zufließen.[83] Zudem fordert weder die Richtlinienvorgabe aus Art. 1 IX lit. c) VKR noch deren deutsche Umsetzung in § 98 Nr. 2 GWB, dass die Aufgabenwahrnehmung der Einrichtung direkt vom Staat, von Gebietskörperschaften oder von einer anderen Einrichtung des öffentlichen Rechts vergütet wird. So hat der EuGH zu Recht einer teilweise vertretenen Auffassung,[84] wonach es an einer

---

81 EuGH, Urt. v. 11.06.2009, Rs. C-300/07 (Hans und Christophorus Oymanns), MPR 2009, 131 (134), Rn. 49; BVerwG Urt. v. 24.06.1976, Az.: I C 56.74, GewArch 1976, 293 (294); Urt. v. 26.01.1993, Az.: 1 C 25.91, GewArch 1993, 196 (197); Beschl. v. 16.02.1995, Az.: 1 B 205.93, DÖV 1995, 644; BVerwG, Beschl. v. 11.03.2008, Az.: 6 B 2.08, GewArch 2008, 301; *Pielow*, in: Pielow, § 1 Rn. 135; *Kahl*, in: Landmann/ Rohmer, § 1 Rn. 3; *Tettinger*, in: Tettinger/ Wank, § 1 Rn. 2.
82 EuGH, Urt. v. 13.12.2007, Az.: C-337/06 (Rundfunkanstalten), VergabeR 2008, 42 (46 ff.), Rn. 32 ff.
83 *Boldt*, NJW 2005, 3757 (3759); *Knispel*, GesR 2009, 236 (237).
84 So *Bernhardt*, ZESAR 2008, 128 (136).

überwiegend staatlichen Finanzierung der Krankenkassen fehle, da die Finanzierung nicht dem Staat, sondern den Mitgliedern der Krankenkassen zuzurechnen sei, eine Absage erteilt.

Zwar hat der EuGH in seiner Entscheidung vom 11.06.2009 in der Rechtssache C-300/07 noch die Rechtslage zur Finanzierung der gesetzlichen Krankenkassen bis zum 31.12.2008 zugrunde gelegt. Jedoch ändert auch die ab dem 01.01.2009 geltende Rechtslage in Bezug auf die Finanzierung der gesetzlichen Krankenkassen aus dem Gesundheitsfonds nichts an der vorliegenden Einstufung, sondern macht die rechtliche Bewertung der Situation sogar noch klarer.

Wenn nämlich nach der Rechtsprechung des EuGH bereits die Rechtslage bis zum 31.12.2008, nach der die Krankenkassen immerhin noch die Höhe ihres Beitragssatzes, wenn auch in einem engen Rahmen, selbst bestimmen konnten, zutreffenderweise zur Annahme einer staatlichen Finanzierung der gesetzlichen Krankenkassen führt, so muss diese Annahme erst recht für die seit dem 01.01.2009 geltende Rechtssituation gelten, nach der der Staat neben der grundsätzlichen Pflicht zur Leistung der Versicherungsbeiträge auch noch den Beitragssatz der Höhe nach selbst festlegt.[85]

Wie sich eindeutig aus dem Wortlaut von § 98 Nr. 2 S. 1 GWB bzw. Art. 1 IX lit. c) der Vergabekoordinierungsrichtlinie 2004/18/EG ergibt, müssen die beiden Kriterien staatliche Finanzierung und Leitungsaufsicht nicht kumulativ vorliegen, sondern es reicht aus, wenn eine der beiden Eigenschaften auf die Organisation der gesetzlichen Krankenkassen zutrifft.

Die umstrittene Frage, welche Art und Intensität der staatlichen Aufsicht erforderlich ist, um auch das alternative Kriterium zur Bejahung der Staatsgebundenheit der Krankenkassen, die Aufsicht des Staates über die Leitung der Kassen bejahen zu können, muss daher im Rahmen dieser Arbeit keiner Entscheidung mehr zugeführt werden. So hat auch der EuGH diese Frage im Rahmen seiner Entscheidung zur öffentlichen Auftraggebereigenschaft der deutschen gesetzlichen Krankenkassen ausdrücklich offen gelassen.[86]

---

85   So auch *Knispel*, GesR 2009, 236 (238); *Hartmann/ Suoglu*, SGb 2007, 404 (408).
86   EuGH, Urt. v. 11.06.2009, Rs. C-300/07 (Hans und Christophorus Oymanns), MPR 2009, 131 (135), Rn. 58.

2. Hilfsmittelversorgungsverträge nach § 127 I, II GWB als öffentliche Aufträge im Sinne des § 99 GWB

Weitaus problematischer als die Einordnung der gesetzlichen Krankenkassen in die öffentliche Auftraggebereigenschaft ist die Fragestellung, ob es sich bei den Hilfsmittelversorgungsverträgen nach § 127 I, II SGB V um öffentliche Aufträge im Sinne von § 99 GWB handelt.

Während die Vergabe von Hilfsmittelversorgungsverträgen nach § 127 I, II SGB V in der vom 01.04.2007 bis 31.12.2008 geltenden Fassung der Vorschrift von Literatur und Rechtsprechung weit überwiegend als öffentlicher Auftrag eingestuft wurde,[87] wird diese Einordnung nach der Novellierung des § 127 SGB V durch das GKV-OrgWG im Hinblick auf die Versorgungsverträge nach § 127 II SGB V teilweise mit Erwägungen abgelehnt,[88] welche sich mit den Ausführungen des Gesetzgebers in der Begründung zum GKV-OrgWG decken[89] und im Wesentlichen an dem neuen Beitrittsrecht vertragsloser Leistungserbringer aus § 127 II a SGB V festgemacht werden.

Zunehmend werden aber die Ausführungen des Gesetzgebers in der Gesetzesbegründung zum GKV-OrgWG, sowie der daraus von Teilen der Literatur gezogenen Schluss des Nichtvorliegens eines öffentlichen Auftrags bei Versorgungsverträgen nach § 127 II SGB V, in Frage gestellt oder gar negiert.[90]

Im Folgenden wird daher unter Zugrundelegung der Begriffsbestimmung des öffentlichen Auftrags in § 99 I GWB und dessen europarechtlicher Vorgabe in Art. 1 II lit. a) VKR systematisch untersucht, ob Hilfsmittelversorgungsverträge nach § 127 I SGB V und speziell solche nach § 127 II SGB V öffentliche Aufträge darstellen.

---

[87] 1. VK Bund, Beschl. v. 09.05.2007, Az.: VK 1 26/07; *Klöck*, NZS 2008, 178 (185); *Bernhard*, ZESAR 2008, 128 (136 f.); *Burgi*, NZBau 2008, 480 (481); *Wille*, MPJ 2008, 81 (84); *Hartmann/ Suoglu*, SGb 2007, 404 (411 ff.); *Goodarzi/ Junker*, NZS 2007, 632 (634 f.); *Byok*, GesR 2007, 552 (557); *Kaeding*, PharmR 2007, 239 (244).

[88] LSG NRW, Beschl. v. 14.04.2010, Az.: L 21 KR 69/09 SFB; *Krauskopf*, in: Krauskopf, § 69 SGB V Rn. 18; *Schickert/ Schulz*, MPR 2009, 1 (7 f.); *Plagemann/ Ziegler*, GesR 2008, 617 (619); *Grienberger*, ZMGR 2009, 59 (69 f.); so wohl auch *Knispel*, GesR 2009, 236 (238); ähnlich *Murawski*, in: Kruse/ Hänlein, § 127 Rn. 3.

[89] BT-Drs. 16/10609, S. 66.

[90] 3. VK Bund, Beschl. v. 12.11.2009, Az.: VK 3 – 193/09, allerdings aufgehoben durch LSG NRW, Beschl. v. 14.04.2010, Az.: L 21 KR 69/09 SFB; 1. VK Bund, Beschl. v. 21.12.2009, Az.: VK 1 212/09; *Dreher/ Hoffmann*, NZBau 2009, 273 (279); *Stelzer*, WzS 2009, 303 (308); teilweise kritisch setzt sich auch *Grienberger*, ZMGR 2009, 59 (69 f.) mit der Gesetzesbegründung auseinander, gelangt jedoch letztendlich zum selben Ergebnis wie der Gesetzgeber.

Ein besonderes Augenmerk wird dabei auf den eingangs erwähnten Einfluss des Beitrittsrechts vertragsloser Leistungserbringer nach § 127 II a SGB V auf die öffentliche Auftragsqualität der Hilfsmittelversorgungsverträge nach § 127 II SGB V zu legen sein.

Nach § 99 I GWB bzw. Art. 1 II a) VKR versteht man unter öffentlichen Aufträgen entgeltliche, schriftliche[91] Verträge zwischen öffentlichen Auftraggebern und Unternehmen, die Liefer-, Bau oder Dienstleistungen zum Gegenstand haben, und Auslobungsverfahren, die zu Dienstleistungsaufträgen führen sollen. Bereits diese Definition zeigt, dass die charakteristischen Merkmale eines öffentlichen Auftrags überschaubar sind, der Begriff des öffentlichen Auftrags also weit gefasst ist, weshalb der Anwendungsbereich des Kartellvergaberechts vergleichsweise schnell eröffnet ist.[92]

a) Vertragsparteien eines öffentlichen Auftrags

Vertragsparteien eines öffentlichen Auftrags sind öffentliche Auftraggeber auf der einen und Unternehmen auf der anderen Seite.

Die Krankenkassen sind, wie bereits festgestellt, in Übereinstimmung mit der Entscheidung des EuGH in der Rechtssache C-300/07[93] als öffentliche Auftraggeber einzustufen. Es verbleibt allein die Frage, ob die Leistungserbringer als Unternehmen im Sinne des § 99 I GWB bzw. dessen Richtlinienvorgabe aus Art. 1 II a) VKR einzustufen sind.

Der Unternehmensbegriff ist ein europarechtlicher, weshalb die Unternehmenseigenschaft nicht davon abhängt, ob ein Unternehmen eine juristische Person im Sinne einer nationalen Rechtsordnung ist.[94] Der Unternehmenseigen-

---

91 Im Gegensatz zur Richtlinienvorgabe aus Art. 1 II lit. a) VKR fordert die nationale Umsetzung in § 99 I GWB nicht zwingend die Schriftlichkeit der Verträge. Diese abweichende Umsetzung ist europarechtlich unbedenklich, da sie dazu führt, dass auch mündliche Abreden dem Begriff des öffentlichen Auftrags unterfallen können und mithin ein höheres Schutzniveau gewährleistet ist, als von der Vergabekoordinierungsrichtlinie vorgesehen. Überdies wirkt sich dieser Unterschied im Rahmen der vorzunehmenden Bearbeitung nicht aus. Auf weitere Unterschiede zwischen den Vorgaben der Vergabekoordinierungsrichtlinie und deren deutscher Umsetzung im Kartellvergaberecht wird im Folgenden nur noch insoweit hingewiesen, als diese für die Bearbeitung erheblich sind.
92 *Esch*, MPR 2009, 149 (154).
93 Siehe Fußnote 55.
94 *Weiß*, in: Calliess/ Ruffert, Art. 81 EGV Rn. 25.

schaft liegt ein funktionales und weites Verständnis zugrunde.[95] Danach ist ein Unternehmen jede eine wirtschaftliche Tätigkeit ausübende Einheit, unabhängig von ihrer Rechtsform und der Art ihrer Finanzierung.[96] Wirtschaftlich ist in diesem Zusammenhang eine Tätigkeit, die darin besteht, Güter oder Dienstleistungen auf einem bestimmten Markt anzubieten.[97] Rein private oder außerhalb des Erwerbslebens stehende Tätigkeiten stellen keine wirtschaftliche Unternehmung dar.[98]

Die Leistungserbringer in der Hilfsmittelversorgung der GKV platzieren Hilfsmittelleistungen und somit Güter, mit oder ohne Dienstleistungsanteil, auf dem Hilfsmittelmarkt als relevanten Teil des Gesundheitsmarktes. Demnach handelt es sich bei ihnen, unabhängig von ihrer Rechtsform, um Unternehmen im Sinne von § 99 I GWB.

b) Vorliegen von Verträgen im Sinne von § 99 I GWB

Weiter müsste es sich bei den Hilfsmittelversorgungsverträgen um Verträge im Sinne von § 99 I GWB handeln. Bereits die Verwendung des Begriffes »Vertrag« in § 99 I GWB zeigt, dass eine Leistungsbeschaffung durch Verwaltungsakt keinen öffentlichen Auftrag darstellt.[99] Dies verdeutlicht, dass erst durch die Abschaffung des Zulassungssystems aus § 126 SGB V a. F. eine Anwendbarkeit des Kartellvergaberechts im Rahmen der Hilfsmittelversorgung von gesetzlich Versicherten durch die Krankenkassen in Betracht kommt.

---

95   OLG Düsseldorf, Beschl. v. 05.05.2004, Az.: VII Verg 78-03, NZBau 2004, 398 (399); *Wagner*, in: Langen/ Bunte, § 99 GWB Rn. 8; *Eschenbruch*, in: Kulartz/ Kus/ Portz, § 99 GWB Rn. 125; *Weiß*, in: Calliess/ Ruffert, Art. 81 EGV Rn. 25; *Dreher/ Hoffmann*, NZBau 2009, 273 (274).
96   EuGH, Urt. v. 18.01.2007, Rs. C-220/05 (Stadt Roanne), NZBau 2007, 185 (188), Rn. 44; Urt. v. 22.01.2002, Rs. C-218/00 (Cisal di Battistello Venanzio), Slg. 2002, I-00691, Rn. 22; EuG, Urt. v. 04.03.2003; Rs. T-319/99 (Fenin), Slg. 2003, II-00357, Rn. 35; OLG Düsseldorf, Beschl. v. 05.05.2004, Az.: VII Verg 78-03, NZBau 2004, 398 (399); *Bungenberg*, in: Loewenheim/ Meesen/ Riesenkampff, § 99 GWB Rn. 7.
97   EuGH, Urt. v. 22.01.2002, Rs. C-218/00 (Cisal di Battistello Venanzio), Slg. 2002, I-00691, Rn. 23; Urt. v. 18.06.1998, Rs. C-35/96 (Kommission/ Italien), Slg. 1998, I-03851, Rn. 36; Urt. v. 16.06.1987, Rs. 118/85 (Kommission/ Italien), Slg. 1987, 02599, Rn. 7.
98   *Bungenberg*, in: Loewenheim/ Meesen/ Riesenkampf, § 99 GWB Rn. 8.
99   *Schäffer*, ZESAR 2009, 374 (378).

(1) Personenverschiedenheit der Vertragspartner

Wesenmerkmal eines öffentlichen Auftrags ist die Teilnahme des Auftraggebers am Markt.[100] Daher zeichnen sich Verträge im Sinne von § 99 GWB durch eine Personenverschiedenheit zwischen Auftraggeber und Auftragnehmer aus.[101] Das Vergaberecht ist also erst anwendbar, wenn die zu beschaffende Leistung von einem Dritten erbracht werden soll, der sich vom Auftraggeber unterscheidet und sich daher die Frage stellt, welcher Dritte die Leistung erbringen soll.[102] Geschäfte, bei denen ein öffentlicher Auftraggeber ein eigenes Unternehmen, das er wie eine Dienststelle kontrollieren kann, beauftragt, erfüllen die Voraussetzung der Marktteilnahme nicht.[103] In diesen Fällen handelt es sich um ein vergaberechtsfreies In-House-Geschäft. Eine solche Personenverschiedenheit liegt bei den Versorgungsverträgen nach § 127 SGB V zwischen den gesetzlichen Krankenkassen als Auftraggebern und den von diesen rechtlich unabhängigen Leistungserbringern als Auftragnehmern indes unproblematisch vor.

(2) Öffentlich rechtliche Natur der Verträge

Denkbar wäre jedoch, insbesondere im Hinblick auf die nationale Gesetzesbegründung des Regierungsentwurfs des Vergaberechtsänderungsgesetzes (VgRÄG)[104] zu § 99 GWB[105] und älterer Rechtsprechung,[106] die Hilfsmittelversorgungsverträge dann nicht als Verträge im Sinne des § 99 GWB einzustufen, wenn es sich bei diesen um öffentlich rechtliche Verträge handelt. Schließlich sind öffentliche Aufträge im Sinne des Vergaberechts grundsätzlich privatrechtlicher Natur.[107]

---

100 *Hailbronner*, in: Byok/ Jaeger, Rn. 440; *Zeiss*, in: jurisPK-VergR, § 99 Rn. 23; *Weyand*, § 99 GWB Rn. 960.
101 EuGH, Urt. v. 18.11.1999, Rs. C-107/98 (Teckal), Slg. 1999, I-08121, Rn. 49; *Bungenberg*, in: Loewenheim/ Meesen/ Riesenkampff, § 99 Rn. 6; *Zeiss*, in: jurisPK-VergR, § 99 Rn. 44.
102 *Bungenberg*, in: Loewenheim/ Meesen/ Riesenkampff, § 99 Rn. 42.
103 *Bungenberg*, in: Loewenheim/ Meesen/ Riesenkampff, § 99 Rn. 43; *Hailbronner*, in: Byok/ Jaeger, Rn. 441.
104 Gesetz zur Änderung der Rechtsgrundlagen für die Vergabe öffentlicher Aufträge vom 29.05.1998, BGBl. I, S. 594.
105 BR Drs. 646/97, S. 24, dort geht der Gesetzgeber davon aus, dass öffentlich rechtliche Verträge dem öffentlichen Auftragsbegriff nach § 99 GWB nicht unterfallen.
106 OLG Celle, Beschl. v. 24.11.1999, Az.: 13 Verg 7/99, NZBau 2000, 299 (300).
107 *Hailbronner*, in: Byok/ Jaeger, Rn. 445; *Pünder*, in: Müller-Wrede VergR, Kap. 3 Rn. 39.

Die Frage nach der Rechtsnatur der Rechtsbeziehungen zwischen gesetzlichen Krankenkassen und Leistungserbringern war früher in weiten Bereichen streitig.[108]

Mit einer Änderung des § 69 SGB V im Zuge des GKV-GRG 2000 hat der Gesetzgeber den bestehenden Streit entschieden und mit Wirkung zum 01.01.2000 klargestellt, dass es sich bei den Rechtsbeziehungen zwischen den Krankenkassen und den Leistungserbringern nicht um solche des Privatrechts, sondern um öffentlich rechtliche Rechtsbeziehungen handelt.[109] So wird nunmehr gemäß § 69 I 1 SGB V das gesamte Leistungserbringerrecht und demnach auch die Hilfsmittelversorgungsverträge durch das vierte Kapitel des SGB V (§§ 69 bis 140 h) sowie die §§ 63 und 64 SGB V, vorbehaltlich einzelner in § 69 II SGB V angeordneter Ausnahmen, abschließend geregelt. Bei allen Vorschriften des SGB V, also auch denen des vierten Teils, handelt es sich um Sozialrecht, welches dem besonderen Verwaltungsrecht und mithin dem öffentlichen Recht zuzuordnen ist.

Entgegen der heutzutage wohl nicht mehr vertretbaren Auffassung des nationalen Gesetzgebers und des OLG Celle, steht die so kraft Gesetzes feststehende öffentlich rechtliche Rechtsnatur der Hilfsmittelversorgungsverträge nach § 127 SGB V aber gleichwohl der Annahme eines Vertrages im Sinne von § 99 I GWB nicht entgegen. So hat der EuGH bereits im Jahr 2001 entschieden, dass die Vertragsnatur für die Einordnung eines Vertrages unter den Begriff des öffentlichen Auftrags keine Rolle spielt.[110] Diese Entscheidung verdient Zustimmung. Schließlich kann die Zuordnung zu einer bestimmten Vertragsnatur nach nationalem Recht für die Einordnung eines Vertrages in die öffentliche Auftragseigenschaft schon deshalb nicht von entscheidender Bedeutung sein, da sich ansonsten Besonderheiten des nationalen Vertragsrechts europarechtlich auswirken könnten, was wiederum das Gebot der einheitlichen Auslegung des Unionsrechts in allen Mitgliedstaaten gefährden würde.[111] Schließlich wird die Unterscheidung zwischen privatrechtlichen und öffentlich rechtlichen Verträgen in vielen anderen Mitgliedstaaten der Europäischen Union nicht vorgenommen.[112] Bei einer anderen Bewertung hätte es der nationale Gesetzgeber in der Hand, vor der An-

---

108 Dazu ausführlich *Engelmann*, NZS 2000, 213 m.w.N.
109 BT-Drs. 14/1245, S. 68; *Engelmann*, in: jurisPK-SGB V, § 69 Rn. 5; *Auktor*, in: Kruse/ Hänlein, § 69 Rn. 3; *Becker/ Kingreen*, in: Becker/ Kingreen, § 69 Rn. 34; *Orlowski*, in: Maaßen/ Schermer/ Wiegand/ Zipperer, § 69 Rn. 2; *Hess*, in: KassKomm, § 69 SGB V Rn. 3; *Kingreen*, NJW 2008, 3393 (3397); *Engelmann*, NZS 2000, 213 (219).
110 EuGH, Urt. v. 12.7.01, Rs. C-399/98 (Ordine degli Architetti), Slg. 2001, I-5409, Rn. 73.
111 *Burgi*, NZBau 2008, 480 (484).
112 *Zeiss*, in: jurisPK-VergR, § 99 Rn. 58.

wendung des europäischen Vergaberechts in der Weise zu flüchten, dass er bestimmte Verträge dem Regime des öffentlichen Rechts unterwirft.[113] Dementsprechend wird in § 99 I GWB in Übereinstimmung mit dessen Richtlinienvorgabe aus Art. 1 II lit. a) VKR bewusst auch nur die Entgeltlichkeit von Verträgen, nicht aber deren privatrechtliche Natur gefordert.[114] Aus dem Richtlinientext kann somit nicht gefolgert werden, dass öffentlich rechtliche Verträge den öffentlichen Auftragsbegriff nicht erfüllen können.[115]

Daher stellen Hilfsmittelversorgungsverträge trotz ihres öffentlich rechtlichen Charakters Verträge im Sinne von § 99 I GWB dar.

c) Art der vertragsgegenständlichen Leistungen

Nach der Art der vertragsgegenständlichen Leistungen wird in der vergaberechtlichen Terminologie zwischen Liefer- (§ 99 II GWB), Bau- (§ 99 III GWB) und Dienstleistungsverträgen (§ 99 IV GWB) unterschieden. Fraglich erscheint, welchem dieser Vertragstypen die in den Hilfsmittelversorgungsverträgen nach § 127 I, II SGB V vereinbarten Versorgungsleistungen zuzuordnen sind.

Der Begriff des Hilfsmittels wird in § 33 SGB V nicht definiert. Dort wird lediglich der in § 27 I 2 Nr. 3 SGB V grundsätzlich geregelte Anspruch der Versicherten auf die Versorgung mit Hilfsmitteln konkretisiert. In einer nicht abschließenden Aufzählung werden in § 33 I 1 SGB V Hörhilfen, Körperersatzstücke und orthopädische Hilfsmittel als Beispiele für Hilfsmittel genannt. Zudem finden in § 33 II 1 SGB V die Sehhilfen explizite Erwähnung. Tatsächlich handelt es sich bei Hilfsmitteln um vielfältige Güter, die spezifische Eigenschaften und Maßnahmen wie Zubehör- und Ausstattungsdetails, Einmal- oder Wiederverwendung und vor allem handwerkliche Zurichtungen, Anpassungen oder andere Leistungen in sich vereinigen.[116]

Daher kommen vorliegend sowohl Lieferaufträge nach § 99 II GWB bzw. dessen Richtlinienvorgabe aus Art. 1 II lit. c) VKR als auch Dienstleistungsaufträge im Sinne von § 99 IV GWB bzw. Art. 1 II lit. d) VKR in Betracht. Einzig die Annahme eines Bauauftrages nach § 99 III GWB bzw. Art. 1 II lit. b) VKR scheidet von vornherein aus.

---

113 So auch *Althaus*, NZBau 2000, 277 (279); *Schäffer*, ZESAR 2009, 373 (378).
114 *Zeiss*, in: jurisPK-VergR, § 99 Rn. 58.
115 So auch *Dreher/ Hoffmann*, NZBau 2009, 273 (274); Leinemann, Rn. 145; *Klöck*, NZS 2008, 178 (182).
116 *Grienberger*, ZMGR 2009, 59 (60).

Zwar sind sowohl für Liefer- als auch für Dienstleistungsaufträge grundsätzlich die Vorschriften des Kartellvergaberechts einschlägig, bei einzelnen vergaberechtlichen Fragestellungen spielt jedoch, wie noch zu zeigen sein wird,[117] die Einstufung der in den Verträgen nach § 127 I, II SGB V vereinbarten Versorgungsleistungen in die Kategorien Liefer- oder Dienstleistungen eine ganz entscheidende Rolle, da Dienstleistungsaufträge in einigen wirtschaftlich bedeutsamen Branchen dem Anwendungsbereich des europäischen Vergaberechts weitgehend entzogen sind.[118]

(1) Begriff des Lieferauftrages nach § 99 II GWB

Gemäß § 99 II GWB bzw. Art. 1 II lit. c) Unterabsatz 1 VKR handelt es sich bei Lieferaufträgen um Verträge zur Beschaffung von Waren, die Kauf oder Ratenkauf, Leasing und Miet- oder Pachtverhältnisse mit oder ohne Kaufoption betreffen. Wie die Verwendung des Begriffes »insbesondere« in § 99 II 1 GWB zeigt, handelt es sich bei dieser Definition nicht um eine abschließende Aufzählung. Daher sind sämtliche anderen Vertragstypen, die den in der Definition aufgeführten gleichkommen, ebenfalls als Lieferaufträge einzustufen.[119] Mithin fallen insbesondere auch Werklieferungsverträge im Sinne von § 651 BGB unter den Begriff des Lieferauftrages nach § 99 II GWB.[120] Als Waren sind nach der Rechtsprechung des EuGH zur Warenverkehrsfreiheit der Art. 28 ff. AEUV alle beweglichen Sachen anzusehen, die einen Geldwert haben und Gegenstand eines Handelsgeschäfts sein können.[121] Dieses zur Warenverkehrsfreiheit entwickelte Begriffsverständnis lässt sich auf den Begriff der Waren im Sinne von Art. 1 II lit. c) Unterabsatz 1 VKR und somit auch auf § 99 II GWB ohne weiteres über

---

117 Siehe unten unter C. IV.
118 *Hailbronner*, in: Byok/ Jaeger, Rn. 489.
119 *Wagner*, in: Langen/ Bunte § 99 GWB, Rn. 43; *Stickler*, in: Reidt/ Sticker/ Glahs, § 99 Rn. 8.
120 VÜA Bund, Beschl. v. 02.08.1994, Az.: 1 VÜ 1/94, WuW/E VergAB 1, 4; *Wagner*, in: Langen/ Bunte, § 99 Rn. 43; *Dreher*, in: Immenga/ Mestmäcker, § 99 Rn. 93; *Bungenberg*, in: Loewenheim/ Meesen/ Riesenkampff, § 99 GWB Rn. 15; *Stickler*, in: Reidt/ Stickler/ Glahs, § 99 GWB Rn. 8.
121 EuGH, Urt. v. 10.12.1968, Rs. 7/68 (Kommission/ Italien), Slg. 1968, 00634, Ziff. 1.

tragen.[122] Schließlich dient auch das europäische Vergaberecht der Verwirklichung des freien Warenverkehrs als Instrument des gemeinsamen Binnenmarktes.

Bei einem Hilfsmittel als solchem, wie beispielsweise einer Bandage, Gehhilfe, Orthese oder Milchpumpe, handelt es sicher zwar um eine Ware im Sinne der einschlägigen Definition. Da die gesamte Hilfsmittelleistung jedoch nicht nur diese Sachleistung umfasst, sondern häufig auch Dienst- und werkvertragliche Elemente, wie Beratungs-, Zurichtungs- oder Anpassungsleistungen aufweist, kann die Annahme von Dienstleistungsaufträgen im Rahmen der Hilfsmittelversorgung insbesondere bei einem hohen Dienst- oder Werkleistungsanteil der Gesamtleistung nicht von vornherein ausgeschlossen werden.

(2) Begriff des Dienstleistungsauftrages nach § 99 IV GWB

Als Dienstleistungsaufträge gelten nach § 99 IV GWB bzw. dessen Richtlinienvorgabe aus Art. 1 II lit. d) Unterabsatz 1 VKR Verträge über Leistungen, die nicht unter den Begriff der Liefer- und Bauleistung fallen.

Der Dienstleistungsauftrag stellt folglich einen Auffangtatbestand dar, der grundsätzlich alle Verträge über Leistungen erfassen soll, die weder als Lieferaufträge im Sinne von § 99 II GWB, noch als Bauaufträge im Sinne von § 99 III GWB einzustufen sind.[123] Dementsprechend wird der Dienstleistungsauftrag inhaltlich nicht definiert, sondern lediglich negativ von den anderen Auftragsarten abgegrenzt. Dem Kartellvergaberecht liegt mithin ein weiter Dienstleistungsbegriff zugrunde, der nicht deckungsgleich mit dem nationalen Begriff des Dienstleistungsvertrages im Sinne von 611 BGB ist.[124] Auch kann zur Bestimmung des Dienstleistungsbegriffs nur sehr eingeschränkt auf die Dienstleistungsfreiheit aus den Art. 56 ff. AEUV zurückgegriffen werden, da der dortige Dienstleistungsbegriff auch Bauleistungen umfasst, andererseits aber den Kapitalverkehr ausnimmt.[125]

---

122 *Zeiss*, in: jurisPK-VergR, § 99 GWB Rn. 147; *Bungenberg*, in: Loewenheim/ Meesen/ Riesenkampff, § 99 GWB Rn. 15; *Wagner*, in: Langen/ Bunte, § 99 Rn. 44; siehe auch Erwägungsgrund 2 der Vergabekoordinierungsrichtlinie.
123 *Hailbronner*, in: Byok/ Jaeger, Rn. 488; *Otting*, in: Bechtold, § 99 Rn. 23 *Bungenberg*, in: Loewenheim/ Meesen/ Riesenkampff, § 99 GWB Rn. 21; *Eschenbruch*, in: Kulartz/ Kus/ Portz, § 99 Rn. 199; *Zeiss*, in: jurisPK-VergR, § 99 Rn. 180; *Stickler*, in: Reidt/ Stickler/ Glahs, § 99 Rn. 31; *Wagner*, in: Langen/ Bunte, § 99 Rn. 56.
124 *Otting*, in: Bechtold, § 99 Rn. 23; *Dreher*, in: Immenga/ Mestmäcker, § 99 Rn. 44.
125 *Stickler*, in: Reidt/ Stickler/ Glahs, § 99 Rn. 30.

(3) Einordnung der Hilfsmittelversorgungsverträge nach § 127 I, II SGB V

Um zu ermitteln, welchen Auftragstyp Hilfsmittelversorgungsverträge verkörpern, muss daher zuvorderst untersucht werden, nach welchen Kriterien in Mischfällen ein Lieferauftrag von einem Dienstleistungsauftrag abgegrenzt wird, zumal ein Lieferauftrag nach § 99 II 2 GWB bzw. Art. 1 II lit. d) Unterabsatz 2 VKR auch Nebenleistungen umfassen kann, die isoliert betrachtet als Dienstleistungsauftrag eingestuft werden müssten.

(aa) Abgrenzungskriterium aus § 99 VII 1 GWB

Die Antwort auf diese Frage gibt das GWB durch den im Wege des ÖPP-Beschleunigungsgesetzes[126] eingeführten § 99 VII GWB selbst. So entscheidet über den Charakter der einzelnen Leistung gemäß § 99 VII 1 GWB bzw. dessen Richtlinienvorgabe aus Art. 1 II lit. d) Unterabsatz 2 VKR bei der Abgrenzung von Liefer- zu Dienstleistungsaufträgen allein das wertmäßige Überwiegen des einen oder des anderen Leistungsteils. Nicht maßgeblich ist hingegen der Schwerpunkt der Leistung. Dieser ist vielmehr nach § 99 VII 2 GWB lediglich bei der Abgrenzung von Dienstleistungs- zu Bauaufträgen relevant.

Bei der Zur-Verfügung-Stellung von Waren, die individuell nach den Bedürfnissen des jeweiligen Kunden hergestellt und angepasst werden und über deren Nutzung die jeweiligen Kunden individuell zu beraten sind, ist nach der Auslegung des Abgrenzungskriteriums aus Art. 1 II lit. d) Unterabsatz 2 VKR durch den EuGH für die Berechnung des Wertes des jeweiligen Bestandteils die Anfertigung der genannten Waren dem Auftragsteil der Lieferung zuzuordnen.[127] Diese Annahme stützt der EuGH auf Art. 1 IV der Richtlinie 1999/44/EG zu bestimmten Aspekten des Verbrauchsgüterkaufs und der Garantien für Verbrauchsgüter, wonach Verträge über die Lieferung herzustellender oder zu erzeugender Verbrauchsgüter als Kaufverträge eingestuft werden.[128] Diese Herleitung erscheint überzeugend, da die Richtlinienvorschrift, wie im Übrigen auch der in Umsetzung der bezeichneten Richtlinie eingeführte § 651 BGB, von

---

126 Gesetz zur Beschleunigung der Umsetzung von Öffentlich Privaten Partnerschaften und zur Verbesserung gesetzlicher Rahmenbedingungen für Öffentlich Private Partnerschaften vom 01.09.2005, BGBl. 2005 Teil I, Nr. 56.
127 EuGH, Urt. v. 11.06.2009, Rs. C-300/07 (Hans und Christophorus Oymanns), MPR 2009, 131 (136), Rn. 66.
128 EuGH Urt. .v. 11.06.2009, Rs. C-300/07 (Hans und Christophorus Oymanns), MPR 2009, 131 (136), Rn. 65.

einem Warenbegriff ausgeht, zu dem auch die Herstellung bzw. Produktion der Ware gehört. Insoweit handelt es sich nämlich um einen Werklieferungsvertrag, der als Lieferauftrag im Sinne des Kartellvergaberechts einzustufen ist.[129]

Obwohl somit beispielsweise bei der Anfertigung und Anpassung von orthopädischen Maßschuhen der Schwerpunkt der Tätigkeit des Leistungserbringers im Bereich der Nebenleistung liegen wird, kann gleichwohl kein Dienstleistungsauftrag im Sinne von § 99 IV GWB bzw. Art. 1 II lit. d) VKR angenommen werden. Versorgungsverträge der Krankenkassen können nämlich nach der Rechtsprechung des EuGH nur dann als Dienstleistungsaufträge im Sinne des Kartellvergaberechts eingestuft werden, wenn zur ordnungsgemäßen Versorgung mit dem Hilfsmittel erforderliche Nebenleistungen, die nicht der Anfertigung des Hilfsmittels zuzurechnen sind, von ihrem Wert her den Sachwert des Hilfsmittels inklusive des Wertes der Anfertigung desselben übersteigen.[130]

Somit bedingt die Auslegung des Abgrenzungskriteriums aus Art. 1 II lit. d) Unterabsatz 2 VKR durch den EuGH im Hinblick auf die wertmäßige Zuordnung des Auftragsteils der Anfertigung der Waren eine Verengung des Anwendungsbereiches des Dienstleistungauftrages nach § 99 IV GWB. Daher muss im genannten Beispiel, wie auch in den meisten anderen Fallkonstellationen, in denen die Hilfsmittelversorgung einen Nebenleistungsanteil aufweist,[131] von Lieferaufträgen im Sinne des § 99 II GWB gesprochen werden. Eine andere Bewertung ist nahezu einzig bei Versorgungsleistungen mit niedrigem Waren- oder Materialwert, aber einer umfassenden echten Dienstleistungskomponente denkbar.

In solchen Sachverhalten stellt sich jedoch die Frage, ob die Versorgung dann überhaupt noch eine Hilfsmittelversorgung nach den §§ 27 I 2 Nr. 3, 33 SGB V oder nicht vielmehr eine Heilmittelversorgung nach den §§ 27 I 2 Nr. 3, 32 SGB V darstellt.

---

129 Siehe Fußnote 120.
130 So auch *Stelzer*, WzS 2009, 267 (270).
131 Weitere Beispiele für Hilfsmittelversorgungen mit Nebenleistungsanteil sind die Anfertigung und Anpassung von orthopädischen Einlagen, die Anpassung eines Hörgerätes an den Benutzer, die Abgabe eines Blutzuckermessgerätes und die Einweisung in dessen Gebrauch sowie die Abgabe einer mobilen Infusionspumpe und die Einweisung in deren Gebrauch.

(bb) Abgrenzung von Hilfs- zu Heilmitteln

Da weder der Begriff des Hilfsmittels noch der des Heilmittels im SGB V legal definiert ist, empfiehlt sich zur Abgrenzung eine Orientierung an der diesbezüglichen Rechtsprechung des BSG. Nach dessen neuerer Rechtsprechung[132] sind unter Heilmitteln im Sinne von § 32 SGB V ärztlich verordnete Dienstleistungen zu verstehen, die einem Heilzweck dienen oder einen Heilerfolg sichern und nur von entsprechend ausgebildeten und nach § 124 SGB V zugelassenen Personen erbracht werden dürfen.[133] Beispiele für Heilmittel im Sinne von § 32 SGB V sind dementsprechend Maßnahmen der physikalischen Therapie, der Sprachtherapie, der Ergotherapie sowie der podologischen Therapie.[134] Hilfsmittel sind demgegenüber sächlich medizinische Mittel, die den Erfolg der Heilbehandlung sichern oder die Folgen von Gesundsheitsschäden mildern oder ausgleichen.[135] Damit erachtet das BSG die im Zuge der Reform des Rechts der gesetzlichen Unfallversicherung[136] am 01.01.1997 in Kraft getretenen Begriffsbestimmungen aus § 30 SGB VII für Heilmittel und § 31 I SGB VII für Hilfsmittel auch im Bereich der gesetzlichen Krankenversicherung als verbindlich. Nach den Ausführungen des BSG steht der Übertragung dieser Begrifflichkeiten nicht entgegen, dass diese Definitionen bislang noch nicht im SGB V verankert wurden, denn daraus kann nicht auf den Willen des Gesetzgebers geschlossen werden, die Bereiche der gesetzlichen Unfallversicherung und der gesetzlichen Krankenversicherung diesbezüglich unterschiedlich zu behandeln.[137] In Mischfällen, also bei Dienstleistungen mit sächlichem Anteil und bei sächlich medizinischen Mittel

---

132 In älteren Urteilen ging das BSG noch davon aus, dass Heil- und Hilfsmittel allein aufgrund ihrer jeweiligen Zweckbestimmung voneinander abzugrenzen sind. Danach stand bei den Heilmitteln die Krankenbehandlung im Vordergrund, während durch Hilfsmittel nach beendetem Heilverfahren ein auf der Krankheit beruhendes Funktionsdefizit ausgeglichen werden sollte (vgl. BSGE 37, 138 [139]; 33, 263 [265]). Diese Rechtsprechung wurde jedoch mittlerweile ausdrücklich aufgegeben.
133 BSG, Urt. v. 28.09.2006, Az.: B 3 KR 28/05 R, NZS 2007, 495 (496); Urt. v. 28.06.2001, Az.: B 3 KR 3/00 R, SozR 3-2500, § 33 Nr. 41, 229.
134 *Beck*, in: jurisPK-SGB V, § 32 Rn. 14; vgl. auch Nr. 6 der Heilmittel-Richtlinien.
135 BSG, Urt. v. 28.09.2006, Az.: B 3 KR 28/05 R, NZS 2007 495 (496); Urt. v. 28.06.2001, Az.: B 3 KR 3/00 R, SozR 3-2500, § 33 Nr. 41, 229; Urt. v. 07.11.2000, Az.: B 1 KR 15/99, NZS 2001, 532 (533).
136 Die gesetzliche Unfallversicherung wird im siebten Buch des Sozialgesetzbuches (SGB VII) geregelt.
137 BSGE 88, 204 (214).

mit Dienstleistungsanteil, soll nach der Rechtsprechung des BSG der Schwerpunkt des Charakters der Versorgungsmaßnahme entscheidend sein.[138]

Aufgrund dieser Abgrenzungskriterien zwischen Heil- und Hilfsmitteln anhand der Begriffe Dienstleistungen einerseits und sächlich medizinische Mittel andererseits wird vertreten, dass Hilfsmittelversorgungsverträge niemals Dienstleistungsaufträge im Sinne des Kartellvergaberechts darstellen können.[139] Ob dieser Ansicht einschränkungslos beizupflichten ist, erscheint jedoch fraglich.

Denn sowohl bei der vergaberechtlichen Abgrenzung von Liefer- und Dienstleistungsaufträgen, als auch bei der sozialrechtlichen Abgrenzung von Heil- und Hilfsmitteln muss zwar in Mischfällen die sächliche und die Dienstleistungskomponente einer einheitlichen Leistung in Relation zueinander gesetzt werden. Jedoch ist dabei neben der fehlenden Deckungsgleichheit beider Dienstleistungsbegriffe vor allem zu beachten, dass das vom BSG entwickelte sozialrechtliche Abgrenzungskriterium zwischen Heil- und Hilfsmitteln nicht identisch mit dem vergaberechtlichen Abgrenzungskriterium zwischen Liefer- und Dienstleistungsaufträgen ist. So ist bei der kartellvergaberechtlichen Abgrenzung zwischen Dienstleistungs- und Lieferaufträgen nach § 99 VII 1 GWB eben nicht, wie bei der Abgrenzung zwischen Heil- und Hilfsmitteln, der Schwerpunkt der jeweiligen Leistung, sondern das wertmäßige Überwiegen des einen oder anderen Leistungsteils maßgeblich. Obwohl es inhaltlich bei beiden Abgrenzungen um die Unterscheidung zwischen Waren und Dienstleistungen geht, führt die Anwendung beider Abgrenzungskriterien auf ein und denselben Versorgungssachverhalt wegen ihrer Unterschiedlichkeit nicht zwangsläufig zu identischen Ergebnissen. Führten beide Abgrenzungskriterien – Schwerpunkt der Leistung auf der einen und wertmäßiges Überwiegen eines Leistungsteils auf der anderen Seite – immer zu gleichen Ergebnissen, wäre die in § 99 VII GWB kartellvergaberechtlich vorgenommene trennscharfe Unterscheidung zwischen beiden Kriterien sinnlos.

So muss der Schwerpunkt der Versorgung im sächlich medizinischen Bereich nicht zwingend mit dem wertmäßigen Überwiegen des sächlich medizinischen Mittels einhergehen. Insbesondere in Konstellationen mit niedrigem Warenwert ist es denkbar, dass zwar im Rahmen der medizinischen Gesamtschau der Schwerpunkt der Versorgung im sächlich medizinischen Bereich liegt, also ein Hilfsmittel im Sinne von § 33 SGB V anzunehmen ist, gleichwohl aber wertmäßig der vorhandene Dienstleitungsanteil dominiert und daher ein Dienstleis-

---

138 BSG, Urt. v. 19.03.2002, Az.: B 1 KR 36/00 R, SozR 3-2500, § 138 Nr. 2, 23; *Butzer*, in: Becker/ Kingreen, § 32 Rn. 7; *Wagner*, in: Krauskopf, § 32 SGB V Rn. 6.
139 *Dreher/ Hoffmann*, NZBau 2009, 273 (278); ähnlich *Burgi*, NZBau 2008, 480 (483).

tungsauftrag im Sinne des Kartellvergaberechts vorliegt. Dieser wertmäßig überwiegende Dienstleistungsanteil kann beispielsweise in der nach § 33 I 4 SGB V zum gesetzlichen Versorgungsumfang zählenden Einweisung, Schulung und Betreuung des Patienten im ordnungsgemäßen Umgang mit dem Hilfsmittel sowie einer technischen Beratung oder der Einrichtung eines (aktiven) Hilfsmittels auf die Bedürfnisse des Versicherten zu sehen sein.[140]

Zudem ist zu berücksichtigen, dass ein rein werkvertraglicher Anteil an der Versorgungsmaßnahme außerhalb des Bereiches des Werklieferungsvertrages keine Dienstleistung im Sinne einer Heilmittelversorgung nach § 32 SGB V darstellt, wohl aber eine Nebenleistung im Sinne von § 99 II 2 GWB verkörpert und daher hinsichtlich seines Wertes dem Auftragsteil »Dienstleistung« zuzurechnen ist.

Schließlich ist anzumerken, dass selbst der Gesetzgeber in § 127 I 2 und 4 SGB V davon ausgeht, dass Hilfsmittelleistungen nicht nur einen Dienstleistungsanteil, sondern wie § 127 I 4 2. Alt. SGB V klarstellt, durchaus auch einen unter Umständen sogar hohen Dienstleistungsanteil aufweisen können. Nach dieser Regelung sind nämlich Ausschreibungen von Hilfsmittelversorgungen mit hohem Dienstleistungsanteil in der Regel als nicht zweckmäßig anzusehen.

Folglich ist die Auffassung, wonach Hilfsmittelversorgungsaufträge niemals Dienstleistungsaufträge im Sinne des europäischen Kartellvergaberechts darstellen können, nicht absolut zwingend, wenngleich ihr insoweit beigepflichtet werden muss, dass Hilfsmittelversorgungsleistungen, die als Dienstleistungsaufträge im Sinne des Vergaberechts einzuordnen sind, eher theoretischer Natur sind und daher die absolute Ausnahme bilden.[141]

Obwohl somit im Ergebnis festzuhalten ist, dass Hilfsmittelversorgungsaufträge weit überwiegend Lieferaufträge im Sinne von § 99 II GWB bzw. Art. 1 II lit. c) VKR darstellen, sollen die theoretischen Konstellationen, in denen Hilfsmittelversorgungsaufträge auch Dienstleistungsaufträge im Sinne von § 99 IV

---

140 Beratungsintensive Hilfsmittelleistungen sind zum einen solche, die zur Anwendung medizinische Fachkenntnisse erfordern, da die Hilfsmittelversorgung auf den individuellen körperlichen Zustand des Patienten und auf dessen räumliches Umfeld sowie dessen Lebensgewohnheiten abzustimmen ist. Dazu zählen beispielsweise die Tracheostomatherapie und diverse Infusionstherapien. Beratungsintensiv sind ferner Hilfsmittelversorgungen mit einem erhöhten Gefährdungspotential, die zur Vermeidung von gesundheitsgefährdenden Handhabungsfehlern speziell geschultes Fachpersonal voraussetzen. Beispiele hierfür sind die die Schmerztherapie und die parenterale Ernährung.
141 Im Ergebnis ähnlich: *Wille*, MPJ 2008, 81 (84) die jedoch noch nicht einmal von einem Regel-Ausnahmeverhältnis ausgeht. Auch *Ebsen*, Die BKK 2010, 76 (81 f.) geht davon aus, dass Hilfsmittelversorgungsverträge Lieferaufträge sind ohne jedoch die Annahme eines Dienstleistungsauftrags im Einzelfall explizit auszuschließen.

GWB bzw. Art. 1 II lit. d) VKR sein können, der Vollständigkeit halber im Rahmen der weiteren Bearbeitung nicht außen vor bleiben. Schließlich kann ein kartellvergaberechtlicher Dienstleistungsauftrag zur Hilfsmittelversorgung zumindest nicht von vornherein gänzlich ausgeschlossen werden.

d) Vergabe von Hilfsmittelversorgungsverträgen nach § 127 I, II SGB V als mögliche Konzessionen

In einem nächsten Schritt ist der Fragestellung nachzugehen, ob diese grundsätzlichen Liefer- und theoretisch denkbaren Dienstleistungsaufträge nach der Systematik aus § 127 I, II SGB V im Wege einer Konzession vergeben werden.

(1) Wesen und Arten von Konzessionen

Konzessionsverträge sind ganz allgemein dadurch charakterisiert, dass

- eine Aufgabe, deren Erfüllung grundsätzlich einem öffentlichen Auftraggeber obliegt, auf einen Privaten übertragen wird,
- dem Auftragnehmer (Konzessionär) das Recht zur Verwertung seiner eigenen Leistung übertragen wird,
- der Konzessionär ein Entgelt von den Nutzern der von ihm erbrachten Leistung erhält und
- das Verwertungs- bzw. Betriebsrisiko im Wesentlichen bei dem Konzessionär liegt.[142]

Bei Konzessionsverträgen besteht die Gegenleistung für die Sach- und/oder Dienstleistung im Gegensatz zum normalen Austauschvertrag also gerade nicht vorwiegend in einem Entgelt, sondern in der Gewährung eines Rechts zur Verwertung der eigenen Leistung unter Übernahme des wirtschaftlichen Risikos.
   Das in Umsetzung der Vergabekoordinierungsrichtlinie ergangene deutsche Kartellvergaberecht kennt zwar lediglich den Begriff der Baukonzession in § 99

---

142 OLG Naumburg, Beschl. v. 04.12.2001, Az.: 1 Verg 10/01, NZBau 2002, 235 (236); OLG Brandenburg, Beschl. v. 03.08.2001, Az.: Verg 3/01, VergabeR 2002, 45 (48); OLG Düsseldorf, Beschl. v. 02.08.2000, Az.: Verg 7/00, WuW/E Verg 350 (352 f.); *Stickler*, in: Reidt/ Stickler/ Glahs, § 99 Rn. 27 a.

VI GWB,[143] die Vergabekoordinierungsrichtlinie selbst kennt neben der Baukonzession nach Art. 1 III VKR jedoch zusätzlich noch die Dienstleistungskonzession gemäß Art. 1 IV VKR. Die Dienstleistungskonzession ist sogar per se vom Geltungsbereich der Vergabekoordinierungsrichtlinie ausgenommen, wie es Art. 17 VKR explizit bestimmt.[144]

Sollten die theoretisch denkbaren Hilfsmittelversorgungsaufträge, die als Dienstleistungsaufträge im Sinne von § 99 IV GWB bzw. Art. 1 II lit. d) VKR einzustufen sind, nach § 127 I, II SGB V als Konzessionen vergeben werden und daher Dienstleistungskonzessionen im Sinne von Art. 1 IV der Vergabekoordinierungsrichtlinie darstellen, unterfielen sie mithin nach Art. 17 VKR per se nicht den Vorgaben des europäischen Vergaberechts. Trotz des Fehlens einer entsprechenden ausdrücklichen Regelung im nationalen Recht kann letztlich, unabhängig von der Frage, ob Konzessionsverträge das Merkmal der Entgeltlichkeit im Sinne von § 99 I GWB erfüllen, auch national nichts anderes gelten, da das Kartellvergaberecht – soweit rechtlich möglich – europarechtskonform ausgelegt werden muss.

(2) Nichtanerkennung einer vergaberechtsfreien Figur der Lieferkonzession

Bevor der Fragestellung nachgegangen wird, ob Hilfsmittelversorgungsaufträge nach der Systematik aus § 127 I, II SGB V im Konzessionswege vergeben werden, soll jedoch erarbeitet werden, ob auch eine vom Vergaberecht ausgenommene Figur der Lieferkonzession anzuerkennen ist. Schließlich hat die weit überwiegende Anzahl der Hilfsmittelversorgungsverträge nach § 127 I, II SGB V Lieferleistungen im Sinne von § 99 II GWB zum Gegenstand.

Eine Lieferkonzession ist zumindest ausdrücklich weder dem deutschen noch dem europäischen Vergaberecht bekannt. Folglich wird sie nicht explizit vom Geltungsbereich des europäisch geprägten Vergaberechts ausgenommen. Frag-

---

143 Der Begriff der Baukonzession wurde erst durch das Gesetz zur Modernisierung des Vergaberechts vom 20.04.2009, BGBl. I, S. 790 zusammen mit einer Konkretisierung der Definition des öffentlichen Bauauftrages als Reaktion auf die so genannte »*Ahlhorn*-Entscheidung« des OLG Düsseldorf (Beschl. v. 13.06.2007, Az.: VII-Verg 2/07, VergabeR 2007, 634) mit Wirkung zum 24.04.2009 ins GWB integriert.
144 Auch vom Geltungsbereich der für die Vergabe von Dienstleistungsaufträgen maßgeblichen Vorgängerrichtlinie 92/50/EWG war die Vergabe von Dienstleistungskonzessionen trotz des Fehlens einer ausdrücklichen Vorschrift in der Richtlinie nach der Rechtsprechung des EuGH ausgenommen, vgl. EuGH, Beschl. v. 30.05.2002, Rs. C-358/00 (Buchhändler-Vereinigung), Slg. 2002, I-04685, Rn. 28.

lich ist daher, ob die Vorschrift des Art. 17 VKR auf Lieferkonzessionen entsprechend angewandt werden kann.[145] Dies hätte zur Folge, dass über den Wortlaut dieser Vorschrift hinaus auch Lieferkonzessionen vom zwingenden Geltungsbereich des europäischen Vergaberechts ausgenommen wären, ohne dass es einer Erörterung der Fragestellung bedarf, ob Konzessionsverträge entgeltlich im Sinne von § 99 I GWB bzw. dessen Richtlinienvorgabe aus Art. 1 II lit. a) VKR sind.

Abgesehen von grundsätzlichen Bedenken gegen die erweiternde entsprechende Anwendung einer eng auszulegenden Ausnahmevorschrift, würde eine solche Analogie von Art. 17 VKR auf Lieferkonzessionen voraussetzen, dass die Lieferkonzession aus Sicht des europäischen Gesetzgebers lediglich versehentlich nicht vom Geltungsbereich der Richtlinie ausgenommen wurde, mithin also eine planwidrige Regelungslücke bei im Übrigen vergleichbarer Interessenlage existiert.

Eine diesbezügliche Regelungslücke kann aber schon begrifflich nur dann bestehen, wenn die Lieferkonzession als dogmatische Figur überhaupt anzuerkennen ist.[146] Dagegen spricht bei erster Betrachtung, dass weder das deutsche noch das europäische Vergaberecht eine Lieferkonzession kennt.

Unabhängig von dieser Problemstellung erscheint es jedoch äußerst fraglich, ob der europäische Gesetzgeber – die Existenz dieser Figur unterstellt – die Lieferkonzession planwidrig nicht vom Geltungsbereich des europäischen Vergaberechts ausgenommen hat. Schließlich kennt er in Form der Baukonzession definitiv auch andere Konzessionsarten, hat diese aber nicht vom Anwendungsbereich des europäischen Vergaberechts ausgenommen. Vielmehr wird die Baukonzession in Titel III der Vergabekoordinierungsrichtlinie 2004/18/EG (Art. 56 bis 65) besonderen Regelungen unterworfen. Dies könnte den Schluss zulassen, dass speziell nur die Dienstleistungskonzession dem Regime des Vergaberechts entzogen werden sollte, nicht jedoch der Wille bestand, auch andere Konzessionsarten vom Anwendungsbereich der Vergabekoordinierungsrichtlinie auszunehmen.

Um herauszufinden, ob dieser nahe liegende Schluss zutreffend ist, muss untersucht werden, welche Gründe den europäischen Gesetzgeber dazu verleitet haben, die Dienstleistungskonzession vom Geltungsbereich des Vergaberechtsregimes zu befreien.

Die Herausnahme der Dienstleistungskonzession aus dem Anwendungsbereich des europäischen Vergaberechts beruht nach Würdigung der Entstehungs-

---

145 Diese Frage wirft *Sormani-Bastian*, ZESAR 2010, 13 (15) auf, ohne sie indes zu beantworten.
146 Zweifelnd diesbezüglich: *Burgi*, NZBau 2008, 480 (485).

geschichte zur Vorgängerrichtlinie 92/50/EWG auf dem Gesichtpunkt, dass es in Bezug auf Dienstleistungskonzessionen große Unterschiede in den Regelungsstrukturen und Vergabemodalitäten der einzelnen Mitgliedstaaten gibt. Gleichwohl oder gerade deshalb hatte sich die EU-Kommission sowohl in ihrem Vorschlag vom 13.12.1990, als auch in ihrem überarbeiteten Vorschlag vom 28.08.1991 für eine Richtlinie des Rates, betreffend die Vergabe öffentlicher Dienstleistungsaufträge, die später zum Erlass der Richtlinie 92/50/EWG führte, ausdrücklich dafür ausgesprochen, »öffentliche Dienstleistungskonzessionen« in den Anwendungsbereich einer solchen Richtlinie miteinzubeziehen.[147] Dem widersprach jedoch der Rat im Gesetzgebungsverfahren und strich sämtliche Bezüge auf die Dienstleistungskonzession aus dem von der EU-Kommission unterbreiteten Richtlinienvorschlag. Er begründete diese Streichungen insbesondere damit, dass aufgrund der unterschiedlichen Gegebenheiten in den einzelnen Mitgliedstaaten hinsichtlich der Übertragung von Befugnissen bei der Verwaltung von öffentlichen Dienstleistungen und der Einzelheiten dieser Befugnisübertragung eine große Unausgewogenheit bezüglich der Zugangsmöglichkeiten zu diesen Konzessionsaufträgen entstehen würde.[148]

Auf Basis dieser Erwägungen im Rahmen des Erlasses der Vorgängerrichtlinie 92/50/EWG fand die Dienstleistungskonzession, diesmal freilich ausdrücklich, auch keinen Eingang in den Anwendungsbereich der Vergabekoordinierungsrichtlinie 2004/18/EG.

Daher hat der europäische Gesetzgeber bewusst lediglich Entscheidungen über die Vergabe von Dienstleistungskonzessionen nicht dem Regime des europäischen Vergaberechts unterworfen, sondern vielmehr weitgehend im insoweit autarken Verantwortungsbereich des Mitgliedstaates belassen. Eine Verallgemeinerung der Ausnahme aus Art. 17 VKR verbietet sich daher.

Soweit bisweilen die Vermutung laut wird, dass die wirklichen Gründe, die den europäischen Gesetzgeber dazu bewegten, Dienstleistungskonzessionen vom Anwendungsbereich der Vergabekoordinierungsrichtlinie und deren Vorgängerrichtlinie 92/50/EWG auszunehmen, etwas anders gelagert sind,[149] ändert dies nichts an dieser Bewertung. Die insoweit gemutmaßte abweichende Begründung fußt nämlich speziell auf der Eigenart der Dienstleistungskonzession und ist demnach einer Verallgemeinerung nicht zugänglich.

---

147 Vorschlag der Kommission vom 28.08.1991, Dokument *91/C 250/05, ABl. 1991, C 250, S. 4.*
148 Begründung des Rates *vom 25. 02. 1992, Dokument 4444/92 ADD 1, Nr. 6.*
149 *Burgi*, NZBau 2005, 610 (611); vgl. auch *Burgi*, NZBau 2008, 480 (485).

Danach sei die Entscheidung über die Übertragung der vormals staatlichen Aufgaben sehr eng mit der Grundsatzpolitik des jeweiligen Mitgliedstaates in Bezug auf die generelle Möglichkeit und Reichweite der Privatisierung von öffentlichen Aufgaben verbunden und weise somit eine große Nähe zur staatlichen Aufgabenverantwortung auf, was den europäischen Gesetzgeber vor der Einbeziehung der Vergabe von Dienstleistungskonzessionen in das Reglement des europäischen Vergaberechts habe zurückschrecken lassen.[150]

Zwar sind Dienstleistungskonzessionen in der Tat regelmäßig dadurch gekennzeichnet, dass eine ursprünglich hoheitlich ausgeführte Dienstleistung für einen bestimmten, meist längeren Zeitraum einem Privaten anvertraut wird, der dann in unmittelbare, entgeltliche Rechtsbeziehungen mit den vom jeweiligen Auftrag betroffenen Bürgern eintritt.[151] Häufig sind dabei auch originär in der Gemeinde wurzelnde Aufgaben der Daseinsvorsorge betroffen. Schließlich vergeben öffentliche Stellen Dienstleistungskonzessionen beispielsweise im Bereich der Trinkwasserversorgung, der Gasversorgung,[152] der Essensversorgung in Ganztagsschulen, der Hausmüllentsorgung,[153] der Gestaltung kommunaler Online Angebote, der Abwasserentsorgung,[154] der Bewirtschaftung von öffentlichem Parkraum,[155] im öffentlichen Personennahverkehr und sogar im Rettungswesen.[156]

Unabhängig von einer Erörterung über die Richtigkeit dieser Vermutung und der Tatsache, dass sie nicht die offizielle Begründung des europäischen Gesetzgebers ist, weshalb deren Eignung zur Ermittlung der gesetzgeberischen Planwidrigkeit angezweifelt werden muss, ist jedenfalls keine vergleichbare Interessenlage in Bezug auf eine mögliche Figur der Lieferkonzession gegeben. Schließlich sind Lieferleistungen herkömmlicher Weise nicht durch eine hoheitliche Ausführung geprägt und haben auch im Normalfall nicht den ständig wiederkehrenden Charakter der oben aufgeführten Dienstleistungen, weil sie sich regelmäßig in der einmaligen Übergabe der zu liefernden Waren an den Bürger erschöpfen. Zudem tritt der Konzessionär insbesondere bei Hilfsmittelversor-

---

150 *Burgi*, NZBau 2008, 480 (485); *Burgi*, NZBau 2005, 610 (611).
151 *Burgi*, NZBau 2008, 480 (485).
152 EuGH, Urt. v. 21.07.2005, Rs. C-231/03 (Coname), Slg. 2005, I-07287.
153 Nach § 16 KrW-/AbfG können qualifizierten Dritten die Entsorgungspflichten aus § 15 I KrW-/AbfG hinsichtlich der Abfälle aus privaten Haushaltungen übertragen werden.
154 In § 18 a II a WHG werden die Bundesländer ermächtigt, Regelungen mit bestimmten Voraussetzungen einzuführen, bei deren Vorliegen eine öffentliche rechtliche Körperschaft ihre Abwasserbeseitigungspflicht auf einen Dritten übertragen kann.
155 EuGH Urt. v. 13.05.2005, Rs. C-458/03 (Parking Brixen), Slg. 2005, I-08585.
156 *Burgi*, NZBau 2005, 610 (611).

gungsverträgen auch nicht in entgeltliche Beziehungen zum Patienten. Zwar ist der versicherte Patient regelmäßig unmittelbarer Empfänger der Hilfsmittelleistung, vergütet wird diese jedoch durch die gesetzliche Krankenkasse, deren Mitglied der Versicherte ist.

Eine entsprechende Anwendung von Art. 17 VKR auf eine – als existent unterstellte – Figur der Lieferkonzessionen kommt mithin unter keinem denkbaren Gesichtspunkt in Betracht.

Überdies erscheint es rechtspolitisch äußerst zweifelhaft, die vergaberechtliche Ausnahme für Dienstleistungskonzessionen in Art. 17 VKR noch auf weitere Konzessionsarten auszuweiten, da bereits die Figur der Dienstleistungskonzession mit enormen Abgrenzungsproblemen behaftet ist. So ist die Frage, ob ein dem Vergaberechtsregime unterfallender Dienstleistungsauftrag oder eine vergaberechtsfreie Konzession vorliegt, schon Gegenstand diverser gerichtlicher Auseinandersetzungen gewesen.[157] Aufgrund dieser Schwierigkeiten wird mittlerweile sogar die Forderung laut, die Ausnahme für Dienstleistungskonzessionen gänzlich zu streichen und auch diese dem europäischen Vergaberechtsregime zu unterwerfen.[158]

Ob die dogmatische Figur der Lieferkonzession überhaupt anzuerkennen ist, muss nun freilich nicht mehr abschließend bewertet werden, denn nach dem Vorstehenden ist in jedem Fall dem OLG Düsseldorf beizupflichten, welches mehrfach entschieden hat, dass es jedenfalls keine generell vom Anwendungsbereich des Kartellvergaberechts ausgenommene Lieferkonzession gibt.[159] Eine potentielle Lieferkonzession wäre demnach lediglich als eine besondere Erscheinungsform des Lieferauftrages einzustufen.[160]

Damit ist freilich nicht die Frage beantwortet, ob eine mögliche Lieferkonzession als Erscheinungsform eines Lieferauftrages nicht aus anderen Gründen, bei-

---

[157] EuGH, Urt. v. 10.09.2009, Rs. C-206/08 (WAZV Gotha), VergabeR 2010, 48; EuGH, Urt. v. 11.06.2009, Rs. C-300/07 (Hans und Christophorus Oymanns), MPR 2009, 131; Urt. v. 13.10.2005, Rs. C-458/03 (Parking Brixen), Slg. 2005, I-8585; OLG Düsseldorf, Beschl. v. 27.10.2004, Az.: VII Verg 41/04, VergabR 2005, 90; OLG Celle, Beschl. v. 05.02.2004, Az.: 13 Verg 26/03, NZBau 2005, 51; OLG Naumburg, Beschl. v. 04.12.2001, Az.: 1 Verg 10/01, NZBau 2002, 235; OLG Brandenburg, Beschl. v. 03.08.2001, Az.: Verg 3/01, VergabeR 2002, 45; OLG Düsseldorf, Beschl. v. 02.08.2000, Az.: Verg 7/00, WuW/E Verg 350.
[158] *Burgi*, NZBau 2008, 480 (485 f.).
[159] OLG Düsseldorf, Beschl. v. 19.12.2007, Az.: VII-Verg 51/07, NZBau 2008, 194 (197); Beschl. v. 18.11.2007, Az.: VII-Verg 47/07, PharmR 2008, 141 (146).
[160] So auch OLG Düsseldorf, Beschl. v. 19.12.2007, Az.: VII-Verg 51/07, NZBau 2008, 194 (197).

spielsweise wegen fehlender Entgeltlichkeit,[161] keinen öffentlichen Auftrag darstellt und deshalb vom Geltungsbereich des Kartellvergaberechts ausgenommen ist.

(3) Hilfsmittelversorgungsverträge als mögliche (Dienstleistungs-)Konzessionen

Somit kommt lediglich bei den wenigen Hilfsmittelversorgungsverträgen nach § 127 I, II SGB V, bei denen die Einzelversorgungen infolge des wertmäßigen Überwiegens des Dienstleistungsanteils als Dienstleistungsaufträge eingestuft werden können, nach Art. 17 VKR eine pauschale Ausnahme vom Anwendungsbereich der Vergabekoordinierungsrichtlinie in Betracht.

Voraussetzung dafür ist jedoch freilich, dass die einzelnen Aufträge zur Hilfsmittelversorgung der Versicherten von den gesetzlichen Krankenkassen nach der Systematik aus § 127 I, II SGB V überhaupt im Konzessionswege vergeben werden.

Die Dienstleistungskonzession stellt eine von vornherein nicht national, sondern europarechtlich geprägte Rechtsfigur dar[162] und wird in Art. 1 IV VKR als Vertrag definiert, der von einem öffentlichen Dienstleistungsauftrag nur insoweit abweicht, als die Gegenleistung für die Erbringung der Dienstleistung ausschließlich in dem Recht zur Nutzung der Dienstleistung oder in diesem Recht zuzüglich der Zahlung eines Preises besteht.

Klassische Beispiele von Dienstleistungskonzessionen sind die bereits angeführten Fälle der Übertragung von Aufgaben im Bereich der Trinkwasserversorgung, der Essensversorgung in Ganztagsschulen, der Gasversorgung, der Hausmüllentsorgung, der Gestaltung kommunaler Online-Angebote, der Abwasserentsorgung, des öffentlichen Personennahverkehrs, des Rettungswesens oder der

---

161 So *Hailbronner*, in: Byok/ Jaeger, Rn. 461, der davon ausgeht, dass Konzessionsverträge auf den Gebieten des Liefer-, Dienst- und Sektorenauftrags mangels Entgeltlichkeit nicht als öffentliche Aufträge angesehen werden können. An dieser These muss jedoch vor dem Hintergrund gezweifelt werden, dass dann keine Notwendigkeit bestanden hätte, die Dienstleistungskonzession explizit vom Geltungsbereich der Vergabekoordinierungsrichtlinie auszunehmen (so auch *Burgi*, NZBau 2008, 480 (485)). Anschaulich zu dieser Problematik: *Stickler*, in: Reidt/ Stickler/ Glahs, § 99 GWB Rn. 27 b ff.
162 *Burgi*, NZBau 2005, 610 (611).

Bewirtschaftung von öffentlichem Parkraum[163] aber auch der Veranstaltung und Annahme von Pferdewetten[164] an private Dienstleistungsunternehmen.

Allen Aufgabenübertragungen im Konzessionswege ist gemein, dass den privaten Dienstleistern das Recht eingeräumt wird, anstelle des öffentlichen Auftraggebers[165] die übertragenen Aufgaben auszuführen, sie dafür aber kein oder nur ein in seiner Bedeutung untergeordnetes Entgelt vom öffentlichen Auftraggeber erhalten. Vielmehr werden die Leistungen ausschließlich oder überwiegend vom Bürger vergütet, der die vom Konzessionär angebotene Dienstleistung in Anspruch nimmt[166] und mit diesem folglich in direkte, entgeltliche vertragliche Beziehungen in Form des konkreten Dienstleistungsvertrages eintritt, indem er beispielsweise öffentliche Verkehrsmittel nutzt oder den vom Konzessionär verwalteten öffentlichen Parkraum in Anspruch nimmt. Somit tragen die mit den Dienstleistungen betrauten Unternehmen das wirtschaftliche Risiko ihrer Tätigkeit selbst, da sie bei fehlender Nachfrage nach ihrem Dienstleistungsangebot keinen Gewinn erzielen oder gar nicht einmal eine Kostendeckung erreichen können.

Dabei sind regelmäßig im Vorfeld beträchtliche Aufwendungen erforderlich, um die Leistung anbieten zu können, die dann ebenfalls über die Entgelte für die erbrachten Dienstleistungen refinanziert werden müssen. So muss beispielsweise eine ausreichende Anzahl an Spezialfahrzeugen beschafft werden, um die Abfallentsorgung im gesamten Auftragsgebiet durchführen zu können, den Bedarf im öffentlichen Personennahverkehr hinreichend bedienen zu können oder einen zuverlässigen Notfallrettungsdienst zu gewährleisten. Der Konzessionär verfügt im Gegenzug aber im Rahmen des geschlossenen Konzessionsvertrages über eine bestimmte wirtschaftliche Freiheit, um die Bedingungen zur Nutzung seiner Leistung festzulegen.[167] Dem liegt die Annahme zugrunde, dass mit der Übernahme eines erhöhten Risikos auch ein weiterer Handlungsspielraum des Unternehmers korrespondieren muss.[168]

---

163 EuGH Urt. v. 13.05.2005, Rs. C-458/03 (Parking Brixen), Slg. 2005, I-08585.
164 EuGH, Urt. v. 13.09.2007, Rs. C-260/04 (Kommission/ Italien), Slg. 2007, I-07083; Urt. v. 06.03.2007, verb. Rs. C-338/04, C-359/04 und C-360/04 (Placanica u a.), Slg. 2007, I-01891.
165 Die öffentlichen Auftraggeber sind in den hier beispielhaft aufgeführten Fällen meist die Kreise und Gemeinden. Diese erfüllen als Gebietskörperschaften den Tatbestand des öffentlichen Auftraggebers nach § 98 Nr. 1 GWB bzw. Art. 1 IX Unterabsatz 1 VKR.
166 *Burgi*, NZBau 2005, 610 (611).
167 EuGH, Urt. v. 11.06.2009, Rs. C-300/07 (Hans und Christophorus Oymanns), MPR 2009, 131 (136 f.), Rn. 71.
168 *Weyd*, ZESAR 2009, 403 (407 f.).

Die Vergabe der Hilfsmittelversorgungsaufträge nach der Systematik aus § 127 I, II SGB V erfolgt folglich nur dann im Konzessionswege, wenn der mit der Wahrnehmung der konkreten Versorgung betraute Leistungserbringer das Risiko seiner Leistung ebenfalls in diesem Maße selbst trägt.

Auf diesem Gedanken basierend wird die Auffassung vertreten, dass es sich bei Versorgungsverträgen der Krankenkassen um Konzessionen handele, weil der Leistungserbringer als Vertragspartner des Versorgungsvertrages das wirtschaftliche Risiko der eigenen Leistung übernehme, da es von ärztlichen Verordnungen abhänge, ob und wie oft die Leistung abgerufen werde.[169] Bei einer solchen Argumentation darf jedoch nicht übersehen werden, dass der Leistungserbringer für jede erbrachte Versorgungsleistung vom öffentlichen Auftraggeber eine Vergütung erhält. Dies unterscheidet die Risikoverteilung bei Verträgen nach § 127 I, II SGB V systematisch deutlich von klassischen Konzessionen.

Ob Verträge nach § 127 I, II SGB V gleichwohl trotzdem noch als Konzession angesehen werden und damit – wenn die Leistungen inhaltlich Dienstleistungen im Sinne von § 99 IV GWB sind – unter den Begriff der Dienstleistungskonzession nach Art. 1 IV VKR subsumiert werden können, erscheint daher äußerst fragwürdig.

e) Vergabe von Hilfsmittelversorgungsverträgen nach § 127 I, II SGB V als Rahmenvereinbarungen

Vielmehr spricht diese Verteilung des Risikos dafür, sämtliche Hilfsmittelversorgungsverträge nach § 127 I, II SGB V als nicht vom europäischen Vergaberecht ausgenommene Rahmenvereinbarungen einzuordnen. Konzessionen und Rahmenvereinbarungen ähneln sich bisweilen sehr.[170]

Nach Erwägungsgrund 16 zur Vergabekoordinierungsrichtlinie 2004/18/EG soll wegen der unterschiedlichen Gegebenheiten in den Mitgliedstaaten in deren Ermessen gestellt werden, ob sie für öffentliche Auftraggeber die Möglichkeit eröffnen, auf Rahmenvereinbarungen zurückgreifen zu können. Dementsprechend sieht Art. 32 I VKR vor, dass die Mitgliedstaaten die Möglichkeit zum Abschluss von Rahmenvereinbarungen durch öffentliche Auftraggeber schaffen können. Von dieser Möglichkeit hat der deutsche Gesetzgeber in § 4 VOL/A-EG Gebrauch gemacht.

---

169 *Bloch/ Pruns*, SGb 2007, 645 (649); ähnlich, aber für den Bereich der Rabattverträge nach § 130 a VIII SGB V *Brixius/ Maur*, PharmR 2007, 451 (452).
170 *Ebsen*, Die BKK 2010, 76 (84).

Unter einer Rahmenvereinbarung versteht man gemäß § 4 I 1 VOL/A-EG bzw. Art. 1 V VKR eine Vereinbarung zwischen einem oder mehreren öffentlichen Auftraggebern und einem oder mehreren Wirtschaftsteilnehmern, die zum Ziel hat, die Bedingungen für die Aufträge, die im Laufe eines bestimmten Zeitraums vergeben werden sollen, festzulegen, insbesondere in Bezug auf den Preis und gegebenenfalls die in Aussicht genommene Menge.[171]

Rahmenvereinbarungen ermöglichen dem öffentlichen Auftraggeber mithin die Bündelung einer Vielzahl von Einzelaufträgen unter einem rechtlichen Dach mit einheitlichen Bedingungen.[172] Die EU-Kommission differenziert entsprechend der Regelung in Art. 32 IV Unterabsatz 2 VKR zwischen Rahmenvereinbarungen, in denen alle Bedingungen der späteren Einzelaufträge festgelegt sind, und solchen, bei denen dies nicht der Fall ist.[173] Erstere werden von der EU-Kommission als Rahmenverträge, letztere als Rahmenvereinbarungen im engeren Sinn bezeichnet.[174]

Nach § 127 II 1 SGB V sind in den Hilfsmittelversorgungsverträgen die Einzelheiten der unter dem Vertrag vorzunehmenden Versorgung zu regeln. Insbesondere sollen die Verträge nach dieser Norm Vorgaben über den Wiedereinsatz der Hilfsmittel, die Qualität der Hilfsmittel, zusätzlich zu erbringende Leistungen, die Anforderungen an die Fortbildung der Leistungserbringer, die Preise und die Abrechnung enthalten. Obgleich diese Anforderungen in § 127 I SGB V nicht ausdrücklich enthalten sind, kann auch für die nach § 127 I SGB V zu schließenden Verträge nichts anderes gelten. Durch diese äußerst detaillierte Vorgabe des Sozialgesetzgebers hinsichtlich der Regelungsdichte der Versorgungsverträge sind die Krankenkassen verpflichtet, alle Bedingungen der späteren Versorgungsleistungen bereits in den Verträgen nach § 127 I, II SGB V festzuhalten. Insofern kommt bei den Hilfsmittelversorgungsverträgen nach § 127 I,

---

171 Diese Definition findet sich überdies auch in § 3 VIII 2 VgV.
172 *Poschmann*, in: Müller-Wrede, § 3 a Nr. 4 Rn. 1; *Haak/ Reimnitz*, in: Willenbruch/ Bischoff, § 3 a VOL/A Rn. 155.
173 Erläuterungen der Kommission zu Rahmenvereinbarungen nach der Richtlinie 2004/18/EG, Dokument CC/2005/03 vom 14.07.2005, S. 3.
174 Erläuterungen der Kommission zu Rahmenvereinbarungen nach der Richtlinie 2004/18/EG, Dokument CC/2005/03 vom 14.07.2005, S. 3. Nur bei Rahmenverträgen darf die Vergabe der Einzelaufträge nach Art. 32 IV 2 1. Spiegelstrich VKR ohne erneuten Aufruf zum Wettbewerb erfolgen, ansonsten muss nach Maßgabe von Art. 32 IV 2 2. Spiegelstrich lit. a) bis d) VKR unter den Rahmenvereinbarungspartnern erneut zum Wettbewerb aufgerufen werden.

II SGB V nach der Terminologie der EU-Kommission nur die Annahme von Rahmenvereinbarungen in Form von Rahmenverträgen in Betracht.[175]

(1) Abgrenzung zwischen Konzession und Rahmenvereinbarung

Gemeinsamkeiten haben Konzessionen und insbesondere Rahmenvereinbarungen ohne Abrufverpflichtung insoweit, dass auch bei letzteren der Tätigkeit des Vertragspartners des öffentlichen Auftraggebers wegen der Ungewissheit über die Zahl der Einzelaufträge ein gewisses, wenn auch überschaubareres, wirtschaftliches Risiko beiwohnt.[176]

Insbesondere der Vertragspartner einer Rahmenvereinbarung, in der alle Bedingungen der späteren Einzelaufträge festgelegt sind, verfügt aber nicht, wie der Konzessionär bei der Dienstleistungskonzession, über eine gewisse wirtschaftliche Freiheit bei der Festlegung der Bedingungen hinsichtlich der Nutzung seiner Leistung. Schließlich sind dem Rahmenvereinbarungspartner insoweit enge Grenzen gesetzt, als dass sämtliche im Laufe eines bestimmten Zeitraums an ihn zu vergebenden Einzelaufträge nach § 4 III 1, V lit. a) und b) VOL/A-EG bzw. Art. 32 II Unterabsatz 3 VKR den in der Rahmenvereinbarung festgelegten Bedingungen unterworfen sind.

Im Rahmen der Verträge nach § 127 I, II SGB V liegt es so, dass die Leistungserbringer für jede einzelne von ihnen erbrachte Hilfsmittelleistung eine Gegenleistung durch die Krankenkassen erhalten. Diese besteht in dem Entgelt, welches für die einzelnen Leistungen des Leistungserbringers im Versorgungsvertrag nach § 127 I, II SGB V mit den Krankenkassen festgelegt wurde. Diese Konstellation unterscheidet sich von der bei den klassischen Konzessionen vorzufindenden Situation dergestalt, dass die Vergütung der Leistung nicht durch am Vertrag unbeteiligte Dritte, sondern durch den Vertragspartner selbst vorgenommen wird. Der EuGH hat in einem Urteil bezüglich des spanischen Gesundheitssystems entschieden, dass es untypisch für eine Dienstleistungskonzession ist, wenn die Erbringung von Dienstleistungen gegenüber einzelnen Patienten im

---

175 Weil jedoch weder die Vergabekoordinierungsrichtlinie noch das zu deren Umsetzung ergangene deutsche Kartellvergaberecht diese Differenzierung übernommen hat, sondern für beide Arten von Rahmenvereinbarungen Regelungen unter dem einheitlichen Oberbegriff der Rahmenvereinbarung enthält, soll aus Gründen der Verständlichkeit im Rahmen der weiteren Erörterungen auch ausschließlich der Begriff der Rahmenvereinbarung Verwendung finden.
176 Leinemann, Rn. 141 spricht sich daher dafür aus, in solchen Konstellation vor allem im sozialen Bereich von Konzessionen auszugehen.

Bereich des Gesundheitssystems durch private Dienstleister nicht von den Patienten selbst, sondern von der Gesundheitsverwaltung, die auch in diesem Fall Vertragspartner des Dienstleisters ist, vergütet wird.[177] Daher spricht der Umstand der vorgesehenen Vergütung der Hilfsmittelleistungen durch die Krankenkassen auch hier gegen die Annahme einer Konzession und für das Vorliegen einer Rahmenvereinbarung.

Überdies spricht für die Annahme einer Rahmenvereinbarung, dass den Leistungserbringern hinsichtlich der Bedingungen, unter deren Geltung ihre Leistung im Einzelfall erbracht und vergütet wird, keinerlei oder nur ein verschwindend geringer Spielraum zukommt, da diese, wie soeben dargestellt, durch die von den Krankenkassen im Versorgungsvertrag nach § 127 I, II SGB V zu treffenden detaillierten Regelungen vorgegeben sind.

Das wirtschaftliche Risiko der Tätigkeit der Leistungserbringer im Rahmen der vertraglichen Hilfsmittelversorgung liegt folglich allein darin, dass der Krankenkasse in Erwartung hoher Abnahmezahlen ein besonders günstiger Preis für die einzelne Versorgung des Versicherten mit dem vertragsgegenständlichen Hilfsmittel angeboten wurde, der sich für den Leistungserbringer lediglich kostendeckend oder gar defizitär auswirkt, sollte die im Vorfeld kalkulierte Zahl der Versorgungsfälle, aus welchen Umständen auch immer, nicht erreicht werden.

Schließlich liegt es in aller Regel so, dass in den Versorgungsverträgen nach § 127 I, II SGB V keine Mindestabnahmemengen bzw. Abrufverpflichtungen festgelegt werden. So ist die Vereinbarung einer solchen Mindestabnahmemenge für Hilfsmittelversorgungsverträge gesetzlich nicht vorgeschrieben. Weder in § 127 SGB V selbst, noch in anderen Normen oder untergesetzlichen Regelungen finden sich Vorgaben dazu. Auch in der Praxis wird von einer solchen Mindestabnahmevereinbarung durch die Krankenkassen kein Gebrauch gemacht.[178] Der Grund für diese Vertragsgestaltungspraxis ist darin zu sehen, dass trotz existierender Erfahrungen häufig die genaue Anzahl der Verordnungen bestimmter Hilfsmittel nur schwer absehbar ist und die Krankenkassen daher, nicht zuletzt wegen ihrer aus § 4 IV SGB V folgenden Pflicht zur sparsamen Mittelverwendung, aus Wirtschaftlichkeitsgründen keine Mindestabnahmemengen zusichern wollen und dürfen.

Zwar wird auch das wirtschaftliche Risiko bei Konzessionen durch eine mangelnde Nachfrage hinsichtlich der vom öffentlichen Auftraggeber übernommenen Leistung bestimmt, jedoch ist das Risiko des Leistungserbringers bei Verträ-

---

177 EuGH, Urt. v. 27.10.2005, Rs. C-234/03 (Contse SA u.a.), Slg. 2005, I-09315, Rn. 22.
178 Wie in dem Fall, den die 3. VK des Bund, Beschl. v. 09.01.2008, Az.: VK 3 145/07 zu entscheiden hatte.

gen nach § 127 I, II SGB V trotz fehlender Abrufverpflichtung ungleich niedriger, da die Leistungserbringer von der Krankenkasse für jede abgerufene (Sach-)Leistung ein Entgelt erhalten. Insbesondere die Gesundheitshandwerker[179] werden die Hilfsmittel häufig erst infolge einer Verordnung des Versicherten anfertigen, so dass sie regelmäßig nicht Gefahr laufen, auf einer Leistung »sitzen zu bleiben«.[180] Zudem wird der Leistungserbringer, insbesondere in Anbetracht des erst kürzlich vollends[181] abgeschafften Zulassungssystems, in aller Regel bereits vor dem Abschluss der Rahmenvereinbarung und unabhängig von diesem über entsprechende Produktionsstätten und das erforderliche Personal verfügen, so dass er im Vorfeld zur durch den Hilfsmittelversorgungsvertrag begründeten Leistungsverpflichtung keine oder nur verhältnismäßig geringe Aufwendungen zu tätigen hat.[182] Demgegenüber muss der klassische Konzessionär in erhebliche, das wirtschaftliche Risiko erhöhende, Vorleistungen treten, welche regelmäßig in der Anschaffung von speziellen Fahrzeugen oder sonstigen technischen Gerätschaften oder Einrichtungen oder der Unterhaltung und Ausstattung bestimmter Einrichtungen bestehen. Überdies steht dem Konzessionär, der seine Vorleistungen über Entgelte Dritter refinanzieren muss, im Gegensatz zum Partner eines Versorgungsvertrages nach § 127 I, II SGB V, nicht nur ein Schuldner, der zudem noch überaus solvent ist, sondern eine Vielzahl von Schuldnern gegenüber, wodurch das Risiko des Zahlungsausfalls deutlich erhöht wird.[183]

Hingegen vermag der vom EuGH in seinem Urteil zur Rechtssache C-300/07 angeführte Umstand, dass dem Leistungserbringer im Vorfeld häufig bekannt ist, wie viele gesetzlich versicherte Personen an dem konkreten Krankheitsbild leiden, zu dessen Behandlung das von ihm angebotene Hilfsmittel bestimmt ist, keinen signifikanten Unterschied von Versorgungsverträgen zu klassischen Konzessionen im Hinblick auf das wirtschaftliche Risiko des Unternehmens zu begründen. Schließlich wird der Konzessionär aufgrund seiner Erfahrung oder in der Vergangenheit erhobener Zahlen ebenfalls regelmäßig wissen, wie hoch die Nachfrage nach seiner Leistung ist.

---

179 Unter den Gesundheitshandwerkern versteht man Chirurgiemechaniker, Augenoptiker, Hörgeräteakustiker, Orthopädietechniker und Orthopädieschuhmacher (vgl. Ziff. 14, 33, 34, 35 und 36 der Anlage A zur HwO).
180 *Weyd*, ZESAR 2009, 403 (407).
181 Endgültig abgeschafft wurde das Zulassungssystem erst durch den Ablauf der Übergangsfrist aus § 126 II 3 SGB V.
182 So auch: EuGH, Urt. v. 11.06.2009, Rs. C-300/07 (Hans und Christophorus Oymanns), MPR 2009, 131 (137), Rn. 74.
183 So auch *Weyd*, ZESAR 2009, 403 (407).

Gleichwohl lassen die angeführten Umstände insgesamt den Schluss zu, dass das wirtschaftliche Risiko des Leistungserbringers bei Versorgungsverträgen nach § 127 I, II SGB V nicht mit dem eines Konzessionärs gleichzusetzen ist. Würde man bei Verträgen, bei denen der Vertragspartner auch Schuldner der Leistung ist, der Umfang des Abrufs der vereinbarten Leistung jedoch (in gewissem Maße) ungewiss ist, stets das Vorliegen einer Konzession annehmen, so liefe die Figur der Rahmenvereinbarung ohne vereinbarte Mindestabnahmemenge leer.

Ein solcher Rückschluss ist aber mit dem Willen des europäischen und deutschen Gesetzgebers nicht vereinbar. Weder im deutschen Kartellvergaberecht noch in der Vergabekoordinierungsrichtlinie ist der Bestand einer Rahmenvereinbarung an eine Abrufverpflichtung hinsichtlich der darin vereinbarten Leistung gekoppelt. Vielmehr besteht an der rechtlichen Anerkennung einer Rahmenvereinbarung ohne Mindestabnahmemenge bzw. Abrufverpflichtung kein Zweifel.[184] Dies gilt sowohl für Rahmenvereinbarungen mit mehreren Partnern auf Auftragnehmerseite, als auch dann, wenn die Rahmenvereinbarung nur mit einem einzigen Wirtschaftsteilnehmer abgeschlossen wurde.[185] Schließlich ergibt sich schon aus der Richtliniendefinition der Rahmenvereinbarung in Art. 1 V VKR, dass die in Aussicht genommene Menge nur gegebenenfalls festzulegen ist. Dementsprechend bestimmt § 4 I 2 VOL/A-EG, dass das Auftragsvolumen einer Rahmenvereinbarung nicht abschließend festgelegt werden muss. Man spricht in solchen Fällen von einseitig verbindlichen Rahmenvereinbarungen, denn das Unternehmen verpflichtet sich einseitig gegenüber dem Auftraggeber, die vertraglich festgelegten Leistungen auf Abruf zu erbringen,[186] während dem Auftraggeber keine Verpflichtung zur Inanspruchnahme der vorgehaltenen Leistung obliegt.[187] In Schrifttum und Rechtsprechung wird sogar davon ausgegangen, dass diese einseitig verbindlichen Rahmenvereinbarungen, welche einem Optionsrecht ähneln, den Regelfall einer Rahmenvereinbarung nach § 4 VOL/A-EG verkörpern.[188]

---

184 *Korthals*, in: Kulartz/ Marx/ Portz/ Prieß, § 3 a Rn. 104; *Graef*, NZBau 2005, 561 (566); ähnlich *Wille*, MPJ 2008, 81 (84).
185 *Korthals*, in: Kulartz/ Marx/ Portz/ Prieß, § 3 a Rn. 104.
186 Boesen, § 99 Rn. 37; *Keldungs*, in: Ingenstau/ Korbion, § 5 b VOB/A Rn. 2; *Poschmann*, in: Müller-Wrede, § 3 a Nr. 4 Rn. 24; *Korthals*, in: Kulartz/ Marx/ Portz/ Prieß, § 3 a Rn. 104.
187 *Poschmann*, in: Müller-Wrede, § 3 a Nr. 4 Rn. 24; *Kapellmann*, in: Kapellmann/ Messerschmidt, § 5 b VOB/A Rn. 2.
188 VÜA Hessen, Beschl. v. 19.03.1997, Az.: VÜA 5/96; *Korthals*, in: Kulartz/ Marx/ Portz/ Prieß, § 3 a Rn. 104; *Poschmann*, in: Müller-Wrede, § 3 a Nr. 4 Rn. 24; *Haak/ Reimnitz*, in: Willenbruch/ Bischoff, § 3 a VOL/A Rn. 168.

Die vorliegende Konstellation und deren Risikoverteilung kennzeichnet daher nicht diejenige einer Konzession, sondern charakterisiert vielmehr die typischen Gegebenheiten einer einseitig verbindlichen Rahmenvereinbarung ohne Mindestabnahmemenge. Diese ist dem Vergaberecht bekannt (Art. 1 V Richtlinie 2004/18/EG, § 3 VI VgV, § 4 VOL/A-EG) und im Gegensatz zur Dienstleistungskonzession nicht per se von dessen Anwendungsbereich ausgenommen.

(2) Bedenken gegen die Annahme von Rahmenvereinbarungen

Sofern vereinzelt Bedenken dagegen vorgebracht werden, Hilfsmittelversorgungsverträge nach § 127 I, II SGB V als Rahmenvereinbarungen nach § 4 VOL/A-EG bzw. Art. 1 V der Vergabekoordinierungsrichtlinie einzustufen, da auf der zweiten Stufe, nämlich der konkreten Vergabe der Einzelaufträge, nicht mehr der auf der ersten Stufe tätige öffentliche Auftraggeber in Form der gesetzlichen Krankenkasse, sondern der Versicherte und mithin ein vergaberechtlich nicht Verpflichteter agiere,[189] vermögen diese nicht zu überzeugen.

Zuzugestehen ist dieser Auffassung zwar, dass auf der zweiten Stufe zumindest nicht unmittelbar die Krankenkasse als öffentlicher Auftraggeber über den Abruf der Einzelaufträge entscheidet. Unzutreffend ist hingegen die Behauptung, dass auf der zweiten Stufe im Wesentlichen der Versicherte agiere. Schließlich ist es keinesfalls der Patient, der alleine über den konkreten Abruf der einzelnen Leistung unter der Rahmenvereinbarung entscheidet. Vielmehr ermöglicht erst der Arzt durch die Verordnung eines bestimmten Hilfsmittels, dass der Versicherte dieses auf Kosten seiner gesetzlichen Krankenkasse in Anspruch nehmen darf.

Schließlich besteht der Sach- bzw. Dienstleistungsanspruch des Versicherten auf die Versorgung mit Hilfsmitteln nach § 33 SGB V nur, wenn ein Vertragsarzt das Hilfsmittel auf einem Kassenrezept verordnet und damit die Verantwortung für die Behandlung übernimmt. Die §§ 31 ff. SGB V begründen keine unmittelbar durchsetzbaren Ansprüche auf die Versorgung mit dem vom Versicherten gewählten Hilfsmittel, sondern stellen lediglich ausfüllungsbedürftige Rahmenrechte dar.[190] Ein bestimmtes Hilfsmittel kann der Versicherte daher erst dann beanspruchen, wenn es ihm als ärztliche Behandlungsmaßnahme in Kon-

---

189 *Burgi*, NZBau 2008, 480 (485); ähnlich: *Bloch/Pruns*, SGb 2007, 645 (649); *Rixen*, GesR 2006, 49 (55).
190 BSG, Urt. v. 23.04.1996, SozR 3-2500, § 39 SGB V Nr. 3, 9; BSGE 73, 271 (278 ff.); BHGSt 49, 17 (18 ff.).

kretisierung des gesetzlichen Rahmenrechts aus § 33 SGB V vom Vertragsarzt als einem mit öffentlich rechtlicher Rechtsmacht beliehenen Verwaltungsträger verordnet wird.[191] Der Vertragsarzt wird daher auch als Schlüsselfigur der Versorgung mit Sachleistungen bezeichnet.[192]

Der Patient kann demnach niemals für sich allein über die Inanspruchnahme eines Hilfsmittels zu Lasten der gesetzlichen Krankenversicherung entscheiden. Wesentlicher Entscheidungsträger und mithin die maßgeblich agierende Person ist somit der verordnende Arzt.[193]

Dieser ist zwar ebenfalls kein vergaberechtlich verpflichteter öffentlicher Auftraggeber, seine durch die Ausstellung der konkreten ärztlichen Verordnung nach außen manifestierte Entscheidung kann jedoch der jeweiligen gesetzlichen Krankenkasse als öffentlichem Auftraggeber und Vertragspartner des Versorgungsvertrages zugerechnet werden.[194] So handelt der Vertragsarzt bei der Verordnung einer Sachleistung kraft der ihm durch das Kassenarztrecht verliehenen Kompetenzen[195] als Vertreter der jeweiligen Krankenkasse und gibt durch die Verordnung eine Willenserklärung mit Wirkung für und gegen die Krankenkasse auf Abschluss eines Kaufvertrages über das verordnete Hilfsmittel ab.[196]

Durch diese Zurechnung handelt, entgegen der dargestellten Ansicht, auch auf der zweiten Stufe erneut die gesetzliche Krankenkasse als öffentlicher Auftraggeber. Dazu kommt, dass die einzelnen Krankenkassen selbst durch den zeitlich vorhergehenden Abschluss eines Hilfsmittelversorgungsvertrages nach § 127 I, II SGB V und die dazu erforderliche Festlegung auf bestimmte Vertragspartner und exakte Versorgungsparameter zumindest eine Vorauswahl hinsichtlich der überhaupt verordnungsfähigen Hilfsmittel treffen.[197]

Demnach sind die Hilfsmittelversorgungsverträge nach § 127 I, II SGB V Verträge im Sinne von § 99 I GWB in Form von Rahmenvereinbarungen nach

---

191 BSG, Urt. v. 23.10.1996, SozR 3-2500, § 13 SGB V Nr. 12, 58; Urt. v. 23.04.1996, SozR 3-2500, § 39 SGB V Nr. 3, 9; BSGE 77, 194 (199 f.); 73, 271 (278 ff.).
192 BSGE 77, 194 (199 f.); LSG NRW, Beschl. v. 14.04.2010, Az.: L 21 KR 69/09 SFB, 16.
193 So im Ergebnis auch: 1. VK Bund, Beschl. v. 16.12.2008, Az.: VK 1-156/08, S. 12.
194 LSG NRW, Beschl. v. 14.04.2010, Az.: L 21 KR 69/09 SFB, 15 f.; OLG Düsseldorf, Beschl. v. 19.12.2007, VergabeR 2008, 73 (77); Beschl. v. 18.11.2007, PharmR 2008, 141 (145); 1. VK Bund, Besch. V. 16.12.2008, Az.: VK 1 156/08, 12.
195 In diesem Zusammenhang ist insbesondere die Vorschrift des § 73 II Nr. 7 SGB V zu nennen.
196 BGH, Beschl. v. 25.11.2003, Az.: 4 StR 239/03; LSG NRW, Beschl. v. 14.04.2010, Az.: L 21 KR 69/09 SFB, 16.
197 *Dreher/ Hoffmann*, NZBau 2009, 273 (282); ähnlich: *Gabriel*, NZS 2007, 344 (348) in Bezug auf Verträge zur integrierten Versorgung nach den §§ 140 a ff. SGB V.

§ 4 VOL/A-EG bzw. Art. 1 V, 32 VKR[198] über die Erbringung von Lieferleistungen nach § 99 II GWB oder im ausnahmsweisen Einzelfall über die Erbringung von Dienstleistungen im Sinne von § 99 IV GWB.

f) Entgeltlichkeit der Rahmenvereinbarungen nach § 127 I, II SGB V

§ 99 I GWB bzw. dessen europarechtliche Grundlage in Art. 1 II lit. a) VKR setzt zudem die Entgeltlichkeit der Verträge voraus.

(1) Relevanz der Entgeltlichkeit von Rahmenvereinbarungen

Nach einer teilweise vertretenen Ansicht sind Rahmenvereinbarungen im Sinne von § 4 VOL/A-EG per se öffentliche Aufträge.[199] Eine Subsumtion der Rahmenvereinbarungen unter den Begriff des öffentlichen Auftrags sei weder erforderlich noch möglich.[200] Die Vergabekoordinierungsrichtlinie unterwerfe Rahmenvereinbarungen explizit der Ausschreibungspflicht.[201]

Folgt man dieser Auffassung, erübrigt sich eine Prüfung, ob es sich bei den Rahmenvereinbarungen zur Hilfsmittelversorgung nach § 127 I, II SGB V um entgeltliche Verträge handelt. Folglich muss untersucht werden, ob die vorgenannte Auffassung rechtlich haltbar ist. Schließlich wird teilweise durchaus der Versuch unternommen, Rahmenvereinbarungen unter den Begriff des öffentlichen Auftrags zu subsumieren und in diesem Rahmen auch deren Entgeltlichkeit zu bestimmen.[202]

Zuzugeben ist der dargestellten Ansicht, dass sich Rahmenvereinbarungen streng genommen nicht unter den Begriff des öffentlichen Auftrags subsumieren lassen, da sie den verbindlichen, auf eine Liefer-, Bau- oder Dienstleistung ge-

---

198 So im Ergebnis auch LSG NRW, Beschl. v. 14.04.2010, Az.: L 21 KR 69/09 SFB; *Butzer*, in: Becker/ Kingreen, § 127 Rn. 5, 10, der sich zudem auch explizit gegen die Annahme von Dienstleistungskonzessionen ausspricht. Auch *Schneider*, in: jurisPK-SGB V, § 127 Rn. 19; *Hencke*, in: Peters, § 69 SGB V Rn. 6; *Dalichau*, in: Dalichau, § 127, 24; *Hinkelmann*, MTD Heft 2 aus 2010, 6 (7) sprechen von Rahmenverträgen, wobei jedoch unklar und eher fraglich bleibt, ob damit auf die vergaberechtliche Abgrenzung zwischen Rahmenvereinbarungen und Konzessionen Bezug genommen wird.
199 *Poschmann*, in: Müller-Wrede, § 3 a Nr. 4 VOL/A Rn. 42.
200 *Poschmann*, in: Müller-Wrede, § 3 a Nr. 4 VOL/A Rn. 42; ähnlich: 3. VK Bund, Beschl. v. 09.01.2008, Az.: VK 3 145/07.
201 *Poschmann*, in: Müller-Wrede, § 3 a Nr. 4 VOL/A Rn. 42.
202 *Graef*, NZBau 2005, 561 (563); *Franke*, ZfBR 2006, 546 (548 f.).

richteten Vertrag noch nicht unmittelbar begründen.[203] Der eigentliche Leistungsaustausch in Form des Beschaffungsvorgangs wird vielmehr erst durch den späteren Abruf der Einzelleistungen vollzogen.

In diesem Zusammenhang muss auch die Formulierung in § 4 I 1 VOL/A-EG verstanden werden, wonach auch »Rahmenvereinbarungen Aufträge sind«. Der deutsche Gesetzgeber[204] wollte durch diese Formulierung lediglich klarstellen, dass Rahmenvereinbarungen, obschon der Tatsache, dass sie den späteren Leistungsaustausch durch die Einzelaufträge erst vorbereiten, selbst schon dem Kartellvergaberecht unterfallen, wenn die späteren Einzelaufträge als öffentliche Aufträge zu verstehen sind.[205] In diesem Fall ist bereits die Vergabe der Rahmenvereinbarung – und nicht erst die später erfolgende Einzelauftragsvergabe – auf die Vergabe einer wettbewerblich relevanten Leistung gerichtet.[206] Schließlich entziehen bereits die Rahmenvereinbarungen dem gemeinsamen Binnenmarkt ein großes Kontingent von Einzelaufträgen, welche dann auf Grundlage der geschlossenen Rahmenvereinbarung in einem privilegierten Verfahren nur noch an den oder die Partner der Rahmenvereinbarung vergeben werden dürfen. Der vergaberechtliche Ansatzpunkt muss in diesen Fällen also vor die Klammer gezogen werden.

Keinesfalls kann die Formulierung in § 4 I 1 VOL/A-EG aber so verstanden werden, dass Rahmenvereinbarungen jedweden Inhalts öffentliche Aufträge sind. Ein solches Verständnis würde weit über das Ziel des europäischen Vergaberechts hinausschießen. Dies kann auch damit belegt werden, dass sich eine entsprechende Formulierung in der Vergabekoordinierungsrichtlinie selbst nicht wieder findet, sondern einzig dem Umsetzungsspielraum des nationalen Gesetzgebers geschuldet ist. Andernfalls würden solche Vereinbarungen, die selbst nicht den Tatbestand eines öffentlichen Auftrags nach § 99 I GWB erfüllen, gleichwohl und nur deshalb als öffentliche Aufträge eingestuft, weil sie in Form einer Rahmenvereinbarung zusammengefasst werden. Somit würden entgegen dem Sinn und Zweck des europäischen Vergaberechts und der Definition des öffentlichen Auftrags nicht qualitative, sondern rein quantitative Aspekte über die Einordnung eines Vertrages als öffentlichen Auftrag entscheiden. Solche quanti-

---

203 So auch *Korthals*, in: Kulartz/ Marx/ Portz/ Prieß, § 3 a Rn. 103; *Knauff*, VergabeR 2006, 24 (27).
204 Zwar handelt es sich bei der VOL/A weder um ein formelles Gesetz, noch um ein solches im materiellen Sinne, jedoch soll der Deutscher Vergabe- und Vertragsausschuss für Lieferungen und Dienstleistungen (DVAL) als Urheber der VOL/A der Einfachheit halber auch im Folgenden als Gesetzgeber bezeichnet werden.
205 So wohl auch *Ebsen*, Die BKK 2010, 76 (84).
206 *Franke*, ZfBR 2006, 546 (548).

tativen Aspekte sind nämlich nicht bei der Ermittlung des öffentlichen Auftragscharakters, sondern bei der Frage entscheidend, ob der Auftragswert den maßgeblichen Schwellenwert überschreitet. Bezeichnend ist zudem, dass die aktuelle Formulierung in § 4 I 1 VOL/A-EG gegenüber der Fassung der vormals Geltung beanspruchenden VOL/A 2006 deutlich abgeschwächt wurde. Dort hieß es in § 3 a Nr. 4 I 1 VOL/A noch: »Rahmenvereinbarungen sind öffentliche Aufträge«. Auch wenn man in der Neufassung lediglich eine redaktionelle sprachliche Vereinfachung erblicken mag, wäre diese sicherlich nicht erfolgt, wenn es dem Gesetzgeber darauf angekommen wäre, Rahmenvereinbarungen per se öffentliche Auftragen gleichzustellen.

Diese Sichtweise wird auch durch die Motive des europäischen Gesetzgebers bestätigt, welche diesen in Art. 32 I VKR dazu veranlasst haben, den Mitgliedstaaten zu gestatten, für öffentliche Auftraggeber die Möglichkeit des Abschlusses von Rahmenvereinbarungen vorzusehen. So verfolgt diese Option das Ziel, dem Bedürfnis der öffentlichen Auftraggeber Rechnung zu tragen, nicht jeden Einzelauftrag für sich einem komplexen Vergabeverfahren unterziehen zu müssen, sondern das Vergabeverfahren für wiederkehrende Beschaffungsnotwendigkeiten vorab für eine Rahmenvereinbarung durchführen zu können, nach der dann die Einzelleistungen vereinfacht oder gar formlos vergeben werden können.[207] Es soll den öffentlichen Auftraggebern mithin unter Wahrung von Wettbewerb und Transparenz die Möglichkeit an die Hand gegeben werden, den ihnen durch zahlreiche Ausschreibungen für wiederkehrende vergleichbare oder identische Leistungen entstehenden Verwaltungsaufwand zu reduzieren.[208] Ein Bedürfnis, das Vergabeverfahren für einzelne Beschaffungen zusammenzufassen und so vor die Klammer zu ziehen, besteht jedoch dann nicht, wenn die einzeln zu beschaffenden Leistungen qualitativ gar keine öffentlichen Aufträge darstellen und daher, im Fall der isolierten Vergabe, auch bei Überschreitung des Schwellenwertes nicht in einem förmlichen Vergabeverfahren nach den Vorgaben des Kartellvergaberechts vergeben werden müssten. Eine Gleichsetzung von Rahmenvereinbarungen mit öffentlichen Aufträgen kann daher nicht generell,[209] sondern nur dann sinnvoll und gewollt sein, wenn die unter ihnen zusammengefassten Einzelaufträge den Charakter eines öffentlichen Auftrags aufweisen.

---

207 *Haak/ Degen*, VergabeR 2005, 164; *Knauff*, VergabeR 2006, 24; *Sterner*, in: Beck'scher VOB/A Komm., § 5 b Rn. 1; *Korthals*, in: Kulartz/ Marx/ Portz/ Prieß, § 3 a Rn. 105; *Poschmann*, in Müller-Wrede, § 3 a Nr. 4 Rn. 1, 3.
208 *Sterner*, in: Beck'scher VOB/A Komm., § 5 b Rn. 4; *Korthals*, in: Kulartz/ Marx/ Portz/ Prieß, § 3 a Rn. 105; *Poschmann*, in: Müller-Wrede, § 3 a Nr. 4 Rn. 1, 3; *Knauff*, VergabeR 2006, 24; *Gröning*, VergabeR 2005, 156 (157).
209 So *Poschmann*, in: Müller-Wrede, § 3 a Nr. 4 Rn. 43.

Dass der europäische Gesetzgeber keine generelle Gleichsetzung von Rahmenvereinbarungen mit öffentlichen Aufträgen implementieren wollte, zeigt sich auch in Art. 11 VKR. So werden in der Überschrift der Bestimmung, welche sich inhaltlich zur Zulässigkeit des Einkaufs durch zentrale Beschaffungsstellen verhält, die Rahmenvereinbarungen explizit neben öffentlichen Aufträgen genannt. Die zusätzliche Nennung von Rahmenvereinbarungen wäre aber tautologisch, wenn diese nach dem Willen des europäischen Gesetzgebers per se den öffentlichen Aufträgen gleichgestellt wären. Dementsprechend findet sich auch in den Erläuterungen der Kommission zu Rahmenvereinbarungen[210] nach Art. 1 V, 32 VKR kein Hinweis darauf, dass Rahmenvereinbarungen generell öffentlichen Aufträgen gleichzusetzen sind.

Aus dem Vorstehenden folgt, dass die Rahmenvereinbarung selbst nur dann den Tatbestand des öffentlichen Auftrags aus § 99 I GWB erfüllt, wenn ihr Inhalt dies zulässt, also die unter ihr zu vergebenden Einzelaufträge als öffentliche Aufträge im Sinne von § 99 I GWB einzuordnen sind. Denn wenn die in der Rahmenvereinbarung gebündelten Einzelaufträge qualitativ selbst keine öffentlichen Aufträge darstellen, besteht kein nachvollziehbarer Grund, die Zusammenfassung dieser Leistungen als öffentliche Aufträge zu qualifizieren und sie damit grundsätzlich dem Regime des Kartellvergaberechts zu unterwerfen.

Die Eingangs erwähnte Auffassung, wonach Rahmenvereinbarungen außerhalb des Sektorenbereichs per se, ohne Rücksicht auf ihren Inhalt, als öffentliche Aufträge einzustufen und bei Überschreitung der Schwellenwerte dem Kartellvergaberecht unterworfen sind, ohne dass es einer Subsumtion unter den Begriff des öffentlichen Auftrags bedarf, findet somit weder durch den Wortlaut von § 4 I 1 VOL/A-EG, noch durch den Sinn und Zweck des Kartellvergaberechts und der Einführung von Rahmenvereinbarungen außerhalb des Sektorenbereichs eine Stütze.

Es ist also davon auszugehen, dass Rahmenvereinbarungen ihrem Inhalt nach an den Kriterien von § 99 I GWB bzw. Art. 1 II lit. a) VKR zu messen sind.[211]

Folglich stellt sich sehr wohl die Frage nach deren Entgeltlichkeit im Sinne von § 99 I GWB. Dabei ist jedoch eine Entgeltlichkeit der unter den Rahmenvereinbarungen zusammengefassten wiederkehrenden Einzelaufträge erforderlich, aber auch ausreichend, da es vom Charakter dieser Einzelaufträge abhängt, ob auch die Rahmenvereinbarungen selbst als öffentliche Aufträge bei Überschreitung der Schwellenwerte in den Anwendungsbereich des Kartellvergaberechts

---

210 Erläuterungen der Kommission zu Rahmenvereinbarungen nach der Richtlinie 2004/18/EG, Dokument CC/2005/03 vom 14.07.2005.
211 *Graef*, NZBau 2005, 561 (563); *Franke*, ZfBR 2006, 546 (549).

fallen. Mit anderen Worten teilt die Rahmenvereinbarung das kartellvergaberechtliche Schicksal der unter ihr zusammengefassten Einzelaufträge.

(2) Begriff der Entgeltlichkeit

Der Begriff der Entgeltlichkeit eines Vertrages aus § 99 I GWB bzw. Art. 1 II lit. a) VKR setzt nicht zwingend eine Geldzahlung als Gegenleistung voraus.[212] Er ist vielmehr äußerst weit auszulegen und umfasst jedwede Art der Gegenleistung, die einen geldwerten Vorteil bedeutet.[213] Aufgrund dieser extensiven Auslegung des Begriffs der Entgeltlichkeit ist eine wirtschaftliche Betrachtungsweise angezeigt, welche sämtliche wirtschaftlichen Vorteile miteinbeziehen und bei der Aufträge unter dem Kriterium der Entgeltlichkeit mithin lediglich von vergaberechtsfreien Gefälligkeitsverhältnissen[214] sowie wohltätigen oder außerrechtlichen Leistungsbeziehungen abzugrenzen sind.[215] Das Merkmal der Entgeltlichkeit soll mithin die wirtschaftliche Ausrichtung des Auftrags zum Ausdruck bringen.[216]

---

[212] Leinemann, Rn. 124; *Dreher*, in: Immenga/ Mestmäcker, § 99 Rn. 20; *Willenbruch*, in: Willenbruch/ Bischoff, § 99 GWB Rn. 26; *Wagner*, in: Langen/ Bunte, § 99 Rn. 15; *Bungenberg*, in: Loewenheim/ Meesen/ Riesenkampff, § 99 Rn. 30; *Zeiss*, in: jurisPK-VergR, § 99 Rn. 48; *Otting*, in: Bechtold, § 99 Rn. 7; *Stickler*, in: Reidt/ Stickler/ Glahs, § 99 Rn. 5; Hertwig, Rn. 82; *Burgi*, NZBau 2008, 480 (485).

[213] LSG NRW, Beschl. v. 14.04.2010, Az.: L 21 KR 69/09 SFB, 16; OLG Naumburg, Beschl. v. 03.11.2005, Az.: 1 Verg. 9/05, NZBau 2006, 58 (62); OLG Düsseldorf, Beschl. v. 27.10.2004, Az.: VII Verg. 41/04; OLG Frankfurt, Beschl. v. 07.09.2004, Az.: 11 Verg. 12/04; OLG Düsseldorf, Beschl. v. 12.01.2004, Az.: VII – Verg. 71/03, NZBau 2004, 343 (344); *Stickler*, in: Reidt/ Stickler/ Glahs, § 99 Rn. 5; *Otting*, in: Bechtold, § 99 Rn. 7; *Bungenberg*, in: Loewenheim/ Meesen/ Riesenkampff, § 99 Rn. 30; *Zeiss*, in: jurisPK-VergR, § 99 Rn. 48; *Willenbruch*, in: Willenbruch/ Bischoff, § 99 Rn. 26; *Dreher*, in: Immenga/ Mestmäcker, § 99 Rn. 20; *Dreher/ Hoffmann*, NZBau 2009, 273 (274); *Burgi*, NZBau 2008, 480 (485).

[214] OLG Naumburg, Beschl. v. 03.11.2005, Az.: 1 Verg. 9/05, NZBau 2006, 58 (62); *Franke*, ZfBR 2006, 546 (547).

[215] LSG NRW, Beschl. v. 03.09.2009, Az.: L 21 KR 51/09 SFB, VergabeR 2010, 126 (128); *Dreher/ Hoffmann*, NZBau 2009, 273 (274).

[216] LSG NRW, Beschl. v. 14.04.2010, Az.: L 21 KR 69/09 SFB, 16; *Graef*, NZBau 2005, 561 (563).

(3) Entgeltlichkeit der Einzelaufträge

Anhand dieser Begriffsdefinition der Entgeltlichkeit gilt es nunmehr zu erarbeiten, ob eine solche bei den einzelnen Hilfsmittelversorgungsaufträgen, die unter den Rahmenvereinbarungen nach § 127 I, II SGB V vergeben werden, vorliegt. Denn wenn diese einzelnen Versorgungsaufträge öffentliche Aufträge im Sinne des § 99 I GWB darstellen, teilen die Rahmenvereinbarungen nach § 127 I, II SGB V dieses Schicksal. Dies schließt zwar gleichwohl nicht aus, dass daneben auch die Rahmenvereinbarungen selbst einen wirtschaftlich werthaltigen Vorteil aufweisen können. Diese Frage soll jedoch erst in einem zweiten Schritt und nur der Vollständigkeit halber untersucht werden.

Die Entgeltlichkeit der Einzelaufträge liegt hier unproblematisch vor. So sind die gesetzlichen Krankenkassen bei Abruf der Hilfsmittelversorgungsleistung verpflichtet, die dafür bereits in der Rahmenvereinbarung vereinbarte Vergütung an den Leistungserbringer zu entrichten. Schließlich gehört die für die einzelnen Hilfsmittelleistungen fällige Vergütung entsprechend den obigen Ausführungen[217] in jedem Fall zu den essentialia negotii der Rahmenvereinbarung. Im Rahmen der erforderlichen Entgeltlichkeit von öffentlichen Aufträgen kommt es nicht auf eine dahingehende Entgeltzuordnung an, dass der tatsächliche Empfänger der Leistung diese auch bezahlt.[218] Mithin ist also unschädlich, dass jedenfalls nicht der Versicherte eine Vergütung an den Leistungserbringer entrichtet. Tatsächlich steht die Leistung des Leistungserbringers gegenüber dem Versicherten und das von der Krankenkasse an den Leistungserbringer entrichtete Entgelt zueinander sogar in einem synallagmatischen Verhältnis, da die direkte Leistungserbringung des Unternehmens gegenüber den Versicherten rechtlich, wegen des sozialrechtlichen Dreiecksverhältnisses,[219] als Leistung an die Krankenkasse als Rahmenvereinbarungspartner des Unternehmens zu werten ist. Einer Auseinandersetzung mit der Frage, ob ein Synallagma zwingend erforderlich ist,[220] bedarf es daher nicht.

Somit folgt die Entgeltlichkeit der Rahmenvereinbarungen nach § 127 I SGB V und auch derjenigen nach § 127 II SGB V bereits aus dem Umstand, dass die

---

217 Siehe unter C. III. 2. e).
218 *Pünder*, in: Müller-Wrede VergR, Kap. 3 Rn. 26; *Dreher/ Hoffmann*, NZBau 2009, 273 (274); *Goodarzi/ Junker*, NZS 2007, 632 (635); *Heßhaus*, VergabeR 2007 (Sonderheft 2a), 333 (341).
219 Dazu eingehend unter C. III. 2. h).
220 Verneinend LSG NRW, Beschl. v. 14.04.2010, Az.: L 21 KR 69/09 SFB, 16; *Otting*, in: Bechtold, § 99 Rn. 7; *Dreher*, in: Immenga/ Mestmäcker, § 99 Rn. 20 f.

unter den Rahmenvereinbarungen zu vergebenden Einzelaufträge zur Hilfsmittelversorgung der Versicherten entgeltlicher Natur sind.

(4) Entgeltlichkeit der Rahmenvereinbarungen

Wegen diesbezüglicher Aussagen im Schrifttum[221] soll jedoch im Folgenden ergänzend untersucht werden, ob auch die Rahmenvereinbarungen nach § 127 I, II SGB V selbst entgeltlicher Natur sind.

Die Entgeltlichkeit einer Rahmenvereinbarung selbst ist anzunehmen, wenn sie für den öffentlichen Auftraggeber rechtlich nicht völlig unverbindlich ist.[222] Völlig unverbindlich wären die Rahmenvereinbarungen zur Hilfsmittelversorgung nach § 127 I, II SGB V für die Krankenkassen freilich dann, wenn diese von vornherein nicht beabsichtigen würden, die in der Rahmenvereinbarung umschriebene Versorgungsleistung zugunsten ihrer Versicherten abzurufen, sondern die Vereinbarungen beispielsweise nur zur Sichtung des Marktes oder gar zur Ausübung von Druck auf andere Leistungserbringer abschließen würden.

(aa) Keine Entgeltlichkeit durch Abrufverpflichtung

Daraus folgt, dass eine Unverbindlichkeit der Rahmenvereinbarungen für die gesetzlichen Krankenkassen jedenfalls dann von vornherein ausscheidet, wenn die Rahmenvereinbarungen Abrufverpflichtungen, beispielsweise in Form von Mindestabnahmemengen, zum Gegenstand hätten. Schließlich wären die Krankenkassen in diesem Fall verpflichtet, eine Mindestzahl der entsprechenden Hilfsmittelleistungen abzurufen und zu vergüten.

Eine solche Abrufverpflichtung enthalten die Rahmenvereinbarungen nach § 127 I, II SGB V aus den im Rahmen zur Erörterung des Vorliegens einer Rahmenvereinbarung genannten Erwägungen jedoch regelmäßig nicht.

Folglich kann unter diesem Gesichtspunkt keine Entgeltlichkeit der Rahmenvereinbarungen zur Hilfsmittelversorgung nach § 127 I, II SGB V begründet werden.

---

221 *Schickert/ Schulz*, MPR 2009, 1 (7).
222 *Franke*, ZfBR 2006, 546 (549).

(bb) Entgeltlichkeit durch Vermittlung von Exklusivitätsrechten

Aber auch ohne die Vereinbarung einer solchen Abrufverpflichtung kann der Status als Partner einer Rahmenvereinbarung einen verbindlichen wirtschaftlichen Vorteil bedeuten, wenn daraus ein werthaltiges Exklusivrecht des Unternehmens resultiert.[223] Wie bereits im Rahmen der Einleitung erläutert, wurde im Bereich der Hilfsmittelversorgung das Zulassungssystem für Leistungserbringer bereits durch das GKV-WSG mit Wirkung zum 01.04.2007 abgeschafft. Seitdem dürfen die Leistungserbringer Hilfsmittel nach § 126 I 1 SGB V nur noch auf Basis von Verträgen mit den Krankenkassen zu Lasten der gesetzlichen Krankenversicherung an Versicherte abgeben. Demnach könnte der Vertragspartnerstatus eines Leistungserbringers ein exklusives Versorgungsrecht desselben hinsichtlich der im Versorgungsvertrag geregelten Hilfsmittelleistungen begründen. Eine absolute Exklusivität der Versorgung durch die Rahmenvereinbarungspartner setzt allerdings voraus, dass anderen Leistungserbringern keine Möglichkeit zur Teilhabe an der durch den jeweiligen Vertrag begründeten Versorgungsberechtigung eingeräumt wird. Ob dies der Fall ist, muss für beide Arten der Rahmenvereinbarungen zur Hilfsmittelversorgung getrennt untersucht werden.

(aaa) Exklusivität von Rahmenvereinbarungen nach § 127 I SGB V

Rahmenvereinbarungen nach § 127 I SGB V sind auch selbst entgeltlich im Sinne von § 99 I GWB bzw. dessen Richtlinienvorgabe aus Art. 1 II lit. a) VKR. Im durch § 126 I 1 SGB V begründeten Selektivvertragssystem besteht bei solchen Rahmenvereinbarungen zur Hilfsmittelversorgung, welche nach § 127 I SGB V im Wege der Ausschreibung geschlossen wurden, nämlich richtigerweise Einigkeit darüber, dass der oder die Rahmenvereinbarungspartner zur exklusiven Versorgung der Versicherten der Krankenkasse im jeweils vertraglich geregelten Versorgungsbereich berechtigt sind.[224]

Bei der Versorgungsberechtigung aufgrund von Rahmenvereinbarungen mit einem Ausschreibungsgewinner nach § 127 I SGB V hat der Sozialgesetzgeber kein Instrumentarium vorgesehen, welches es anderen Leistungserbringern ermöglicht, neben dem Ausschreibungsgewinner im Regelungsbereich des jeweili-

---

223 *Dreher*, in: Immenga/ Mestmäcker, § 99 Rn. 20; *Franke*, ZfBR 2006, 546 (549).
224 *Schickert/ Schulz*, MPR 2009, 1 (7); *Dreher/ Hoffmann*, NZBau 2009, 273 (279); *Plagemann/ Ziegler*, GesR 2008, 617 (619); *Grienberger*, ZMGR 2009, 59 (69 f.); *Knispel*, GesR 2009, 236 (238).

gen Versorgungsvertrages eine Versorgungsberechtigung zu erlangen. Schließlich gilt das im Zuge der Novellierung des SGB V durch das GKV-OrgWG mit Wirkung zum 01.04.2009 eingeführte nachträgliche Beitrittsrecht vertragsloser Leistungserbringer aus § 127 II a SGB V schon seinem Wortlaut nach nur für Verträge nach § 127 II SGB V, nicht aber für solche Hilfsmittelversorgungsverträge, die nach § 127 I SGB V mit dem Ausschreibungsgewinner geschlossen wurden. Überdies galt auch die Übergangsregelung aus § 126 II 3 SGB V, wonach am 01.04.2007 nach § 126 SGB V a. F. zugelassene Leistungserbringer übergangsweise bis zum 31.12.2009[225] weiter an der Versorgung der Versicherten teilnehmen durften, ausdrücklich nicht für die Versorgung neben demjenigen Leistungserbringer, mit dem als Ausschreibungsgewinner nach § 127 I SGB V eine Rahmenvereinbarung zur Hilfsmittelversorgung der versicherten Mitglieder der jeweiligen gesetzlichen Krankenkasse geschlossen wurde.

(bbb) Mögliche Exklusivität von Rahmenvereinbarungen nach § 127 II SGB V

Ob auch die Entgeltlichkeit der Rahmenvereinbarungen nach § 127 II SGB V damit begründet werden kann, dass die Rahmenvereinbarungspartnerschaft dem Leistungserbringer eine exklusive Versorgungsberechtigung hinsichtlich der vom Vertrag umfassten Hilfsmittelleistungen verschafft, ist dagegen gerade wegen des beschriebenen Beitrittsrechts aus § 127 II a SGB V äußerst fraglich.

An einer exklusiven Versorgungsberechtigung der Partner von Rahmenvereinbarungen nach § 127 II SGB V besteht zwar zunächst aufgrund der bereits angesprochenen Übergangsregelung aus § 126 II 3 SGB V kein Zweifel. Diese beeinflusste zwar die Exklusivität der Versorgungsberechtigung des Vertragspartners einer Rahmenvereinbarung nach § 127 II SGB V, indem sie vertragslose Leistungserbringer, die über eine Alt-Zulassung verfügten, übergangsweise neben dem Vertragspartner zur Versorgung der Versicherten berechtigte. Jedoch war diese übergangsweise vorgesehene Versorgungsberechtigung von Alt-Zulassungsinhabern, wie bereits ausgeführt, bis zum 31.12.2009 befristet und ist daher seit Beginn des Jahres 2010 gegenstandslos.

---

225 Die ursprünglich durch das GKV-WSG eingeführte Übergangsregelung zur Versorgungsberechtigung von Inhabern der Alt-Zulassungen war bis zum 31.12.2008 befristet. Der so geschaffene Übergangszeitraum wurde jedoch von vielen Beteiligten, welche vor dem Hintergrund der Abschaffung des Zulassungssystems die Versorgungssicherheit als gefährdet ansahen, für zu kurz eingestuft. Der Gesetzgeber reagierte auf diese Bedenken und verlängerte die Übergangsregelung durch das GKV-OrgWG um ein Jahr bis zum 31.12.2009.

Das bereits mehrfach angesprochene und keinesfalls lediglich befristete Geltung beanspruchende Beitrittsrecht aus § 127 II a SGB V, welches bisher im relevanten Bereich vertragslosen Leistungserbringern oder deren Verbänden das Recht gewährt, Rahmenvereinbarungen nach § 127 II SGB V beizutreten, bedroht jedoch eine exklusive Versorgungsberechtigung der anfänglichen Partner einer Rahmenvereinbarung nach § 127 II SGB V. Schließlich könnten danach auf den ersten Blick andere Leistungserbringer, unabhängig vom Willen der einzelnen Krankenkasse und deren bisheriger Vertragspartner, ihr Beitrittsrecht ausüben und auf diese Weise möglicherweise im Leistungsbereich der jeweiligen Rahmenvereinbarung nach § 126 I 1 SGB V versorgungsberechtigt werden. Voraussetzung der Ausübung des Beitrittsrechts ist ausweislich des Wortlauts von § 127 II a 1 SGB V lediglich die Bereitschaft des Leistungserbringers, die bestehenden Konditionen als verbindlich zu akzeptieren. Da somit zwar der Partner einer Rahmenvereinbarung zur Hilfsmittelversorgung nach § 127 II SGB V in jedem Fall gemäß § 126 I 1 SGB V versorgungsberechtigt ist, ihm aber wegen des Beitrittsrechts aus § 127 II a SGB V kein exklusives Versorgungsrecht hinsichtlich der Versicherten der Krankenkasse zustehen könnte, wird die Auffassung vertreten, dass Rahmenvereinbarungen nach § 127 II SGB V nicht entgeltlich seien.[226]

Zum einen ist diese Auffassung zwar bereits deshalb abzulehnen, weil sich eine Entgeltlichkeit aller Rahmenvereinbarungen nach § 127 II SGB V bereits aus der Entgeltlichkeit der darunter zusammengefassten Einzelaufträge begründet. Zum anderen erscheint jedoch auch fraglich, ob die Schlussfolgerung der fehlenden Exklusivität wirklich verfängt.

Obgleich die überwiegende Anzahl von Stimmen in Literatur und Rechtsprechung ohne Weiteres davon ausgeht, dass ein Beitritt nach § 127 II a SGB V zu Rahmenvereinbarungen im Sinne von § 127 II SGB V mit der Folge der Erlan-

---

[226] *Schickert/ Schulz*, MPR 2009, 1 (7). Das LSG BaWü, Beschl. v. 28.10.2008, Az.: L 11 KR 4810/08 ER-B, NZS 2009, 329 fordert die Exklusivität des Vertragspartners zur Begründung der Entgeltlichkeit von Arzneimittelrabattverträgen nach § 130 a VIII SGB V. Ebenfalls in diese Richtung geht *Schäffer*, ZESAR 2009, 374 (375), die allgemein in Bezug auf Rahmenversorgungsverträge der gesetzlichen Krankenkassen eine exklusive Versorgungsberechtigung des Leistungserbringers zur Annahme der Entgeltlichkeit solcher Verträge im Sinne von § 99 I GWB fordert. Das LSG NRW, Beschl. v. 14.04.2010, Az.: L 21 KR 69/09 SFB, 16 lässt die Frage der Entgeltlichkeit von Rahmenvereinbarungen nach § 127 II SGB V ausdrücklich offen.

gung einer Versorgungsberechtigung des beitretenden Leistungserbringers zulässigerweise möglich ist,[227] ist doch bei näherer Betrachtung Zurückhaltung angebracht.

Möglicherweise dürfen rahmenvereinbarungsgegenständliche Einzelaufträge aufgrund kartellvergaberechtlicher Vorgaben überhaupt nicht oder zumindest nicht in einem privilegierten Verfahren ohne erneuten Aufruf zum Wettbewerb an erst nachträglich der Rahmenvereinbarung beigetretene Leistungserbringer vergeben werden. Nahrung erhält diese These auf den ersten Blick durch die Vorschrift aus Art. 32 II Unterabsatz 2 S. 2 VKR, deren nationale Umsetzung in § 4 II VOL/A-EG ungenau und daher missverständlich ist. Nach Art. 32 II Unterabsatz 2 S. 2 VKR dürfen anfallende Einzelaufträge nach dem privilegierten Verfahren aus Art. 32 III, IV VKR nur an von Anbeginn an an der Rahmenvereinbarung beteiligte Unternehmen vergeben werden, während die nationale Umsetzung in § 4 II VOL/A-EG den Eindruck vermittelt, dass der Rahmenvereinbarung unterfallende Einzelaufträge nach dem Verfahren aus § 4 III bis VI VOL/A-EG an alle Rahmenvereinbarungspartner, mithin also auch an nachträglich beigetretene, vergeben werden dürfen.[228] Von Anbeginn an an der Rahmenvereinbarung beteiligt im Sinne von Art. 32 II Unterabsatz 2 S. 2 VKR sind nur die Unternehmen, die sich bereits an dem Vergabeverfahren um die Rahmenvereinbarung beteiligt und den Zuschlag erhalten haben, nicht hingegen solche, die erst nach Abschluss der Rahmenvereinbarung in diese eingebunden wurden.[229] Diejenigen Leistungserbringer, welche von dem in § 127 II a SGB V normierten Beitrittsrecht Gebrauch machen, waren jedoch gerade nicht von Beginn an Vertragspartner der Rahmenvereinbarung, sondern haben diesen Status erst nachträglich durch die Ausübung des Beitrittsrechts erworben. Schließlich setzt der Beitritt zu einer Rahmenvereinbarung schon begriffsnotwendig das vorherige Bestehen derselben voraus. Die Regelung aus § 4 II VOL/A-EG in richtlinienkonformer Interpretation im Hinblick auf deren Vorgabe aus Art. 32 II Unterabsatz 2 S. 2 VKR könnte somit dem Vorgesagten entsprechend zur Folge haben,

---

227 LSG NRW, Beschl. v. 14.04.2010, Az.: L 21 KR 69/09 SFB, 17 ff.; *Knispel*, GesR 2009, 236 (240); *Schickert/ Schulz*, MPR 2009, 1 (7); *Plagemann/ Ziegler*, GesR 2008, 617 (619); *Grienberger*, ZMGR 2009, 59 (69 f.).
228 Bereits die Vorgängervorschrift aus § 3 a Nr. 4 III 2 VOL/A 2006 wurde zu Recht als missverständlich kritisiert, da sie suggerierte, dass Einzelaufträge generell, auch außerhalb des privilegierten Verfahrens, nur an anfänglich an der Rahmenvereinbarung beteiligte Unternehmen vergeben werden dürfen (vgl. Vgl. dazu Poschmann, in: Müller-Wrede, § 3 a Nr. 4 Rn. 59).
229 Poschmann, in: Müller-Wrede, § 3 a Nr. 4 Rn. 61; Korthals, in: Kulartz/ Marx/ Portz/ Prieß § 3 a Rn. 125.

dass eine Vergabe von Einzelaufträgen an beigetretene Unternehmen als so genannte Quereinsteiger vergaberechtlich gar nicht oder nur nach erneutem Aufruf zum Wettbewerb zulässig ist.[230] So betrachtet auch die EU-Kommission Rahmenvereinbarungen als geschlossene Systeme, die nur den von Anfang an feststehenden Vertragspartnern zur Verfügung stehen.[231]

Unter diesem Aspekt drängt sich sogar die Frage nach einer möglichen Europarechtswidrigkeit des Beitrittsrechts aus § 127 II a SGB V als rein nationaler Schöpfung vor dem Hintergrund von Art. 32 II Unterabsatz 2 S. 2 VKR auf.[232]

Ob das Beitrittsrecht trotz der aufgezeigten kartellvergaberechtlichen Bedenken tatsächlich geeignet ist, die exklusive Versorgungsberechtigung der anfänglichen Vertragspartner der Krankenkassen von Rahmenvereinbarungen nach § 127 II SGB V zu gefährden, kann an dieser Stelle dahinstehen, da eine möglicherweise fehlende Exklusivität der Versorgungsberechtigung auf die Entgeltlichkeit von Rahmenvereinbarungen nach § 127 I, II SGB V jedenfalls keinen Einfluss hat.

Schließlich begründet bereits die Entgeltlichkeit der unter den Rahmenvereinbarungen zusammengefassten Einzelaufträge, wie dargestellt, auch die Entgeltlichkeit der Rahmenvereinbarungen nach § 127 II SGB V.

(5) Zwischenergebnis

Zusammenfassend muss also festgehalten werden, dass das Tatbestandmerkmal der Entgeltlichkeit eines öffentlichen Auftrags bezogen auf Hilfsmittelversorgungsverträge nach § 127 I, II SGB V nicht zwingend eine exklusive Auswahlentscheidung der Krankenkassen hinsichtlich der versorgungsberechtigten Leistungserbringer mit einer wiederum daraus resultierenden exklusiven Versorgungsberechtigung der ausgewählten Leistungserbringer voraussetzt. Wegen des Charakters der Hilfsmittelversorgungsverträge nach § 127 I, II SGB V als Rahmenvereinbarungen, ergibt sich deren Entgeltlichkeit im Sinne von § 99 I GWB vielmehr bereits aus dem für die Einzelaufträge vereinbarten Abnahmepreis, obwohl sich dieser erst bei Abruf der Einzelaufträge und mithin zu einem späteren Zeitpunkt realisiert. Rahmenvereinbarungen nach § 127 I SGB V sind überdies

---

230 In diesem Sinne: *Korthals*, in: Kulartz/ Marx/ Portz/ Prieß, § 3 a Rn. 125; *Poschmann*, in: Müller-Wrede, § 3 a Nr. 4 Rn. 61; *Gröning*, VergabeR 2005, 156 (158).
231 Erläuterungen der Kommission zu Rahmenvereinbarungen nach der Richtlinie 2004/18/EG, Dokument CC/2005/03 vom 14.07.2005 S. 5.
232 *Dreher/ Hoffmann*, NZBau 2009, 273 (279) halten das Beitrittsrecht aus § 127 II a SGB V unter diesem Blickwinkel für europarechtswidrig.

aufgrund des durch sie vermittelten Exklusivitätsrechts auch aus sich selbst heraus entgeltlich.

g) Exklusivität als mögliches eigenständiges Tatbestandsmerkmal eines öffentlichen Auftrags

Wie nunmehr festgestellt wurde, beeinflusst das mögliche Fehlen der exklusiven Auswahlentscheidung des öffentlichen Auftraggebers hinsichtlich der Partner einer Rahmenvereinbarung nach § 127 II SGB V das Merkmal der Entgeltlichkeit solcher Rahmenvereinbarungen, entgegen teilweise vertretener Ansicht, nicht.

Mit dieser Feststellung ist aber noch nicht die weitergehende Frage beantwortet, ob einer exklusiven Auswahlentscheidung eine isolierte, von der Frage der Entgeltlichkeit losgelöste, entscheidende Bedeutung im Hinblick auf die Einordnung einer Rahmenvereinbarung in die öffentliche Auftragsqualität im Sinne des europäischen Vergaberechts zukommt.[233] Wenn dies der Fall wäre, müsste die bisher offen gelassene Fragestellung, ob das Beitrittsrecht aus § 127 II a SGB V die Exklusivität der Versorgungsberechtigung der anfänglichen Rahmenvereinbarungspartner vor dem Hintergrund von Art. 32 II Unterabsatz 2 S. 2 VKR überhaupt beseitigen kann, doch einer abschließenden Klärung zugeführt werden.

So wird teilweise ohne Bezug zum Merkmal der Entgeltlichkeit von Verträgen als Voraussetzung für das Vorliegen eines öffentlichen Auftrags nach § 99 GWB bzw. Art. 1 II lit. a) VKR gefordert, dass eine exklusive Auswahlentscheidung des öffentlichen Auftraggebers hinsichtlich des zur Erbringung der Leistung berechtigten und verpflichteten Leistungserbringers gegeben sein müsse, da dieser ansonsten einen faktischen Anspruch auf den Vertragsschluss habe, wodurch wiederum die Anwendung des Kartellvergaberechts mangels entsprechender Auftragsqualität ausgeschlossen werde.[234] Daraus wird sodann gefolgert, dass Hilfsmittelversorgungsverträge nach § 127 II SGB V mangels exklusiver Auswahlentscheidung der Krankenkasse nicht den Charakter von öffentlichen

---

233 Diese Frage wirft auch *Esch*, MPR 2009, 149 (155) auf.
234 *Grienberger*, ZMGR 2009, 59 (69 f.); *Plagemann/ Ziegler*, GesR 2008, 617 (619); *Sormani-Bastian*, ZESAR 2010, 13; *Krauskopf,* in: Krauskopf, § 69 SGB V Rn. 18; *Hencke*, in: Peters § 69 Rn. 11 b; so wohl auch *Knispel*, GesR 2009, 236 (238); ähnlich: *Rohde*, MPR 2004, 57 (59 f.); *Gabriel*, NZS 2007, 344 (348).

Aufträgen im Sinne des Kartellvergaberechts aufweisen würden.[235] Eine solche Argumentation verwendet auch der nationale Gesetzgeber in der Gesetzesbegründung zu § 69 SGB V in der Fassung durch das GKV-OrgWG, um die Nichtanwendbarkeit des Vergaberechts auf Hilfsmittelversorgungsverträge nach § 127 II SGB V zu begründen.[236]

Bezeichnend ist jedoch, dass das so in Rede stehende Merkmal einer exklusiven Auswahlentscheidung des öffentlichen Auftraggebers hinsichtlich der Rahmenvereinbarungspartner als Voraussetzung für die Annahme eines öffentlichen Auftrags ausschließlich im sozialrechtlichen Zusammenhang angeführt wird, um den Ausschluss der Vergabe verschiedener Rahmenverträge der gesetzlichen Krankenkassen mit Leistungserbringern aus dem Anwendungsbereich des Kartellvergaberechts zu begründen.

Das Merkmal findet hingegen weder im Kartellvergaberecht selbst noch in der Vergabekoordinierungsrichtlinie 2004/18/EG oder in deren Vorgängerrichtlinien 92/50/EWG, 93/36/EWG und 93/37/EWG eine Stütze. Auch in der bisherigen Rechtsprechung des EuGH sowie in anderen allgemein vergaberechtlichen Beiträgen oder Entscheidungen findet dieses Merkmal keine Verwendung.

Lediglich zur Annahme einer Konzession wird bisweilen im Vergaberecht gefordert, dass dem Konzessionär ein ausschließliches Recht zur entgeltlichen Verwertung seiner Leistung verliehen werden muss.[237] Diese Forderung kann aber nicht auf Rahmenvereinbarungen übertragen werden, da sie allein dazu dient, die Entgeltlichkeit einer Konzession und somit die Anwendbarkeit des Kartellvergaberechts oder zumindest vergaberechtlicher Grundsätze für die Vergabe von Konzessionen zu begründen.[238] Schließlich besteht deren Wesen darin, dass der öffentliche Auftraggeber dem Konzessionär gerade keine oder nur eine in ihrer Bedeutung untergeordnete Vergütung gewährt. Diese fehlende Vergütung wird also durch die teilweise vertretene Forderung nach einem Exklusivrecht des Konzessionärs kompensiert. Die Entgeltlichkeit von Rahmenvereinbarungen wird aber, wie unter C. III. 2. f) aufgezeigt, bereits durch die Entgeltlich-

---

235 LSG NRW, Beschl. v. 14.04.2010, Az.: L 21 KR 69/09 SFB, 14 ff.; *Grienberger*, ZMGR 2009, 59 (69 f.); *Plagemann/ Ziegler*, GesR 2008, 617 (619); so wohl auch *Hencke*, in: Peters, § 69 Rn. 11 b.
236 BT-Drs. 16/10609, S. 66.
237 In diesem Sinne *Hausmann*, VergabeR 2007 (Sonderheft 2a), 325; vgl. auch OLG Düsseldorf, Beschl. v. 08.09.2004, Az.: VII Verg 35/04, NZBau 2005, 650.
238 Anschaulich dazu: *Dreher*, in: Immmenga/ Mestmäcker, § 99 Rn. 22; Hertwig, Rn. 82 für Baukonzessionen und *Stickler*, in: Reidt/ Stickler/ Glahs, § 99 Rn. 28 im Hinblick auf Konzessionen allgemein. Vgl. auch *Esch*, MPR 2009, 149 (156); *Schäffer*, ZESAR 2009, 374 (379).

keit der darin zusammengefassten Einzelaufträge begründet. Ein Bedürfnis zur Forderung nach einem Exklusivrecht der Rahmenvereinbarungspartner, um die Entgeltlichkeit zu begründen und somit den Anwendungsbereich des Kartellvergaberechts für Rahmenvereinbarungen zu eröffnen, besteht deshalb nicht.

Daher handelt es sich bei diesem Merkmal als Voraussetzung einer dem Kartellvergaberecht unterfallenden Rahmenvereinbarung offensichtlich um eine eigenständige Schöpfung des nationalen Gesetzgebers unter teilweiser Unterstützung der sozialrechtlichen Rechtsprechung und Literatur.

Dieses Merkmal tritt nach dem Willen des Sozialgesetzgebers neben die in § 99 I GWB bzw. Art. 1 II lit. a) VKR ausdrücklich aufgeführten Tatbestandsvoraussetzungen eines öffentlichen Auftrags. Es stellt also ein zusätzliches Kriterium dar, welches den Begriff des öffentlichen Auftrags verengt und folglich auch den Anwendungsbereich des Kartellvergaberechts einschränkt.

Der deutsche Gesetzgeber ist aber nicht befugt, zusätzliche, einschränkende Kriterien für die Anwendbarkeit des europäischen Vergaberechts aufzustellen. Denn durch die Schaffung solcher ungeschriebener, unionsrechtlich nicht vorgesehener Tatbestandmerkmale würde der vergaberechtliche Mindeststandard, den die beiden europäischen Vergaberichtlinien 2004/18/EG und 2004/17/EG im Hinblick auf die Beschaffungstätigkeit der öffentlichen Hand in jedem Mitgliedstaat fordern, unterlaufen.[239] Mit anderen Worten kann das Merkmal einer exklusiven Auswahlentscheidung des öffentlichen Auftraggebers hinsichtlich der leistungsberechtigten Rahmenvereinbarungspartner mit der daraus resultierenden exklusiven Versorgungsberechtigung der anfänglichen Rahmenvereinbarungspartner als Voraussetzung der Annahme eines öffentlichen Auftrags nur dann Bestand haben, wenn es in irgendeiner Form aus dem Unionsrecht abgeleitet werden kann, also europarechtlich legitimiert ist. Da dieses Merkmal aber, wie dargestellt, im geschriebenen europäischen Vergaberecht keine ausdrückliche Stütze findet, müsste die Notwendigkeit dieses Kriteriums aus den generellen europäischen Grundsätzen zur Beschaffung von Leistungen durch die öffentliche Hand, also aus dem Sinn und Zweck des europäischen Vergaberechts ableitbar sein.

Dies setzt voraus, dass die europarechtlichen Grundsätze zur Auftragsvergabe der öffentlichen Hand die Einführung eines solchen Kriteriums zur Einschränkung des öffentlichen Auftragsbegriffs nahe legen oder eine damit einhergehende Reduzierung des Anwendungsbereichs des europäischen Vergaberechts zumindest mit diesen Grundsätzen vereinbar ist. Letzteres wäre dann der Fall,

---

239 Ähnlich: 3. VK Bund, Beschl. v. 12.11.2009, Az.: VK 3 193/09, 20 f.; 1. VK Bund, Beschl. v. 21.12.2009, Az.: VK 1 212/09, 11.

wenn für die durch konsequente Anwendung dieses vom deutschen Gesetzgeber geschaffenen Merkmals aus dem europäischen Vergaberecht herausgefilterten Aufträge kein Bedürfnis zur Anwendung vergaberechtlicher Grundsätze besteht, weil etwa, wie der nationale Gesetzgeber anführt, jeder Leistungserbringer durch das Beitrittsrecht einen faktischen Anspruch auf den Erhalt einer Versorgungsberechtigung hat. Auf die konkrete Problematik bezogen dürfte also in der durch § 127 II, II a SGB V geschaffenen Rechtslage im Rahmen der Hilfsmittelversorgung kein Bedürfnis für die Anwendung des Kartellvergaberechts bestehen.

Die Klärung dieser Problematik erfordert zunächst eine kurze Darstellung der tragenden Grundsätze des unionsrechtlich determinierten Vergaberechts.

Jene Grundsätze finden sich in den Erwägungsgründen zur Vergabekoordinierungsrichtlinie 2004/18/EG und deren Vorgängerrichtlinien[240] sowie national in § 97 GWB. Nach § 97 I GWB beschaffen öffentliche Auftraggeber Waren, Bau- und Dienstleistungen im Wettbewerb und im Wege transparenter Vergabeverfahren, wobei die Teilnehmer an diesen Verfahren nach § 97 II GWB gleich zu behandeln sind. Die Norm des § 97 GWB enthält in den ersten beiden Absätzen mithin die fundamentalen materiellen Grundsätze des Vergaberechts, nämlich die Grundsätze des Wettbewerbs, der Transparenz und der Gleichbehandlung.[241] Diese Grundprinzipien gehen zurück auf die Erwägungsgründe zur Vergabekoordinierungsrichtlinie. So heißt es im zweiten Erwägungsgrund zu dieser Richtlinie, dass sich die Vergabe von Aufträgen, die dem Staat zuzurechnen sind, an den Grundfreiheiten und den daraus abgeleiteten Grundsätzen, wie dem Grundsatz der Transparenz und dem Grundsatz der Gleichbehandlung zu orientieren hat. Diese Grundsätze tauchen zudem in zahlreichen weiteren Erwägungsgründen zur genannten Richtlinie immer wieder auf.[242] Der ebenfalls im zweiten Erwägungsgrund zur Vergabekoordinierungsrichtlinie hervorgehobene Binnenmarktbezug des Vergaberechts macht zudem deutlich, dass ein funktionierender Wettbewerb auch im Bereich des öffentlichen Beschaffungswesens gewährleistet werden soll.

Die Grundsätze der Transparenz und des Wettbewerbs stehen dabei zueinander in einer Wechselbeziehung und werden durch den Grundsatz der Gleichbe-

---

240 Siehe Fußnote 29.
241 *Dreher*, in: Immenga/ Mestmäcker, § 97 Rn. 8; *Stickler*, in: Reidt/ Stickler/ Glahs, § 97 GWB Rn. 4; Boesen, § 97 Rn. 1.
242 Der Transparenzgrundsatz wird unter anderem in den Erwägungsgründen 14, 39, 46 und 49 zur Vergabekoordinierungsrichtlinie besonders hervorgehoben. Der Gleichbehandlungsgrundsatz findet in den Erwägungsgründen 46 und 50 zur Vergabekoordinierungsrichtlinie explizite Erwähnung.

handlung aus § 97 II GWB ergänzt.[243] Der Wettbewerbsgrundsatz ist das zentrale Element und tragende Prinzip bei der Beschaffungstätigkeit der öffentlichen Hand.[244] Er hat die Aufgabe, den Beschaffungsvorgang gegen Beschränkungen des Wettbewerbs zu schützen.[245] Der Grundsatz der Transparenz des Vergabeverfahrens gewährleistet wiederum die Einhaltung eines angemessenen Wettbewerbs.[246] Dies hebt Erwägungsgrund 36 zur Vergabekoordinierungsrichtlinie hervor, wo es heißt, dass die Bekanntmachungen der öffentlichen Auftraggeber der Mitgliedstaaten europaweit zu erfolgen haben, damit auf dem Gebiet des öffentlichen Auftragswesens ein wirksamer Wettbewerb entsteht. Zugleich ist Transparenz erforderlich, um die Beachtung des Gleichbehandlungsgrundsatzes überprüfen zu können.[247] Aus dem Transparenzgebot ergibt sich schließlich die Notwendigkeit der für alle Teilnehmer am Wettbewerb gleichermaßen gewährleisteten Nachvollziehbarkeit und Kontrollierbarkeit von Vergabeverfahren und Vergabeentscheidung.[248]

Ein die fehlende exklusive Auswahlentscheidung der Auftraggeber hinsichtlich der Rahmenvereinbarungspartner bedingendes und daher nach Ansicht des deutschen Gesetzgebers die Anwendung des europäischen Vergaberechts ausschließendes Beitrittsrecht zu bestehenden Verträgen, wie es beispielsweise § 127 II a SGB V vorsieht, vermag aber quasi als Ersatz für ein förmliches Vergabeverfahren die Wahrung einer angemessenen Transparenz bei der Vergabe von öffentlichen Aufträgen als Voraussetzung für Wettbewerb und Gleichbehandlung nicht zu gewährleisten. So soll es durch die europäischen Grundsätze zur Beschaffung von Leistungen durch die öffentliche Hand, also durch die Anwendung des europarechtlich vorgegebenen Vergaberechts als spezielle Ausprägung der Grundfreiheiten, gerade verhindert werden, dass in anderen Mitgliedstaaten ansässige Unternehmen, die an einem Versorgungsauftrag interessiert sind, kontinuierlich die Internetauftritte von über 200 inländischen gesetzlichen Krankenkassen verfolgen müssen, um ihr Beitrittsrecht ausüben und damit an der Versorgung teilnehmen zu können. Sie werden vielmehr aufgrund der dargestellten Grundsätze, insbesondere des Transparenzgrundsatzes, zu Recht darauf ver-

---

243 Brauer, in: Kulartz/ Kus/ Portz, § 97 Rn. 19.
244 OLG Düsseldorf, Beschl. v. 17.06.2002, Az.: Verg 18/02, Rn. 48; *Brauer*, in: Kulartz/ Kus/ Portz, § 97 Rn. 4; *Bungenberg*, in: Loewenheim/ Meesen/ Riesenkampff, § 97 GWB Rn. 6; *Summa*, in: jurisPK-VergR, § 97 GWB Rn. 30.
245 *Brauer*, in: Kulartz/ Kus/ Portz, § 97 Rn. 4.
246 *Dreher*, in: Immenga/ Mestmäcker, § 97 Rn. 11.
247 *Summa*, in: jurisPK-VergR, § 97 GWB Rn. 35.
248 1. VK Bund, Beschl. v. 25.05.2001, Az.: VK 1 15/01, VergabeR 2001, 321 (322 f.).

trauen, dass zur Vergabe anstehende öffentliche Aufträge auch in dem hierfür vorgesehenen offiziellen Verlautbarungsorgan, dem Supplement zum Amtsblatt der Europäischen Union, europaweit bekannt gegeben werden. Nur ein solches Verfahren gewährleistet die erforderliche Möglichkeit der unionsweiten Kenntniserlangung als Basis für Transparenz und dadurch entstehenden Wettbewerb.[249] Gerade diesen Punkt verkennt das LSG NRW indem es ausführt, dass der Geltung der Grundfreiheiten dadurch genüge getan sei, dass die Leistungserbringer in den Mitgliedstaaten die Möglichkeit hätten, ihr Beitrittsrecht nach § 127 II a SGB V auszuüben.[250]

Wie kurzsichtig diese Sichtweise des LSG NRW ist, wird besonders deutlich, wenn man den Umstand betrachtet, dass den beitrittswilligen Unternehmen die Bedingungen und Inhalte eines Ausgangsvertragswerkes aufgezwungen werden, welches mangels europaweiter Ausschreibung ohne ein angemessenes Maß an Transparenz zustande gekommen ist, da ein Beitritt von hinsichtlich der jeweiligen Produktgruppe vertragslosen Leistungserbringern nach dem insoweit unmissverständlichen Wortlaut des § 127 II a 1 SGB V nur dann möglich ist, wenn die Bedingungen der möglicherweise völlig ohne ihre Kenntnis zustande gekommenen Rahmenvereinbarungen nach § 127 II SGB V vorbehaltlos akzeptiert werden.[251] Diese Problematik belegt die aktuelle Entwicklung deutlich. So bieten diverse Krankenkassen interessierten Leistungserbingern Beitrittsverträge an, in denen Preisabsenkungen um bis zu 30 %, einseitige Preisanpassungsklauseln und ein deutlich erhöhter Leistungsaufwand keine Seltenheit sind.[252]

Von einer nach dem Transparenzgrundsatz gebotenen Nachvollziehbarkeit und Kontrollierbarkeit der Auftragsvergabe kann daher keine Rede sein. Zwar ist dem Gesetzgeber zuzugeben, dass das Beitrittsrecht – dessen Europarechtsmäßigkeit einmal unterstellt – vertragslosen Leistungserbringern einen faktischen Anspruch auf Teilhabe an der Versichertenversorgung gewährt. Jedoch wird diesen zur Verwirklichung ihres Anspruchs ein zuvor geschlossenes Vertragswerk aufgezwungen, bei dessen Abschluss durchaus Raum für ein Vergabeverfahren

---

249 3. VK Bund, Beschl. v. 12.11.2009, Az.: VK 3 193/09, 21.
250 LSG NRW, Beschl. v. 14.04.2010, Az.: L 21 KR 69/09 SFB, 20.
251 Dies bedeute jedoch nach teilweise vertretener Ansicht nicht, dass auf einzelne Produktgruppen oder gar Produktarten des Hilfsmittelverzeichnisses spezialisierte Leistungserbringer Rahmenvereinbarungen, die eine Mehrzahl von Produktgruppen betreffen, nicht beitreten könnten. Ebensowenig sei der Beitritt eines lediglich regional agierenden Leistungserbringers zu einer bundesweit Geltung beanspruchenden Rahmenvereinbarung für ein bestimmtes Versorgungsgebiet ausgeschlossen. In diesem Sinne: *Hinkelmann*, MTD Heft 2 aus 2010, 6 (7).
252 Quelle: Newsletter der Kanzlei Hartmann-Rechtsanwälte, Nr. 44 aus Februar 2010, abrufbar unter: www.hartmann-rechtsanwaelte.de/newsletter.php.

mit dem Ziel der Auswahl bestimmter Leistungserbringer ist. Schließlich ist hier, anders als bei einem klassischen Zulassungssystem, in Form des (erstmaligen) Abschlusses der Rahmenvereinbarung nach § 127 II SGB V der Ansatzpunkt für ein förmliches Vergabeverfahren vorhanden. Die Situation ist daher aus vergaberechtlicher Sichtweise, entgegen der Auffassung des Sozialgesetzgebers und des LSG NRW,[253] nicht mit dem bis zum 31.03.2007 geltenden Zulassungssystem nach § 126 SGB V a. F. vergleichbar, bei welchem für ein förmliches Vergabeverfahren, mit dem Ziel, unter mehreren Bietern eine Auswahl zu treffen, in der Tat kein Raum bestand. So existierte bei dem abgeschafften Zulassungssystem ein Teilhabeanspruch von Gesetzes wegen, der durch eine Zulassung in Form eines Verwaltungsaktes erfüllt wurde, während der nunmehr vom Gesetzgeber propagierte faktische Anspruch auf Teilnahme an der Hilfsmittelversorgung der Versicherten einen erstmaligen Vertragsschluss und damit eine vergaberechtsrelevante Auswahlentscheidung voraussetzt.

Demnach kann daher keine Rede davon sein, dass die Forderung des deutschen Gesetzgebers nach einer exklusiven Auswahlentscheidung des öffentlichen Auftraggebers als zusätzliche Voraussetzung eines öffentlichen Auftrags mit den Grundprinzipien des europäischen Vergaberechts in der vorliegenden Situation vereinbar ist. Die Grundsätze der Transparenz und des Wettbewerbs stehen diesem zusätzlichen Kriterium vielmehr entgegen, weshalb es nur konsequent ist, dass dieses Merkmal in der Vergabekoordinierungsrichtlinie keine ausdrückliche Stütze findet. Mithin besteht auch beim Abschluss einer Rahmenvereinbarung nach § 127 II SGB V sehr wohl das Bedürfnis zur Durchführung eines förmlichen Vergabeverfahrens.

Zusammenfassend führt das Kriterium einer exklusiven Auswahlentscheidung einerseits dazu, dass der öffentliche Auftragsbegriff in einer europarechtlich nicht ausdrücklich vorgesehenen Weise verengt wird. Andererseits genügt die Konstruktion eines Beitrittsrechts, das letztlich die fehlende exklusive Auswahlentscheidung bedingt und gleichzeitig quasi als Ersatz für ein förmliches Vergabeverfahren herhalten muss, generellen vergaberechtlichen Grundsätzen nicht.

Die vom deutschen Gesetzgeber geforderte einschränkende Auslegung des öffentlichen Auftragsbegriffs findet demnach keine Stütze im Unionsrecht und ist folglich unbeachtlich. Auch wenn ein wirksam eingeräumtes Beitrittsrecht zu den Versorgungsverträgen einen faktischen Anspruch vertragsloser Leistungserbringer an der Versorgung begründen würde und dementsprechend zu einer Vielzahl von versorgungsberechtigten Leistungserbringern führen kann, stellt die

---

253 BT-Drs. 16/10609, S. 66; LSG NRW, Beschl. v. 14.04.2010, Az.: L 21 KR 69/09 SFB, 17 f.

Notwendigkeit einer exklusiven Auswahlentscheidung des öffentlichen Auftraggebers, die solche Sachverhalte dem Anwendungsbereich des Kartellvergaberechts entziehen würde, somit kein Tatbestandsmerkmal eines öffentlichen Auftrags dar.[254]

In einer exklusiven Leistungsberechtigung der anfänglichen Rahmenvereinbarungspartner dürfte vielmehr grundsätzlich die natürliche Folge einer rechtmäßigen Vergabe zu sehen sein. Erfolgt keine Auswahlentscheidung, kann dies nicht das Vorliegen eines öffentlichen Auftrags[255], wohl aber die Rechtmäßigkeit der Vergabe in Frage stellen,[256] was eine mögliche Europarechtswidrigkeit des Beitrittsrechts selbst zur Folge haben könnte. Bestätigt wird dies auch durch die Auffassung der EU-Kommission, welche eine vergaberechtlich korrekt zustande gekommene Rahmenvereinbarung als geschlossenes System betrachtet, zu dem niemand nachträglich Zutritt erhält, weder auf Seiten der Auftraggeber, noch auf Seiten der Auftragnehmer.[257] Dies bringt auch die Wertung der bereits angesprochenen Bestimmung aus Art. 32 II Unterabsatz 2 S. 2 VKR zum Ausdruck. Aus dieser Regelung folgt entgegen teilweise vorgebrachter Ansicht[258] nicht, dass das Vorliegen eines geschlossenen Systems eine Voraussetzung für die Existenz einer dem Kartellvergaberecht unterworfenen Rahmenvereinbarung ist. Schließlich setzt die Anwendung der in Art. 32 II Unterabsatz 2 S. 2 VKR angesprochenen Verfahrensregeln aus Art. 32 III, IV VKR notwendigerweise die Existenz einer Rahmenvereinbarung nach der Definition aus Art. 1 V VKR voraus. Der Regelung dürfte vielmehr zu entnehmen sein, dass die privilegierte Vergabe von Einzelaufträgen unter der Rahmenvereinbarung nach dem Verfahren aus Art. 32 III, IV VKR nur an anfänglich beteiligte Rahmenvereinbarungspartner zulässig

---

254 So auch: 3. VK Bund, Beschl. v. 12.11.2009, Az.: VK 3 193/09, 20, aufgehoben durch LSG NRW, Beschl. v. 14.04.2010, Az.: L 21 KR 69/09 SFB; 1.VK Bund, Beschl. v. 21.12.2009, Az.: VK 1 212/09, 11.
255 3. VK Bund, Beschl. v. 12.11.2009, Az.: VK 3 193/09, 20; ähnlich LSG NRW, Beschl. v. 03.09.2009, Az.: L 21 KR 51/09 SFB, VergabeR 2010, 126 (128 f.) für Arzneimittelrabattverträge.
256 3. VK Bund, Beschl. v. 12.11.2009, Az.: VK 3 193/09, 20.
257 Erläuterungen der Kommission zu Rahmenvereinbarungen nach der Richtlinie 2004/18/EG, Dokument CC/2005/03 vom 14.07.2005, S. 5. Vor diesem Hintergrund mutet es widersprüchlich an, wenn die EU-Kommission – ohne eingehende Begründung – ausweislich des Schreibens vom 11.06.2009 im Eingangs erwähnten (Fußnote 27) Vertragsverletzungsbeschwerdeverfahren davon ausgeht, dass Vertragsschlüsse nach § 127 II SGB V mangels Auswahlentscheidung der Krankenkassen keine öffentlichen Aufträge darstellen (wiedergegeben bei *Stelzer*, WzS 2009, 336 (340)).
258 *Gabriel*, NZS 2007, 344 (349 f.).

ist, mit anderen Worten also deren durch Art. 32 III, IV VKR vermittelte privilegierte Leistungsberechtigung bei rechtmäßiger Vergabe exklusiv ist.

Daher wird das Beitrittsrecht aus § 127 II a SGB V, welches eine verbindliche Auswahlentscheidung der gesetzlichen Krankenkasse als öffentlichem Auftraggeber letztlich verhindern könnte, da es jedem geeigneten Leistungserbringer einen faktischen Anspruch auf die Teilnahme an der Versorgung nach den Bedingungen der Rahmenvereinbarung gewähren könnte, in der Literatur auch als dem Kartellvergaberecht wesensfremdes und daher europarechtswidriges Instrumentarium eingestuft.[259] Ob diese, sich in der Tat aufdrängende, These zutrifft und das Beitrittsrecht aus § 127 II a SGB V daher die Exklusivität der Auswahlentscheidung der gesetzlichen Krankenkassen möglicherweise gar nicht wirksam beeinflussen kann, muss wegen des gefundenen Ergebnisses im Rahmen dieser Arbeit aber keiner abschließenden Klärung zugeführt werden.

Darüber hinaus ist anzumerken, dass diese gesetzgeberische Konstruktion des Erfordernisses einer exklusiven Auswahlentscheidung als Voraussetzung für die Anwendung des Kartellvergaberechts nicht nur vergaberechtlich unhaltbar ist, sondern auch im Hinblick auf die vom Sozialgesetzgeber selbst vorgegebene sozialrechtliche Zielsetzung der Kostensenkung im System der gesetzlichen Krankenversicherung kontraproduktiv ist.[260] Denn durch eine Einschränkung der Anwendung des Kartellvergaberechts, welche das Beitrittsrecht zumindest nach Auffassung des deutschen Gesetzgebers nach sich zieht, wird zugleich infolge des aufgezeigten Transparenzmangels auch der Wettbewerb um die betreffenden Aufträge eingeschränkt. So gibt es zum einen durch das Fehlen einer europaweiten Ausschreibung mangels entsprechender Kenntnis deutlich weniger Bieter und einen dadurch nur reduzierten Preiskampf. Zum anderen bietet die Aussicht der späteren Beitrittsmöglichkeit nach § 127 II a SGB V Anreize, sich dem Angebotswettbewerb zu enthalten. So gibt das Beitrittsrecht interessierten Leistungserbringern die Möglichkeit abzuwarten, ob die Konditionen der nach § 127 II SGB V geschlossenen Rahmenvereinbarungen für sie wirtschaftlich sind, um dann gegebenenfalls den Verträgen beizutreten. Deshalb besteht für sie, selbst in dem Fall, dass sie trotz fehlender europaweiter Ausschreibung vorab Kenntnis vom Bedarf der Krankenkasse erhalten, keine zwingende Veranlassung, einen

---

259 So ausdrücklich: *Dreher/ Hoffmann*, NZBau 2009, 273 (279); ähnlich: 3. VK Bund, Beschl. v. 12.11.2009, Az.: VK 3 193/09, 20 f.
260 3. VK Bund, Beschl. v. 12.11.2009, Az.: VK 3 193/09, 22; so auch *Dreher/ Hoffmann*, NZBau 2009, 273 (279).

Wettbewerber durch Abgabe eines Angebots zu unterbieten.[261] Je kleiner aber der Wettbewerb um die Versorgungsaufträge ist, desto kleiner ist auch das Einsparpotential für die gesetzlichen Krankenkassen als öffentliche Auftraggeber.[262]

h) Vorliegen eines Beschaffungsvorgangs

Weiter ist das Vorliegen eines Beschaffungsvorgangs zu untersuchen. Dieses Merkmal ergibt sich zwar nicht unmittelbar aus § 99 I GWB bzw. Art. 1 II lit. a) VKR, wird jedoch in Literatur und Rechtsprechung vielfach mit der Argumentation gefordert, dass es Sinn und Zweck der vergaberechtlichen Regelungen sei, die Beschaffung von Leistungen durch den öffentlichen Auftraggeber zu regeln.[263] Ein solcher Beschaffungsvorgang liegt nur dann vor, wenn der öffentliche Auftraggeber einen eigenen Bedarf an Leistungen hat und diesen durch Vertrag decken will.[264]

An einem eigenen Bedarf der Krankenkassen im Hinblick auf Hilfsmittel könnte man aufgrund des sozialrechtlichen Dreiecksverhältnisses Zweifel äußern, da die Leistungserbringer zwar die Versorgungsverträge mit den Krankenkassen schließen, die Hilfsmittel sodann aber nicht der Krankenkasse als Vertragspartner, sondern direkt dem Versicherten zur Verfügung stellen.[265]

Aus dieser Dreiecksbeziehung folgt allerdings zunächst lediglich, dass es an der zumindest zwischenzeitlichen Erlangung einer besitzrechtlichen Verfügungsgewalt an den Hilfsmitteln durch die gesetzlichen Krankenkassen fehlt. Eine solche Verfügungsgewalt wird jedoch weder von § 99 I GWB noch von dessen Richtlinienvorgabe aus Art. 1 II lit. a) VKR ausdrücklich gefordert. Die Notwendigkeit der Erlangung einer solchen Verfügungsgewalt kann sich mithin

---

261 So im Ergebnis auch *Dreher/ Hoffmann*, NZBau 2009, 273 (279). Einen Widerspruch zwischen nachträglichen Beitrittsrechten und kartellvergaberechtlichen Wertungen sieht auch *Weyd*, ZESAR 2009, 403 (408).
262 3. VK Bund, Beschl. v. 12.11.2009, Az.: VK 3 193/09, S. 22; LSG NRW, Beschl. v. 26.03.2009, Az.: 21 KR 26/09 SFB, VergabeR 2009, 922 (926).
263 BGHZ 162, 116 (126 f.); BayObLG, Beschl. v. 19.10.2000, Az.: Verg 9/00, NZBau 2002, 108; Leinemann Rn. 124; Brixius/ Esch, S. 47 ff.; Boesen, § 99 Rn. 11; Leinemann, Rn. 146; *Kaeding*, PharmR 2007, 239 (244); *Wille*, MPJ 2008, 81 (84); *Lorff*, ZESAR 2007, 104 (106 f.); *Hartmann/ Suoglu*, SGb 2007 S. 404 (412).
264 BGHZ 162, 116 (126 f.); *Hartmann/ Suoglu*, SGb 2007, 404 (412).
265 In diese Richtung geht *Hermann* in Ebsen, 101 (103) am Beispiel von Rabattverträgen nach § 130 a VIII SGB V; ähnlich auch *Rixen*, GesR 2006, 49 (55 f.) allerdings ohne das ungeschriebene Tatbestandsmerkmal des Beschaffungsvorgangs direkt in Bezug zu nehmen.

nur dann als Merkmal eines öffentlichen Auftrags darstellen, wenn sie sich unmittelbar aus dem ungeschriebenen Tatbestandsmerkmal des Beschaffungsvorgangs ergibt. Dies erscheint jedoch äußerst zweifelhaft.

Es lässt sich nämlich nicht von der Hand weisen, dass die gesetzliche Krankenkasse die Hilfsmittel benötigt, um ihren eigenen gesetzlichen Verpflichtungen gegenüber den Versicherten nachzukommen. So sind die Krankenkassen wegen des im System der gesetzlichen Krankenversicherung nach § 2 II 1 SGB V geltenden Sach- und Dienstleistungsprinzips verpflichtet, sich die Sach- und Dienstleistungen von den jeweiligen Leistungserbringern zu beschaffen, um sie sodann ihren Versicherten zur Verfügung stellen zu können. Dies geschieht entweder, wie beispielsweise im Falle der Sicherstellung des Anspruchs der Versicherten auf ärztliche Behandlung aus den §§ 27 I 2 Nr. 1, 28 SGB V, über ein kollektives System in Form der Zulassung von Vertragsärzten gemäß den §§ 95 ff. SGB V oder, wie vorliegend, zur Sicherstellung des Anspruchs der Versicherten auf die Versorgung mit Hilfsmitteln aus den §§ 27 I 2 Nr. 3, 33 SGB V, im Wege von Selektivverträgen mit einzelnen Leistungserbringern gemäß den Regelungen der §§ 126, 127 SGB V.

Die Krankenkassen decken also durch den Abschluss von Hilfsmittelversorgungsverträgen ihren eigenen Bedarf, der erforderlich ist, um ihre aus dem Sach- und Dienstleistungsprinzip folgenden Verpflichtungen gegenüber ihren Versicherten erfüllen zu können.[266] Die Leistungserbringer fungieren somit quasi als Erfüllungsgehilfen der Krankenkassen im Rahmen der gesetzlichen Verpflichtungen derselben.[267] Die Beschaffung der Krankenkassen für den eigenen Bedarf wird auch dadurch deutlich, dass den Versicherten im Bereich der Hilfsmittelversorgung der Vertragspartner, dessen Leistungen die Krankenkasse beschafft hat, gemäß § 33 VI 2 SGB V zu benennen ist. Nur dessen Leistungen können die Versicherten auch zu Lasten der Krankenkasse in Anspruch nehmen.

In der direkten Lieferung zwischen Leistungserbringer und Versichertem ist lediglich ein Streckengeschäft zu sehen, welches die eigentlichen Vertragsbeziehungen, die letztlich für den Beschaffungsvorgang maßgeblich sind, unberührt lässt.[268] Schließlich stellt das zur Verfügung stellen der Hilfsmittel durch die Leistungserbringer gegenüber den Versicherten aus Sicht der Krankenkasse eine Leistung des Leistungserbringers in Erfüllung des zwischen ihm und der Kran-

---

266 So auch *Esch*, MPR 2009, 149 (150).
267 *Hartmann/ Suoglu*, SGb 2007, 404 (412).
268 So im Ergebnis auch *Gabriel*, NZS 2007, 344 (348); *Wille*, MPJ 2008, 81 (84).

kenkasse geschlossenen Hilfsmittelversorgungsvertrages dar.[269] Aus Sicht der gesetzlich Versicherten als Empfänger der Hilfsmittel ist die Versorgung mit diesen freilich als Leistung der Krankenkasse im Rahmen des Sach- und Dienstleistungsprinzips und nicht als solche des Leistungserbringers zu bewerten.

Das Modell der Direktlieferung der Hilfsmittel vom Leistungserbringer an den Versicherten ohne Durchgangsstation bei der jeweiligen Krankenkasse dient somit insgesamt lediglich der Effizienzsteigerung und Optimierung der Beratung des Versicherten im Rahmen des Versorgungsvorgangs.

Eine Deckung des eigenen Bedarfs der Krankenkassen setzt somit keinesfalls zwingend voraus, dass diese zwischenzeitlich auch eine Verfügungsgewalt an den Hilfsmitteln erlangen.[270] So haben auch der EuGH und in dessen Folge einige innerstaatliche Gerichte im Hinblick auf die Vergabe öffentlicher Bauaufträge entschieden, dass es für die Annahme eines öffentlichen Auftrags unerheblich ist, ob der öffentliche Auftraggeber Eigentümer des zu errichtenden Bauwerks wird oder dieses selbst nutzen will.[271]

Da somit beim Abschluss von Hilfsmittelversorgungsverträgen nach § 127 I, II SGB V, unabhängig von der Erlangung einer Verfügungsgewalt durch die gesetzlichen Krankenkassen, ein Beschaffungszweck verfolgt wird und mithin auch ein Beschaffungsvorgang vorliegt,[272] erübrigt sich im Rahmen dieser Bearbeitung die Auseinandersetzung mit Stimmen und Entscheidungen, die teilweise unter direktem Bezug auf die neuere Rechtsprechung des EuGH,[273] das Erfordernis

---

269 LSG NRW, Beschl. v. 14.04.2010, Az.: L 21 KR 69/09 SFB, 15; *Dreher/ Hoffmann*, NZBau 2009, 273 (278); *Goodarzi/ Junker*, NZS 2007, 632 (634); *Hartmann/ Suoglu*, SGb 2007, 404 (412).
270 So im Ergebnis auch *Burgi*, NZBau 2008, 480 (484).
271 EuGH, Urt. v. 18.01.2007, Rs. C-220/05 (Stadt Roanne), NZBau 2007, 185 (188), Rn. 47; OLG Karlsruhe, Beschl. v. 13.06.2008, Az.: 15 Verg 3/08, NZBau 2008, 537 (538 f.); OLG Düsseldorf, Beschl. v. 06.02.2008, Az.: VII Verg 37/07, VergabeR 2008, 229 (233).
272 So im Ergebnis auch 1. VK Bund, Beschl. v. 21.12.2009, Az.: VK 1 212/09, 9 f.; *Gabriel*, NZS 2007, 344 (348); *Hesselmann/ Motz*, MedR 2005, 498 (500).
273 EuGH, Urt. v. 18.11.04, Rs. C-126/03 (Kommission ./. Deutschland), Slg. 2004, I-11197, Rn. 18. Dort führt der Gerichtshof aus, dass nicht zwischen solchen Aufträgen, die ein öffentlicher Auftraggeber vergibt, um seine im Allgemeininteresse liegenden Aufgaben zu erfüllen und jenen Aufträgen, die in keinem Zusammenhang mit derartigen Aufgaben stehen, zu unterscheiden ist. Siehe auch EuGH, Urt. v. 18.01.2007, Rs. C-220/05 (Stadt Roanne), NZBau 2007, 185 (188), Rn. 47.

des ungeschriebenen Tatbestandsmerkmals des Beschaffungsvorgangs zur Bejahung des öffentlichen Auftrags einschränken oder ganz ablehnen.[274]

i) Ergebnis

Zusammenfassend kann daher festgehalten werden, dass Hilfsmittelversorgungsverträge nach § 127 I, II SGB V als entgeltliche Rahmenvereinbarungen im Sinne von § 4 VOL/A-EG über Liefer- und in Ausnahmefällen auch Dienstleistungen den Tatbestand des öffentlichen Auftrags aus § 99 I GWB bzw. Art. 1 II lit. a) VKR erfüllen.

3. Überschreiten des Schwellenwertes aus § 2 Nr. 2 VgV

Nach § 100 I GWB setzt die Anwendung des Kartellvergaberechts schließlich voraus, dass der Auftragswert den für die jeweilige Auftragsart vergaberechtlich festgelegten Schwellenwert überschreitet oder zumindest erreicht. Die Schwellenwerte für die einzelnen Auftragsarten ergeben sich aus § 2 VgV, der aufgrund der Verordnungsermächtigung in § 127 Nr. 1 GWB ergangen ist.

a) Höhe des Schwellenwertes

Für die vorliegend diskutierten Hilfsmittelversorgungsaufträge, gleich ob sie Liefer- oder im Einzelfall Dienstleistungsaufträge darstellen, ist § 2 Nr. 2 VgV einschlägig, da diese nicht unter die spezielle Regelung in § 2 Nr. 1 VgV fallen. § 2 Nr. 2 VgV sieht in seiner aktuellen Fassung einen Schwellenwert von 193.000 € vor.[275]

---

274 OLG Karlsruhe, Beschl. v. 13.06.2008, Az.: 15 Verg 3/08, NZBau 2008, 537 (538 f.); OLG Düsseldorf, Beschl. v. 06.02.2008, Az.: VII Verg 37/07, VergabeR 2008, 229 (233); OLG Düsseldorf, Beschl. v. 23.05.2007, Az.: VII Verg 50/06, NZBau 2007, 525 (529); Hertwig, Rn. 82; *Stolz/ Kraus*, VergabeR 2008, 1 (5).
275 Der in § 2 Nr. 3 VgV a.F. angegebene Schwellenwert von 211.000 € war zuvor bereits durch die Verordnung 1422/2007/EG vom 04.12.2007 auf 206.000 € und durch die Verordnung 1177/2009 EG vom 30.11.2009 auf den aktuell gültigen Wert von 193.000 € gesenkt worden. Schon vor in Kraft treten der neuen VgV waren mithin diese Werte verbindlich. Der durch letztere Richtlinie vorgegebene Schwellenwert von 193.000 € wurde nunmehr durch § 2 Nr. 2 VgV n.F. übernommen.

b) Schätzung des Auftragswertes

Die im Einzelfall erforderliche Ermittlung der Auftragswerte richtet sich nach § 3 VgV. Nach dieser Vorschrift sind die Auftragswerte zu schätzen. Die Schätzung hat vor Beginn des Vergabeverfahrens zu erfolgen, da die Schwellenwertermittlung gerade dazu dient, festzustellen, ob das Kartellvergaberecht anzuwenden ist.[276] Da die vorzunehmende Schätzung einen Wertungsvorgang darstellt, ist die Gefahr vorhanden, dass der Auftraggeber den Auftragswert gezielt unter den Schwellenwert schätzt, um so die Auftragsvergabe dem Geltungsbereich des Kartellvergaberechts zu entziehen.[277] Dem beugt § 3 II VgV vor, der den Auftraggebern ausdrücklich eine solche Vorgehensweise verbietet. Eine unzulässige Umgehung des Vergaberechts im Sinne von § 3 II VgV liegt bei Lieferaufträgen insbesondere dann vor, wenn die zunächst vorgesehene Laufzeit verkürzt wurde und dafür keine erkennbar rechtfertigenden Gründe vorliegen.[278] Daher ist generell bei einer Schätzung Vorsicht geboten, die zu einem Auftragswert knapp unterhalb des jeweils maßgeblichen Schwellenwertes führt.[279] In einem solchen Fall empfiehlt es sich für den öffentlichen Auftraggeber, zur Sicherheit gleichwohl vom Regime des Kartellvergaberechts Gebrauch zu machen.[280]

(1) Schätzung des Auftragswertes bei Rahmenvereinbarungen nach § 127 I, II SGB V

Bei den Hilfsmittelversorgungsverträgen nach § 127 I, II SGB V, welche Rahmenvereinbarungen im Sinne von § 4 VOL/A-EG bzw. Art. 1 V VKR darstellen, wird der Auftragswert gemäß § 3 VI VgV auf der Grundlage des geschätzten Höchstwertes aller für diesen Zeitraum geplanten Aufträge berechnet. Dabei ist die Komplettleistung inklusive Zubehör und Anpassungsarbeiten sowie sonstiger Leistungen zu bewerten.[281] Schließen sich mehrere Auftraggeber zusammen, um eine Rahmenvereinbarung gemeinsam abzuschließen, ist zudem deren gesamter

---

276 *Bischoff*, in: Willenbruch/ Bischoff, § 3 VgV Rn. 2; *Kühnen*, in: Byok/ Jaeger, Rn. 1498.
277 *Lausen*, in: jurisPK-VergR, § 3 VgV Rn. 42; *Bischoff*, in: Willenbruch/ Bischoff, § 3 VgV Rn. 5.
278 OLG Düsseldorf, Beschl. v. 08.05.2002, Az.: Verg 5/02, VergabeR 2002, 665 (666); *Kühnen*, in: Byok/ Jaeger, Rn. 1501; *Lausen*, in: jurisPK-VergR, § 3 VgV Rn. 45.
279 *Bischoff*, in: Willenbruch/ Bischoff, § 3 VgV Rn. 7.
280 VK Düsseldorf, Beschl. v. 30.09.2005, Az.: VK-25/2005-2; *Bischoff*, in: Willenbruch/ Bischoff, § 3 VgV Rn. 7.
281 *Grienberger*, ZMGR 2009, 59 (66).

Wert zu Grunde zu legen und nicht nur das auf den jeweiligen Auftraggeber bezogene Volumen in Ansatz zu bringen.[282] Bei der Aufteilung eines Versorgungsauftrages in einzelne Lose ist überdies gemäß § 3 VII 1 VgV auf den geschätzten Gesamtwert aller Lose abzustellen. Andernfalls bestünde für den öffentlichen Auftraggeber regelmäßig die Möglichkeit, sich durch die Aufteilung seines Auftrages in viele kleine Einzellose dem Anwendungsbereich des Kartellvergaberechts zu entziehen, zumal die Aufteilung des Auftrags in Lose nach § 97 III 2 GWB grundsätzlich verpflichtend ist, um mittelständischen Interessen Rechnung zu tragen.

Der so zu schätzende Gesamtauftragswert der von den gesetzlichen Krankenkassen unter den Rahmenvereinbarungen nach § 127 I, II SGB V zu vergebenden Einzelaufträge dürfte den maßgeblichen Schwellenwert von 193.000 € wegen der grundsätzlich bis zu vierjährigen Laufzeit der Rahmenvereinbarungen nach § 4 VII VOL/A-EG im Regelfall bei Weitem überschreiten.[283] Schließlich betragen die jährlichen Gesundheitsausgaben im Bereich der Medizinprodukte[284] in Deutschland über 23 Mrd. €,[285] wobei die gesetzliche Krankenversicherung die entscheidende Marktbedeutung hat, da in ihr ca. 90 % der Bevölkerung freiwillig- bzw. pflichtversichert ist.[286] So hatten allein die Inkontinenz-Ausschreibungen der Krankenkassen bis Juni 2008 ein Gesamtvolumen von über 120 Mio. €.[287] Auch die cincm Beschwerdeverfahren vor dem LSG Mecklenburg Vorpommern im Jahr 2009 zugrunde liegende Ausschreibung einer gesetzlichen Krankenkasse über die Versorgung von Versicherten mit Gehhilfen und Kranken- sowie Behindertenfahrzeugen hatte ein von der Kasse geschätztes Auftragsvolumen von 7,5 Mio. €.[288] Mit 4 Mio. € ebenfalls weit über dem maßgeblichen Schwellenwert lag der geschätzte Auftragswert des Hilfsmittelbeschaffungsvor-

---

282 OLG Düsseldorf, Beschl. v. 26.07.2002, Az.: Vg 28/02, VergabeR 2003, 87 (88); *Bischoff*, in: Willenbruch/ Bischoff, § 3 VgV Rn. 19; *Lausen*, in: jurisPK-VergR, § 3 VgV Rn. 78.
283 So auch *Grienberger*, ZMGR 2009, 59 (66).
284 Der Rechtsbegriff des Medizinproduktes findet im SGB V keine Verwendung. Alle Hilfsmittel im Sinne von § 33 SGB V sind jedoch rechtstechnisch gleichzeitig als Medizinprodukte im Sinne von § 3 Nr.1 MPG einzustufen. Dies bedeutet aber nicht umgekehrt, dass auch alle Medizinprodukte zugleich Hilfsmittel sind.
285 Quelle: www.bvmed.de/wir.
286 Quelle: www.bmg.bund.de/cln_160/nn_1168278/SharedDocs/Standardartikel/DE/AZ/G/ Glossarbegriff-Gesetzliche-Krankenversicherung.html.
287 *Schmid*, MTD Heft 8 aus 2008, 10 (12).
288 LSG Mecklenburg Vorpommern, Beschl. v. 24.08.2009, Az.: L 6 B 171/09, 3.

habens einer gesetzlichen Krankenkasse, welches im Jahr 2009 Gegenstand eines Nachprüfungsverfahrens vor der 1. Vergabekammer des Bundes war.[289]

(2) Schätzung des Auftragswertes bei Einzelvereinbarungen nach § 127 III SGB V

Versorgungsverträge nach § 127 III SGB V haben hingegen nicht das Ziel, die Versorgung von Versicherten mit regelmäßig wiederkehrenden Hilfsmittelleistungen in einer unbestimmten Anzahl von Fällen unter einem rechtlichen Dach zu bündeln. Daher sind diese Verträge nicht als Rahmenvereinbarungen im Sinne von § 4 VOL/A-EG bzw. Art. 1 V VKR einzustufen. Sie stellen vielmehr Einzelvereinbarungen für den Fall dar, dass die Versorgung eines bestimmten Versicherten mit einem Hilfsmittel in einer konkreten Situation nicht über eine Rahmenvereinbarung nach § 127 I, II SGB V sichergestellt wurde.

Diese Öffnung in § 127 III SGB V ist notwendige Folge des schon mit dem GKV-WSG zum 01.04.2007 vollzogenen Wechsels vom Zulassungs- zum Selektivvertragsmodell im Rahmen der Versorgung von GKV-Versicherten mit Hilfsmitteln[290] und dient der Gewährleistung der Versorgungssicherheit im Einzelfall.[291]

Da es sich bei Vereinbarungen nach § 127 III SGB V zwar zweifellos um öffentliche Aufträge, nicht aber um Rahmenvereinbarungen im Sinne des Kartellvergaberechts handelt, bestimmt sich deren Auftragswert nicht nach § 3 VI VgV. Das Volumen dieser Aufträge ist vielmehr gemäß § 3 I 1 VgV nach dem voraussichtlichen Wert der konkret für den Einzelfall beschafften Hilfsmittelleistung zu bestimmen. Mithin kommt es darauf an, ob die einzelne Hilfsmittelversorgungsleistung einen Auftragswert von 193.000 € erreicht. Ein solcher Wert dürfte jedoch selbst bei enorm hochpreisigen Hilfsmitteln selten erreicht werden. Schließlich stellen die sehr kostspieligen medizinisch-technischen Geräte in Krankenhäusern und Arztpraxen, deren Wert 193.000 € häufig deutlich überschreitet, keine Hilfsmittel im Sinne des § 33 SGB V dar.[292]

---

289 1. VK Bund, Beschl. v. 21.12.2009, Az.: VK 1 212/09, 3.
290 *Bühring/ Linnemannstöns*, MedR 2008, 149 (151).
291 BT-Drs. 16/3100, S. 141.
292 Zu nennen sind hier Geräte zur Durchführung einer Magnetresonanztherapie (MRT), einer Computertomographie (CT) sowie Ultraschallsysteme oder Röntgengeräte. Diese sind zwar Medizinprodukte im Sinne von § 3 Nr. 1 MPG, aber keine Hilfsmittel im Sinne von § 33 SGB V, da sie nicht für den home-care Markt bestimmt sind.

Ungeachtet möglicherweise bestehender Bereichsausnahmen, scheidet die Anwendbarkeit des Kartellvergaberechts für Einzelvereinbarungen nach § 127 III SGB V daher wegen Unterschreitung des Schwellenwertes grundsätzlich aus.

Mithin kann die Feststellung getroffen werden, dass der Schwellenwert regelmäßig erst durch die Zusammenfassung von Einzelaufträgen unter dem rechtlichen Dach der Rahmenvereinbarung erreicht wird. So sehr der Sozialgesetzgeber auch darum bemüht zu sein scheint, die Auftragsvergabe der gesetzlichen Krankenkassen dem förmlichen Vergaberecht zu entziehen, so hat er doch letztlich selbst durch die Anordnung des Abschlusses von Rahmenvereinbarungen nach § 127 I, II SGB V die Voraussetzung für die Anwendung des Kartellvergaberechts geschaffen.

4. Kein Auftrag im Sinne von § 100 II GWB

Schließlich setzt die Anwendbarkeit des Kartellvergaberechts einen Auftrag voraus, der nicht unter die Bereichsausnahmen aus § 100 II GWB fällt. Für die hier diskutierten Hilfsmittelversorgungsverträge der gesetzlichen Krankenkassen kommt keine der dort aufgeführten Ausnahmefallgruppen ernsthaft in Betracht, weshalb die Anwendbarkeit des Kartellvergaberechts auf den Abschluss solcher Verträge nicht nach § 100 II GWB ausgenommen ist.

IV. Eingeschränkte Bereichsausnahme gemäß §§ 1 III VOL/A-EG, 4 IV VgV in Verbindung mit Anhang I Teil B zur VOL/A-EG

Eine zumindest teilweise Bereichsausnahme für solche Rahmenvereinbarungen zur Hilfsmittelversorgung, welche wiederkehrende Einzelaufträge bündeln, die wegen ihres wertmäßig überwiegenden Dienstleistungsanteils als Dienstleistungsaufträge zu qualifizieren sind, könnte sich aus § 1 III VOL/A-EG in Verbindung mit Anhang I Teil B zur VOL/A-EG ergeben. Diese Vorschrift nimmt im Zusammenspiel mit § 4 IV VgV und im Einklang mit Art. 21 VKR in Verbindung mit Anhang II Teil B zur Vergabekoordinierungsrichtlinie Aufträge über all diejenigen Dienstleistungen, welche in Anhang I Teil B zur VOL/A-EG gelistet sind, von einem Großteil des Regelungssystems der VOL/A-EG aus. Für die Vergabe solcher Dienstleistungsaufträge gelten gemäß § 4 IV VgV, auf den § 1 III VOL/A-EG verweist, lediglich die Vorgaben aus § 8 VOL/A-EG (technische Spezifikationen), § 15 X VOL/A-EG (Benennung der Nachprüfungsstellen) und § 23 VOL/A-EG (ex-post Bekanntmachung) sowie die Regelungen des ersten Abschnitts der VOL/A, mit Ausnahme von § 7 VOL/A (Leistungsbeschreibung). Man spricht in diesem Zusammenhang von sog. nicht-prioritären[293] oder nachrangigen[294] Dienstleistungen. Die bereits in der Vergabekoordinierungsrichtlinie vorgenommene Unterscheidung zwischen prioritären und nicht-prioritären Dienstleistungen basiert auf der Erwartung, dass nur bei ersteren ein Potential für grenzüberschreitende Aufträge innerhalb der Union vorhanden ist.[295] Der deutsche Gesetzgeber hat allerdings, im Gegensatz zur Richtlinienvorgabe aus Art. 21 VKR in Verbindung mit Anhang II Teil B zu dieser Richtlinie, für die Vergabe nicht-prioritärer Dienstleistungen infolge der angeordneten Geltung des ersten Abschnitts der VOL/A keine faktische vergaberechtliche Bereichausnahme statuiert.[296] Ob aber für die Vergabe nicht-prioritärer Dienstleistungen neben den Regelungen des ersten Abschnitts der VOL/A mangels ausdrücklichem Ausschluss in den §§ 1 III VOL/A, 4 IV VgV auch das Kartellvergaberecht des GWB und die VgV anwendbar ist,[297] muss indes stark bezweifelt werden,[298] da viele der dort enthaltenen Regelungen ohne Hinzuziehung der VOL/A-EG wenig Sinn machen oder unvollständig sind. In jedem Fall treffen die im Rahmen dieser Bearbeitung zu untersuchenden verbindlichen europarechtlichen Vorgaben die Vergabe von nachrangigen Dienstleistungen nicht.

Zu diesen nachrangigen Dienstleistungen zählen nach Anhang I Teil B Ziff. 25 zur VOL/A-EG explizit auch Dienstleistungen im Bereich des Gesundheits-, Veterinär- und Sozialwesens. Der europäische Gesetzgeber ist mithin davon ausgegangen, dass ein europaweiter Markt für Gesundheitsdienstleistungen noch nicht in hinreichendem Maße entwickelt sei.[299]

Die hier in Rede stehenden Versorgungsverträge haben die Erbringung von Hilfsmittelleistungen zum Gegenstand. Hilfsmittel dienen wiederum ausweislich § 33 I 1 SGB V zur Krankenbehandlung sowie der Vorbeugung und dem Aus-

---

293 *Burgi*, NZBau 2008, 480 (483).
294 *Müller-Wrede*, in: Müller-Wrede, § 1 a Rn. 81; *Dreher/ Hoffmann*, NZBau 2009, 273 (280).
295 *Müller-Wrede*, in: Müller-Wrede, § 1 a Rn. 82; siehe auch Erwägungsgrund 19 zur Vergabekoordinierungsrichtlinie.
296 *Ebsen*, Die BKK 2010, 76 (80) und *Sormani-Bastian*, ZESAR 2010, 13 (17) bezeichnen Art. 21 VKR in Verbindung mit Anhang II Teil B Ziff. 25 zu dieser Richtlinie als eine faktische Bereichsausnahme für die Vergabe von Gesundheitsdienstleistungen.
297 So *Sormani-Bastian*, ZESAR 2010, 13 (17).
298 Wohl ablehnend: *Dreher/ Hoffmann*, NZBau 2009, 273 (280); *Ebsen* in Ebsen, 9 (18); *Ebsen*, Die BKK 2010, 76 (81).
299 *Burgi*, NZBau 2008, 480 (483).

gleich von Behinderungen. Die vorliegenden Aufträge sind mithin zweifelsfrei dem Gesundheitswesen zuzuordnen.

Zudem begründen die Verträge eine Erstattungsfähigkeit dieser Hilfsmittel im Rahmen der gesetzlichen Krankenversicherung als sozialem Sicherungssystem, so dass Aufträge über Dienstleistungen im Rahmen der Hilfsmittelversorgung neben dem Gesundheitswesen auch dem Sozialwesen im Sinne von Anhang I Teil B Ziff. 25 zur VOL/A-EG zuzuordnen sind.

Demnach ist der Tatbestand von Anhang I Teil B Ziff. 25 zur VOL/A-EG bzw. Anhang II Teil B Ziff. 25 zur Vergabekoordinierungsrichtlinie erfüllt, weshalb Rahmenvereinbarungen über Hilfsmittelversorgungsleistungen, bei denen wertmäßig der Dienstleistungsanteil überwiegt, als nicht-prioritäre Dienstleistungen weitgehend vom europäisch determinierten Vergaberecht ausgenommen sind.

Da jedoch die allermeisten Hilfsmittelversorgungsleistungen nicht als Dienstleistungsaufträge, sondern als Lieferaufträge einzustufen sind[300], kommt der teilweisen Bereichsausnahme aus den §§ 1 III VOL/A-EG, 4 IV VgV, unabhängig von ihrer Reichweite, im Rahmen der Hilfsmittelversorgung kaum praktische Bedeutung zu.

V. Mögliche Bereichsausnahmen aus dem Unionsrecht

Erörtert wurde bereits, dass weder aus § 69 SGB V in seiner aktuellen Fassung, noch aus § 22 I 1 SVHV oder aus § 100 II GWB eine kartellvergaberechtliche Bereichausnahme hinsichtlich des Abschlusses von Rahmenvereinbarungen zur Hilfsmittelversorgung durch die gesetzlichen Krankenkassen hergeleitet werden kann. Auch nach den §§ 1 III VOL/A, 4 IV VgV in Verbindung mit Anhang I Teil B Ziff. 25 zur VOL/A-EG werden nur die vereinzelt denkbaren Dienstleistungsaufträge in der Hilfsmittelversorgung vom Regime des europäisch verbindlichen Vergaberechts befreit.

Noch nicht untersucht wurde jedoch die Frage, ob sich gar unmittelbar aus dem Europarecht selbst eine Bereichsausnahme herleiten lässt, welche die Vergabe von Rahmenvereinbarungen zur Hilfsmittelversorgung durch die gesetzlichen Krankenkassen aus dem Anwendungsbereich des europäischen Vergaberechts herausnimmt, obwohl sie, wie gezeigt, als öffentliche Aufträge oberhalb der Schwellenwerte einzustufen sind.

---

300 Siehe die Erläuterungen unter C. III. 2. c).

1. Keine Bereichsausnahme infolge der Zugehörigkeit zu einem System sozialer Sicherung

Eine generelle Bereichsausnahme folgt zunächst nicht aus dem Umstand, dass die Hilfsmittelversorgung der gesetzlich Versicherten als Teil des Systems der gesetzlichen Krankenversicherung und somit eines sozialen Sicherungssystems anzusehen ist. Nach der Rechtsprechung des EuGH sind die europarechtlichen Vorgaben, insbesondere die Grundfreiheiten, nämlich auch im Rahmen sozialer Sicherungssysteme zu beachten.[301] Soweit infolge der Zugehörigkeit zu einem sozialen Sicherungssystem eine Bereichsausnahme vom europäischen Kartellrecht nach den Art. 101, 102 AEUV anerkannt ist, beruht dies darauf, dass der EuGH die Sozialversicherungsträger wegen der Zwangsmitgliedschaft der Versicherten und der Unabhängigkeit der Leistungen von der Höhe der Einzahlung vom kartellrechtlichen Unternehmensbegriff ausnimmt.[302] Die Anwendbarkeit des europäischen Vergaberechts hängt indes nicht von der Unternehmenseigenschaft der gesetzlichen Krankenkassen ab, sondern beruht auf deren zutreffender Einstufung als öffentliche Auftraggeber durch den EuGH.[303]

2. Keine Bereichsausnahme aus Art. 168 AEUV

Eine vollständige Bereichsausnahme für die Vergabe sämtlicher Verträge zur Hilfsmittelversorgung aus dem Anwendungsbereich des europäischen Vergaberechts könnte indes direkt aus dem geschriebenen Primärrecht abzuleiten sein.

a) Bedeutung und Systematik von Art. 168 AEUV

In diesem Zusammenhang ist der Blick auf Art. 168 AEUV zu lenken. Diese Norm betrifft die Aufgaben der Union im Bereich des Gesundheitswesens und korrespondiert mit der Zielsetzung der Union aus Art. 6 S. 2 lit. a) AEUV. Das

---

301 Speziell für die GKV: EuGH, Urt. v. 19.04.2007, Rs. C-444/05 (Aikaterini Stamatelaki), EuZW 2007, 339 (340), Rn. 23; im Hinblick auf direkte Steuern: EuGH, Urt. v. 18.07.2007, Rs. C-182/06 (Luxemburg/ Lakebrink), EuZW 2007, 677 (678), Rn. 14.
302 EuGH, Urt. v. 16.03.2004, verb. Rs. C-264/01, C-306/01, C-354/01 und C-355/01 (AOK Bundesverband), Slg. 2004, I-02493, Rn. 45 ff.; Urt. v. 17.02.1993, verb. Rs. C-159 und 160/91 (Poucet und Pistre), Slg. 1993, I-00664, Rn. 18, 20.
303 Siehe dazu unter C. III. 1.

Gesundheitswesen bildet einen eigenen Titel im Bereich des Dritten Teils des AEUV (Art. 26 bis 197), also der internen Politiken und Maßnahmen der Union. Gesundheit wird in diesem Zusammenhang als Zustand des vollständigen körperlichen, geistigen und psychisch-seelischen Wohlseins beschrieben.[304] Gesundheitsschutz meint die präventive Wahrung dieses Zustandes[305] und der Begriff des Gesundheitswesens hat neben dieser präventiven noch eine sozialmedizinische Komponente.[306] Man versteht darunter die Gesamtheit der Einrichtungen, Personen, Berufe, Sachmittel, normativen Regelungen und Maßnahmen, die das Ziel verfolgen, die Gesundheit der Bevölkerung zu erhalten, zu fördern, herzustellen oder wiederherzustellen.[307]

Nach Art. 168 I Unterabsatz 2 S. 1 AEUV ergänzt die Tätigkeit der Union jedoch lediglich die Politik der Mitgliedstaaten in diesem Bereich. Die Unionspolitik hat damit eine Komplementärfunktion erhalten.[308]

Art. 168 IV, V AEUV legt im Rahmen des Prinzips der begrenzten Einzelermächtigung[309] aus Art. 2 VI AEUV die Rechtsetzungskompetenzen der Union im Bereich des Gesundheitswesens fest. Danach kann das Europäische Parlament gemeinsam mit dem Rat im Wege des Mitentscheidungsverfahrens nach Art. 294 AEUV (ordentliches Gesetzgebungsverfahren) Maßnahmen zur Festlegung hoher Qualitäts- und Sicherheitsstandards für Organe und Substanzen menschlichen Ursprungs sowie für Blut und Blutderivate (Art. 168 IV lit. a) AEUV), Maßnahmen im Bereich des Veterinärwesens und des Pflanzenschutzes, die unmittelbar den Schutz der Bevölkerung bezwecken (Art. 168 IV lit. b) AEUV), Maßnahmen zur Festlegung hoher Qualitäts- und Sicherheitsstandards für Arzneimittel und Medizinprodukte (Art. 168 IV lit. c) AEUV) und Fördermaßnahmen zum Schutz sowie zur Verbesserung der menschlichen Gesundheit, allerdings unter Ausschluss jedweder Harmonisierung mitgliedstaatlicher Regelungen (Art. 168 V AEUV), treffen. Die Kompetenzen aus Art. 168 IV lit. a) und b)

---

304 EuGH, Urt. v. 12.11.1996, Rs. C-84/94 (Vereinigtes Königreich/ Rat), Slg. 1996, I-05755, Rn. 15.
305 *Schmidt am Busch*, in: Grabitz/ Hilf, Art. 152 EGV Rn. 7 f.; *Wichard*, in: Calliess/ Ruffert, Art. 152 EGV Rn. 4; *Fischer*, in: Lenz/ Borchardt, Art. 152 EGV Rn. 1; Berg, S. 62 f.
306 *Wichard*, in: Calliess/ Ruffert, Art. 152 EGV Rn. 4.
307 Berg, S. 63.
308 *Berg*, in: Schwarze, Art. 152 EGV Rn. 11.
309 Die Union verfügt nur über diejenigen Kompetenzen, die ihr die Mitgliedstaaten übertragen haben. Ohne Einwilligung dieser kann die Union keine neuen Kompetenzen für sich begründen. Die so gegenständlich begrenzte Kompetenz und das Erfordernis einer speziellen Ermächtigungsgrundlage für ein Tätigwerden der Gemeinschaft bezeichnet man als Prinzip der begrenzten Einzelermächtigung.

AEUV wurden erst durch den Amsterdamer Vertrag[310] in den damals noch als EG-Vertrag betitelten AEUV aufgenommen und normieren eine eigenständige Rechtsetzungskompetenz der Union in einem sachlich eng begrenzten Bereich des Gesundheitswesens. Das gleiche gilt für die durch den Vertrag von Lissabon[311] eingefügte Kompetenz aus Art. 168 IV lit. c) AEUV. Art. 168 V AEUV gestattet hingegen Fördermaßnahmen im gesamten Bereich von Art. 168 AEUV, die jedoch in ihrer Tragweite entsprechend der Wertung aus Art. 168 I Unterabsatz 2 S. 1 AEUV begrenzt sind.[312] Der in Art. 168 V AEUV enthaltene Harmonisierungsausschluss stellt klar, dass auf Grundlage der Kompetenz aus Art. 168 V AEUV normative, verbindliche Eingriffe in die von Art. 168 AEUV erfassten Bereiche des Gesundheitswesens ausgeschlossen sind.[313]

Aus der Verwendung des Begriffs Maßnahmen folgt jedoch, dass der europäische Gesetzgeber auf alle Regelungsinstrumente des Art. 288 AEUV zurückgreifen darf. Zwar wird der Begriff der Fördermaßnahmen aus Art. 168 V AEUV in Art. 288 AEUV nicht erwähnt und stellt demgemäß eine ungekennzeichnete Rechtshandlung dar, jedoch verwehrt dies dem Gesetzgeber nicht per se den Zugriff auf die Handlungsformen des Art. 288 AEUV.[314] Soweit es um Inhalte geht, werden Fördermaßnahmen wegen des Harmonisierungsverbotes jedoch regelmäßig nicht als verbindliche Rechtsakte nach Art. 288 AEUV ergehen dürfen.[315]

Die Rechtsetzungskompetenz der Union aus Art. 168 IV, V AEUV wird zudem durch die Vorschrift des Art. 168 VII 1 AEUV weiter eingeschränkt. So stellt Art. 168 VII 1 AEUV klar, dass die Verantwortung der Mitgliedstaaten für die Festlegung ihrer Gesundheitspolitik, die Organisation ihres Gesundheitswesens und die medizinische Versorgung im Rahmen der Tätigkeit der Union nach Art. 168 IV, V AEUV gewährleistet bleibt. Diese Begrenzung der Tätigkeit der Union im Gesundheitswesen aus Art. 168 VII 1 AEUV und die Wertung aus Art. 168 I Unterabsatz 2 S. 1 AEUV haben den Grundsatz geprägt, dass die Mitglied-

---

310 Der Amsterdamer Vertrag, BGBl. II, S.296, wurde am 02.10.1997 unterzeichnet und trat am 01.05.1999 in Kraft.
311 Der Vertrag von Lissabon, BGBl. II, S. 1223, wurde am 13.12.2007 unterzeichnet und trat am 01.12.2009 in Kraft.
312 *Wichard*, in: Calliess/ Ruffert, Art. 152 EGV Rn. 13.
313 *Wichard*, in: Calliess/ Ruffert, Art. 152 EGV Rn. 16; *Fischer*, in: Lenz/ Borchardt, Art. 152 EGV Rn. 17.
314 *Berg*, in: Schwarze, Art. 152 EGV Rn. 31.
315 *Fischer*, in: Lenz/ Borchardt, Art. 152 EGV Rn. 17; *Wichard*, in: Calliess/ Ruffert, Art. 152 EGV Rn. 16 f.

staaten die Herren ihrer Gesundheitspolitik bleiben.[316] Eine autonome Gesundheitspolitik kann die Union daher nicht betreiben.[317]

In der Sache handelt es sich bei der Rechtsetzungskompetenz der Union aus Art. 168 V AEUV gemäß Art. 6 S. 2 lit. a) AEUV um eine spezielle Form der geteilten Zuständigkeit nach Art. 2 V AEUV.[318] Vor dem Inkrafttreten des Vertrages von Lissabon sprach man in diesem Bereich von einer parallelen Rechtsetzungszuständigkeit der Union.[319] Das Wesen einer geteilten Zuständigkeit nach Art. 2 V AEUV besteht darin, dass die Union lediglich Maßnahmen zur Unterstützung, Koordinierung oder Ergänzung der Maßnahmen der Mitgliedstaaten durchführen darf, ohne dass dadurch die Zuständigkeit der Union für diese Bereiche an die Stelle der Zuständigkeit der Mitgliedstaaten tritt. Mögliche Konflikte zwischen nationalem Recht und Europarecht werden dabei über den Anwendungsvorrang des Europarechts aufgelöst.[320]

Diese verhältnismäßig zurückhaltende Ausstattung der Union mit Rechtsetzungskompetenzen im Gesundheitswesen könnte - speziell im Hinblick auf die Vergabe von Rahmenvereinbarungen zur Hilfsmittelversorgung im nationalen System der gesetzlichen Krankenversicherung - Auswirkungen auf die Anwendbarkeit der Vergabekoordinierungsrichtlinie haben.

b) Primärrechtskonforme Auslegung der Vergabekoordinierungsrichtlinie vor dem Hintergrund von Art. 168 AEUV

So gilt nach ständiger, auch von der Literatur allgemein anerkannter, Rechtsprechung des EuGH der Grundsatz, dass europäisches Sekundärrecht aufgrund des Vorrangs des Primärrechts in dessen Lichte, mithin also primärrechtskonform,

---

316 *Wichard*, in: Calliess/ Ruffert, Art. 152 EGV Rn. 10; Berg, S. 439; *Berg*, in: Schwarze, Art. 152 EGV Rn. 11; *Fischer*, in: Lenz/ Borchardt, Art. 152 EGV Rn. 9.
317 *Wichard*, in: Calliess/ Ruffert, Art. 152 EGV Rn. 2.
318 Die Kompetenz aus Art. 168 IV AEUV ist hingegen ausdrücklich nicht an die Beschränkungen aus den Art. 2 V, 6 S. 2 lit. a) AEUV gebunden.
319 Fischer, Rn. 181.
320 Fischer, Rn. 181; Streinz, Rn. 156.

auszulegen ist.[321] Folglich ist auch die Richtlinie 2004/18/EG als Sekundärrechtsakt unter anderem an der in Art. 168 AEUV zum Ausdruck kommenden Aufgabenverteilung als Teil des geschriebenen Primärrechts zu messen.

Daher wird vereinzelt vertreten, dass die weitgehend fehlende Regelungskompetenz der Union im Bereich der Organisation des Gesundheitswesens, zu der auch die Organisation der Hilfsmittelversorgung von Versicherten zähle, nicht durch eine (weite) Anwendung des europäischen Vergaberechts übergangen und auf diese Weise doch detailliert geregelt werden dürfe.[322] Art. 152 V 1 EG (jetzt Art. 168 VII 1 AEUV) entfalte gegenüber dem sekundären Unionsrecht eine Sperrwirkung dergestalt, dass nationale Regelungen über die Gesundheitsversorgung nicht unterlaufen werden könnten.[323] Daher führe die gebotene primärrechtlich orientierte Auslegung der Vergabekoordinierungsrichtlinie 2004/18/EG vor dem Hintergrund dieser Norm dazu, dass der nationale Gesetzgeber zulässigerweise den Bereich der Versorgungsverträge der Krankenkassen von der Anwendung des europäischen Kartellvergaberechts ausnehmen könne.[324] Nicht so deutlich, aber ebenfalls in diese Richtung tendiert das LSG NRW, indem es ausführt, dass die Europäische Union angesichts der Vorgaben in Art. 168 VII AEUV keinen Kompetenztitel besitze, der es gestatte, durch die Vorgabe vergaberechtlicher Regelungen Einfluss auf die Leistungsansprüche der gesetzlich krankenversicherten Personen zu nehmen.[325]

Ob diese Sichtweise einer eingehenden Betrachtung der Problematik insbesondere unter Berücksichtigung der Systematik des europäischen Primärrechts standhält, erscheint indes äußerst zweifelhaft.

Der Begriff der Organisation des Gesundheitswesens aus Art. 168 VII 1 AEUV umfasst jedenfalls auch die gesetzliche Krankenversicherung.[326] Daher ist der Ansicht zunächst zuzugestehen, dass der in § 127 SGB V normierte Vorgang des Abschlusses von Verträgen mit Leistungserbringern durch die gesetzlichen Krankenkassen zum Zweck der Versorgung der Versicherten mit Hilfsmitteln im

---

321 EuGH, Urt. v. 01.04.2004, Rs. C-1/02 (Borgmann), Slg. 2004, I-03219, Rn. 30; Urt. v. 18.09.2003, Rs. C 168/01 (Bosal Holding), Slg. 2003, I-09409, Rn. 43; Urt. v. 27.01.1994, Rs. C-98/91 (Herbrink), Slg. 1994, I-00223, Rn. 9; Urt. v. 21.03.1991, Rs. C-314/89 (Rauh), Slg. 1991, I-01647, Rn. 17; Urt. v. 25.11.1986, verb. Rs. 201/85 und 202/85 (Klensch/ Staatssekretär), Slg. 1986, 03477, Rn. 21; Urt. v. 13.12.1983, Rs. 218/82 (Kommission/ Rat), Slg. 1983, 04063, Rn. 15; *Ruffert*, in:Calliess/ Ruffert, Art. 249 EGV Rn. 15; Geiger, Art. 249 EGV Rn. 3; *Bauer/ Krieger*, NJW 2007, 3672 (3673).
322 *Engelmann*, SGb 2008, 133 (144); ähnlich auch *Hermann* in Ebsen, 101 (103 f.).
323 *Engelmann*, SGb 2008, 133 (144).
324 *Engelmann*, SGb 2008, 133 (144).
325 LSG NRW, Beschl. v. 14.04.2010, Az.: L 21 KR 69/09 SFB, 19 f.
326 *Wichard*, in: Calliess/ Ruffert, Art. 152 EGV Rn. 8.

Rahmen des Systems der gesetzlichen Krankenversicherung der Organisation des Gesundheitswesens im Sinne von Art. 168 VII 1 AEUV zuzurechnen ist. Die Wertung aus Art. 168 VII 1 AEUV ist also bei der Auslegung der Vergabekoordinierungsrichtlinie durchaus zu berücksichtigen.

Art. 168 AEUV entfaltet jedoch nur im Rahmen der Auslegung eine Rechtswirkung auf die Richtlinie 2004/18/EG. Diese ist hingegen nicht direkt an den engen Begrenzungen der Rechtsetzungskompetenz der Union aus Art. 168 V AEUV zu messen, da sie als Regelung über die Beschaffungstätigkeit von öffentlichen Auftraggebern in vielen Sachbereichen naturgemäß nicht auf das Gesundheitswesen beschränkt ist und daher freilich nicht aufgrund von Art. 168 V AEUV erlassen wurde. Vielmehr wird die Vergabekoordinierungsrichtlinie ausweislich deren Eingangsformel auf die Art. 95, 47 II und 55 EG (jetzt Art. 114 AEUV) gestützt. Nach Art. 114 I 2 AEUV erlassen das Europäische Parlament und der Rat im ordentlichen Gesetzgebungsverfahren gemäß Art. 294 AEUV und nach Anhörung des Wirtschafts- und Sozialausschusses Maßnahmen zur Angleichung der Rechts- und Verwaltungsvorschriften der Mitgliedstaaten, welche die Errichtung und das Funktionieren des Binnenmarktes zum Gegenstand haben. Die Vergabekoordinierungsrichtlinie stellt also rein formal eine Harmonisierungsmaßnahme im Bereich des Binnenmarktes zur Sicherstellung der Geltung der Grundfreiheiten bei Beschaffungstätigkeiten der öffentlichen Hand dar. Gleichwohl hat sie Auswirkungen auf das nationale Gesundheitswesen, da die Vergabe der Rahmenvereinbarungen zur Hilfsmittelversorgung nach § 127 I, II SGB V und möglicherweise auch der Abschluss anderer Versorgungsverträge[327] durch die gesetzlichen Krankenkassen in den Anwendungsbereich der Richtlinie 2004/18/EG fallen.

Eine an Art. 168 AEUV orientierte primärrechtskonforme Auslegung von Sekundärrechtsakten, welche hinsichtlich ihres Regelungsgehalts in das mitgliedstaatliche Gesundheitswesen eingreifen, führt jedoch keinesfalls zwangsläufig zu dem Ergebnis, dass von dem betreffenden Sekundärrechtsakt abweichende mitgliedstaatliche Vorschriften im Bereich des Gesundheitswesens, entgegen des grundsätzlichen Vorrangs des Unionsrechts, zulässig sind. Eine solche Feststellung könnte lediglich dann getroffen werden, wenn der europäische Gesetzgeber durch den Sekundärrechtsakt seine Verbandskompetenz überschritten hat, also

---

[327] So wird auch bei Verträgen zur integrierten Versorgung nach den §§ 140 a ff. SGB V (vgl. *Hesselmann/ Motz*, MedR 2005, 498) und insbesondere bei Arzneimittelrabattverträgen gemäß § 130 a VIII (vgl. *Koenig/ Klahn/ Schreiber*, GesR 2007, 559; *Sträter/ Natz*, PharmR 2007, 7; *Stolz/ Kraus*, VergabeR 2008, 1; *Dreher/ Hoffmann*, NZBau 2009, 273) die Anwendbarkeit des Kartellvergaberechts diskutiert.

außerhalb der ihm von den Mitgliedstaaten übertragenen Befugnisse handelt. Mit anderen Worten also dann, wenn die Wertung des Art. 168 AEUV der Reichweite des betreffenden Sekundärrechtsakts entgegensteht.

(1) Verhältnis von Art. 168 AEUV zu Art. 114 AEUV

Das Harmonisierungsverbot aus Art. 168 V AEUV, welches neben den Wertungen aus Art. 168 I Unterabsatz 2 S. 1 AEUV und Art. 168 VII 1 AEUV der Begrenzung der Unionskompetenzen im Rahmen des Gesundheitswesens Ausdruck verleiht und zugleich die Aufgabenverteilung zwischen der Union und den Mitgliedstaaten in diesem Bereich konturiert, hindert jedoch nicht den Erlass von Harmonisierungsmaßnahmen, die den Bereich des nationalen Gesundheitswesens tangieren, wenn sie auf Grundlage anderer vertraglicher Bestimmungen erlassen werden.[328] Dann müssen die Voraussetzungen der anderweitigen Rechtsetzungskompetenz aber erfüllt sein.[329] Dies gilt insbesondere für auf Art. 114 AEUV gestützte Rechtsakte, da die Schutzniveauklausel aus Art. 114 III AEUV es ausdrücklich gebietet, auch bei Harmonisierungsmaßnahmen ein hohes Gesundheitsschutzniveau zu gewährleisten.[330] Mit Hilfe dieser Bestimmungen darf jedoch – insoweit ist der wiedergegebenen Ansicht zuzustimmen – das Harmonisierungsverbot und die darin zum Ausdruck kommende Aufgabenverteilung zwischen der Union und den Mitgliedstaaten im Bereich des Gesundheitswesens nicht umgangen werden.[331] Eine solche Vorgehensweise wäre rechtsmissbräuchlich.[332]

(2) Rechtmäßigkeit des Erlasses der Richtlinie 2004/18/EG aufgrund von Art. 114 AEUV

Wenn die Vergabekoordinierungsrichtlinie also in Ansehung ihres Inhalts zulässigerweise auf die Binnenmarktkompetenz aus Art. 114 AEUV gestützt werden

---

328 EuGH, Urt. v. 05.10.2000, Rs. C-376/98 (Deutschland/ EP, Rat), Slg. 2000, I-08419, Rn. 78.
329 *Wichard*, in: Calliess/ Ruffert, Art. 152 EGV Rn. 25.
330 EuGH, Urt. v. 10.12.2002, Rs. C-491/01 (British American Tobacco), Slg. 2002, I-11453, Rn. 62; *Fischer*, in: Lenz/ Borchardt, Art. 152 EGV Rn. 23.
331 EuGH, Urt. v. 05.10.2000, Rs. C-376/98 (Deutschland/ EP, Rat), Slg. 2000, I-08419, Rn. 79.
332 *Kahl*, in: Calliess/ Ruffert, Art. 95 EGV Rn. 18.

konnte, ist die von *Engelmann* vorgeschlagene und auch vom LSG NRW angedeutete Auslegung der Richtlinie nicht geboten.

Da nach der Rechtsprechung des EuGH die Rechtsgrundlage für Sekundärrechtsakte grundsätzlich nach dem vorwiegenden Zweck des Rechtsaktes zu wählen ist,[333] muss bei einem auf Art. 114 AEUV gestützten Rechtsakt, welcher Auswirkungen auf das nationale Gesundheitswesen hat, gemäß Art. 114 I 1 AEUV die Verwirklichung des Binnenmarktziels aus Art. 26 AEUV Hauptzweck der Harmonisierungsmaßnahme und nicht lediglich ein beiläufiges oder ergänzendes Ziel sein. Daher genügt es nicht zur Heranziehung von Art. 114 AEUV als Rechtsgrundlage, wenn die Errichtung oder das Funktionieren des Binnenmarktes durch den Sekundärrechtsakt lediglich betroffen ist.[334] In einem solchen Fall läge tatsächlich eine bloße Umgehung des Harmonisierungsverbotes aus Art. 168 V AEUV nahe. Verfolgt der Sekundärrechtsakt aber primär das Ziel der schrittweisen Verwirklichung des Binnenmarktes im Sinne von Art. 26 AEUV, liegt selbst dann keine Umgehung des Harmonisierungsverbotes aus Art. 168 V AEUV vor, wenn dem Gesundheitsschutz im Rahmen der Maßnahme ebenfalls entscheidende Bedeutung zukommt.[335] Schließlich macht bereits die Querschnittsklausel aus Art. 168 I Unterabsatz 1 AEUV, durch welche die Organe der Union auch im Rahmen der Verfolgung anderer Vertragsziele verpflichtet werden, ein hohes Gesundheitsschutzniveau zu erreichen, deutlich, dass der Gesundheitsschutz durchaus Bestandteil der übrigen Politiken der Union ist.

Bei der Ermittlung der richtigen Rechtsgrundlage und des hauptsächlichen Regelungsziels stellt der EuGH aber nicht allein darauf ab, welche Ziele der europäische Gesetzgeber subjektiv mit der Richtlinie zu erreichen versucht, sondern verfolgt auch einen objektiven Ansatz, wonach sich das Ziel anhand von

---

333 EuGH, Urt. v. 09.10.2001, Rs. C-377/98 (Niederlande/ EP, Rat), Slg. 2001, I-07079, Rn. 27; Urt. v. 25.02.1999, verb. Rs. C-164 und 165/97 (EP/ Rat), Slg. 1999, I-01139, Rn. 14, 16; Urt. v. 12.11.1996, Rs. C-84/94 (Vereinigtes Königreich/ Rat), Slg. 1996, I-05755, Rn. 22, 30; Urt. v. 26.03.1996, Rs. C-271/94 (EP/ Rat), Slg. 1996, I-01689, Rn. 32; Urt. v. 28.06.1994, Rs. C-187/93 (EP/ Rat), Slg. 1994, I-02857, Rn. 17, 24 ff.; Urt. v. 17.03.1993, C-155/91 (Kommission/ Rat), Slg. 1993, I-00939, Rn. 7 ff.; Urt. v. 04.10.1991, Rs. C-70/88 (EP/ Rat), Slg. 1991, I-04529, Rn. 9.
334 EuGH, Urt. v. 26.03.1996, Rs. C-271/94 (EP/ Rat), Slg. 1996, I-01689, Rn. 32.
335 EuGH, Urt. v. 10.12.2002, Rs. C-491/01 (British American Tobacco), Slg. 2002, I-11453, Rn. 62, 75; Urt. v. 05.10.2000, Rs. C-376/98, (Deutschland/ EP, Rat), Slg. 2000, I-08419, Rn. 88; *Selmayr/ Kamann/ Ahlers*, EWS 2003, 48 (51).

objektiven, gerichtlich nachprüfbaren Umständen festmachen lassen muss.[336] Nach diesen objektiven Anhaltspunkten muss der Rechtsakt auf die Erfordernisse der Rechtsgrundlage zugeschnitten sein.[337]

Um die Frage beantworten zu können, ob der europäische Gesetzgeber die Vergabekoordinierungsrichtlinie bzw. deren Vorgängerrichtlinien[338] als Harmonisierungsmaßnahmen auf Art. 114 AEUV stützen konnte, gilt es also nunmehr zu ermitteln, ob mit diesen Richtlinien subjektiv der Binnenmarkt schrittweise verwirklicht werden soll und ob sich dieses Ziel anhand objektiver Umstände festmachen lässt.

(aa) Subjektive Zielrichtung der Richtlinie 2004/18/EG

Zur Inanspruchnahme der Binnenmarktkompetenz des Art. 114 AEUV muss der Unionsgesetzgeber zunächst zu erkennen geben, dass nach seiner Vorstellung die Voraussetzungen für die Errichtung und das Funktionieren des Binnenmarktes verbessert werden sollen. Dies geschieht üblicherweise in den Erwägungsgründen des Rechtsaktes. Ein Rechtsakt, welcher bereits ausweislich seiner Erwägungsgründe nicht das Ziel des Art. 26 AEUV verfolgt, kann nicht zulässigerweise auf die Rechtsgrundlage des Art. 114 AEUV gestützt werden, sondern ist von vornherein nichtig.[339]

Ausweislich des 2. Erwägungsgrundes der Vergabekoordinierungsrichtlinie 2004/18/EG ist die Vergabe von Aufträgen in den Mitgliedstaaten auf Rechnung des Staates an die Grundfreiheiten gebunden. Die Richtlinie 2004/18/EG, die die Vergabe solcher Aufträge regelt, dient folglich der Durchsetzung der Grundfreiheiten indem sie die Öffnung des öffentlichen Beschaffungswesens für den Wettbewerb garantieren soll.[340] Mithin ist die primäre Regelungsintention der

---

336 EuGH, Urt. v. 26.01.2006, Rs. C-533/03 (Kommission/ Rat), Slg. 2006, I-01025, Rn. 43; Urt. v. 06.12.2005, verb. Rs. C-453/03, 11, 12 und 194/04 (ABNA u. a.), Slg. 2005, I-10423, Rn. 54; Urt. v. 13.09.2005, Rs. C-176/03 (Kommission/ Rat), Slg. 2005, I-07879, Rn. 45; Urt. v. 10.12.2002, Rs. C-491/01 (British American Tobacco), Slg. 2002, I-11453, Rn. 93; Urt. v. 19.09.2002, Rs. C-336/00 (Huber), Slg. 2002, I-07699, Rn. 30; Urt. v. 04.04.2000, Rs. C-269/97 (Kommision/ Rat), Slg. 2000, I-02257, Rn. 43; Urt. v. 17.03.1993, C-155/91 (Kommission/ Rat), Slg. 1993, I-00939, Rn. 7; Urt. v. 04.10.1991, Rs. C-70/88 – (EP/ Rat), Slg. 1991, I-04529, Rn. 9; Urt. v. 11.06.1991, Rs. C-300/89 (Kommission/ Rat), Slg. 1991, I-02867, Rn. 10.
337 *Selmayr/ Kamann/ Ahlers*, EWS 2003, 48 (50).
338 Siehe Fußnote 29.
339 *Selmayr/ Kamann/ Ahlers*, EWS 2003, 48 (50).
340 Vgl. Erwägungsgrund 2 der Richtlinie 2004/18/EG.

Vergabekoordinierungsrichtlinie die Verwirklichung des gemeinsamen Binnenmarktes im speziellen Bereich des öffentlichen Auftragswesens. Dies wird auch in den Erwägungsgründen zu den zahlreichen Vorgängerrichtlinien überaus deutlich. So heißt es in Erwägungsgrund 2 zur Richtlinie 92/50/EWG ausdrücklich, dass die Richtlinie dazu dient, den gemeinsamen Binnenmarkt schrittweise zu verwirklichen. Zu diesem Zweck sollen nach Erwägungsgrund 6 derselben Richtlinie Hemmnisse für den freien Dienstleistungsverkehr vermieden werden. Ähnlich verhält sich auch die Begründung zur Richtlinie 93/36/EWG, in deren Erwägungsgrund 5 der Unionsgesetzgeber deutlich macht, dass die Richtlinie der Verwirklichung des freien Warenverkehrs auf dem Gebiet der öffentlichen Lieferaufträge dient. In diesem Sinne liest sich auch die Begründung zur Richtlinie 93/37/EWG, wo es in Erwägungsgrund 2 heißt, dass die Richtlinie der gleichzeitigen Verwirklichung der Niederlassungsfreiheit und des freien Dienstleistungsverkehrs auf dem Gebiet der öffentlichen Bauaufträge dient.

Ein Beitrag zum Schutz oder zur Verbesserung der menschlichen Gesundheit im Sinne von Art. 168 V AEUV soll durch die Vergabekoordinierungsrichtlinie und deren Vorgängerrichtlinien, soweit ersichtlich, nicht einmal im Rahmen einer sekundären Zielsetzung erreicht werden. Die vorhandenen Auswirkungen der Richtlinie auf die mitgliedstaatliche Organisation des Gesundheitswesens in der Bundesrepublik Deutschland sind daher eher zufälliger Natur und vor allem dem Umstand geschuldet, dass die rechtliche Ausgestaltung der gesetzlichen Krankenkassen, insbesondere im Hinblick auf deren Finanzierung, zur Einstufung derselben als öffentliche Auftraggeber im Sinne des europäisch geprägten Kartellvergaberechts führt.

In subjektiver Hinsicht verfolgt der Unionsgesetzgeber mit den Vergaberichtlinien demnach ganz klar das Ziel, das Funktionieren des gemeinsamen Binnenmarktes im Bereich der Beschaffungstätigkeit der öffentlichen Hand zu verbessern und damit einen weiteren Schritt zur Verwirklichung des Binnenmarktes im Sinne von Art. 26 AEUV zu gehen.

(bb)   Objektive Verbesserung des Binnenmarktes durch die Richtlinie 2004/18/EG

Diese Regelungsintention muss sich nach der zitierten Rechtsprechung des EuGH[341] aber auch an objektiven Anhaltspunkten, so insbesondere am Inhalt des

---

341 Siehe Fußnote 336.

Rechtaktes, festmachen lassen, damit dieser zulässigerweise auf die Binnenmarktkompetenz aus Art. 114 AEUV gestützt werden kann.

Dies wäre der Fall, wenn die Richtlinie das Funktionieren des Binnenmarktes wirklich verbessert, indem sie tatsächlich zur Beseitigung von Hemmnissen für die Grundfreiheiten oder von spürbaren Wettbewerbsverzerrungen beiträgt.[342] Wenn bereits die bloße Feststellung des Vorliegens von Unterschieden in den maßgeblichen Rechtsvorschriften der Mitgliedstaaten zur Bejahung einer Rechtsetzungskompetenz aus Art. 114 AEUV ausreichen würde, könnte der gerichtlichen Kontrolle der Wahl der Rechtsgrundlage jede Wirksamkeit genommen werden, wodurch der EuGH an seiner Aufgabe gehindert würde, die Wahrung des Rechts bei der Auslegung und Anwendung des Vertrags zu sichern.[343] Die Verbandskompetenz des europäischen Gesetzgebers würde dann in einer Weise ausufern, die nicht mehr mit dem in Art. 2 VI AEUV statuierten Prinzip der begrenzten Einzelermächtigung vereinbar wäre.

Ob eine Verbesserung des Binnenmarktes eintritt, ist durch eine Gesamtbetrachtung zu bestimmen.[344] Dabei genügt indes bereits die Verbesserung eines Teilbereichs des Binnenmarktes.[345]

Zunächst könnten die Vergaberichtlinien das Funktionieren des Binnenmarktes verbessern, indem sie Hemmnisse der Grundfreiheiten abbauen.

Zum einen müssten dann die mitgliedstaatlichen Vorschriften vor Erlass der Harmonisierungsmaßnahme so unterschiedlich gewesen sein, dass die in Erwägungsgrund 6 zur Richtlinie 92/50/EWG angesprochenen Hemmnisse für die Grundfreiheiten tatsächlich bestanden oder zu entstehen drohten. Für den letzteren Fall musste die Entstehung solcher Hemmnisse wahrscheinlich sein.[346] Zum anderen muss der Rechtsakt nach seinem Inhalt geeignet sein, diese Hemmnisse auch abzubauen oder deren Eintritt zu vermeiden.

Bei der Beurteilung der Frage, ob die einzelnen mitgliedstaatlichen Regelungen zur Vergabe öffentlicher Aufträge Hemmnisse für die Grundfreiheiten begründeten, kann nicht auf die mitgliedstaatliche Rechtslage vor Erlass und Umsetzung der Vergabekoordinierungsrichtlinie 2004/18/EG abgestellt werden.

---

342 EuGH, Urt. v. 10.12.2002, Rs. C-491/01 (British American Tobacco), Slg. 2002, I-11453, Rn. 60; Urt. v. 03.04.2000, Rs. C-376/98 (Deutschland/ EP, Rat), Slg. 2000, I-02247, Rn. 83 f., 95, 106 f.
343 EuGH, Urt. v. 03.04.2000, Rs. C-376/98 (Deutschland/ EP, Rat), Slg. 2000, I-02247, Rn. 84.
344 *Kahl*, in: Calliess/ Ruffert, Art. 95 EGV Rn. 16.
345 *Kahl*, in: Calliess/ Ruffert, Art. 95 EGV Rn. 14.
346 EuGH, Urt. v. 03.04.2000, Rs. C-376/98 (Deutschland/ EP, Rat), Slg. 2000, I-02247, Rn. 86.

Schließlich fasst diese lediglich die vorher gültigen Richtlinien 92/50/EWG, 93/36/EWG sowie 93/37/EWG mit dem Ziel der Weiterentwicklung und Vereinfachung zusammen. Durch diese Richtlinien war die Vergabe öffentlicher Aufträge schon vor Erlass und Umsetzung der Vergabekoordinierungsrichtlinie weitgehend harmonisiert. Und auch die Vorgängerrichtlinien selbst begründeten mit Ausnahme der Richtlinie 92/50/EWG keine erstmalige Harmonisierung des mitgliedstaatlichen Vergaberechts, da diese wiederum die Richtlinien 77/62/EWG des Rates vom 21.12.1976 über die Koordinierung der Verfahren zur Vergabe öffentlicher Lieferaufträge und 71/305/EWG des Rates vom 26.07.1971 über die Koordinierung der Verfahren zur Vergabe öffentlicher Bauaufträge ersetzten. Die maßgebliche Rechtslage in den Mitgliedstaaten ist somit diejenige vor Umsetzung der Richtlinien 71/305/EWG, 77/62/EWG und 92/50/EWG.

Zu diesem Zeitpunkt existierte keine Pflicht zur europaweiten Ausschreibung von binnenmarktrelevanten öffentlichen Aufträgen. Öffentliche Auftraggeber waren daher allenfalls nach innerstaatlichem Recht lediglich dazu verpflichtet, ihren Beschaffungsbedarf in dem jeweiligen Mitgliedstaat auszuschreiben. Dadurch wurde die Kenntnisnahme ausländischer Unternehmen von diesem Bedarf mit der Folge deutlich erschwert, dass öffentliche Aufträge meist nur an Unternehmen vergeben wurden, die im Mitgliedstaat des Auftraggebers ansässig waren. Denn ohne europaweite Ausschreibung ist das öffentliche Vergabewesen auf nationale, unter Umständen sogar auf rein regionale Wirtschaftsbereiche beschränkt.[347] Folglich wurden die nationalen Märkte in Bezug auf die Vergabe öffentlicher Aufträge faktisch voneinander abgeschottet, wodurch die Wahrnehmung der Grundfreiheiten seitens solcher ausländischer Unternehmen, die den jeweiligen Beschaffungsbedarf der öffentlichen Hand decken konnten, erheblich erschwert wurde. Ein gemeinsamer Binnenmarkt im Bereich der öffentlichen Auftragsvergabe existierte praktisch nicht.

Zur Beseitigung dieses Zustandes wurde im Wege der Harmonisierung mitgliedstaatlichen Vergaberechts durch Erlass der Vergaberichtlinien eine grundsätzliche Pflicht zur Durchführung einer europaweiten Ausschreibung von öffentlichen Aufträgen mit Binnenmarktrelevanz eingeführt. Dies ermöglicht die Kenntnisnahme ausländischer Interessenten von dem öffentlichen Beschaffungsbedarf, wodurch diesen wiederum auch praktisch die Möglichkeit der Wahrnehmung ihrer Grundfreiheiten eingeräumt wurde. Mithin waren die ursprünglichen Vergaberichtlinien auch objektiv, an ihrem Inhalt gemessen, dazu geeignet,

---

347 *Stelzer*, WzS, 2009, 267 (271).

einen neuen Teilbereich des Binnenmarktes zu eröffnen. Nichts anderes kann folglich für die aktuell gültige Vergabekoordinierungsrichtlinie 2004/18/EG gelten, da diese ihre Vorgängerrichtlinien über die Vergabe öffentlicher Aufträge außerhalb des Sektorenbereichs lediglich zusammenfasst und weiterentwickelt.

Daher beseitigen die Vergaberichtlinien zuvor existierende Hemmnisse für die Grundfreiheiten und verbessern auf diese Weise tatsächlich das Funktionieren des Binnenmarktes, weshalb es auf die Frage, ob durch sie auch spürbare Wettbewerbsverzerrungen beseitigt werden, nicht mehr ankommt.

Die daneben nur reflexartig bestehenden und nicht intendierten Auswirkungen auf die Organisation des nationalen Gesundheitswesens sind unschädlich und führen keinesfalls dazu, dass das Harmonisierungsverbot aus Art. 168 V AEUV oder die generell in Art. 168 AEUV zum Ausdruck kommende Aufgabenverteilung zwischen der Union und den einzelnen Mitgliedstaaten in unzulässiger Weise umgangen wird.

Die Vergabekoordinierungsrichtlinie konnte mithin zulässigerweise auf die Rechtsgrundlage aus den Art. 95, 47 II und 55 EG (jetzt Art. 114 AEUV) gestützt werden.

Daher führt eine auch an Art. 168 AEUV orientierte, primärrechtskonforme Auslegung der Vergabekoordinierungsrichtlinie nicht zu dem Ergebnis, dass der europäische Gesetzgeber seine Verbandskompetenz überschritten und in unzulässiger Weise entgegen Art. 168 VII 1 AEUV in die Organisation des mitgliedstaatlichen Gesundheitswesens eingegriffen hat. Folglich sind auch die innerstaatlichen Auswirkungen der Vergabekoordinierungsrichtlinie auf das Gesundheitswesen zwingend. Entgegen der Ansicht von *Engelmann* ist der nationale Sozialgesetzgeber also auch bei einer primärrechtskonformen Auslegung der Vergabekoordinierungsrichtlinie 2004/18/EG vor dem Hintergrund von Art. 168 AEUV nicht befugt, die Vergabe von Rahmenvereinbarungen zur Hilfsmittelversorgung nach § 127 I, II SGB V vom Anwendungsbereich derselben auszunehmen.[348] Mithin kann die Union – entgegen der Ansicht des LSG NRW – zulässigerweise durch vergaberechtliche Vorgaben mittelbar Einfluss auf die Leistungsansprüche der gesetzlich krankenversicherten Personen nehmen.

Eine aus Art. 168 AEUV abzuleitende Bereichsausnahme für die Vergabe von Hilfsmittelversorgungsaufträgen durch die gesetzlichen Krankenkassen aus dem Anwendungsbereich des durch die Vergabekoordinierungsrichtlinie determinierten Kartellvergaberechts existiert demnach nicht.

---

348 So im Ergebnis auch *Gassner* in Ebsen, 115 (129 ff.). Ferner hat dies auch die 1. VK Bund, Beschl. v. 21.12.2009, Az.: VK 1 212/09, 11, 15 f., allerdings ohne eingehende Begründung, festgestellt.

VI. Zwischenergebnis

Als Zwischenergebnis lässt sich mithin festhalten, dass das Kartellvergaberecht mit seiner grundsätzlichen Pflicht zur europaweiten Ausschreibung von Aufträgen im offenen Verfahren auf den Abschluss von Rahmenvereinbarungen zur Hilfsmittelversorgung sowohl nach § 127 I SGB V, als auch nach § 127 II SGB V, Anwendung findet. Es kann mithin nicht, wie teilweise vertreten wird,[349] davon ausgegangen werden, dass die Versorgung der Versicherten mit Hilfsmitteln dem »Ausschreibungsrecht« wesensfremd ist.

Lediglich Rahmenvereinbarungen mit einem Auftragswert unterhalb des maßgeblichen Schwellenwertes und solche Rahmenvereinbarungen, welche wegen des ausnahmsweise wertmäßig überwiegenden Dienstleistungsanteils der unter ihr zusammengefassten wiederkehrenden Einzelversorgungen Dienstleistungsaufträge im Sinne von § 99 IV GWB bzw. Art. 1 II lit. d) VKR und damit nicht-prioritäre Dienstleistungen im Sinne von Anhang I Teil B Ziff. 25 zur VOL/A-EG darstellen, unterfallen nicht den strengen Vorgaben des europäisch determinierten Kartellvergaberechts.

Zudem unterliegt der Abschluss von Einzelvereinbarungen nach § 127 III SGB V nicht den Bindungen des Kartellvergaberechts, da solche Aufträge den maßgeblichen Schwellenwert von 193.000 € regelmäßig nicht erreichen.

---

349 *Murawski*, in: Kruse/ Hänlein, § 127 Rn. 2.

D. Exkurs - Geltung eines vergaberechtlichen Mindeststandards bei der Vergabe von kartellvergaberechtsfreien Hilfsmittelversorgungsaufträgen aufgrund von Vorgaben des europäischen Primärrechts und des nationalen Verfassungsrechts

Im Rahmen der bisherigen Bearbeitung wurde festgestellt, dass die Vergabe der großen Mehrzahl von Rahmenvereinbarungen zur Hilfsmittelversorgung nach § 127 I, II SGB V dem Anwendungsbereich der Vergabekoordinierungsrichtlinie und somit auch dem nationalen Kartellvergaberecht unterfällt. Es gibt jedoch die aufgezeigten Ausnahmen, denn sowohl Rahmenvereinbarungen, deren Auftragswert die Schwellenwerte nicht überschreitet als auch solche, die wegen des wertmäßig überwiegenden Dienstleistungsanteils der Einzelaufträge nichtprioritäre Dienstleistungen im Sinne von Anhang I Teil B Ziff. 25 zur VOL/A-EG darstellen, unterfallen dem Kartellvergaberecht nicht oder zumindest nur sehr eingeschränkt. Ferner sind auch die Einzelvereinbarungen nach § 127 III SGB V kartellvergaberechtsfrei, da sie in aller Regel den maßgeblichen Schwellenwert von 193.000 € nicht erreichen und mithin ebenfalls Unterschwellenaufträge darstellen.

Bevor nunmehr der eigentlichen Fragestellung nach der Vereinbarkeit von § 127 I, II SGB V mit europäischem Sekundärrecht in Form der Vergabekoordinierungsrichtlinie nachzugehen ist, soll im Rahmen eines Exkurses kurz Stellung zu der Frage genommen werden, welche Anforderungen an die Auftragsvergabe der gesetzlichen Krankenkassen im Bereich von kartellvergaberechtsfreien Hilfsmittelversorgungsaufträgen aus europa- und verfassungsrechtlicher Sicht zu stellen sind.

Schließlich dürfen auch solche Aufträge nach der Rechtsprechung des EuGH nicht immer vollkommen formlos vergeben werden. Unter bestimmten Voraussetzungen sind unmittelbar aus höherrangigem Recht abzuleitende vergaberechtliche Mindeststandards zu beachten.

I. Primärrechtliche Grundsätze zur Vergabe von Dienstleistungskonzessionen

Für die Vergabe von Dienstleistungskonzessionen, welche gemäß Art. 17 VKR ebenfalls nicht in den Regelungsbereich der Vergabekoordinierungsrichtlinie fällt, hat der EuGH in ständiger Rechtsprechung den Grundsatz der Geltung eines vergaberechtlichen Mindeststandards[350] entwickelt, welcher in diesem Fall mangels Anwendbarkeit derselben nicht aus der Vergabekoordinierungsrichtlinie folgt, sondern direkt aus Grundprinzipien des geschriebenen Primärrechts abzuleiten ist[351] und daher bisweilen als Vergabeprimärrecht[352] bezeichnet wird.

Zwar wird die Anwendung des Primärrechts und insbesondere der Grundfreiheiten durch das Vorhandensein von speziellerem, abschließendem Sekundärrecht gesperrt, so dass mitgliedstaatliche Maßnahmen allein an diesem Sekundärrecht zu messen sind.[353] Jedoch erachtet der EuGH die Vergabekoordinierungsrichtlinie im Hinblick auf die Vergabe von Dienstleistungskonzessionen als nicht abschließend.[354] Daher bedeutet die Herausnahme von Dienstleistungskonzessionen aus dem Anwendungsbereich der Vergaberichtlinien keine Negativregelung im Sinne eines unionsrechtlichen Plazets, weshalb die Vergaberichtlinien einer Anwendung der Grundfreiheiten auf die Vergabe von Dienstleistungskonzessionen nicht im Wege stehen.[355]

Die primärrechtlichen Vorgaben sind freilich weit abstrakterer Natur als das diese Vorgaben ausfüllende europäische Vergabesekundärrecht, weshalb aus dem Primärrecht keine detaillierten vergaberechtlichen Verfahrensregeln abgeleitet werden können. Diesem sind vielmehr lediglich grundsätzliche Rahmenbedingungen zu entnehmen.

---

350 Diese Begrifflichkeit verwendet beispielsweise *Burgi*, NZBau 2005, 610.
351 EuGH, Urt. v. 13.09.2007, Rs. C-260/04 (Kommission/ Italien), Slg. 2007, I-07083, Rn. 22 ff.; Urt. v. 06.04.2006, Rs. C-410/04 (ANAV), Slg. 2006, I-03303, 18 ff.; Urt. v. 13.10.2005, Rs. C-458/03 (Parking Brixen), Slg. 2005, I-08585, Rn. 46 ff.; Urt. v. 21.07.2005, C-231/03 (Coname), Slg. 2005, I-07287, Rn. 16 ff.; Urt. v. 07.12.2000, Rs. C-324/98 (Teleaustria), Slg. 2000, I-10745, Rn. 60 ff.
352 Diesen Begriff verwendet beispielsweise *Diehr*, VergabeR 2009, 719 ff.
353 EuGH, Urt. v. 14.12.2004, Rs. C-309/02 (Radlberger Getränkegesellschaft), Slg. 2004, I-11763, Rn. 56; Urt. v. 11.12.2003, Rs. C-322/01 (Deutscher Apothekerverband), Slg. 2003, I-14887, Rn. 64; Urt. v. 13.12.2001, Rs. 324/99 (Daimler Chrysler), Slg. 2001, I-09897, Rn. 32; Urt. v. 12.10.1993, Rs. C-37/92 (Vanacker und Lesage), Slg. 1993, I-04947, Rn. 9; *Kingreen*, in: Calliess/ Ruffert, Art. 28-30 Rn. 18; *Diehr*, VergabeR 2009, 719 (721).
354 EuGH, Urt. v. 06.04.2006, Rs. C-410/04 (ANAV), Slg. 2006, I-03303, Rn. 18.
355 *Diehr*, VergabeR 2009, 719 (721).

So müssen öffentliche Stellen bei der Vergabe von Dienstleistungskonzessionen die Grundregeln des AEUV im Allgemeinen und das in Art. 18 AEUV niedergelegte allgemeine Diskriminierungsverbot aus Gründen der Staatsangehörigkeit im Besonderen beachten.[356] Die so anwendbaren Grundregeln des AEUV sind insbesondere die speziellen Diskriminierungsverbote in Form der Grundfreiheiten der Niederlassungsfreiheit aus den Art. 49 ff. AEUV, nach der gemäß Art. 49 I AEUV Beschränkungen der freien Niederlassung von Staatsangehörigen eines Mitgliedstaates im Hoheitsgebiet eines anderen Mitgliedstaats verboten sind, und der Dienstleistungsfreiheit aus den Art. 56 ff. AEUV, die in Art. 56 I AEUV die Regelung enthält, dass Beschränkungen des freien Dienstleistungsverkehrs innerhalb der Union für Angehörige der Mitgliedstaaten, die in einem anderen Mitgliedstaat der Union als demjenigen des Leistungsempfängers ansässig sind, unzulässige Maßnahmen darstellen.[357]

Die Ableitung vergaberechtlicher Grundsätze aus den Grundfreiheiten durch den EuGH ist nur konsequent, da auch die Vergabekoordinierungsrichtlinie selbst und demnach das europäische Vergaberecht insgesamt der Verwirklichung der Grundfreiheiten und der Entwicklung des gemeinsamen Binnenmarktes dient. Dies wird bereits dadurch hinreichend deutlich, dass diese Richtlinie zulässigerweise auf die Binnenmarktkompetenz aus Art. 114 AEUV gestützt wird.[358]

Das Merkmal des grenzüberschreitenden Sachverhalts, ohne dessen Vorliegen die Grundfreiheiten, deren objektiv rechtliche Funktion einen Mechanismus zur Verwirklichung des gemeinsamen Binnenmarktes darstellt, nach allgemeiner Auffassung keine Anwendung finden,[359] legt der EuGH im Rahmen seiner Entscheidungen zur Vergabe von Dienstleistungskonzessionen weit aus[360] und bejaht es regelmäßig mit der bloßen Feststellung, dass an der Konzession auch ein in einem anderen Mitgliedstaat niedergelassenes Unternehmen ein Interesse ha-

---

356 EuGH, Urt. v. 13.09.2007, Rs. C-260/04 (Kommission/ Italien), Slg. 2007, I-07083, Rn. 22; Urt. v. 13.10.2005, Rs. C-458/03 (Parking Brixen), Slg. 2005, I-08585, Rn. 46; Urt. v. 21.07.2005, C-231/03 (Coname), Slg. 2005, I-07287; Urt. v. 07.12.2000, Rs. C-324/98 (Teleaustria), Slg. 2000, I-10745, Rn. 60.
357 EuGH, Urt. v. 13.09.2007, Rs. C-260/04 (Kommission/ Italien), Slg. 2007 I-7083, Rn. 23; Urt. v. 13.10.2005, Rs. C-458/03 (Parking Brixen), Slg. 2005, I-08585, Rn. 48.
358 Siehe dazu die Ausführungen unter C. V. 2. b) (2).
359 *Diehr*, VergabeR 2009, 719 (722); Streinz, Rn. 792; Haratsch/ Koenig/ Pechstein, Rn. 693.
360 So hat der EuGH in seiner Entscheidung in der Rechtssache *Parking-Brixen* ein grenzüberschreitendes Interesse ohne nähere Problematisierung bereits bei einem Auftrag angenommen, in dem es um die Erteilung einer Konzession zum Betrieb eines einzelnen Parkplatzes ging, welcher nicht einmal die Größe eines Fussballplatzes hatte.

ben kann.³⁶¹ Dieses potentiell grenzüberschreitende Interesse liegt nach der Rechtsprechung des EuGH bereits immer dann vor, wenn keine Anhaltspunkte dafür bestehen, dass wegen besonderer Umstände, wie beispielsweise einer äußerst geringfügigen wirtschaftlichen Bedeutung, kein in einem anderen Mitgliedstaat ansässiges Unternehmen ein Interesse an der Konzession hat.³⁶² Keinesfalls kann zur Verneinung eines grenzüberschreitenden Interesses und somit auch des grenzüberschreitenden Sachverhaltes allein darauf abgestellt werden, dass an dem konkreten Vergabeverfahren nur Akteure aus einem Mitgliedstaat beteiligt sind. Schließlich kann dieser Umstand gerade das Resultat einer erfolgreichen Abschirmung der Vergabe gegenüber ausländischen Unternehmen infolge fehlender Transparenz sein.

II. Übertragbarkeit dieser Grundsätze auf die Vergabe von Unterschwellenaufträgen und Aufträgen über nicht-prioritäre Dienstleistungen

Die bisher skizzierte Rechtsprechung des EuGH bezieht sich jedoch ausschließlich auf die Vergabe von Dienstleistungskonzessionen durch öffentliche Stellen. Somit stellt sich die Frage, ob die dort aufgestellten Grundsätze auch für die hier diskutierte Vergabe von Unterschwellenaufträgen und nicht-prioritären Dienstleistungen durch öffentliche Auftraggeber gelten. Schließlich haben diese beiden Arten von Aufträgen mit der Dienstleistungskonzession gemein, dass sie völlig oder zumindest weit überwiegend vom Geltungsbereich der Vergabekoordinierungsrichtlinie ausgenommen sind.

Nach der Rechtsprechung des EuGH kann das von ihm zur Vergabe von Dienstleistungskonzessionen entwickelte Vergabeprimärrecht grundsätzlich auch auf die Vergabe von Unterschwellenaufträgen³⁶³ und Aufträgen über nicht-prioritären Dienstleistungen³⁶⁴ im Sinne von Anhang II Teil B der Vergabekoordinierungsrichtlinie Anwendung finden.

---

361 EuGH Urt. v. 13.10.2005, Rs. C-458/03 (Parking Brixen), Slg. 2005, I-08585, Rn. 55; Urt. v. 21.07.2005, C-231/03 (Coname), Slg. 2005, I-07287, Rn. 17.
362 EuGH Urt. v. 21.07.2005, Rs. C-231/03 (Coname), Slg. 2005, I-07287, Rn. 20.
363 EuGH Urt. v. 15.05.2008, verb. Rs. C-147 und 148/06 (SECAP und Santorso), Slg. 2008, I-03565, Rn. 20; Urt. v. 21.02.2008, Rs. C-412/04 (Kommission/ Italien), Slg. 2008, I-00619, Rn. 65 f.; Urt. v. 20.10.2005, Rs. C-264/03 (Kommission/ Frankreich), Slg. 2005, I-08831, Rn. 33.
364 EuGH, Urt. v. 13.11.2007, Rs. C-507/03 (An Post), Slg. 2007, I-09777, Rn. 26 ff.

So erachtet der EuGH die Regelungen der Vergaberichtlinien zur Vergabe von Unterschwellenaufträgen und von Aufträgen im Bereich der nachrangigen Dienstleistungen als nicht abschließend.[365] Dies ist insbesondere im Hinblick auf Aufträge im Bereich der nicht-prioritären Dienstleistungen bemerkenswert, da die Vergabe derselben im Gegensatz zur Vergabe von Dienstleistungskonzessionen und Unterschwellenaufträgen nicht gänzlich vom Geltungsbereich der Vergabekoordinierungsrichtlinie ausgenommen ist. Nach der Rechtsprechung des EuGH kann jedoch insbesondere die für die Vergabe nachrangiger Dienstleistungen geltende Bekanntmachungsregelung aus Art. 35 IV VKR nicht dahingehend ausgelegt werden, dass sie der Anwendung der sich aus den Grundfreiheiten ergebenden vergaberechtlichen Grundsätze entgegensteht.[366]

Allerdings stellt der EuGH bei der Vergabe von Aufträgen, die die jeweiligen Schwellenwerte nicht erreichen und solchen, die dem Bereich der nicht-prioritären Dienstleistungen zuzuordnen sind, deutlich höhere Anforderungen an das Vorliegen eines grenzüberschreitenden Sachverhalts. Danach reicht das bloße Fehlen von Anhaltspunkten für ein mangelndes Auslandsinteresse an dem Auftrag nicht mehr zur Bejahung eines grenzüberschreitenden Sachverhalts aus, sondern es wird ein eindeutig grenzüberschreitendes Interesse an dem Auftrag zur Bejahung der Annahme eines grenzüberschreitenden Sachverhalts erforderlich, welches zudem positiv festgestellt werden muss.[367] Diese, im Vergleich zur Vergabe von Dienstleistungskonzessionen, merklich erhöhten Anforderungen begründet der EuGH damit, dass der Unionsgesetzgeber sowohl Aufträgen mit Auftragswerten unterhalb der Schwellenwerte als auch Aufträgen über nicht-prioritäre Dienstleistungen wegen ihres speziellen Charakters a priori keine grenzüberschreitende Bedeutung beimisst.[368] Ob in dem Verlangen des EuGH nach einem eindeutig grenzüberschreitenden Interesse an dem Auftrag zugleich auch eine Abkehr von der zeitlich vorhergehenden Rechtsprechung zur Vergabe von Dienstleistungskonzessionen zu sehen ist,[369] bedarf im Rahmen dieser Darstellung keiner Bewertung, da vorliegend nur die Geltung des Vergabeprimärrecht in Bezug auf die Vergabe von Unterschwellenaufträgen und nicht-prio-

---

365 EuGH, Urt. v. 13.11.2007, Rs. C-507/03 (An Post), Slg. 2007, I-09777, Rn. 29.
366 EuGH, Urt. v. 13.11.2007, Rs. C-507/03 (An Post), Slg. 2007, I-09777, Rn. 29.
367 EuGH Urt. v. 15.05.2008, verb. Rs. C-147 und 148/06 (SECAP und Santorso), Slg. 2008, I-03565, Rn. 28; Urt. v. 21.02.2008; Rs. C-412/04 (Kommission/ Italien), Slg. 2008, I-00619, Rn. 66; Urt. v. 13.11.2007, Rs. C-507/03 (An Post), Slg. 2007, I-09777, Rn. 29 f.
368 EuGH, Urt. v. 13.11.2007, Rs. C-507/03 (An Post), Slg. 2007, I-09777, Rn. 25; siehe auch Erwägungsgrund 2 der Richtlinie 2004/18/EG.
369 Eine Abkehr von der *Coname, Parking Brixen und ANAV* Rechtsprechung sieht darin beispielsweise *Diehr*, VergabeR 2009, 719 (726 f.).

ritären Dienstleistungen untersucht wird. Schließlich werden die Hilfsmittelversorgungsaufträge nach § 127 I, II SGB V nicht im Konzessionswege vergeben.

Ob das vom EuGH aus den Grundfreiheiten abgeleitete Vergabeprimärrecht auf diese Auftragsarten anwendbar ist, hängt somit maßgeblich davon ab, ob im Einzelfall an dem konkreten Auftrag ein eindeutig grenzüberschreitendes Interesse besteht. Nach anfänglichen Irritationen[370] hat der EuGH nunmehr klargestellt, dass es zulässig ist, das Bestehen eines eindeutig grenzüberschreitenden Interesses nicht nur subjektiv, durch Benennung eines konkret interessierten Unternehmens, sondern auch anhand objektiver Kriterien zu ermitteln.[371] Als solche Kriterien kommen insbesondere der Auftragswert und der Ort der Ausführung der Leistung in Betracht.[372] Es ist also letztlich zu ermitteln, ob das Einzugsgebiet des Auftrages über die Grenzen eines Mitgliedstaates hinausgeht.[373] Dabei ist zu berücksichtigen, dass die Grenzen der Mitgliedstaaten manchmal durch Ballungsräume verlaufen, so dass unter Umständen selbst an Aufträgen mit einem niedrigen Auftragswert ein eindeutig grenzüberschreitendes Interesse bestehen kann.[374] Auch ist es denkbar, dass die Bewertung von zwei Aufträgen mit identischem Auftragswert unterschiedlich ausfällt, wenn die Leistung in einem Fall in der Nähe einer Grenze zwischen Mitgliedstaaten und in einem anderen Fall weit entfernt von jeder mitgliedstaatlichen Grenze zu erbringen ist.[375]

In Ausnahmefällen ist es sogar möglich, das Bestehen eines eindeutig grenzüberschreitenden Interesses aus rein rechtlichen Gründen zu verneinen, wenn nämlich ein Unternehmen aus einem anderen Mitgliedstaat aufgrund rechtlicher Hindernisse nicht befugt ist, den Zuschlag zu einem bestimmten Auftrag zu erhalten. Eine solche Wertung kommt beispielsweise bei der Vergabe von schienengebundenen Personennahverkehrsleistungen in Betracht, da das Europarecht bisher keine zwingende Eröffnung eines gemeinsamen Binnenmarktes für inländische Personenverkehrsdienste vorsieht und nach § 14 II Nr. 1 AEG in Deutschland tatsächlich nur Eisenbahnverkehrsunternehmen mit Sitz in Deutschland Zu-

---

370 So ging der EuGH in der *An Post* Entscheidung zunächst davon aus, dass der Nachweis eines grenzüberschreitenden Interesses nur durch Benennung eines konkret an dem Auftrag interessierten, ausländischen Unternehmens erfolgen kann.
371 EuGH Urt. v. 15.05.2008, verb. Rs. C-147 und 148/06 (SECAP und Santorso), Slg. 2008, I-03565, Rn. 31.
372 EuGH Urt. v. 15.05.2008, verb. Rs. C-147 und 148/06 (SECAP und Santorso), Slg. 2008, I-03565, Rn. 31.
373 *Diehr*, VergabeR 2009, 719 (728).
374 EuGH Urt. v. 15.05.2008, verb. Rs. C-147 und 148/06 (SECAP und Santorso), Slg. 2008, I-03565, Rn. 31.
375 *Diehr*, VergabeR 2009, 719 (728).

gang zur Eisenbahninfrastruktur haben.[376] Im Bereich der Hilfsmittelversorgung von Versicherten der gesetzlichen Krankenversicherung kommt ein solche, auf rein rechtlichen Gründen basierende Ablehnung eines grenzüberschreitenden Interesses freilich nicht in Betracht, da der gemeinsame Binnenmarkt für derartige Leistungen eröffnet ist.

Demnach kann die aufgeworfene Frage nach der Geltung des Vergabeprimärrechts bei der Vergabe von Hilfsmittelversorgungsaufträgen, die vom Anwendungsbereich der Vergabekoordinierungsrichtlinie 2004/18/EG ausgenommen sind, nicht pauschal beantwortet werden, sondern hängt vom Vorliegen eines grenzüberschreitenden Interesses an dem konkreten Einzelauftrag ab, welches wiederum anhand der wertmäßigen und räumlichen Eigenart des jeweiligen Versorgungsauftrags zu bestimmen ist.

Aus der Anwendung dieser Kriterien folgt, dass für einige Hilfsmittelversorgungsaufträge außerhalb des Anwendungsbereichs der Richtlinie 2004/18/EG auch die Grundsätze des Vergabeprimärrechts nicht gelten, während diese für andere (z. B. grenznah auszuführende und/ oder mit einem hohen Auftragsvolumen versehene Aufträge) wegen des Vorliegens eines eindeutig grenzüberschreitenden Interesses Anwendung finden.

Schließlich gehören die gesetzlichen Krankenkassen zu den durch die Grundfreiheiten Verpflichteten. So sind die Grundfreiheiten vor allem an die Mitgliedstaaten adressiert, wobei der Begriff des Mitgliedstaates in diesem Sinne funktionell zu verstehen ist.[377] Er erfasst in horizontaler Sicht alle drei Staatsgewalten und vertikal nicht nur die Zentralgewalt, sondern alle mit Hoheitsgewalt ausgestatteten Untergliederungen.[378] Da die gesetzlichen Krankenkassen als Körperschaften des öffentlichen Rechts Teil der Staatsverwaltung sind, indem sie Verwaltungsaufgaben im Bereich der gesetzlichen Krankenversicherung erfüllen, fallen sie unter diesen funktionalen Mitgliedstaatsbegriff.

III. Inhaltliche Vorgaben des Vergabeprimärrechts

Im Folgenden soll daher der Inhalt des Vergabeprimärrechts kurz erläutert werden. Diese Ausführungen gelten freilich nur für den Abschluss solcher kartellvergaberechtsfreien Hilfsmittelversorgungsaufträge, die infolge eines eindeutig grenzüberschreitenden Interesses vom Vergabeprimärrecht erfasst werden.

---

376 Beispiel von *Diehr*, VergabeR 2009, 719 (727).
377 *Kingreen*, in: Calliess/ Ruffert, Art. 28-30 EGV Rn. 104.
378 *Kingreen*, in: Calliess/ Ruffert, Art. 28-30 EGV Rn. 105.

Sowohl die Grundfreiheiten als auch das allgemeine Diskriminierungsverbot aus Art. 18 AEUV stellen nach der Rechtsprechung des EuGH besondere Ausprägungen des Gleichbehandlungsgrundsatzes dar.[379] Dies bedeutet für die Bieter, dass diese unabhängig von ihrer Staatsangehörigkeit bei der Aufstellung ihrer Angebote über die gleichen Chancen verfügen müssen.[380] Dementsprechend verpflichten die primärrechtlichen Regelungen die öffentlichen Stellen, auch bei der Vergabe solcher Aufträge, die vom Anwendungsbereich der Vergaberichtlinien ausgenommen sind, zur Gewährleistung eines ausreichenden Maßes an Transparenz bei der Auftragsvergabe, so dass zugunsten der Bieter ein angemessener Grad von Öffentlichkeit sichergestellt ist, der eine Nachprüfung ermöglicht, ob die Vergabeverfahren unparteiisch durchgeführt worden sind.[381]

Gegen die aus dem Primärrecht abzuleitende Transparenzpflicht verstößt ein öffentlicher Auftraggeber auch bei der Vergabe von Unterschwellenaufträgen und Aufträgen im Bereich der nicht-prioritären Dienstleistungen in jedem Fall dann, wenn ein solcher Auftrag völlig ohne jedwede Form der Bekanntmachung vergeben wurde.

So wird in die Dienstleistungsfreiheit, Niederlassungsfreiheit und/oder die Warenverkehrsfreiheit eingegriffen, wenn ein potentieller Leistungserbringer aus dem europäischen Ausland mangels Durchführung eines Aufrufs zum Wettbewerb durch die gesetzliche Krankenkasse überhaupt keine Kenntnis von dem konkreten Beschaffungsbedarf erlangt und daher erst gar nicht die Chance erhält, hinsichtlich seiner Waren und/oder Dienstleistungen in Form von Hilfsmitteln grenzüberschreitend eine Versorgungsberechtigung in Deutschland zu erlangen, um auf diese Weise von seiner Dienstleistungs-, Warenverkehrs- oder Niederlassungsfreiheit Gebrauch machen zu können. Ein solches Verhalten der durch die Grundfreiheiten verpflichteten gesetzlichen Krankenkassen stellt also eine Beschränkung des freien Dienstleistungsverkehrs zwischen den Mitgliedstaaten entgegen Art. 56 I AEUV und/ oder eine Maßnahme dar, welche in ihrer Wirkung entgegen Art. 34 AEUV einer mengenmäßigen Einfuhrbeschränkung gleichkommt und nur in Ausnahmefällen durch die geschriebenen oder ungeschriebenen Schranken der Grundfreiheiten gedeckt ist.

---

379 Im Hinblick auf die Grundfreiheiten: EuGH, Urt. v. 5.12.1989, Rs. C-3/88 (Kommission/ Italien), Slg. 1989, 04035, Rn. 8; im Hinblick auf das allgemeine Diskriminierungsverbot: EuGH, Urt. v. 08.10.1980, Rs. 810/79 (Überschär), Slg. 1980, 02747, Rn. 16.
380 EuGH, Urt. v. 25.04.1996, Rs. C-87/94 (Kommission/ Belgien), Slg. 1996, 02043, Rn. 33, 54.
381 EuGH, Urt. v. 13.09.2007, Rs. C-260/04 (Kommission/ Italien), Slg. 2007, I-07083, Rn. 24; Urt. v. 13.10.2005, Rs. C-458/03 (Parking Brixen), Slg. 2005, I-08585, Rn. 49; Urt. v. 07.12.2000, Rs. C-324/98 (Teleaustria), Slg. 2000, I-10745, Rn. 61, 62.

Ob die Transparenzpflicht den öffentlichen Auftraggeber auch bei kartellvergaberechtsfreien Aufträgen zur Vornahme einer Ausschreibung verpflichtet – in diese Richtung gehen diverse Entscheidungen des EuGH zur Vergabe von Dienstleistungskonzessionen[382] und einzelne Stimmen im Schrifttum[383] – oder, ob auch auf anderem Wege den primärrechtlichen Transparenzanforderungen genüge getan werden kann, lässt der EuGH bisher offen. So hat sich der EuGH in seinen einschlägigen Entscheidungen darauf beschränkt, die konkrete Form der Vergabe im Einzelfall für unzulässig zu erklären[384] oder darzulegen, dass es Sache des vorlegenden Gerichts ist, darüber zu befinden, ob den aus dem Primärrecht folgenden vergaberechtlichen Pflichten durch die öffentliche Stelle genüge getan wurde.[385] Da in den Fällen, in denen der EuGH die Vorgehensweise der öffentlichen Stellen wegen eines Verstoßes gegen das Vergabeprimärrecht für unzulässig erklärt hat, jegliche Wahrung von Transparenz bei der Vergabe des Auftrags durch den öffentlichen Auftraggeber unterblieben war, konnte sich der EuGH jeweils auf die Feststellung der Primärrechtswidrigkeit der Vergabe schon aus diesem Grund beschränken und hatte dementsprechend nicht darüber zu befinden, wie weit die unmittelbar aus dem Primärrecht folgenden vergaberechtlichen Pflichten für die öffentlichen Auftraggeber im Einzelnen gehen. Insoweit verweist der Gerichtshof ausdrücklich darauf, dass es Sache der öffentlichen Stellen sei, unter der Kontrolle der zuständigen Gerichte zu beurteilen, ob die Modalitäten einer durchgeführten Vergabe den Besonderheiten des betreffenden Auftrags angemessen Rechnung tragen.[386]

Daher dürfte es sich für die Krankenkassen empfehlen, auch die Vergabe von kartellvergaberechtsfreien Hilfsmittelversorgungsaufträgen am Kartellvergaberecht bzw. dem nach der Vergabekoordinierungsrichtlinie vorgegebenen Verfahren zu orientieren. Gegen eine teilweise vertretene sinngemäße Heranziehung[387] oder gar eine analoge Anwendung[388] des Kartellvergaberechts bzw. der Verga-

---

382 EuGH, Urt. v. 13.09.2007, Rs. C-260/04 (Kommission/ Italien), Slg. 2007, I-07083, Rn. 25; Urt. v. 06.04.2006, Rs. C-410/04 (ANAV), Slg. 2006, I-03303, Rn. 22; Urt. v. 13.10.2005, Rs. C-458/03 (Parking Brixen), Slg. 2005, I-08585, Rn. 50.
383 *Ebsen* in Ebsen, 9 (22).
384 EuGH, Urt. v. 13.09.2007, Rs. C-260/04 (Kommission/ Italien), Slg. 2007, I-07083, Rn. 25; Urt. v. 13.10.2005, Rs. C-458/03 (Parking Brixen), Slg. 2005, I-08585, Rn. 50.
385 EuGH, Urt. v. 21.07.2005, Rs. C-231/03 (Coname), Slg. 2005, I-07287, Rn. 21; Urt. v. 07.12.2000, Rs. C-324/98 (Teleaustria), Slg. 2000, I-10745, Rn. 63.
386 EuGH Urt. v. 13.10.2005, Rs. C-458/03 (Parking Brixen), Slg. 2005, I-08585, Rn. 50.
387 *Klöck*, NZS 2008, 178 (185).
388 *Kunze/ Kreikebohm*, NZS 2003, 5 (8) sprechen sich zur Rechtslage im Jahr 2003 für eine analoge Anwendung des Vergaberechts auf den Abschluss von leistungserbringenden Grundverträgen im Sozialversicherungsrecht aus.

bekoordinierungsrichtlinie auf das Verfahren zur Vergabe der hier diskutierten Aufträge spricht jedoch, dass sich der europäische Gesetzgeber bewusst dazu entschieden hat, die Vergabe von nachrangigen Dienstleistungen und Unterschwellenaufträgen nicht dem Geltungsbereich des europäischen Vergaberechts zu unterwerfen. Dieser klare gesetzgeberische Wille würde durch eine entsprechende Anwendung der Regelungen aus der Vergabekoordinierungsrichtlinie 2004/18/EG auf diese Auftragsarten unterlaufen.

Vielmehr genügt ein durch die bloße Orientierung an bestehenden europäischen Vergaberechtsprinzipien zu erreichender vergaberechtlicher Mindeststandard den Anforderungen des Primärrechts an die Vergabe dieser Aufträge.

Eine solche Vorgehensweise sollte den gesetzlichen Krankenkassen allerdings insbesondere bei der Vergabe von Rahmenvereinbarungen über nachrangige Dienstleistungen nicht sonderlich schwer fallen, da sie in diesem Bereich ohnehin gemäß §§ 1 III VOL/A-EG, 4 IV VgV an die Regelungen des ersten Abschnitts der VOL/A gebunden sind. Zu beachten ist jedoch über die Regelungen des ersten Abschnitts der VOL/A hinaus, dass das Vergabeprimärrecht eine europaweite Transparenz erfordert. Folglich empfiehlt sich häufig eine Bekanntmachung der Vergabeabsicht im Supplement zum Amtsblatt der Union, da durch die Veröffentlichung in rein lokalen Medien eine europaweite Öffnung des Wettbewerbes regelmäßig nicht erreicht werden kann.[389]

IV. Verfassungsrechtliche Vorgaben zur Vergabe von kartellvergaberechtsfreien Aufträgen

Wie bereits ausgeführt, unterfallen jedoch nur solche kartellvergaberechtsfreien Hilfsmittelversorgungsaufträge den Rahmenbedingungen des Vergabeprimärrechts, an denen ein eindeutig grenzüberschreitendes Interesse besteht. Für alle kartellvergaberechtsfreien Hilfsmittelversorgungsaufträge, also auch für solche, an denen kein eindeutig grenzüberschreitendes Interesse besteht, erfordert hingegen das nationale Verfassungsrecht die Beachtung gewisser vergaberechtlicher Rahmenbedingungen.

So eröffnet der Staat durch die Entscheidung zur Vergabe von Aufträgen einen Markt und mithin ein Kontingent von Erwerbsaussichten für die Wirtschaftsteilnehmer.[390] Dieses Kontingent haben die öffentlichen Stellen unter Beachtung der sie bindenden Grundrechte zu vergeben. Die insofern maßgeblichen

---

389 *Portz/Düsterdieck*, in: Ingenstau/Korbion, § 32 VOL/A Rn. 24.
390 *Burgi*, NZBau 2005, 610 (612).

Grundrechte sind vor allem der allgemeine Gleichbehandlungsgrundsatz aus Art. 3 I GG und das Grundrecht der Berufsfreiheit aus Art. 12 I GG.[391] Da letzteres ein Bürgerrecht darstellt, tritt für EU-Ausländer Art. 2 I GG mit ähnlichem Schutzinhalt an dessen Stelle.[392]

Diese Grundrechte fordern auch außerhalb europarechtlicher Vorgaben die Herstellung einer Verteilungsgerechtigkeit hinsichtlich des vom Staat durch die öffentlichen Stellen zu vergebenden Auftragskontingents.[393] Den Wirtschaftsteilnehmern als Träger dieser Grundrechte müssen die gleichen Chancen eingeräumt werden, an dem zu vergebenden Auftragskontingent partizipieren zu können. Die Herstellung dieser Chancengleichheit wiederum geht über eine bloße Willkürfreiheit hinaus und fordert eine Bekanntmachung der Vergabeabsicht sowie eine Durchführung der Vergabe anhand sachbezogener, gleichbleibender Kriterien.[394] So hat das BVerfG beispielsweise die Notwendigkeit eines transparenten und an sachlich nachvollziehbaren Vorgaben ausgerichteten Verfahrens bei der Besetzung von Notarstellen betont[395] und die Rechte der mangels freier Kapazitäten abgelehnten Bewerber bei der Vergabe von Jahrmarktständen gestärkt.[396]

Auch das Grundgesetz kann naturgemäß keine detaillierten Verfahrensregelungen implementieren, sondern sich lediglich darauf beschränken, allgemeine Rahmenbedingungen vorzugeben. Demnach sind die Vorgaben, welche sowohl das primäre Unionsrecht, als auch das nationale Verfassungsrecht für die Vergabe von Aufträgen vorsehen, die nicht in den Anwendungsbereich des Kartellvergaberechts bzw. der Vergabekoordinierungsrichtlinie 2004/18/EG fallen, recht ähnlich.[397] Das nationale Verfassungsrecht begründet jedoch freilich keine Verpflichtung zur Wahrung einer europaweiten Transparenz bei der Auftragsvergabe.

Da für die Vergabe von kartellvergaberechtsfreien Aufträgen im Rahmen der Hilfsmittelversorgung der Versicherten durch die gesetzlichen Krankenkassen jedoch definitiv die für diese Bearbeitung entscheidenden Regelungen des euro-

---

391 *Ebsen* in Ebsen, 9 (22); *Voßkuhle*, VVDStRL 62, 266 (317); *Burgi*, NZBau 2005, 610 (612).
392 Speziell in Bezug auf Art. 12 II GG: BVerfGE 104, 337 (346); 78, 179 (196); in Bezug auf Art. 11 GG: BVerfGE 35, 382 (399); allgemein:; *Sachs*, in: Sachs, Vor Art. 1 Rn. 72; Stern III/1, S. 1040 f.; Pieroth/ Schlink, Rn. 126 ff.
393 *Burgi*, NZBau 2005, 610 (612 f.); *Vosskuhle*, VVDStRL 62, 266 (314 ff.); *Burgi/ Ruhland*, VergabeR 2005, 1 (9).
394 *Burgi*, NZBau 2005, 610 (613).
395 BVerfG, Beschl. v. 01.07.2002, Az.: 1 BvR 152/02, NJW 2002, 3090.
396 BVerfG, Beschl. v. 02.09.2002, Az.: 1 BvR 476/01, NJW 2002, 3691.
397 Zu diesem Ergebnis gelangt auch *Burgi*, NZBau 2005, 610 (613).

päisch geprägten Kartellvergaberechts betreffend die Hierarchie der vergaberechtlichen Verfahrensarten keine stringente Anwendung finden und somit auch andere als die in der Vergabekoordinierungsrichtlinie vorgesehenen Rechtfertigungsgründe für das Absehen von einer Ausschreibung bei der Vergabe von Hilfsmittelversorgungsaufträgen denkbar sind, bleiben die kartellvergaberechtsfreien Hilfsmittelversorgungsaufträge im Rahmen der weiteren Bearbeitung außer Betracht.

E. Die Vereinbarkeit der Systematik aus § 127 I, II SGB V mit der kartellvergaberechtlichen Hierarchie der Verfahrensarten

Da das in Umsetzung der Vergabekoordinierungsrichtlinie 2004/18/EG erlassene deutsche Kartellvergaberecht auf die große Mehrzahl von Rahmenvereinbarungen zur Hilfsmittelversorgung nach § 127 I, II SGB V Anwendung findet, ist nunmehr der bereits einleitend aufgeworfenen Frage nachzugehen, ob insbesondere die kartellvergaberechtlichen Vorgaben zur Hierarchie der Verfahrensarten mit dem Regelungssystem des § 127 I, II SGB V im Einklang stehen. Die nachfolgende Bearbeitung bezieht sich demnach, dies sei an dieser Stelle nochmals betont, nur noch auf den Abschluss von Rahmenvereinbarungen nach § 127 I, II SGB V, die dem Regime des durch die Richtlinie 2004/18/EG europarechtlich determinierten deutschen Kartellvergaberechts unterfallen.

I. Bestehen einer Divergenz zwischen der Systematik aus § 127 I, II SGB V und der kartellvergaberechtlichen Hierarchie der Verfahrensarten

Ein Einklang zwischen § 127 I, II SGB V und den maßgeblichen Vorschriften des Kartellvergaberechts zur Hierarchie der Verfahrensarten erscheint im Hinblick auf die schon im Rahmen der Problemstellung gemachten Ausführungen äußerst zweifelhaft.

So erlaubt es die sozialrechtliche Systematik aus § 127 I , II SGB V, insbesondere aber die Regelung des § 127 II 1 SGB V in ihrer aktuellen Fassung, die sie durch das GKV-OrgWG mit Wirkung zum 01.01.2009 erhalten hat, bei erster Betrachtung nach ihrem Wortlaut, dass die Krankenkassen scheinbar ohne weitere vergaberechtliche Voraussetzungen Rahmenvereinbarungen zur Hilfsmittelversorgung schließen können, wenn sie hinsichtlich des Vertragsgegenstandes keine Ausschreibung nach § 127 I SGB V durchführen. § 127 I SGB V zwingt die Krankenkassen zudem selbst im Falle der Zweckmäßigkeit einer Ausschreibung nicht dazu, eine solche auch durchzuführen. Die Entscheidung über die Art und Weise der Vertragsanbahnung und mithin der Auftragsvergabe liegt daher nach dem Wortlaut von § 127 I 1, II 1 SGB V letztendlich immer bei den gesetzlichen Krankenkassen selbst. Eine Hierarchie der Verfahrensarten zur Vergabe von Hilfsmittelversorgungsverträgen ist daher sozialrechtlich nicht erkennbar.

1. Hierarchie und Arten der kartellvergaberechtlichen Vergabeverfahren

Im krassen Gegensatz dazu sieht das Kartellvergaberecht, wie im Rahmen der Einleitung skizziert, eine strenge Hierarchie der Verfahrensarten zur Vergabe öffentlicher Aufträge durch öffentliche Auftraggeber vor. Diese Hierarchie findet auf nationaler Ebene zuvorderst Ausdruck in der Vorschrift des § 101 VII 1 1. HS GWB, welcher der Umsetzung der entsprechenden Vorgabe aus Art. 28 Unterabsatz 2 S. 1 VKR dient.

a) Grundsätzlicher Vorrang des offenen Verfahrens nach
    § 101 VII 1 1. HS GWB

Nach dieser Regelung ist das offene Verfahren nach § 101 II GWB als vorrangig einzustufen. Ein anderes Vergabeverfahren, also das nichtoffene Verfahren nach § 101 III GWB, der wettbewerbliche Dialog nach § 101 IV GWB und vor allem das in § 101 V GWB definierte Verhandlungsverfahren, kann nach § 101 VII 1 2. HS GWB nur dann gewählt werden, wenn es aufgrund des GWB gestattet ist.[398] Auch diese anderen Verfahrensarten stehen in einem bestimmten Rangverhältnis zueinander.

b) Verfahrenswahlfreiheit für Sektorenauftraggeber nach § 101 VII 2 GWB

Ein Verfahrenswahlrecht sieht § 101 VII 2 GWB lediglich für bestimmte öffentliche Auftraggeber vor. Danach steht den Sektorenauftraggebern, also solchen öffentlichen Auftraggebern, die auf dem Gebiet der Trinkwasser- oder Energieversorgung oder des Verkehrs tätig sind, das offene, das nichtoffene und das Verhandlungsverfahren bei der Vergabe von öffentlichen Aufträgen nach ihrer Wahl zur Verfügung. Nicht zur Wahl steht den Sektorenauftraggebern lediglich das Vergabeverfahren des wettbewerblichen Dialoges, da dieses ausweislich § 101 IV 1 GWB in den Sektoren keine Anwendung findet. Die Vorschrift des § 101 VII 2 GWB dient der Umsetzung von Art. 40 II der Sektorenrichtlinie

---

398 Art. 28 Unterabsatz 2 S. 1 VKR stellt im Gegensatz zu § 101 VII 1 GWB das offene und das nichtoffene Verfahren gleichwertig nebeneinander. Der nationale Gesetzgeber ist daher gar über die unionsrechtlichen geforderten Vorgaben hinausgegangen, was ihm wegen der damit verbundenen Erreichung eines noch höheren Schutzniveaus in Bezug auf Transparenz und Wettbewerb unbenommen ist.

2004/17/EG, welche die Vergabe von öffentlichen Aufträgen in den Sektoren Wasser, Energie und Verkehrsversorgung sowie der Postdienste zum Regelungsgegenstand hat. Durch die Wahlfreiheit hinsichtlich des Vergabeverfahrens soll den Besonderheiten dieser Wirtschaftsbereiche Rechnung getragen werden. So ist doch einerseits die Erfüllung der Aufgaben im Sektorenbereich von enormer Wichtigkeit für die Bevölkerung im Rahmen der Daseinsvorsorge, andererseits sind gerade in diesen Bereichen hochkomplexe Anlagen zu errichten und zu unterhalten, weshalb es der europäische Gesetzgeber für erforderlich hielt, die Sektorenauftraggeber mit flexibleren Handlungsmöglichkeiten bei der Vergabe ihrer Aufträge auszustatten, damit diesen insbesondere die Möglichkeit verbleibt, mit einem bewährten Anbieter zusammenarbeiten zu können.[399]

Die gesetzlichen Krankenkassen zählen freilich nicht zu den Sektorenauftraggebern. Die Vergabe von Aufträgen durch die Krankenkassen im Rahmen ihrer Versorgungsaufgaben nach dem SGB V fällt vielmehr in den Anwendungsbereich der Vergabekoordinierungsrichtlinie 2004/18/EG. Für sie greift mithin der Tatbestand des § 101 VII 2 GWB nicht ein, weshalb sie an die in § 101 VII 1 1. HS GWB normierte Hierarchie der Verfahrensarten mit ihrer grundsätzlichen Verpflichtung zur Durchführung eines offenen Verfahrens gebunden sind.

c) Das offene Verfahren nach § 101 II GWB

Unter dem nach § 101 VII 1 1. HS GWB vorrangig durchzuführenden offenen Verfahren versteht man gemäß § 101 II GWB bzw. Art. 1 XI lit. a) VKR ein Verfahren, bei dem alle interessierten Wirtschaftsteilnehmer ein Angebot abgeben können. Es beginnt mit einer europaweiten Bekanntmachung der beabsichtigten Auftragsvergabe in der Form, dass die Bekanntmachung nach § 15 II 1 VOL/A-EG dem Amt für amtliche Veröffentlichungen der Europäischen Gemeinschaften zu übermitteln ist und von diesem innerhalb einer bestimmten Frist nach § 15 III 2 VOL/A-EG im Supplement zum Amtsblatt der Europäischen Gemeinschaften veröffentlicht wird. Im Anschluss an die Veröffentlichung dieser Vergabebekanntmachung können interessierte Unternehmen die Verdingungsunterlagen bei dem Auftraggeber anfordern, ein Angebot zur Deckung des Bedarfs des Auftraggebers auf Grundlage einer eindeutigen und erschöpfenden Leistungsbeschreibung erarbeiten und dieses schließlich innerhalb einer be-

---

399 *Otting*, in: Bechtold, § 101 Rn. 16.

stimmten Frist abgeben.[400] Sodann werden die fristgerecht eingegangenen Angebote auf Grundlage vorab festgelegter objektiver Zuschlagskriterien durch den Auftraggeber bewertet. Angebote, die nach Fristablauf eingehen, sind genauso wie bestimmte andere, an formellen Mängeln leidende Angebote nach § 19 III VOL/A-EG von vornherein keiner Wertung zugänglich. Bei der Wertung der Angebote gilt gemäß § 18 VOL/A-EG ein weitgehendes Nachverhandlungsverbot. Verhandlungen dürfen nach § 18 S. 1 VOL/A-EG ausschließlich zu dem Zweck erfolgen, Zweifel über die Angebote oder die Eignung der Bieter auszuräumen. Schlussendlich wird das Verfahren durch die Erteilung des Zuschlags beendet.

Das offene Verfahren stellt ein einstufiges Verfahren dar, das heißt, die abstrakte Bewertung der Eignung der bietenden Unternehmen nach den Kriterien Zuverlässigkeit, Leistungsfähigkeit sowie Fachkunde (§§ 7 I, 19 V VOL/A-EG) und die Prüfung der abgegebenen Angebote als solche nach formellen, inhaltlichen und wirtschaftlichen Aspekten samt Zuschlagsentscheid erfolgen in einem einheitlichen Wertungsvorgang.[401] Es ist das am strengsten formalisierte Vergabeverfahren und entspricht wettbewerbs- und marktwirtschaftlichen Prinzipien am besten,[402] was dessen Vorrang vor den anderen Verfahrensarten begründet.[403]

d) Das nichtoffene Verfahren nach § 101 III GWB

Bei einem nichtoffenen Verfahren handelt es sich gemäß § 101 III GWB bzw. Art 1 XI lit. b) VKR um ein Verfahren, bei dem sich alle Wirtschaftsteilnehmer um die Teilnahme bewerben können und bei dem nur die vom öffentlichen Auftraggeber aufgeforderten Wirtschaftsteilnehmer ein Angebot abgeben können. Das nichtoffene Verfahren beginnt gleich dem offenen Verfahren mit einer Vergabebekanntmachung, welche europaweit zu erfolgen hat und daher ebenfalls im Supplement zum EU-Amtsblatt veröffentlicht werden muss. In dieser Bekanntmachung werden alle interessierten Unternehmen aufgerufen, innerhalb einer be-

---

[400] *Haak/ Reimnitz*, in: Willenbruch/ Bischoff, § 101 GWB Rn. 4; *Blaufuß/ Zeiss*, in: jurisPK-VergR, § 101 GWB Rn. 10; *Werner*, in: Byok/ Jäger, § 101 Rn. 604; *Kulartz*, in: Kulartz/ Kus/ Portz, § 101 Rn. 4.

[401] *Haak/ Reimnitz*, in: Willenbruch/ Bischoff, § 101 GWB Rn. 4; *Bungenberg*, in: Loewenheim/ Meesen/ Riesenkampf, § 101 Rn. 10.

[402] *Blaufuß/ Zeiss*, in: jurisPK-VergR, § 101 GWB Rn. 8; *Haak/ Reimnitz*, in: Willenbruch/ Bischoff, § 101 GWB Rn. 5; *Kulartz*, in: Kulartz/ Kus/ Portz, § 101 Rn. 3.

[403] *Blaufuß/ Zeiss*, in: jurisPK-VergR, § 101 GWB Rn. 9.

stimmten Frist einen Antrag auf Teilnahme am Wettbewerb zu stellen.[404] In dem so eingeleiteten Teilnahmewettbewerb entscheidet der Auftraggeber anhand von bereits in der Vergabebekanntmachung anzuführenden Kriterien über die Eignung der teilnahmewilligen Unternehmen nach § 19 V VOL/A-EG. Sodann werden diejenigen Unternehmen, die den vom Auftraggeber aufgestellten Eignungsanforderungen genügen, zur Abgabe eines konkreten Angebots innerhalb einer bestimmten Frist aufgefordert. Die Wertung der dann eingegangenen Angebote nimmt der Auftraggeber wie beim offenen Verfahren vor und beendet schließlich das Verfahren durch die Erteilung des Zuschlags. Auch im Rahmen des nichtoffenen Verfahrens gilt das Nachverhandlungsverbot aus § 18 VOL/A-EG.

Bei dem nichtoffenen Verfahren handelt es sich demnach im Unterschied zum offenen Verfahren um ein zweistufiges Verfahren, welches in den vorgeschalteten Teilnahmewettbewerb und die sich daran anschließende beschränkte Ausschreibung zerfällt.[405] Charakteristisch für das nichtoffene Verfahren ist mithin im Gegensatz zum offenen Verfahren, dass letztendlich nur ein beschränkter Kreis von Unternehmen zur Abgabe eines Angebots aufgefordert wird. Daher wird der Wettbewerb etwas stärker eingeschränkt als bei der Durchführung eines offenen Verfahrens, was zumindest den deutschen Gesetzgeber dazu veranlasst hat, dem offenen gegenüber dem nichtoffenen Verfahren in den §§ 101 VII 1 1. HS GWB, 3 I VOL/A-EG den Vorrang einzuräumen.

Das offene Verfahren entspricht im rein nationalen deutschen Haushaltsvergaberecht weitgehend der öffentlichen Ausschreibung im Sinne von § 3 I 1, II VOL/A, während das nichtoffene Verfahren in diesem Bereich der beschränkten Ausschreibung mit Teilnahmewettbewerb im Sinne von § 3 I 2, II VOL/A entspricht.[406] Beide Verfahren unterfallen demnach in der deutschen Vergaberechtsterminologie dem Oberbegriff der Ausschreibung. Dieser Begriff findet in der unionsrechtlichen Vergabeterminologie hingegen überhaupt keine Verwendung. Es handelt sich dabei also um einen rein nationalen Rechtsbegriff.

---

404 *Haak/ Reimnitz*, in: Willenbruch/ Bischoff, § 101 GWB Rn. 7.
405 *Bungenberg*, in: Loewenheim/ Meesen/ Riesenkampff, § 101 GWB Rn. 16; *Haak/ Reimnitz*, in: Willenbruch/ Bischoff, § 101 GWB Rn. 7.
406 *Hausmann*, in: Kulartz/ Marx/ Portz/ Prieß, § 3 a Rn. 12, 17; *Blaufuß/ Zeiss*, in: jurisPK-VergR, § 101 GWB Rn. 7, 12; *Haak/ Reimnitz*, in: Willenbruch/ Bischoff, § 101 GWB Rn. 6, 9. Diese Entsprechungen wurden vormals von § 3 a Nr. 1 I 1 VOL/A 2006 ausdrücklich klar gestellt.

e) Der wettbewerbliche Dialog nach § 101 IV GWB

Art. 29 I Unterabsatz 1 VKR gestattet den Mitgliedstaaten, gesetzliche Regelungen einzuführen, die die Durchführung eines wettbewerblichen Dialogs bei der Vergabe öffentlicher Aufträge durch öffentliche Auftraggeber dann zulassen, wenn ein besonders komplexer Auftrag vorliegt, dessen Vergabe nach dem Erachten des jeweiligen öffentlichen Auftraggebers im Wege eines offenen oder nichtoffenen Verfahrens nicht möglich ist.

Diese Ermächtigung des europäischen Gesetzgebers hat der deutsche Gesetzgeber in den §§ 101 IV GWB, 3 VII VOL/A-EG aufgegriffen.

Anders als beim einstufigen offenen Verfahren und dem zweistufigen nichtoffenen Verfahren handelt es sich bei dem wettbewerblichen Dialog nach § 101 IV GWB bzw. dessen Richtlinienvorgabe aus Art. 1 XI lit. c) VKR um ein dreistufiges Verfahren.[407] In der ersten Stufe wird das Verfahren gemäß § 3 VII 2 lit. a) VOL/A-EG durch die Bekanntgabe der Vergabeabsicht eingeleitet. Daraufhin können sich alle interessierten Wirtschaftsteilnehmer um eine Teilnahme am Dialog bewerben.[408] Dies entspricht der ersten Stufe eines nichtoffenen Verfahrens.[409] Nach der sich daran anschließenden Auswahl der Teilnehmer beginnt gemäß § 3 VII 2 lit. b) VOL/A-EG die zweite Stufe in Form der Eröffnung eines Dialoges mit den ausgewählten Unternehmen. Ziel dieses Dialogs ist es gemäß § 3 VII 2 lit. b) S. 1 VOL/A-EG, die Mittel, mit denen die Bedürfnisse des Auftraggebers am besten erfüllt werden können, zu erarbeiten und festzulegen. Es wird also die technisch beste Lösung zur Bedarfsdeckung ermittelt.[410] Dementsprechend beendet der Auftraggeber den Dialog nach § 3 VII 2 lit. d) S. 1 VOL/A-EG, wenn eine Lösung zur Bedarfsdeckung gefunden wurde oder erkennbar ist, dass keine Lösung erarbeitet werden kann. Sollte eine Lösung gefunden worden sein, werden die Teilnehmer gemäß § 3 VII 2 lit. d) S. 2 VOL/A-EG in der dritten und letzten Stufe auf Grundlage der in der Dialogphase ausgearbeiteten Lösungen zur Angebotsabgabe aufgefordert. Die abzugebenden Angebote dürfen gegenüber den Verhandlungsergebnissen des Dialogs nur noch geringfügig modifiziert werden.[411] Schließlich erfolgt die Vergabe gemäß § 3

---

407 *Wagner*, in: Langen/ Bunte, § 101 GWB Rn. 66.
408 *Bungenberg*, in: Loewenheim/ Meesen/ Riesenkampff, § 101 GWB Rn. 34.
409 *Wagner*, in: Langen/ Bunte, § 101 GWB Rn. 71.
410 *Bungenberg,* in: Loewenheim/ Meesen/ Riesenkampff, § 101 GWB Rn. 30.
411 *Werner*, in: Byok/ Jaeger, Rn. 587 a; *Bungenberg*, in: Loewenheim/ Meesen/ Riesenkampff, § 101 GWB Rn. 34.

VII 2 lit. e) S. 1 VOL/A-EG nach dem ausschließlichen Kriterium des wirtschaftlich günstigsten Angebots.

Das Vergabeverfahren des wettbewerblichen Dialoges ist nach Art. 29 I Unterabsatz 1 VKR gegenüber dem offenen und nichtoffenen Verfahren subsidiär und kann nur dann durchgeführt werden, wenn die Vergabe des öffentlichen Auftrags im Wege dieser Verfahren nach dem Erachten der Vergabestelle nicht möglich ist. § 3 VII 1 VOL/A-EG setzt diese Vorgaben und deren Präzisierung in Art. 1 XI lit. c) Unterabsatz 2 VKR um und normiert, dass es den Auftraggebern nur dann gestattet ist, einen öffentlichen Auftrag oberhalb der Schwellenwerte im Wege des wettbewerblichen Dialoges zu vergeben, sofern der Auftraggeber den Auftrag nicht im Wege des offenen oder nichtoffenen Verfahrens vergeben kann, da er objektiv nicht in der Lage ist, die technischen Mittel anzugeben, mit denen seine Bedürfnisse und Ziele erfüllt werden können oder es ihm objektiv unmöglich ist, die rechtlichen oder finanziellen Bedingungen des Vorhabens anzugeben.

f) Das Verhandlungsverfahren nach § 101 V GWB

Das Verhandlungsverfahren wird nach § 101 V GWB bzw. Art. 1 XI lit. d) VKR als ein Vergabeverfahren definiert, bei dem der öffentliche Auftraggeber sich an Wirtschaftsteilnehmer seiner Wahl wendet und mit einem oder mehreren von ihnen über die Auftragsbedingungen verhandelt. Dabei wird gemäß §§ 101 V GWB, 3 III, IV VOL/A-EG bzw. Art. 30 und 31 VKR zwischen einem Verhandlungsverfahren mit und einem solchen ohne Durchführung einer vorherigen öffentlichen Aufforderung zur Teilnahme unterschieden. Beide Arten des Verhandlungsverfahrens stehen dabei in einem Stufenverhältnis zueinander.[412] Das Verhandlungsverfahren ist demnach, anders als das nichtoffene Verfahren, keine bloße Spielart des offenen Verfahrens, sondern eine wesentlich andere Verfahrensart.[413]

(1) Verhandlungsverfahren mit vorheriger Vergabebekanntmachung

Das Verhandlungsverfahren mit vorheriger öffentlicher Aufforderung zur Teilnahme eröffnet der Auftraggeber mit einer europaweiten Bekanntmachung zur

---

412 *Wagner*, in: Langen/ Bunte, § 101 GWB Rn. 44.
413 *Kulartz*, in: Kulartz/ Kus/ Portz, § 101 Rn. 33.

Einleitung eines Teilnahmewettbewerbs.[414] Dieser entspricht im Wesentlichen dem Teilnahmewettbewerb im nichtoffenen Verfahren.[415] Sodann fordert der Auftraggeber ausgewählte Teilnehmer auf, Angebote zur Deckung seines Bedarfs abzugeben. Es existiert keine Pflicht des Auftraggebers, alle Unternehmen, die Teilnahmeanträge eingereicht haben, zur Abgabe eines Angebots aufzufordern.[416] Jedoch muss die Zahl der Bewerber, die der Auftraggeber zur Angebotsabgabe auffordert, gemäß § 3 V 2 VOL/A-EG in der Bekanntmachung angegeben werden und darf nach § 3 V 3 VOL/A-EG nicht unter drei liegen. Im Anschluss daran verhandelt der Auftraggeber mit ausgewählten Bietern über die abgegebenen Angebote. Im Rahmen dieser Verhandlungsphase ist zum einen der Leistungsgegenstand nicht in allen Einzelheiten festgeschrieben[417] und zum anderen können die Bieter ihre Angebote ändern oder sogar gänzlich neue Angebote abgeben, die die alten erlöschen lassen.[418] Verhandeln im Sinne von § 101 V GWB bedeutet daher, dass Auftraggeber und potentieller Auftragnehmer den Auftragsinhalt und die Auftragsbedingungen solange besprechen, bis klar ist, was der Auftrageber tatsächlich und ganz konkret einkaufen will und zu welchen Konditionen der Auftragnehmer dies leistet.[419] Während also im Rahmen des offenen und des nichtoffenen Verfahrens ein striktes Nachverhandlungsverbot gilt (§ 18 VOL/A-EG), ist ein solches nachträgliches Verhandeln über die Einzelheiten der Angebote charakteristisches Merkmal einer Vergabe im Wege des Verhandlungsverfahrens.

(2) Verhandlungsverfahren ohne vorherige Vergabebekanntmachung

Das Verhandlungsverfahren ohne vorherige Vergabebekanntmachung ist das am wenigsten formalisierte Vergabeverfahren. Bei diesem Verfahren fehlt im Gegensatz zum Vergabeverfahren mit vorheriger Bekanntmachung der vorgeschaltete Teilnahmewettbewerb, weshalb sich der Auftraggeber direkt an ein oder mehrere ausgesuchte Unternehmen wendet, diese zur Angebotsabgabe auffordert

---

414 *Haak/ Reimnitz*, in: Willenbruch/ Bischoff, § 101 GWB Rn. 11.
415 *Kulartz*, in: Kulartz/ Kus/ Portz, § 101 Rn. 36.
416 2. VK Bund, Beschl. v. 12.12.2002, Az.: VK 2 92/02, Rn. 77 f.; Blaufuß/ Zeiss, in: juris PK-VergR, § 101 GWB Rn. 20.
417 *Kulartz*, in: Kulartz/ Kus/ Portz, § 101 Rn. 37.
418 *Haak/ Reimnitz*, in: Willenbruch/ Bischoff, § 101 GWB Rn. 12.
419 *Kulartz*, in: Kulartz/ Kus/ Portz, § 101 Rn. 37.

und sodann mit wiederum ausgesuchten Unternehmen über die abgegeben Angebote verhandelt.[420]

Beide Arten des Verhandlungsverfahrens werden schließlich, wie alle Vergabeverfahren, durch die Erteilung des Zuschlags beendet.

Das kartellvergaberechtliche Verhandlungsverfahren ohne vorherige Vergabebekanntmachung entspricht weitestgehend der freihändigen Vergabe von Aufträgen gemäß § 3 I 2, V VOL/A nach rein nationalem deutschem Haushaltsvergaberecht.[421]

Das Verhandlungsverfahren bietet ein hohes Maß an Flexibilität, da öffentliche Auftraggeber ihren Beschaffungsbedarf mit den Auftragnehmern abstimmen und gemeinsam eine optimale Lösung erarbeiten können. Überdies haben die Bieter die Möglichkeit, Einfluss auf die endgültige Leistungsbeschreibung zu nehmen, wodurch Angebote weiterentwickelt und auf die speziellen Bedürfnisse des Auftraggebers abgestimmt werden können.[422]

Jedoch zeichnet es sich in beiden Varianten gegenüber dem offenen und nichtoffenen Verfahren durch eine reduzierte Wettbewerblichkeit aus.[423] So haben interessierte Bieter grundsätzlich keinen Anspruch auf eine Teilnahme an den Verhandlungen mit dem Auftraggeber.[424] Daher kann es hinter den Ausschreibungsverfahren nur nachrangig zur Anwendung gelangen. Auch gegenüber dem Vergabeverfahren des wettbewerblichen Dialoges ist das Verhandlungsverfahren nachrangig,[425] wobei beide Verfahren jedoch Schnittmengen aufweisen.[426]

2. Einordnung von § 127 II SGB V in die kartellvergaberechtliche Terminologie

Das Vertragsschlussverfahren nach § 127 II SGB V, welches den Krankenkassen wahlweise zusteht, sieht für die Vergabe von Rahmenvereinbarungen keinen Angebotswettbewerb, also keine Ausschreibung vor. Es weist daher zwingende Elemente des offenen und nichtoffenen Verfahrens nicht auf. Daher kann das

---

420 *Haak/ Reimnitz*, in: Willenbruch/ Bischoff, § 101 GWB Rn. 13.
421 *Blaufuß/ Zeiss*, in: juris PK-VergR, § 101 GWB Rn. 18; *Haak/ Reimnitz*, in: Willenbruch/ Bischoff, § 101 GWB Rn. 15; *Werner*, in: Byok/ Jäger, § 101 Rn. 637; *Wagner*, in: Langen/ Bunte, § 101 Rn. 39; *Kulartz*, in: Kulartz/ Marx/ Portz/ Prieß, § 3 a Rn. 82; *Otting*, in: Bechtold, § 101 Rn. 6; *Rohde*, MPR 2004, 57 (60).
422 *Hausmann*, in: Kulartz/ Marx/ Portz/ Prieß, § 3 a Rn. 27.
423 *Kaelble*, in: Müller-Wrede, § 3 a Nr. 1-3 Rn. 92.
424 2. VK Bund, Beschl. v. 27.08.2002, Az.: VK 2 70/02, 1; *Hausmann*, in: Kulartz/ Marx/ Portz/ Prieß, § 3 a Rn. 28.
425 *Bungenberg*, in: Loewenheim/ Meesen/ Riesenkampff, § 101 GWB Rn. 32.
426 Dazu unter E. I. 4. b) (2).

Vertragsschlussverfahren nach § 127 II SGB V weder als offenes noch als nichtoffenes Verfahren im Sinne des europäischen geprägten Kartellvergaberechts eingestuft werden.

Die Regelung des § 127 II SGB V ermöglicht es den gesetzlichen Krankenkassen vielmehr, die Vergabe von Hilfsmittelversorgungsaufträgen weitgehend freihändig, also im Wege des Verhandlungsverfahrens nach § 101 V GWB bzw. Art. 1 XI lit. d) VKR vorzunehmen. Sofern der eindeutige Wortlaut von § 127 II 1 SGB V, der einen Vertragsschluss nach § 127 II SGB V anordnet »soweit Ausschreibungen nach Abs. 1 nicht durchgeführt werden«, überhaupt noch Raum für Zweifel lässt, wird ein entsprechendes Verständnis der Vorschrift durch eine systematische und teleologische Auslegung bestätigt.

a) Verständnis von § 127 II 1 SGB V nach der Systematik der Vorschrift

So muss wegen der fehlenden vergaberechtlichen Anforderungen davon ausgegangen werden, dass die Krankenkassen mit den Leistungserbringern verhandeln dürfen. Nachverhandlungen sind aber aufgrund der Wertung aus § 18 VOL/A-EG in Ausschreibungsverfahren nicht zulässig, sondern vielmehr ein Wesensmerkmal des Verhandlungsverfahrens. Zwar erwähnt die sozialrechtliche Vorschrift des § 127 II 1 SGB V weder die Zulässigkeit von Verhandlungen, noch den kartellvergaberechtlichen Terminus des Verhandlungsverfahrens. Aus der Systematik von § 127 II 1 SGB V im Verhältnis zu § 127 I 1 SGB V ergibt sich jedoch zwingend, dass beim Vertragsschluss nach § 127 II SGB V ein weitgehend freihändiges Vorgehen ohne Ausschreibung möglich sein muss, da der Oberbegriff der Ausschreibung und mithin der Verweis auf ein offenes bzw. nichtoffenes Verfahren bereits in § 127 I 1 SGB V Verwendung findet und damit oberhalb der Schwellenwerte, neben dem Verfahren des wettbewerblichen Dialoges nach § 101 IV GWB nur noch das Verhandlungsverfahren im Sinne von § 101 V GWB bzw. Art. 1 XI lit. d) VKR verbleibt.[427] Zwar finden auch im Rahmen eines wettbewerblichen Dialogs Verhandlungen statt, diese sind jedoch nur vor Abgabe der Angebote zulässig und zudem in Form des eigentlichen Dialogs in einen Teilnahme- und einen Angebotswettbewerb eingebettet, welchen § 127 II 1 SGB V gerade nicht vorsieht. Mithin verbleibt für einen eigenständigen Anwendungsbereich von § 127 II SGB V nur noch das vergaberechtliche Verhandlungsverfahren. Schließlich würde die sozialrechtlich scharfe Abgrenzung zwi-

---

427 So auch *Kaeding*, PharmR 2007, 239 (247).

schen dem Abschluss einer Rahmenvereinbarung nach § 127 I SGB V und dem Abschluss einer solchen nach § 127 II SGB V keinen Sinn machen, wenn die Krankenkassen auch im Falle eines Rahmenvereinbarungsschlusses nach § 127 II SGB V eine Ausschreibung durchführen müssten.

In diesem Sinne lesen sich auch die gemeinsamen Empfehlungen des GKV-Spitzenverbandes und der Spitzenorganisationen der Leistungserbringer auf Bundesebene zur Zweckmäßigkeit von Ausschreibungen nach § 127 I a SGB V, in denen durchgängig nur von den Optionen »Ausschreibung« und »Vertragsverhandlung« gesprochen wird.[428]

b) Teleologisches Verständnis von § 127 II 1 SGB V

Diese Einstufung des Vergabeverfahrens, welches § 127 II 1 SGB V den gesetzlichen Krankenkassen beim Abschluss von Rahmenvereinbarungen zur Hilfsmittelversorgung gestattet, wird auch durch eine teleologische Auslegung der sozialrechtlichen Systematik von § 127 I, II SGB V bestätigt. Denn auch der Sinn und Zweck des § 127 II 1 SGB V liegt im Einklang mit dessen Wortlaut und Systematik darin, den gesetzlichen Krankenkassen den Abschluss solcher Rahmenvereinbarungen auch ohne Durchführung eines offenen oder nichtoffenen Verfahrens sowie eines wettbewerblichen Dialogs zu ermöglichen.

Für die Frage nach der ratio legis einer Norm ist speziell bei neu geschaffenen Vorschriften der Wille des Gesetzgebers ein maßgeblicher Anhaltspunkt. Der hier erkennbare Wille des Sozialgesetzgebers spricht für eine Auslegung, welche § 127 I 1, II 1 SGB V genau so verstanden wissen möchte, wie es die vorgenommene grammatikalische und systematische Auslegung der Vorschrift nahelegt. Dies zeigt sich in der Gesetzesbegründung zum GKV-OrgWG. So heißt es dort zur Veränderung von § 127 I 1 SGB V von einer »Soll-« in eine »Kann-Vorschrift«, dass damit deutlich gemacht werden soll, dass die Krankenkassen nicht zur vorrangigen Durchführung von Ausschreibungen nach § 127 I SGB V verpflichtet werden, sondern eine wirtschaftliche Versorgung erforderlichenfalls auch über Verträge nach § 127 II SGB V sicherstellen können.[429] Dies bedeutet gleichsam aber auch, dass die Krankenkassen mit den Leistungserbringern über deren Angebote verhandeln dürfen. Schließlich gilt das Nachverhandlungsverbot aus § 18 VOL/A-EG lediglich im Rahmen von Ausschreibungen.

---

428 Gemeinsame Empfehlungen nach § 127 I a SGB V zur Zweckmäßigkeit von Ausschreibungen vom 02.07.2009.
429 BT Drs. 16/10609, S. 72.

Dieses Verständnis von § 127 I, II SGB V beruht aber nach dem Willen des Gesetzgebers nicht darauf, dass er die Vorschrift als lex specialis gegenüber den Vorgaben des europäisch geprägten Kartellvergaberechts betrachtet. Es fußt vielmehr auf der fälschlichen Annahme, dass es sich bei den Rahmenvereinbarungen zur Hilfsmittelversorgung nach § 127 II SGB V wegen des Beitrittsrechts aus § 127 II a SGB V nicht um öffentliche Aufträge im Sinne des europäischen Vergaberechts handelt. Dies wird, wie bereits im Rahmen der Erörterungen zum Vorliegen eines öffentlichen Auftrages ausführlich dargelegt, in der Gesetzesbegründung zu § 69 SGB V, in der Fassung die diese Norm durch das GKV-OrgWG erhalten hat, deutlich.[430] Der Umstand, dass dieses gesetzgeberische Verständnis des öffentlichen Auftragsbegriffes rechtlich nicht haltbar ist, ändert gleichwohl nichts an dem vom Gesetzgeber vorgegebenen Sinn und Zweck der Vorschrift.

c) Einordnung der Bekanntmachungsobliegenheit aus § 127 II 3 SGB V

Da jedoch, wie unter E. I. 1. f) dargestellt, prinzipiell zwei Arten des kartellvergaberechtlichen Verhandlungsverfahrens unterschieden werden, erscheint noch klärungsbedürftig, ob die Regelung in § 127 II SGB V sogar so weit geht, dass den Krankenkassen die Durchführung eines Verhandlungsverfahrens ohne vorherige öffentliche Aufforderung zur Teilnahme, also eine im wahrsten Sinne des Wortes freihändige Vergabe gestattet ist.

Gegen eine solche Annahme spricht auf den ersten Blick die Vorschrift des § 127 II 3 SGB V. Durch diese Norm werden die gesetzlichen Krankenkassen verpflichtet, die Absicht, Verträge über die Versorgung mit bestimmten Hilfsmitteln schließen zu wollen, in geeigneter Weise öffentlich bekannt zu machen. In der Erfüllung dieser Obliegenheit durch die gesetzlichen Krankenkassen könnte zugleich die kartellvergaberechtliche öffentliche Aufforderung zur Teilnahme im Sinne des Verhandlungsverfahrens mit vorheriger Vergabebekanntmachung zu sehen sein.

Einem solchen Verständnis von § 127 II 3 SGB V steht nicht zwingend der Wille des Sozialgesetzgebers entgegen, der diese Pflicht ausweislich der Gesetzesbegründung zum GKV-OrgWG nicht als eine Ausschreibung im vergaberechtlichen Sinne verstanden wissen möchte.[431] Schließlich dürfte dieser Hinweis so zu deuten sein, dass die Bekanntmachungspflicht die Krankenkassen nicht zur

---

430 BT Drs. 16/10609, S. 66.
431 BT Drs. 16/10609, S. 66.

Durchführung einer Ausschreibung im Sinne eines offenen bzw. nichtoffenen Verfahrens verpflichten soll. Ansonsten liefe die Regelung in § 127 II 3 SGB V der dargestellten sozialgesetzgeberischen Konzeption des Systems aus § 127 I, II SGB V mit seiner scharfen Trennung zwischen Rahmenvereinbarungen nach § 127 I SGB V und § 127 II SGB V zuwider, denn dieses System sieht eine Ausschreibung nur im Falle des Abschlusses einer Rahmenvereinbarung nach § 127 I SGB V vor.

Eine Auslegung von § 127 II 3 SGB V als Pflicht zur vorherigen Vergabebekanntmachung im Sinne des Verhandlungsverfahrens ist daher trotz des gesetzgeberischen Hinweises möglich. Schließlich wird die Bekanntmachungspflicht aus § 127 II 3 SGB V auch in der Kommentarliteratur als Mittel zur Gewährleistung von Transparenz und somit durchaus in einem vergaberechtlichen Sinne verstanden. So diene die Vorschrift dazu, dass Vorhaben transparent zu machen, damit an einem Vertragsschluss interessierte Leistungserbringer Kenntnis vom Vertragsschlussbegehren der Krankenkasse erlangen könnten, um die Gelegenheit zu erhalten, sich in die Verhandlungen einzubringen.[432] Darüber hinaus begründe eine fehlende Bekanntmachung gar für einen nicht verständigten, aber vertragsgeeigneten und -bereiten Hilfsmittelanbieter einen Anspruch auf Schadensersatz aus staatshaftungsrechtlichen Gesichtspunkten nach § 839 BGB in Verbindung mit Art. 34 GG.[433]

Andererseits geht das Schrifttum offenbar davon aus, dass den Krankenkassen im Rahmen ihrer Obliegenheit aus § 127 II 3 SGB V die Auswahl des Publikationsmediums (Tageszeitungen, Fachzeitschriften, Verbandsmitteilungen bzw. Rundschreiben der Verbände oder der sonstigen Zusammenschlüsse der Leistungserbringer etc.) frei steht, solange gewährleistet ist, dass die als Vertragspartner geeigneten Leistungserbringer umfassend erreicht werden.[434] Die vorherige Vergabebekanntmachung im Sinne des Verhandlungsverfahrens muss hingegen nach § 15 I VOL/A-EG in einem bestimmten Muster vorgenommen werden und ist gemäß §§ 15 II VOL/A-EG zwingend dem Amt für amtliche Veröffentlichungen der Europäischen Gemeinschaften zu übermitteln, welches diese im Supplement zum Amtsblatt der Europäischen Gemeinschaften veröffentlicht. Von einer Auswahl des Publikationsmediums kann mithin keine Rede sein. Gleichwohl erscheint zumindest nicht gänzlich ausgeschlossen, dass § 127 II 3

---

432 *Murawski*, in: Kruse/ Hänlein, § 127 Rn. 2 und 9; *Butzer*, in: Becker/ Kingreen, § 127 Rn. 21.
433 *Butzer*, in: Becker/ Kingreen, § 127 Rn. 21.
434 *Butzer*, in: Becker/ Kingreen, § 127 Rn. 21; *Hencke*, in: Peters, § 127 Rn. 5; *Dalichau*, in: Dalichau, § 127, 30 f.

SGB V die Krankenkassen im Wege einer vorzunehmenden richtlinienkonformen Auslegung der Norm verpflichtet, die Bekanntmachung im Supplement zum EU-Amtsblatt zu veröffentlichen und dementsprechend das Verhandlungsverfahren nach § 127 II SGB V nur mit vorheriger öffentlicher Vergabebekanntmachung gestattet.

Eine abschließende Klärung dieser Problematik kann jedoch zumindest an dieser Stelle noch dahinstehen und ist im Zuge der weiteren Bearbeitung auch nur dann erforderlich, falls sich herausstellen sollte, dass die Systematik aus § 127 I, II SGB V bei einer Lesart von § 127 II 3 SGB V mit dem Kartellvergaberecht im Einklang steht, bei der anderen Lesart jedoch nicht.

Mithin ist für die weitere Bearbeitung zunächst der kartellvergaberechtlich problematischere Fall zugrunde zu legen, dass die Vorschrift des § 127 II SGB V den Krankenkassen sozialrechtlich den Abschluss von Rahmenvereinbarungen zur Hilfsmittelversorgung in einem Verfahren ermöglicht, welches in der kartellvergaberechtlichen Terminologie einem Verhandlungsverfahren ohne vorherige Bekanntmachung im Sinne von §§ 101 V GWB und im rein nationalen Vergabeverständnis einer freihändigen Vergabe nach § 3 I 3, V VOL/A entspricht.

3. Zulässigkeit des Verhandlungsverfahrens

Nach dem Kartellvergaberecht ist die Vergabe von öffentlichen Aufträgen im Wege des Verhandlungsverfahrens jedoch nach § 101 VII 1 2. HS GWB nur dann zulässig, wenn dessen Durchführung aufgrund des GWB gestattet ist.

Auf die Frage, wann es aufgrund von § 101 VII 1 2. HS GWB öffentlichen Auftraggebern außerhalb der Sektoren ausnahmsweise gestattet ist, ein anderes als das offene Verfahren und somit auch das Verhandlungsverfahren bei der Vergabe von öffentlichen Aufträgen zu wählen, enthält das GWB selbst keine Antwort. Da § 101 VII 1 2. HS GWB aber ausdrücklich vorsieht, dass nicht nur durch das GWB selbst, sondern auch aufgrund desselben Ausnahmen von der grundsätzlichen Pflicht zur Durchführung eines offenen Verfahrens vorgesehen werden dürfen, können sich solche Ausnahmeregelungen gesetzessystematisch auch in untergesetzlichen Regelungen finden, die durch das GWB legitimiert sind.

a) Verweisung auf die VgV

In diesem Zusammenhang ist zuvorderst die VgV zu nennen, welche auf Grundlage der Ermächtigung in den §§ 97 VI, 127 GWB als Teil der deutschen Umsetzung der Vergabekoordinierungsrichtlinie 2004/18/EG erlassen wurde. Doch auch in der VgV sucht man vergebens nach Bestimmungen, welche in Abweichung des Grundsatzes aus § 101 VII 1 1. HS GWB die Durchführung eines Verhandlungsverfahrens im Sinne von § 101 V GWB gestatten.

b) Verweisung auf die VOL/A

Die VgV enthält in der aktuellen Fassung jedoch ihrerseits für die Vergabe von Liefer- und Dienstleistungsaufträgen in § 4 I VgV eine weitergehende statische Verweisung auf die VOL/A. Somit sind auch die Regelungen in der VOL/A, auf welche sich die Verweisung in § 4 I VgV bezieht, durch das GWB legitimiert. Die VgV fungiert mithin als eine Art Bindeglied zwischen dem GWB und den Vergabe- und Vertragsordnungen.[435] In der VOL/A selbst ist entsprechend des genauen Wortlauts der Verweisung in § 4 I VgV der 2. Abschnitt, also die VOL/A-EG einschlägig, welche speziell der Umsetzung der Richtlinie 2004/18/EG dient. Die vormals bestehende Unterteilung in »a und b Paragraphen« wurde mit der VOL/A 2009 aufgegeben, die Regelungen beider Abschnitte sind nunmehr in sich geschlossen. Zudem sind die Abschnitte 3 und 4 weggefallen. Die dort enthaltenen Regelungen wurden in die neue Sektorenverordnung vom 29.09.2009 (SektVO) überführt, die nunmehr der Umsetzung der hier sachlich nicht einschlägigen Sektorenrichtlinie 2004/17/EG dient. Mit der SektVO wurde demnach das Kaskadenprinzip im Kartellvergaberecht erstmals partiell durchbrochen, indem die Sektorenauftraggeber von der Anwendung der Vergabe- und Vertragsordnungen befreit werden.

Zwar hat die vom DVAL beschlossene VOL/A weder den Charakter eines formellen noch eines materiellen Gesetzes. Die Bestimmungen der VOL/A-EG werden jedoch durch die Verweisung in § 4 I VgV, welche ihrerseits aufgrund der gesetzlichen Ermächtigung in den §§ 97 VI, 127 GWB erlassen wurde, in den Stand eines verbindlichen Außenrechtsatzes erhoben.

Dies ist auch zwingend erforderlich, da bloße Verwaltungsvorschriften und ähnliche Rechtsätze ohne Außenwirkung zur nationalen Umsetzung von Richtli-

---

435 *Rohde*, MPR 2004, 57 (58).

nien nach der ständigen Rechtsprechung des EuGH nicht ausreichend sind,[436] wobei der EuGH die im deutschen Recht übliche Unterscheidung zwischen verschiedenen Arten von Verwaltungsvorschriften[437] nicht aufnimmt.[438] Wenn die Umsetzung von Richtlinien durch reine Innenrechtssätze zulässig wäre, wäre die effektive und rechtlich verbindliche Umsetzung von Richtlinien wegen der bei reinen Verwaltungsvorschriften naturgemäß fehlenden Außenwirkung nicht gewährleistet. Dies widerspräche dem effet utile Grundsatz des Unionsrechts.[439] Diese Rechtsprechung wird im Hinblick auf normenkonkretisierende Verwaltungsvorschriften wie die TA-Luft und TA-Lärm teilweise heftig kritisiert,[440] eine Auseinandersetzung mit diesem in der Praxis wohl wenig relevanten Streit soll im Rahmen dieser Bearbeitung jedoch nicht vorgenommen werden.

c) Zulässigkeit des Verhandlungsverfahrens nach § 3 III, IV VOL/A-EG

Innerhalb der VOL/A-EG regelt § 3 VOL/A-EG die Verfahrensarten bei der Vergabe öffentlicher Aufträge. § 3 I 1 VOL/A-EG normiert zuvorderst nochmals den grundsätzlichen Vorrang der Durchführung eines offenen Verfahrens, während § 3 I 2 VOL/A-EG bestimmt, dass öffentliche Aufträge unter den in § 3 III, IV VOL/A-EG genannten Voraussetzungen auch im Wege des Verhandlungsverfahrens vergeben werden dürfen.

Dort sind sodann Ausnahmefallgruppen aufgelistet, in denen ein Verhandlungsverfahren bei der Vergabe von öffentlichen Aufträgen oberhalb der Schwellenwerte ausnahmsweise mit (§ 3 III VOL/A-EG) oder ohne (§ 3 IV VOL/A-EG) vorherige öffentliche Vergabebekanntmachung zulässig ist. Diese Regelungen,

---

436 EuGH, Urt. v. 11.11.1999, Rs. C-315/98 (Kommission/ Italien), Slg. 1999, I-08001, Rn. 10; Urt. v. 20.03.1997, Rs. C-96/95 (Kommission/ Deutschland), Slg. 1997, I-01653, Rn. 38; Urt. v. 11.08.1995, Rs. C-433/93 (Kommission/ Deutschland), Slg. 1995, I-02303, Rn. 17 ff.; Urt. v. 01.10.1991, Rs. C-13/90 (Kommission/ Frankreich), Slg. 1991, I-04327; Urt. v. 01.10.1991, Rs. C-14/90 (Kommission/ Frankreich), Slg. 1991, I-04331; Urt. v. 01.10.1991, Rs. C-64/90 (Kommission/ Frankreich), Slg. 1991, I-04335; Urt. v. 30.05.1991, Rs. C-59/89 (Kommission/ Deutschland), Slg. 1991, I-02607, Rn. 9 ff.; Urt. v. 30.05.1991, Rs. C-361/88 (Kommission/ Deutschland), Slg. 1991, I-02567, Rn. 20.
437 Im nationalen Recht wird zwischen Organisationsvorschriften, normenkonkretisierenden, normeninterpretierenden und ermessenslenkenden sowie gesetzesvertretenden Verwaltungsvorschriften unterschieden (vgl. Detterbeck, Rn. 855 ff.).
438 *Ruffert*, in: Calliess/ Ruffert, Art. 249 EGV Rn. 60.
439 Nach diesem Grundsatz ist dem Gemeinschaftsrecht zur größtmöglichen praktischen Wirksamkeit zu verhelfen.
440 *Beyerlin*, EuR 1987, 126 (146 ff.); *Di Fabio*, DVBl 1992, 1338 (1346); *Salzwedel/ Reinhardt*, NVwZ 1991, 946 (947); *Wolf*, DÖV 1992, 849 (858 ff.).

welche der Umsetzung der Art. 30 und 31 VKR dienen und den dortigen Fallgruppen entsprechen, beanspruchen auch bei der Vergabe von Rahmenvereinbarungen nach § 4 VOL/A-EG Geltung.[441]
Die dort aufgeführten Ausnahmefallgruppen sind abschließend.[442] Die Auslegung dieser Ausnahmetatbestände hat sich an den Grundsätzen des größtmöglichen Wettbewerbs und der größtmöglichen Publizität zu orientieren,[443] weshalb diejenige Auslegung zu wählen ist, die diese Grundsätze bestmöglichst gewährleistet.[444] Daher sind Vorschriften, wie die Ausnahmetatbestände aus § 3 III, IV VOL/A-EG, die die Wirksamkeit der vorgenannten Grundsätze beschränken, in jedem Fall eng auszulegen.[445]

4. Unzulässigkeit der optionalen Vergabe von Rahmenvereinbarungen nach § 127 II SGB V im Verhandlungsverfahren

Eine Vergabe von Rahmenvereinbarungen zur Hilfsmittelversorgung ist daher nur unter den Voraussetzungen der Ausnahmetatbestände aus § 3 III, IV VOL/A-EG kartellvergaberechtlich zulässig.
Bereits bei einem ersten flüchtigen inhaltlichen Blick auf diese Ausnahmetatbestände wird deutlich, dass sie nicht nur restriktiv auszulegen, sondern bereits

---

441 Dies wurde vormals ausdrücklich in § 3 a Nr. 4 III 1 VOL/A 2006 klargestellt. Diese Bestimmung wurde in die aktuelle VOL/A nicht mehr aufgenommen, da die Geltung der Regelungen aus § 3 VOL/A-EG für die Vergabe von öffentlichen Aufträgen und mithin auch für Rahmenvereinbarungen, die den Tatbestand des § 99 I GWB erfüllen, bereits unmittelbar aus der Systematik des Kartellvergaberechts folgt.
442 Schaller, § 3 a VOL/A Rn. 10; *Kaelble*, in: Müller-Wrede, § 3 a Nr. 1-3 Rn. 91, 146; *Kulartz*, in: Kulartz/ Marx/ Portz/ Prieß, § 3 a Rn. 82.
443 *Kaelble*, in: Müller-Wrede, § 3 a Nr. 1-3 Rn. 92, 148.
444 EuGH, Urt. v. 27.11.2001, verb. Rs. C-285 und 286/99 (Lombardini und Mantovani), Slg. 2001, I-09233, Rn. 76. Dies wird ferner auch im 2. Erwägungsgrund zur Vergabekoordinierungsrichtlinie deutlich.
445 EuGH, Urt. 13.01.2005, Rs. C 84/03 (Kommission/ Spanien), Slg. 2005, I-00139, Rn. 48; Urt. v. 11.01.2005, Rs. C-26/03 (Stadt Halle), Slg. 2005, I-00001, Rn. 46; Urt. v. 18.11.2004, Rs. C-126/03 (Kommission/ Deutschland), Slg. 2004, I-11197, Rn. 23; Urt. v. 14.09.2004, Rs. C-385/02 (Kommission/ Italien), Slg. 2004, I-08182, Rn. 19; Urt. v. 10.04.2003, verb. Rs. C-20 und 28/01 (Kommission/ Deutschland), Slg. 2003, I-03609, Rn. 59; Urt. v. 28.03.1996, Rs. C-318/94 (Kommission/ Deutschland), Slg. 1996, I-01949, Rn. 13; Urt. v. 18.05.1995, Rs. C-57/94 (Kommission/ Italien), Slg. 1995, I-01249, Rn. 23; Urt. v. 28.03.1995, Rs. C-324/93 (Evans Medical), Slg. 1995, I-00563, Rn. 48; Urt. v. 03.05.1994, Rs. C-328/92 (Kommission/ Spanien), Slg. 1994, I-01569, Rn. 15; Urt. v. 17.11.1993, Rs. C-71/92 (Kommission/ Spanien), Slg. 1993, I-05923, Rn. 36; Urt. v. 10.03.1987, Rs. 199/85 (Kommission/ Italien), Slg. 1987, 01039, Rn. 14.

von ihrer Konzeption her überaus eng sind, weshalb es äußerst fraglich erscheint, ob sich die Befugnis der gesetzlichen Krankenkassen aus § 127 II SGB V zur Vergabe von Rahmenvereinbarungen in der Hilfsmittelversorgung darunter subsumieren lässt. Gleichwohl sollen die Ausnahmetatbestände im Folgenden kurz inhaltlich dargestellt und dahingehend untersucht werden, ob sich diese Befugnis zumindest aus einem Ausnahmetatbestand ableiten lässt. Dabei konzentriert sich die Prüfung jedes einzelnen Ausnahmetatbestandes auf die Frage, ob sich aus diesem die Möglichkeit herleiten lässt, jedwede Arten von Rahmenvereinbarungen zur Hilfsmittelversorgung, ohne Rücksicht auf deren Besonderheiten im Einzelfall, im Verhandlungsverfahren zu vergeben. Schließlich macht auch die Befugnis aus § 127 II SGB V die Wahl des Verhandlungsverfahrens nicht von einer Einzelfallprüfung der gesetzlichen Krankenkassen abhängig und ist somit universeller Natur.

a)   Zulässigkeit des Verhandlungsverfahrens ohne Teilnahmewettbewerb, § 3 IV VOL/A-EG

Dabei sind zunächst die Tatbestände aus § 3 IV VOL/A-EG, welche die Durchführung des Verhandlungsverfahrens ohne vorherige öffentliche Vergabebekanntmachung gestatten, einer Betrachtung zu unterziehen. Da ein solches Verfahren den Wettbewerb am stärksten beschränkt, ist es nur im absoluten Ausnahmefall unter besonders engen Voraussetzungen zulässig.[446]

(1)   Übergang ins Verhandlungsverfahren mangels annehmbarer Angebote, § 3 IV lit. a) VOL/A-EG

§ 3 IV lit. a) VOL/A-EG[447] gestattet zunächst die Vergabe von öffentlichen Aufträgen mittels eines Verhandlungsverfahrens ohne vorherige Vergabebekanntmachung im Wege eines Übergangs vom offenen oder nichtoffenen Verfahren, wenn in einem solchen gar keine oder keine wirtschaftlichen Angebote abgegeben worden sind und die ursprünglichen Bedingungen des Auftrags nicht grundlegend geändert werden.

---

446 *Wagner*, in: Langen/ Bunte, § 101 GWB Rn. 44.
447 Diese Regelung dient der Umsetzung von Art. 31 Nr. 1 lit. a) VKR ins deutsche Recht.

Unabhängig von der Frage, wann ein Angebot als unwirtschaftlich anzusehen ist,[448] kommt dieser Ausnahmetatbestand bei der Vergabe von Rahmenvereinbarungen zur Hilfsmittelversorgung bereits deshalb nicht generell zur Rechtfertigung der Durchführung eines Verhandlungsverfahrens in Betracht, da es § 127 II SGB V den gesetzlichen Krankenkassen auch gestattet, direkt, also ohne vorherige Durchführung einer Ausschreibung, Rahmenvereinbarungen im Wege des Verhandlungsverfahrens zu schließen. Schließlich hat der Sozialgesetzgeber im System aus § 127 I, II SGB V die Optionen Ausschreibung einerseits und Verhandlung andererseits nicht in ein Stufen-, sondern in ein Alternativverhältnis gestellt.

(2) Beschaffung von Waren zu Forschungs- und Entwicklungszwecken, § 3 IV lit. b) VOL/A-EG

Der Ausnahmetatbestand des § 3 IV lit. b) VOL/A-EG[449] legitimiert die sofortige Durchführung eines Verhandlungsverfahrens ohne Bekanntmachung, wenn es sich um die Lieferung von Waren handelt, die nur zum Zwecke von Forschungen, Versuchen, Untersuchungen, Entwicklungen oder Verbesserungen hergestellt werden. Nach § 3 IV lit. b) 2. HS VOL/A-EG fällt eine Serienfertigung zum Nachweis der Marktfähigkeit des Produktes oder zur Deckung der Forschungs- und Entwicklungskosten allerdings nicht darunter. Die Vorschrift ist ebenso wie § 100 II lit. n) GWB Ausdruck einer vergaberechtlichen Privilegierung von Forschungs- und Entwicklungsleistungen im Rahmen der Unterstützung von Forschung und technologischer Entwicklung durch die Union nach Art. 179 II AEUV.[450] Dies wird in Erwägungsgrund 23 zur Vergabekoordinierungsrichtlinie deutlich, wo ausgeführt wird, dass die Mitfinanzierung von Forschungsprogrammen weitestgehend nicht Gegenstand der Richtlinie sein sollte, da die Unterstützung der Forschung und technischen Entwicklung dazu beiträgt, die wissenschaftlichen und technischen Grundlagen der Industrie der Union zu stärken, was nach Art. 179 I AEUV ein ausdrückliches Ziel des Handelns der Union darstellt.

Die von den gesetzlichen Krankenkassen nach § 127 I, II SGB V durch Rahmenvereinbarungen zu beschaffenden Hilfsmittel dienen jedoch keinem der in § 3 IV lit. b) VOL/A-EG genannten Forschungszwecke, sondern vielmehr der

---

448 Dazu siehe unter F. I. 3.
449 Diese Regelung dient der Umsetzung von Art. 31 Nr. 2 lit. a) VKR ins deutsche Recht.
450 *Kaelble*, in: Müller-Wrede, § 3 a Nr. 1-3 Rn. 165.

medizinischen Versorgung der Versicherten in Erfüllung des gesetzlichen Hilfsmittelversorgungsauftrages der Krankenkassen aus den §§ 27 I 2 Nr. 3, 33 SGB V. Auch der zunächst nahe liegende Zweck der Untersuchung passt hier nicht. Schließlich wird dieser Terminus nicht medizinisch, sondern im Kontext von Forschung und Entwicklung verstanden, weshalb darunter Studien und Analysen zur Ermittlung von Marktstruktur, Marktakzeptanz sowie Absatzerwartungen etc. verstanden werden.[451]

Demnach rechtfertigt dieser Ausnahmetatbestand die optionale Vergabe von Rahmenvereinbarungen zur Hilfsmittelversorgung durch die gesetzlichen Krankenkassen im Wege des Verhandlungsverfahrens weder generell noch im Einzelfall.

(3) Leistungserbringung nur durch ein Unternehmen möglich, § 3 IV lit. c) VOL/A-EG

Nach 3 IV lit. c) VOL/A-EG[452] darf ein dem Kartellvergaberecht unterfallender Auftrag im Wege des Verhandlungsverfahrens ohne vorherige Vergabebekanntmachung vergeben werden, wenn er wegen seiner technischen oder künstlerischen Besonderheiten oder aufgrund des Schutzes eines Ausschließlichkeitsrechts nur von einem bestimmten Unternehmen durchgeführt werden kann.

Grundvoraussetzung dieses Ausnahmetatbestandes ist also der Umstand, dass die abzufragende Leistung aufgrund ihrer tatsächlichen oder rechtlichen Besonderheiten objektiv und zwingend nur von einem einzigen Unternehmen erbracht werden kann.[453] Um dies herauszufinden, muss sich der öffentliche Auftraggeber eine europaweite Marktübersicht verschaffen, die zu dem Ergebnis kommt, dass ein Unternehmen Monopolist hinsichtlich der konkret zu beschaffenden Leistung ist.[454] Die Auffassung des Auftraggebers, dass nur ein bestimmtes Unternehmen eine wirtschaftliche Leistungserbringung erwarten lässt oder den Auftrag am

---

451 *Kaelble*, in: Müller-Wrede, § 3 a Nr. 1-3 Rn. 179.
452 Diese Regelung dient der Umsetzung von Art. 31 Nr. 1 lit. b) VKR ins deutsche Recht.
453 EuGH, Urt. v. 02.06.2005, Rs. C-394/02 (Kommission/ Griechenland), VergabeR 2005, 467 (470), Rn. 35 f.; EuGH, Urt. v. 14.09.2004, Rs. C-385/02 (Kommission/ Italien), VergabeR 2004, 710 (713), Rn. 22; Urt. v. 10.04.2003, verb. Rs. C-20 und 28/01 (Kommission/ Deutschland), Slg. 2003, I-03609, Rn. 59; Urt. v. 18.05.1995, Rs. C-57/94 (Kommission/ Italien), Slg. 1995, I-01249, Rn. 24; Urt. v. 03.05.1994, Rs. C-328/92 (Kommission/ Spanien), Slg. 1994, I-01569, Rn. 14 ff.
454 *Kaelble*, in: Müller-Wrede, § 3 a Nr. 1-3 Rn. 177; *Müller-Wrede*, in: Ingenstau/ Korbion, § 3 a VOB/A Rn. 43.

besten ausführen kann, ist folglich nicht ausreichend.[455] Sollte die Einholung einer solchen Marktübersicht tatsächlich zu dem Ergebnis kommen, dass hinsichtlich der zu beschaffenden Leistung eine Monopolstellung eines Unternehmens vorliegt, ist ein Wettbewerb um den öffentlichen Auftrag unmöglich und die Durchführung einer Ausschreibung daher obsolet.[456]

Die Beschränkung des Kreises der für die Durchführung des Auftrags in Frage kommenden Unternehmen auf ein einziges kann dabei auf tatsächlichen oder rechtlichen Umständen beruhen.

Eine tatsächliche Beschränkung des Bieterkreises kommt bei technischen Besonderheiten in Betracht, welche vorliegen, wenn der Auftragnehmer zur Durchführung der Leistung über eine besondere Befähigung außerhalb der branchenüblichen Ausbildung verfügen muss oder eine spezielle Ausstattung zwingend erforderlich ist.[457] Zudem können auch künstlerische Besonderheiten den Kreis der in Frage kommenden Auftragnehmer in tatsächlicher Hinsicht beschränken. Künstlerische Besonderheiten müssen allerdings anhand objektiver Anhaltspunkte nachgewiesen werden, eine subjektiv geschmackliche Präferenz ist nicht ausreichend.[458] Wegen dieser Objektivierungsnotwendigkeit werden im Falle des Vorliegens künstlerischer Besonderheiten häufig zugleich Ausschließlichkeitsrechte in Form von Urheberrechten den Kreis potentieller Auftragnehmer begrenzen.[459] Dabei handelt es sich dann indes bereits um eine rechtliche Beschränkung des Unternehmenskreises.

Weitere den Unternehmenskreis in rechtlicher Hinsicht beschränkende Ausschließlichkeitsrechte im Sinne von § 3 IV lit. c) VOL/A-EG stellen Patentrechte dar. Ein Patent ist die einem Erfinder oder dessen Rechtsnachfolger vom Staat erteilte, aber zeitlich begrenzte Befugnis, den Patentgegenstand ausschließlich zu

---

455 *Kulartz*, in: Kulartz/ Marx/ Portz/ Prieß, § 3 a Rn. 89; *Kaelble*, in: Müller-Wrede, § 3 a Nr. 1-3 Rn. 177.
456 *Kaelble*, in: Müller-Wrede, § 3 a Nr. 1-3 Rn. 176; *Wille*, A&R 2008, 164.
457 *Haak/ Reimnitz*, in: Willenbruch/ Bischoff, § 3 a VOL/A Rn. 76; *Kaelble*, in: Müller-Wrede, § 3 a Nr. 1-3 Rn. 180; *Kulartz*, in: Kulartz/ Marx/ Portz/ Prieß, § 3 a Rn. 90; *Rusam/ Weyand*, in: Heiermann/ Riedl/ Rusam, § 3 VOB/A Rn. 40; *Müller-Wrede*, in: Ingenstau/ Korbion, § 3 a VOB/A Rn. 43.
458 *Haak/ Reimnitz*, in: Willenbruch/ Bischoff, § 3 a VOL/A Rn. 77; *Kaelble*, in: Müller-Wrede, § 3 a Nr. 1-3 Rn. 181; *Kulartz*, in: Kulartz/ Marx/ Portz/ Prieß, § 3 a Rn. 90; *Müller-Wrede*, in: Ingenstau/ Korbion, § 3 a VOB/A Rn. 43; *Franke/ Mertens*, in: Franke/ Kemper/ Zanner/ Grünhagen, § 3 a VOB/A Rn. 97; *Dippel*, in: jurisPK-VergR, § 3 a VOB/A Rn. 60.
459 *Kaelbe*, in: Müller-Wrede, § 3 a Nr. 1-3 Rn. 181; *Haak/ Reimnitz*, in: Willenbruch/ Bischoff, § 3 a VOL/A Rn. 78; *Müller-Wrede*, in: Ingenstau/ Korbion, § 3 a VOB/A Rn. 43; *Dippel*, in: jurisPK-VergR, § 3 a VOB/A Rn. 60.

benutzen.[460] Gegenstand des Patentes ist nach § 1 I PatG eine neue Erfindung, wobei eine Erfindung nach § 3 I 1 PatG dann neu ist, wenn Sie zum Zeitpunkt ihrer Anmeldung nicht zum Stand der Technik gehörte. Die patentgegenständliche Erfindung kann ein technisches Herstellungs- oder Anwendungsverfahren (Verfahrenspatent) oder ein Erzeugnis und dessen Einrichtung (Sachpatent) sein. Aufgrund der ausschließlichen Nutzungsmöglichkeit des Patentinhabers hinsichtlich der patentierten Erfindung, welche sich aus § 9 PatG ergibt, kann ein Auftrag, zu dessen Erledigung diese Erfindung zwingend benötigt wird, unter Umständen nur vom Patentinhaber durchgeführt werden.

In Bezug auf die Versorgung der Versicherten der gesetzlichen Krankenkassen mit Hilfsmitteln sind solche Sachverhalte, in denen die Hilfsmittelleistung aus tatsächlichen oder rechtlichen Gründen nur von einem einzigen Leistungserbringer in der gesamten Europäischen Union erbracht werden kann, zwar nicht gänzlich ausgeschlossen, bilden jedoch die Ausnahme.

Eine tatsächliche Beschränkung des Leistungserbringerkreises wegen künstlerischer Besonderheiten des Versorgungsauftrages ist freilich gar nicht denkbar und auch eine Beschränkung dieses Kreises wegen technischer Besonderheiten auf ein einziges Unternehmen dürfte im Rahmen der Hilfsmittelversorgung allenfalls in Einzelfällen in Betracht kommen.[461] Schließlich handelt es sich bei der Medizintechnikbranche nach wie vor um eine Wachstumsbranche,[462] weshalb in den meisten Bereichen der Hilfsmittelversorgung eine große Vielfalt von Leistungserbringern existiert.[463]

Zwar kann das Bestehen eines Patentrechtes an einem bestimmten Hilfsmittel im Einzelfall dazu führen, dass die Versorgungsleistung nur von einem bestimmten Leistungserbringer, namentlich dem Patentinhaber oder dessen Lizenznehmer, erbracht werden kann. Jedoch wird auch eine solche Fallkonstellation lediglich in Einzelfällen anzunehmen sein.[464]

Von einer aus § 3 IV lit. c) VOL/A-EG generell abzuleitenden Befugnis der gesetzlichen Krankenkassen, Rahmenvereinbarungen zur Hilfsmittelversorgung wahlweise im Wege des Verhandlungsverfahrens ohne vorherige Vergabebekanntmachung schließen zu dürfen, kann somit keine Rede sein.

---

460 Creifelds, Stichwort »Patent«.
461 Zu möglichen Fallgruppen vgl. die Ausführungen unter F. I. 1.
462 Quelle: www.bvmed.de/themen/Medizinprodukteindustrie/article/200903
   Zukunftsbranche_MedTech_als_Wachstums-markt_und_Hoffnungsträger.html.
463 Quelle: www.bvmed.de/themen/Hilfsmittel/pressemitteilung/MedInform
   Konferenz_zur_Hilfsmittelversorgung_Kassen_und_Leistungserbringer_muessen_lernen
   mit_Ausschreibungen_umzugehen.html.
464 Dazu ebenfalls unter F. I. 1.

(4) Zwingende Dringlichkeit der Vergabe, § 3 IV lit. d) VOL/A-EG

Der Tatbestand des § 3 IV lit. d) VOL/A-EG[465] gestattet es dem öffentlichen Auftraggeber, ausnahmsweise ein Verhandlungsverfahren ohne vorherige Vergabebekanntmachung durchzuführen, wenn aus dringlichen zwingenden Gründen, die der Auftraggeber nicht vorhersehen konnte und die auch nicht seinem Verhalten zuzuschreiben sind, die Fristen des § 12 VOL/A-EG nicht eingehalten werden können.

Nach § 12 II VOL/A-EG beträgt die Angebotsfrist, also die Frist innerhalb derer die Bieter ihre Angebote bearbeiten und abgeben müssen, beim offenen Verfahren mindestens 52 Tage, beginnend mit dem Tag der Absendung der Bekanntmachung. § 12 IV 1 VOL/A-EG normiert eine Frist von mindestens 37 Tagen für die Abgabe des Teilnahmeantrags im Falle der Durchführung eines nichtoffenen Verfahrens, eines wettbewerblichen Dialogs und des Verhandlungsverfahrens mit vorheriger Vergabebekanntmachung. Die Angebotsfrist bei einem nichtoffenen Verfahren setzt § 12 V 1 VOL/A-EG auf mindestens 40 Tage fest. Die Regelungen in § 12 III, IV 2, V 2 VOL/A-EG sehen zudem verkürzte Dringlichkeitsfristen für die Teilnahmeantrags- und Angebotsfristen (so genanntes beschleunigtes Verfahren) vor. Da § 3 IV d) VOL/A-EG ohne Einschränkungen die Nichteinhaltung der vorgeschriebenen Fristen voraussetzt, nimmt er den gesamten Tatbestand des § 12 VOL/A-EG in Bezug, weshalb die Durchführung eines Verhandlungsverfahrens ohne vorherige Vergabebekanntmachung aus Dringlichkeitsgründen nur dann zulässig ist, wenn der Auftraggeber auch die verkürzten Fristen des beschleunigten Verfahrens nicht einhalten kann.[466] Daher wird bisweilen von einem Stufenverhältnis zwischen einem nach § 3 IV lit. d) VOL/A-EG zulässigen Verhandlungsverfahren und einem beschleunigten Verfahren nach § 12 IV 2, V 2 VOL/A gesprochen.[467]

Die der Anwendbarkeit von § 3 IV lit. d) VOL/A-EG entgegenstehende Vorhersehbarkeit der dringlichkeitsbegründenden Ereignisse bemisst sich anhand der Anlegung eines Sorgfaltsmaßstabes, nach dem Umstände innerhalb und außerhalb der Sphäre des Auftraggebers vorhersehbar sind, wenn sie bei einer pflicht-

---

465 Diese Regelung dient der Umsetzung von Art. 31 Nr. 1 lit. c) VKR ins deutsche Recht.
466 So EuGH, Urt. v. 18.11.2004, Rs. C-126/03 (Kommission/ Deutschland), Slg. 2004, I-11197, Rn. 23; Urt. v. 02.08.1993, Rs. C-107/92 (Kommission/ Italien), Slg. 1993, I-04655, Rn. 13; Urt. v. 18.03.1992, Rs. C-24/91 (Kommission/ Spanien), Slg. 1992, I-01989, Rn. 14 in Bezug auf die Richtlinienvorgaben der genannten Vorschriften.
467 *Kaelble*, in: Müller-Wrede, § 3 a Nr. 1-3 Rn. 190; *Müller-Wrede*, in: Ingenstau/ Korbion, § 3 a VOB/A Rn. 44.

gemäßen Risikoprüfung in Betracht gezogen werden müssen.[468] Eine Unvorhersehbarkeit liegt daher nach Auffassung der EU-Kommission nur bei Ereignissen vor, die außerhalb des üblichen wirtschaftlichen und sozialen Lebens stehen.[469] Danach kommen als unvorhersehbare, zwingende und dringliche Gründe lediglich akute Gefahrensituationen und höhere Gewalt in Betracht, die zur Vermeidung von Schäden für Leib und Leben der Allgemeinheit ein schnelles, die Einhaltung der Fristen ausschließendes Handeln erfordern, wobei jedoch latente oder regelmäßig wiederkehrende Gefahren, wie beispielsweise Frühlingshochwasser, in der Regel vorhersehbar sind.[470]

Überdies dürfen diese dringlichen und unvorhersehbaren Gründe nach dem Wortlaut von § 3 IV lit. d) S. 2 VOL/A-EG nicht dem Auftraggeber zuzurechnen sein. Eine solche Zurechenbarkeit setzt kein Verschulden voraus[471] und liegt insbesondere bei Verzögerungen vor, die sich aus der Abhängigkeit von Entscheidungen anderer Behörden ergeben.[472]

Der Abschluss von Rahmenvereinbarungen nach § 127 I, II SGB V dient der Versorgung der Versicherten mit Hilfsmitteln und nach dem Wegfall des Zulassungssystems durch das GKV-WSG zum 01.04.2007 auch der Gewährleistung der überragend wichtigen Versorgungssicherheit. Schließlich dürfen Hilfsmittel ab diesem Zeitpunkt gemäß § 126 I 1 SGB V nur noch auf Grundlage von Verträgen zu Lasten der gesetzlichen Krankenversicherung an Versicherte abgegeben werden. Daher kommt einzig die Abschaffung des Zulassungssystems durch den deutschen Gesetzgeber als Ereignis in Betracht, welches zumindest vorübergehend eine zwingende Notwendigkeit zum sofortigen Abschluss von Rahmenvereinbarungen jedweder Art durch die gesetzlichen Krankenkassen begründen könnte, um die Versorgungssicherheit nicht zu gefährden. Doch dieser gesetzgeberische Akt genügt als Ereignis den Anforderungen des § 3 IV lit. d) VOL/A-EG gleich in mehrfacher Hinsicht nicht.

Zum einen war die Abschaffung des Zulassungssystems und die Einführung eines Selektivvertragssystems für die gesetzlichen Krankenkassen aufgrund der

---

468 *Haak/ Reimnitz*, in: Willenbruch/ Bischoff § 3 a VOL/A Rn. 84; *Kaelble*, in: Müller-Wrede, § 3 a Nr. 1-3 Rn. 194; *Müller-Wrede*, in: Ingenstau/ Korbion, § 3 a VOB/A Rn. 44.
469 Leitfaden zu den Gemeinschaftsvorschriften über öffentliche Dienstleistungsaufträge, Ziffer 3.3.2.4.; Leitfaden zu den Gemeinschaftsvorschriften für die Vergabe von öffentlichen Bauaufträgen, Ziffer II. 3.3.2, Nr. 3.
470 Weyand, Rn. 6335; in diesem Sinne auch *Dippel*, in: jurisPK-VergR, § 3 a VOB/A Rn. 64 ff.
471 Weyand, Rn. 6338; *Müller-Wrede*, in: Ingenstau/ Korbion, § 3 a VOB/A Rn. 44.
472 VK Düsseldorf, Beschl. v. 15.08.2003, Az.: VK 23/2003-L; *Haak/ Reimnitz*, in: Willenbruch/ Bischoff, § 3 a VOL/A Rn. 87; Weyand, Rn. 6338.

Dauer des Gesetzgebungsverfahrens[473] vorhersehbar und kam für diese demzufolge wenig überraschend.

Zum anderen war die Versorgungssicherheit der Versicherten mit Hilfsmitteln selbst unmittelbar nach dem Inkrafttreten des GKV-WSG nicht gefährdet, da der Gesetzgeber die bereits angesprochene Übergangsregelung in § 126 II 3 SGB V geschaffen hat. Nach dieser, ursprünglich bis zum 31.12.2008 befristeten und durch das GKV-OrgWG bis zum 31.12.2009 verlängerten Übergangsregelung, blieben Alt-Zulassungsinhaber außerhalb von ausgeschriebenen Versorgungsverträgen bis zum Ende des Jahres 2009 versorgungsberechtigt. Daher hat eine Gefährdung der Versorgungssicherheit und mithin eine Notwendigkeit der Krankenkassen zum sofortigen Vertragsschluss außerhalb der Fristen des § 12 VOL/A-EG nie bestanden und ist bei pflichtgemäßem Vorgehen der gesetzlichen Krankenkassen auch nicht zu erwarten, da die regelmäßig recht lange Laufzeit der Rahmenvereinbarungen[474] den Krankenkassen ausreichend Vorlaufzeit gewährt, um rechtzeitig vor Ablauf einer Rahmenvereinbarung den dann entstehenden Bedarf im Wege eines offenen oder nichtoffenen Verfahrens neu auszuschreiben. Sollten die Krankenkassen die so bestehenden zeitlichen Spielräume ungenutzt verstreichen lassen, wäre eine dadurch entstandene Dringlichkeit ihrem eigenen Verhalten zuzurechnen.

Zudem ist in diesem Zusammenhang noch auf § 127 III SGB V hinzuweisen, der den Krankenkassen die Möglichkeit an die Hand gibt, eine im Einzelfall konkret bestehende Versorgungslücke durch eine Einzelvereinbarung mit einem Leistungserbringer zu schließen, ohne an das Kartellvergaberecht gebunden zu sein, da in einem solchen Fall, wie unter C. III. 3. b) (2) aufgezeigt, der maßgebliche Schwellenwert von 193.000 € regelmäßig nicht erreicht sein wird.

§ 3 IV lit. d) VOL/A-EG rechtfertigt daher ebenfalls nicht das aus der Systematik des § 127 I, II SGB V folgende Wahlrecht der Krankenkassen hinsichtlich der Verfahrensart beim Abschluss von Rahmenvereinbarungen mit den Leistungserbringern zur Hilfsmittelversorgung der gesetzlich Versicherten.

---

473 Der Referentenentwurf des GKV-WSG wurde bereits am 12.10.2006 vom BMG an die beteiligten Verbände zur Anhörung versandt und im Internet veröffentlicht. Das Kabinett hat den Referentenentwurf sodann am 25.10.2006 beraten und als Regierungsentwurf beschlossen. Am 02.02.2007 wurde das GKV-WSG vom Bundestag verabschiedet, der Bundesrat stimmte am 16.02.2007 zu. Nach Unterzeichnung durch den Bundespräsidenten am 26.03.2007 trat das GKV-WSG im Wesentlichen am 01.04.2007 in Kraft. Zwischen der Veröffentlichung des Referentenentwurfs und dem Inkrafttreten lag mithin eine Zeitspanne von einem halben Jahr.
474 Rahmenvereinbarungen dürfen nach § 4 VII VOL/A-EG eine Laufzeit von bis zu vier Jahren haben.

(5) Zusätzliche Lieferungen zur Erneuerung oder Erweiterung,
§ 3 IV lit. e) VOL/A-EG

Unter den Voraussetzungen von § 3 IV lit. e) VOL/A-EG kann der öffentliche Auftraggeber bei zusätzlichen Lieferungen auf ein Verhandlungsverfahren ohne vorherige Vergabebekanntmachung zurückgreifen. Das setzt nach diesem Ausnahmetatbestand kumulativ voraus, dass die zusätzlichen Lieferungen bei dem ursprünglichen Auftragnehmer in Auftrag gegeben werden, sie der teilweisen Erneuerung von gelieferten Waren zur laufenden Benutzung dienen oder zur Erweiterung von Lieferungen bestimmt sind und ein Wechsel des Auftragnehmers dazu führen würde, dass der Auftraggeber Waren mit unterschiedlichen technischen Merkmalen kaufen muss, wodurch eine technische Unvereinbarkeit oder unverhältnismäßige technische Schwierigkeiten bei Gebrauch, Wartung oder Betrieb bedingt werden. Zudem darf die Vertragslaufzeit für die zusätzlichen Lieferungen nach § 3 IV lit. e) S. 2 VOL/A-EG drei Jahre nicht überschreiten.

Dieser Ausnahmetatbestand knüpft mithin an einen ursprünglich vergebenen Auftrag ohne Regelungen über den Erneuerungs- und Erweiterungsbedarf an.

Damit legitimiert auch § 3 IV lit. e) VOL/A-EG lediglich in Einzelfällen den Abschluss einer (weiteren) Rahmenvereinbarung zur Hilfsmittelversorgung unter den oben genannten Voraussetzungen im Wege des Verhandlungsverfahrens ohne vorherige Vergabebekanntmachung.[475]

(6) Zusätzliche Dienstleistungen und Wiederholung gleichartiger
Dienstleistungen, § 3 IV lit. f) und g) VOL/A-EG

Die Ausnahmetatbestände aus § 3 IV lit. f) und g) VOL/A-EG vermögen die Verfahrenswahloption der gesetzlichen Krankenkassen aus § 127 II SGB V ebenfalls nicht kartellvergaberechtlich zu legitimieren. Um diese rechtliche Feststellung treffen zu können, bedarf es keiner inhaltlichen Auseinandersetzung mit den sachlichen Voraussetzungen der Tatbestände. So gestatten diese nur bei Dienstleistungsaufträgen unter bestimmten Voraussetzungen die Wahl des Verhandlungsverfahrens durch den öffentlichen Auftraggeber. Bereits unter C. IV. wurde jedoch herausgearbeitet, dass die Vergabe der wenigen Rahmenvereinbarungen zur Hilfsmittelversorgung, welche inhaltlich wegen des wertmäßig überwiegenden Dienstleistungsanteils der unter ihrem Dach rechtlich gebündelten

---

475 Zu insoweit in Betracht kommenden Fallgruppen siehe unter F. I. 2.

Versorgungsleistungen als Dienstleistungsaufträge im Sinne von § 99 IV GWB bzw. Art. 1 II lit. d) VKR einzustufen sind, dem Anwendungsbereich des Kartellvergaberechts weitgehend entzogen sind, da es sich insoweit um nichtprioritäre Dienstleistungen im Sinne von Anhang I Teil B Ziff. 25 zur VOL/A-EG handelt.

Für die große Mehrzahl der dem Kartellvergaberecht unterfallenden Rahmenvereinbarungen zur Hilfsmittelversorgung ist der Anwendungsbereich von § 3 IV lit. f) und g) VOL/A-EG hingegen nicht eröffnet, da es sich inhaltlich insoweit entsprechend der Ausführungen unter C. III. 2. c) um Lieferaufträge im Sinne von § 99 II GWB bzw. Art. 1 II lit. c) VKR handelt.

(7) Auftragsvergabe im Anschluss an einen Wettbewerb,
§ 3 IV lit. h) VOL/A-EG

Als weiterer Ausnahmetatbestand gestattet § 3 IV lit. h) VOL/A-EG die Vergabe eines öffentlichen Auftrages im Wege des Verhandlungsverfahrens ohne vorherige Vergabebekanntmachung, wenn der Auftrag im Anschluss an einen Wettbewerb im Sinne von § 3 VIII VOL/A-EG nach den Bedingungen des Wettbewerbs an den Gewinner oder einen Preisträger dieses Wettbewerbs vergeben werden muss. Eine Pflicht zur Vergabe an den Gewinner oder einen Preisträger des Wettbewerbs kann sich dabei aus einer entsprechenden Ankündigung in der Wettbewerbsbekanntmachung ergeben.[476]

Wettbewerbe im Sinne von § 3 VIII VOL/A-EG sind entsprechend der dortigen Definition Auslobungsverfahren, die zu einem Dienstleistungsauftrag führen sollen. Mithin können nach § 3 IV lit. h) VOL/A-EG an den Gewinner oder einen Preisträger des Wettbewerbs lediglich Dienstleistungsaufträge im Sinne von § 99 IV GWB vergeben werden, weshalb dieser Ausnahmetatbestand, entsprechend der im Rahmen von § 3 IV lit. f) und g) VOL/A-EG getätigten Ausführungen, die Vergabe von Rahmenvereinbarungen zur Hilfsmittelversorgung im Verhandlungsverfahren nicht rechtfertigen kann.

---

476 OLG München, Urt. v. 22.01.2001, Az.: 31 U 5879/00, NJW-RR 2001, 1532 (1533) in Bezug auf einen Wettbewerb über die Erbringung freiberuflicher Leistungen; *Kaelble*, in: Müller-Wrede, § 3 a Nr. 1-3 Rn. 235; *Haak/ Reimnitz*, in: Willenbruch/ Bischoff, § 3 a VOL/A Rn. 117.

(8) Einkauf auf Warenbörsen, § 3 IV lit. i) VOL/A-EG

Als vorletzter Ausnahmetatbestand ermöglicht es § 3 IV lit. i) VOL/A-EG den öffentlichen Auftraggebern, das Verhandlungsverfahren ohne vorherige Bekanntmachung zu wählen, wenn Waren auf einer Warenbörse notiert und erworben werden. Warenbörsen sind Märkte für Produkte, die zu einer bestimmten Zeit an einem bestimmten Ort stattfinden.[477] Ein Beispiel für eine Warenbörse ist die im Jahr 2000 gegründete Energiebörse (European Energy Exchange) in Leipzig, an der im Kassamarkt Strommengen (Einzelstunden und Blockangebote für Grundlast und Spitzenlast) gehandelt werden.[478] Da in diesen Fällen der Erwerb in dem von der Warenbörse organisierten Wettbewerb stattfindet, ist ein wettbewerbliches Vergabeverfahren entbehrlich und fände in dem engen zeitlichen Rahmen der Warenbörse ohnehin keinen Platz.[479]

Hilfsmittel im Sinne des § 33 I 1 SGB V, zu deren Beschaffung die Rahmenvereinbarungen nach § 127 I, II SGB V dienen, werden jedoch an keiner Börse gehandelt. Demnach vermag der Tatbestand aus § 3 IV lit. i) VOL/A-EG die durch § 127 II SGB V gestattete Vergabe von Rahmenvereinbarungen im Wege des Verhandlungsverfahrens nicht einmal in Einzelfällen zu legitimieren.

(9) Vorteilhafte Gelegenheiten, § 3 IV lit. j) VOL/A-EG

Schließlich gestattet § 3 IV lit. j) VOL/A-EG den Rückgriff auf das Verhandlungsverfahren ohne vorherige Vergabebekanntmachung bei so genannten vorteilhaften Gelegenheiten. Solche Gelegenheiten sind anzunehmen, wenn Waren zu besonders günstigen Bedingungen bei Lieferanten, die ihre Geschäftstätigkeit endgültig einstellen, bei Insolvenzverwaltern oder Liquidatoren im Rahmen eines Insolvenz-, Vergleichs- oder Ausgleichsverfahrens oder eines in den Vorschriften eines anderen Mitgliedstaates vorgesehenen gleichartigen Verfahrens erworben werden können. Der so erfolgende Erwerb der Ware muss besonders

---

477 *Haak/ Reimnitz*, in: Willenbruch/ Bischoff, § 3 a VOL/A Rn. 120; *Kaelble*, in: Müller-Wrede, § 3 a Nr. 1-3 Rn. 237; siehe auch Creifelds, Stichwort »Warenbörse«.
478 Siehe Creifelds, Stichwort »Warenbörse«. Zur Zulässigkeit des Stromeinkaufs von öffentlichen Auftraggebern an der Energiebörse nach § 3 IV lit. i) VOL/A-EG (vormals § 3 a Nr. 2 lit. i) VOL/A 2006) äußern sich *Meyer-Hofmann/ Tönnemann*, ZfBR 2009, 554.
479 *Kaelble*, in: Müller-Wrede, § 3 a Nr. 1-3 Rn. 237; *Haak/ Reimnitz*, in: Willenbruch/ Bischoff, § 3 a VOL/A Rn. 120.

günstigen Konditionen unterliegen,[480] weshalb der zu zahlende Preis unterhalb des üblichen Einkaufspreises des Auftraggebers liegen muss.[481] Die Beschaffung muss insgesamt wirtschaftlicher sein, als es bei der Durchführung eines offenen oder nichtoffenen Verfahrens zu erwarten wäre.[482]

Dieser Ausnahmetatbestand ist schon seinem Wesen nach nicht auf den Abschluss von Rahmenvereinbarungen zur Hilfsmittelversorgung nach § 127 I, II SGB V zugeschnitten. Schließlich stellen solche Rahmenvereinbarungen als Sukzessivlieferungsverträge[483] Dauerschuldverhältnisse dar, welche eine fortwährende Leistungsbereitschaft des vertragspartnerschaftlichen Leistungserbringers erfordern. So unterscheidet sich ein Dauerschuldverhältnis von einem auf eine einmalige Leistung gerichteten Schuldverhältnis, also beispielsweise einem Vertrag zur einmaligen Versorgung nach § 127 III SGB V, dadurch, dass aus ihm während seiner Laufzeit ständig neue Leistungs-, Neben- und Schutzpflichten entstehen, wodurch eine dauernde Pflichtenanspannung begründet wird.[484] Mit Lieferanten, die ihre Geschäftstätigkeit endgültig einstellen oder Insolvenzverwaltern bzw. Liquidatoren kann eine solche dauerhafte Pflichtenanspannung aber naturgemäß nicht begründet werden. Schließlich erfolgt ihre Geschäftstätigkeit in diesem Bereich nur gelegentlich und ist von kurzer Dauer bzw. wird künftig aufgegeben. Sie stellen mithin bereits aufgrund dieser zivilrechtlichen Erwägungen keine tauglichen Vertragspartner von Rahmenvereinbarungen nach § 127 I, II SGB V bzw. von Rahmenvereinbarungen generell dar.

Überdies sprechen ähnliche sozialrechtliche Erwägungen gegen den Abschluss von Rahmenvereinbarungen zur Hilfsmittelversorgung mit Insolvenzverwaltern oder Liquidatoren sowie Lieferanten, die ihre Geschäftstätigkeit endgültig einstellen. So bestimmt § 126 I 2 SGB V, dass Vertragspartner der Krankenkassen von Hilfsmittelversorgungsverträgen nur solche Leistungserbringer werden können, die die Voraussetzungen für eine ausreichende, zweckmäßige und funktionsgerechte Herstellung, Abgabe und Anpassung der Hilfsmittel erfüllen. Diese Eignungsvoraussetzungen zum Vertragsschluss, welche nunmehr auch

---

480 *Kaelble*, in: Müller-Wrede, § 3 a Nr. 1-3 Rn. 239; *Haak/ Reimnitz*, in: Willenbruch/ Bischoff, § 3 a VOL/A Rn. 123.
481 OLG Düsseldorf, Beschl. v. 08.05.2002; Az.: Verg 5/02, Rn. 16.
482 Siehe Erläuterungen des DVAL zu § 3 Nr. 4 lit. m) VOL/A 2002.
483 Ein Sukzessivlieferungsvertrag, bei dem die zu liefernde Menge nicht von vornherein bestimmt wurde, stellt im Gegensatz zum Ratenlieferungsvertrag, bei dem die Gesamtmenge von Anfang an feststeht, ein Dauerschuldverhältnis dar.
484 *Grüneberg*, in: Palandt, § 314 Rn. 2; *Hohloch*, in: Erman, § 314 Rn. 12; *Gaier*, in: MüKo, § 314 Rn. 5; *Grüneberg/ Sutschet*, in: Bamberger/ Roth, § 241 Rn. 27.

im Wege eines auf § 126 I a SGB V basierenden Präqualifizierungsverfahrens[485] festgestellt werden können, entsprechen weitgehend denjenigen Voraussetzungen der früheren Zulassung nach § 126 SGB V a.F.[486] Eine erforderliche, ausreichende, zweckmäßige und funktionsgerechte Versorgung mit Hilfsmitteln kann danach nur gewährleisten, wer die entsprechende fachliche Ausbildung hat, den Beruf nach berufsrechtlichen Bestimmungen selbstständig ausüben darf (persönliche Eignungsvoraussetzungen) und über leistungsfähige Betriebsstätten verfügt (sachliche Eignungsvoraussetzungen).[487] Beim Abschluss von Rahmenvereinbarungen nach § 127 I, II SGB V mit ihren ständig wiederkehrenden Pflichten müssen diese Voraussetzungen zudem während der gesamten Laufzeit der Rahmenvereinbarung vorliegen. Doch sowohl die personellen als auch die sachlichen Voraussetzungen kann zumindest ein Insolvenzverwalter oder Liquidator zu keinem Zeitpunkt erfüllen, da er den Verkauf etwaiger Hilfsmittel nur gelegentlich der Abwicklung eines insolventen Unternehmens vornimmt, aber in aller Regel über keinerlei fachliche Ausbildung in diesem Bereich, geschweige denn über Betriebsstätten verfügt.

Aber auch ein Leistungserbringer, der seine Geschäftstätigkeit künftig aufgibt, wird die Eignungsvoraussetzungen wegen der bevorstehenden Einstellung seiner Leistungserbringertätigkeit nicht während der gesamten Laufzeit der Rahmenvereinbarung aufrechterhalten können.

Daher sind die in § 3 IV lit. j) VOL/A-EG benannten Personen auch rein sozialrechtlich betrachtet als mögliche Vertragspartner von Rahmenvereinbarungen zur Hilfsmittelversorgung ungeeignet.

Dieser letzte Tatbestand vermag daher weder ein generelles Wahlrecht der gesetzlichen Krankenkassen hinsichtlich des Vergabeverfahrens beim Abschluss von Rahmenvereinbarungen zur Hilfsmittelversorgung nach § 127 I, II SGB V, noch deren Vergabe im Wege des Verhandlungsverfahrens ohne vorherige Bekanntmachung im Einzelfall zu legitimieren.

---

485 Die Bescheinigung über ein erfolgreich durchlaufenes Präqualifizierungsverfahren des Leistungserbringers entfaltet Wirkung gegenüber allen gesetzlichen Krankenkassen. Darin liegt der entscheidende Vorteil gegenüber dem weiterhin möglichen Eignungsbewertungsverfahren einzelner Krankenkassen bzw. von deren Verbänden, dessen Ergebnis nur für die einzelne Kasse bzw. die Mitgliedskassen des Verbandes verbindlich ist. Ein präqualifizierter Leistungserbringer hat demnach gegenüber allen gesetzlichen Krankenkassen die Voraussetzungen geschaffen, um sich um Versorgungsverträge bemühen zu können.
486 *Murawski*, in: Kruse/ Hänlein, § 126 Rn. 4; *Butzer*, in: Becker/ Kingreen, § 126 Rn. 5; *Schneider*, in: jurisPK-SGB V, § 126 Rn. 10.
487 *Butzer*, in Becker/ Kingreen, § 126 Rn. 7; *Schneider*, in jurisPK-SGB V, § 126 Rn. 10 ff.

Mithin gestattet kein Ausnahmetatbestand aus § 3 IV VOL/A-EG den generellen Abschluss von Rahmenvereinbarungen zur Hilfsmittelversorgung im Wege des Verhandlungsverfahrens ohne vorherige Vergabebekanntmachung. Lediglich in besonders gelagerten Einzelfällen können solche Rahmenvereinbarungen im Verhandlungsverfahren ohne vorherige Vergabebekanntmachung vergeben werden.

b) Zulässigkeit des Verhandlungsverfahrens mit Teilnahmewettbewerb, § 3 III VOL/A-EG

Gleichwohl muss weiter untersucht werden, ob möglicherweise ein Tatbestand aus § 3 III VOL/A-EG den Abschluss solcher Rahmenvereinbarungen zumindest im Wege des Verhandlungsverfahrens mit vorheriger Vergabebekanntmachung zulässt. Schließlich könnte entsprechend der Ausführungen unter E. I. 2. c) die Regelung aus § 127 II 3 SGB V als Vergabebekanntmachungspflicht der Krankenkassen interpretiert werden.

(1) Nur auszuschließende Angebote, § 3 III lit. a) VOL/A-EG

Nach § 3 III lit. a) S. 1 VOL/A-EG[488] ist es zulässig, bei der Vergabe eines öffentlichen Auftrags ins Vergabeverfahren mit vorheriger Vergabebekanntmachung überzugehen, wenn im Rahmen eines vorher ordnungsgemäß durchgeführten offenen sowie eines zulässigerweise durchgeführten nichtoffenen Verfahrens oder eines wettbewerblichen Dialogs lediglich Angebote abgegeben worden sind, die von der Wertung ausgeschlossen wurden. Die Möglichkeit des Ausschlusses eines Angebotes aus der Wertung besteht unter den Voraussetzungen von § 19 III, IV VOL/A-EG.

Dieser Ausnahmetatbestand legitimiert die generelle Vergabe von Rahmenvereinbarungen zur Hilfsmittelversorgung im Wege des Verhandlungsverfahrens ohne vorherige Vergabebekanntmachung aus den bereits im Rahmen der Ausführungen zu § 3 IV lit. a) VOL/A-EG genannten Gründen nicht. Das System aus § 127 I, II SGB V stellt die Optionen Ausschreibung und Verhandlung nämlich nicht in ein Stufen-, sondern in ein Alternativverhältnis.

---

488 Diese Regelung dient der Umsetzung von Art. 30 I lit. a) VKR ins deutsche Recht.

Daher scheidet auch ein genereller Rückgriff auf den Tatbestand des § 3 III lit. a) S. 2 VOL/A-EG aus, wonach die Auftraggeber im Fall des § 3 III lit. a) S. 1 VOL/A-EG unter zusätzlichen Voraussetzungen sogar ein Verhandlungsverfahren ohne vorherigen Teilnahmewettbewerb durchführen dürfen.

(2) Unmöglichkeit der vorherigen Gesamtpreisfestlegung, § 3 III lit. b) VOL/A-EG

§ 3 III lit. b) VOL/A-EG[489] gestattet die Durchführung eines Verhandlungsverfahrens mit vorheriger Vergabebekanntmachung bei Liefer- oder Dienstleistungsaufträgen, die ihrer Natur nach oder wegen damit verbundener Risiken keine vorherige Festlegung eines Gesamtpreises zulassen. Schließlich ist es zwingende Voraussetzung der Durchführung eines offenen oder nichtoffenen Verfahrens, dass die verbindlich abzugebenden Angebote eindeutig bepreist werden können.[490]
Der Anwendungsbereich dieses Ausnahmetatbestandes überschneidet sich dabei jedoch mit jenem des wettbewerblichen Dialogs nach § 3 VII VOL/A-EG,[491] denn auch in den Fällen, in denen der Auftraggeber nicht in der Lage ist, die technischen Mittel oder die rechtlichen oder finanziellen Bedingungen des Vorhabens anzugeben, wird naturgemäß eine Bildung des Gesamtpreises schwerlich möglich sein. Diese Schnittmenge ist dergestalt aufzulösen, dass das Verfahren des wettbewerblichen Dialogs vorrangig und immer dann durchzuführen ist, wenn die Festlegung des Preises im Zuge des Vergabeverfahrens zu erwarten ist, während nach § 3 III lit. b) VOL/A-EG auf das Verhandlungsverfahren mit vorheriger Vergabebekanntmachung zurückgegriffen werden darf, wenn abzusehen ist, dass die Bildung des Gesamtpreises erst während oder nach Abschluss der Durchführung der Leistung möglich wird.[492]
Eine Unmöglichkeit der vorherigen Festlegung des Gesamtpreises eines Auftrages wegen seiner Natur im Sinne von § 3 III lit. b) VOL/A-EG ist etwa bei

---

489 Diese Regelung dient der Umsetzung von Art. 30 I lit. b) VKR ins deutsche Recht.
490 *Kulartz*, in: Kulartz/ Marx/ Portz/ Prieß, § 3 a Rn. 80; *Dippel*, in: jurisPK-VergR, § 3 a VOB/A Rn. 48; *Müller-Wrede*, in: Ingenstau/ Korbion, § 3 a VOB/A Rn. 39.
491 Siehe unter E. I. 1. e).
492 *Kaelble*, in: Müller-Wrede, § 3 a Nr. 1-3 Rn. 119.

hochkomplexen IT-Leistungen[493] oder bei einem Auftrag über Restabfallentsorgung[494] denkbar.

Häufig handelt es sich demnach bei Leistungen, in denen eine objektive Unmöglichkeit der Gesamtpreisfestlegung wegen der Natur der Leistung vorliegt, um komplexe oder neuartige Leistungen.[495]

Als Beispiele für eine objektive Unmöglichkeit der vorherigen Festlegung des Gesamtpreises wegen der mit der zu beschaffenden Leistung verbundenen Risiken werden die Entsorgung von Altlasten eines Grundstücks sowie Arbeiten in geologisch instabilen oder mit archäologisch interessanten Objekten durchsetzten Gebieten genannt.[496] Der Begriff des Risikos meint also äußere Umstände, die auf den Umfang und somit auch auf die Kosten der Leistung einen erheblichen Einfluss haben können, deren Eintritt aber ungewiss ist.

Die Rahmenvereinbarungen zur Hilfsmittelversorgung nach § 127 I, II SGB V sind jedoch weder generell mit einem Risiko verbunden, welches Einfluss auf die Kosten der einzelnen Hilfsmittelversorgungsleistung hat, noch handelt es sich dabei um neuartige oder besonders komplizierte Aufträge.

Zwar ist nicht von der Hand zu weisen, dass medizinische Behandlungsmethoden, in deren Rahmen Hilfsmittel zur Anwendung kommen, wahrlich nicht frei von Risiken sind, jedoch hat die Verwirklichung dieser Risiken regelmäßig keinen direkten Einfluss auf die Kosten der konkreten Hilfsmittelversorgungsleistung. Schließlich muss im Regelfall die gesetzliche Krankenkasse und nicht der Leistungserbringer die Kosten für eine weitere oder zusätzliche gesundheitliche Versorgung des Patienten tragen, die durch eine Verwirklichung des Risikos notwendig geworden ist. Sollte im Rahmen dieser weiteren oder zusätzlichen gesundheitlichen Versorgung der erneute Einsatz des gleichen oder eines anderen Hilfsmittels erforderlich werden, muss die in der Rahmenvereinbarung festgehaltene Leistung ein weiteres Mal abgerufen bzw. die Versorgung mit einem anderen Hilfsmittel angetreten werden. Für die Erbringung dieser neuen Leistung erhalten die Leistungserbringer dann aber auch (erneut) die unter der Rahmenvereinbarung oder anderweitig vertraglich versprochene Gegenleistung in Form einer Entgeltzahlung, da es sich insofern um eine neue Versorgungsleistung handelt. Der Gesamtpreis für jede einzelne Hilfsmittelleistung unter der Geltung der

---

493 *Kulartz*, in: Kulartz/ Marx/ Portz/ Prieß, § 3 a Rn. 80.
494 VK Baden-Württemberg, Beschl. v. 12.07.2001, Az.: 1 VK 12/01, Rn. 49 ff.; VK Sachsen, Beschl. v. 13.05.2002, Az.: 1/ SVK/ 029-02.
495 *Kulartz*, in: Kulartz/ Marx/ Portz/ Prieß, § 3 a Rn. 80; *Dippel*, in: jurisPK-VergR, § 3 a VOB/A Rn. 46.
496 *Kaelble*, in: Müller-Wrede, § 3 a Nr. 1-3 Rn. 115.

Rahmenvereinbarung bleibt demnach von der Verwirklichung etwaiger Risiken im Regelfall unberührt, weshalb dessen vorherige Bestimmung dadurch keinesfalls objektiv unmöglich wird.

Zudem handelt es sich bei den weitaus meisten Hilfsmittelleistungen nicht um neue Leistungen, sondern um solche, die bereits seit vielen Jahren oder gar Jahrzehnten Bestandteil der Versorgung durch die gesetzliche Krankenversicherung sind, so dass der im Einzelfall anfallende Gesamtpreis für die Versorgung eines Versicherten mit einem bestimmten Hilfsmittel aufgrund der Versorgungserfahrung der Krankenkassen problemlos bestimmt werden kann.

Gleiches gilt im Rahmen einer möglichen Komplexität der Hilfsmittelversorgung. Zwar kann nicht geleugnet werden, dass die Versorgung eines Versicherten mit Hilfsmitteln in diversen Konstellationen einen nicht unkomplizierten Leistungsvorgang darstellt, jedoch hat diese mögliche Komplexität im Regelfall keine Unmöglichkeit der Preisbildung für die Leistung zur Folge, da der Preis aufgrund der üblicherweise bestehenden langjährigen Erfahrung mit der komplexen Versorgungsleistung weitgehend feststeht oder zumindest bestimmbar ist. Mit anderen Worten gibt es also für nahezu jede Hilfsmittelleistung einen Marktpreis im Erstattungssystem der gesetzlichen Krankenversicherung.

Dementsprechend kann zwar im Einzelfall eine vorherige Gesamtpreisbildung für eine konkrete Hilfsmittelversorgung objektiv unmöglich sein.[497] Im Regelfall ist jedoch die Gesamtpreisfestlegung problemlos vornehmbar, weshalb das Optionsrecht der Krankenkassen aus § 127 I, II SGB V nicht durch den Tatbestand des § 3 III lit. b) VOL/A-EG gerechtfertigt werden kann.

(3)   Unmöglichkeit der Festlegung vertraglicher Spezifikationen,
      § 3 III lit. c) VOL/A-EG

Der Ausnahmetatbestand des § 3 III lit. c) VOL/A-EG[498] rechtfertigt ebenfalls keine Vergabe von Rahmenvereinbarungen zur Hilfsmittelversorgung durch die gesetzlichen Krankenkassen im Wege des Verhandlungsverfahrens mit vorheriger Vergabebekanntmachung, da dieser Tatbestand, genau wie die bereits zuvor erörterten Tatbestände aus § 3 IV lit. f) und g) VOL/A-EG, sachlich nur für Dienstleistungsaufträge gilt. Zur Begründung kann insofern auf die dortigen Ausführungen unter E. I. 4. a) (6) verwiesen werden.

---

497 In Betracht kommende Konstellationen werden unter F. II. 1. aufgezeigt.
498 Diese Regelung dient der Umsetzung von Art. 30 I lit. c) VKR ins deutsche Recht.

Daher gestattet keiner der Ausnahmetatbestände aus § 3 III VOL/A-EG den gesetzlichen Krankenkassen den wahlweisen Abschluss von Rahmenvereinbarungen zur Hilfsmittelversorgung im Wege des Verhandlungsverfahrens mit vorheriger Vergabebekanntmachung ohne Rücksicht auf die Besonderheiten der zu beschaffenden Leistung im Einzelfall.

c) Zwischenergebnis

Als Zwischenergebnis muss demnach festgehalten werden, dass zwar einzelne, speziell gelagerte Hilfsmittelversorgungsaufträge die Voraussetzungen eines Tatbestandes aus § 3 III, IV VOL/A-EG verwirklichen können,[499] jedoch keiner dieser Ausnahmetatbestände die in § 127 II SGB V statuierte Möglichkeit der gesetzlichen Krankenkassen legitimiert, alle Arten von Rahmenvereinbarungen zur Hilfsmittelversorgung der Versicherten optional im Wege des kartellvergaberechtlichen Verhandlungsverfahrens zu vergeben.

Da die daraus folgende Unzulässigkeit der wahlweisen Vergabe von Rahmenvereinbarungen zur Hilfsmittelversorgung im Wege des Verhandlungsverfahrens auch nicht davon abhängt, ob das Verhandlungsverfahren nach § 127 II SGB V mit oder ohne vorherige Vergabebekanntmachung erfolgt, kann die oben unter E. I. 2. c) aufgeworfene Fragestellung, ob § 127 II 3 SGB V eine Pflicht der gesetzlichen Krankenkassen zur vorherigen öffentlichen Teilnahmeaufforderung im Sinne von § 101 V 2. Alt. GWB begründet oder sich zumindest dahingehend interpretieren lässt, dahinstehen.

Im Gegensatz zur sozialrechtlichen Wertung aus § 127 I, II SGB V sind die gesetzlichen Krankenkassen demnach kartellvergaberechtlich an die in den §§ 101 VII 1 1. HS GWB, 3 I VOL/A-EG statuierte Hierarchie der vergaberechtlichen Verfahrensarten gebunden.

Somit verstößt die sozialrechtliche Systematik aus § 127 I, II SGB V, welche den gesetzlichen Krankenkassen ein Verfahrenswahlrecht bei der Vergabe öffentlicher Aufträge an die Hand gibt, gegen die Hierarchie der kartellvergaberechtlichen Verfahrensarten. Da diese Hierarchie keine eigenständige Schöpfung des nationalen Gesetzgebers ist, sondern der Umsetzung der zwingenden europarechtlichen Vorgaben aus Art. 28 Unterabsatz 2 VKR entspringt und auch die Ausnahmetatbestände aus § 3 III, IV VOL/A-EG lediglich die Vorgaben der Art. 30 und 31 VKR detailgetreu in nationales Recht transferieren, bedingt dies zu-

---

499 Diese Konstellationen werden unter F. aufgezeigt.

gleich eine Kollision des Systems aus § 127 I, II SGB V mit europäischem Sekundärrecht.

Da es sich beim Sozialrecht um rein nationales Recht handelt und § 127 SGB V folglich im Gegensatz zu den §§ 101 VII 1 GWB, 3 I, III, IV VOL/A-EG keinen europarechtlichen Überbau besitzt, hat der nationale Gesetzgeber eigeninitiativ eine europarechtswidrige Rechtslage herbeigeführt.

5. Kein Einfluss von § 69 II 3 SGB V auf das gefundene Ergebnis

Dieses Ergebnis wird auch durch die vielfach besonders hervorgehobene Regelung in § 69 II 3 SGB V nicht berührt. Nach dieser Norm ist bei der Anwendung des Kartellvergaberechts auf Versorgungsverträge der gesetzlichen Krankenkassen deren gesetzlicher Versorgungsauftrag besonders zu berücksichtigen. Die Vorschrift bringt folglich das Ziel des nationalen Sozialgesetzgebers zum Ausdruck, die Verpflichtung der Krankenkassen zur Sicherung einer medizinisch notwendigen, aber auch wirtschaftlichen Versorgung aller Versicherten durch die Vergabepraxis nicht zu gefährden und auf die Praktikabilität einer Vielzahl von Einzelverträgen zu achten.[500]

Auch wenn die Vorschrift unter rein sozialrechtlichem Blickwinkel sinnvoll erscheint, muss sie sich als eigenständige Schöpfung des nationalen Gesetzgebers ebenso an den europarechtlichen Vorgaben der Vergabekoordinierungsrichtlinie messen lassen, wie die Systematik aus § 127 I, II SGB V selbst. Eine nach § 69 II 3 SGB V gebotene besondere Berücksichtigung des Versorgungsauftrags der gesetzlichen Krankenkassen ist daher nur in dem Rahmen möglich, den das durch diese Richtlinie unionsrechtlich zwingend vorgegebene Kartellvergaberecht zieht.[501] Die Regelung kann nicht so interpretiert werden, dass eine modifizierende Anwendung des Kartellvergaberechts bei der Auftragsvergabe durch die gesetzlichen Krankenkassen zu einer unvollständigen Umsetzung der Vorgaben der Vergabekoordinierungsrichtlinie führt.[502] Und zu diesen durch die Vergabekoordinierungsrichtlinie zwingend vorgegebenen Regelungen im Kartell-

---

500 BT Drs. 16/10609, S. 66 f. Erstaunlicherweise befasst sich der Gesetzgeber jedoch bereits jetzt im Rahmen des Gesetzgebungsverfahrens zum AMNOG ernsthaft mit dem Gedanken, die Vorschrift des § 69 II 3 SGB V mit der Begründung wieder zu streichen, dass die Regelung entbehrlich sei. Vgl. Art. 1 Nr. 9 lit. b) AMNOG und die diesbezügliche Begründung des Gesetzesentwurfes.
501 So auch *Ebsen* in Ebsen, 9 (18); *Stelzer*, WzS 2009, 303 (308) sieht die Regelung aus § 69 II 2 SGB V daher als europarechtswidrig an.
502 *Ebsen*, Die BKK 2010, 76 (82).

vergaberecht zählt, wie vorstehend herausgearbeitet, die Unzulässigkeit einer generellen Vergabe von Rahmenvereinbarungen zur Hilfsmittelversorgung durch die Krankenkassen im Wege des vergaberechtlichen Verhandlungsverfahrens. Das Kartellvergaberecht legitimiert ein solches Vertragsschlussverfahren in Übereinstimmung mit den zwingenden Vorgaben der Vergabekoordinierungsrichtlinie aus den Art. 28 Unterabsatz 2, 30 und 31 VKR vielmehr nur im besonders gelagerten Einzelfall unter den Voraussetzungen von § 3 III, IV VOL/A-EG.

Eigenständige Bedeutung kann die Regelung aus § 69 II 3 SGB V nur dort entfalten, wo der deutsche Gesetzgeber eigeninitiativ Vorgaben der Vergabekoordinierungsrichtlinie verschärft hat und die kartellvergaberechtlichen Regelungen folglich nicht zwingend durch europäisches Sekundärrecht vorgegeben sind.[503] Zu nennen ist in diesem Zusammenhang insbesondere § 101 VII 1 1. HS GWB, der die deutschen öffentlichen Auftraggeber bei der Vergabe von öffentlichen Aufträgen grundsätzlich zur Durchführung eines offenen Verfahrens verpflichtet und damit über die Vorgabe aus Art. 28 Unterabsatz 2 S. 1 VKR hinausgeht, welche es den Mitgliedstaaten ermöglicht, öffentlichen Auftraggebern neben dem offenen Verfahren auch das nichtoffene Verfahren bei der Vergabe öffentlicher Aufträge zur Wahl zu stellen. Vor dem Hintergrund dieser überschießenden Umsetzung des deutschen Gesetzgebers kann es § 69 II 3 SGB V den gesetzlichen Krankenkassen ohne europarechtliche Bedenken ermöglichen, statt dem nach § 101 VII 1 GWB vorgeschriebenen offenen Verfahren, das nicht nichtoffene Verfahren beim Abschluss von Rahmenvereinbarungen zur Hilfsmittelversorgung zu wählen, wenn die Erfüllung des gesetzlichen Versorgungsauftrages dies gebietet.

Die bisherige Vorgehensweise einzelner, seit dem 01.01.2009 gemäß §§ 29 V 1 SGG, 116 III 1 2. HS GWB ausdrücklich für die Entscheidung über sofortige Beschwerden gegen Beschlüsse der Vergabekammern im Bereich des Leistungserbringerrechts der gesetzlichen Krankenversicherung zuständiger, Landesso-

---

503 *Sormani-Bastian*, ZESAR 2010, 13 (17).

zialgerichte[504], welche die Anwendung eines speziell auf die Bedürfnisse und Notwendigkeiten des Systems der gesetzlichen Krankenversicherung zugeschnittenen so genannten »Sozialvergaberechts« praktizieren,[505] ist vor diesem Hintergrund durch die neue Regelung aus § 69 II 3 SGB V nur in den Grenzen der zwingenden Zielvorgaben der Vergabekoordinierungsrichtlinie zu legitimieren.

6. Kein Einfluss der Empfehlungen nach § 127 I a SGB V auf das gefundene Ergebnis

An der Feststellung der Kollision des sozialrechtlichen Systems zum Abschluss von Rahmenvereinbarungen in der Hilfsmittelversorgung mit den Grundsätzen zur kartellvergaberechtlichen Hierarchie der Verfahrensarten vermag überdies auch die Ausführung des gesetzgeberischen Auftrags aus § 127 I a SGB V nichts zu ändern, wonach dem GKV-Spitzenverband und den Spitzenorganisationen der Leistungserbringer auf Bundesebene[506] aufgegeben wird, bis zum 30.06.2009 gemeinsame Empfehlungen zur Zweckmäßigkeit von Ausschreibungen im Sinne von § 127 I SGB V abzugeben. Dies beruht auf zwei Erwägungen.

---

504 Obwohl die Zuständigkeit der Landessozialgerichte für Beschwerden gegen die Beschlüsse der Vergabekammern im Bereich des Leistungserbringerrechts erst durch das GKV-OrgWG mit Wirkung zum 01.02.2009 begründet wurde, trägt man sich von gesetzgeberischer Seite bereits jetzt wieder ernsthaft mit dem Gedanken, die Zuständigkeit der Oberlandesgerichte für solche Beschwerden im Rahmen der Novellierung des SGG durch das AMNOG (wieder-) herzustellen, vgl. diesbezüglich Art. 2 Nr. 2 lit. b) AMNOG. Der gegen diese Zuständigkeitsrückübertragung auf die Zivilgerichte vor allem von Seiten der Leistungserbringer initiierte Widerstand wird den Gesetzgeber nach dem momentanen Erkenntnisstand jedoch wohl nicht von seinem Vorhaben abbringen.
505 In diesem Sinne LSG NRW, Beschl. v. 14.04.2010, Az.: L 21 KR 69/09 SFB; LSG Ba-Wü, Beschl. v. 27.02.2008, Az.: L 5 KR 507/08 ER-B, A&R 2008, 92; Beschl. v. 27.02.2008, Az.: L 5 KR 6123/07 ER-B, GesR 2008, 357.
506 Die an diesen Empfehlungen beteiligten Spitzenorganisationen der Leistungserbringer sind: Arbeitsgemeinschaft für Orthopädie-Schuhtechnik GbR (AGOS), Bundesfachverband Elektronische Hilfsmittel für Behinderte e.V. (BEH), Bundesverband der Rehabilitationslehrer für Blinde und Sehbehinderte e.V., Bundesverband der Zweithaar-Einzelhändler und zertifizierter Zweithaarpraxen, Bundesverband Medizintechnologie e.V. (BVMed), Deutscher Apothekerverband e.V. (DAV), Deutsche Blindenführhundschulen e.V., Deutscher Bundesverband der Epithetiker e.V. (dvbe), EGROH e.G., European Manufacturers Federation for Compression Therapy and Orthopaedic Devices (eurocom), Fachvereinigung Medizin Produkte e.V. (f.m.p.), Deutscher Industrieverband für optische, medizinische und mechatronische Technologien e.V. (SPECTARIS), Zentralverband des deutschen Handwerks (ZDH) für die Gesundheitshandwerke.

a) Rechtliche Unverbindlichkeit der Empfehlungen

Zum einen ist festzustellen, dass die Problematik der Europarechtswidrigkeit von § 127 I, II SGB V selbst dann fortbesteht, wenn die Empfehlungen den Begriff der Zweckmäßigkeit von Ausschreibungen im Sinne der §§ 101 VII 1 GWB, 3 III, IV VOL/A-EG bzw. deren Vorgaben aus den Art. 28 ff. VKR, also europarechtskonform, interpretieren würden. Diese Feststellung beruht darauf, dass die Empfehlungen nach § 127 I a SGB V nur den Charakter von Orientierungshilfen für die Krankenkassen haben und folglich keinerlei Rechtsverbindlichkeit entfalten, weshalb sie rein rechtlich an der kartellvergaberechtsfremden Ausgestaltung der gesetzlichen Regelung in § 127 I, II SGB V nichts zu ändern vermögen.[507]

Die fehlende Rechtsverbindlichkeit ergibt sich bereits aus dem in § 127 I a SGB V verwendeten Terminus der »Empfehlung«. Zudem macht die Präambel der Empfehlungen deren Rechtsnatur nochmals deutlich. Dort heißt es, dass die Empfehlungen nur eine Hilfe für die Krankenkassen bei der Entscheidung über die Durchführung einer Ausschreibung darstellen und diese nicht von der Verpflichtung entbinden, jeweils auftragsbezogen im Einzelfall unter Berücksichtigung der rechtlichen Rahmenbedingungen und der Rechtsentwicklung über die Durchführung von Ausschreibungen zu entscheiden.[508]

b) Kartellvergaberechtswidrigkeit des Empfehlungsinhalts

Zum anderen steht der Inhalt der Empfehlungen keinesfalls vollständig mit den kartellvergaberechtlichen Wertungen aus den §§ 101 VII 1 GWB, 3 I, III, IV VOL/A-EG im Einklang. Deshalb sind die gemeinsamen Empfehlungen nur sehr bedingt geeignet, das nach der Systematik aus § 127 I, II SGB V bestehende Ermessen der gesetzlichen Krankenkassen hinsichtlich der Verfahrenswahl beim Abschluss von Rahmenvereinbarungen zur Hilfsmittelversorgung in kartellvergaberechts- und somit auch europarechtskonforme Bahnen zu lenken.

Es lassen sich nämlich weder alle in den Empfehlungen angeführten Zweckmäßigkeitskriterien, deren Vorliegen gemäß § 2 S. 1 der Empfehlungen nach Auffassung der Empfehlungspartner gegen die Durchführung einer Ausschrei-

---

[507] Zudem folgt aus dem rechtsunverbindlichen Charakter der Empfehlungen, dass den Leistungserbringern keine Rechtsschutzmöglichkeit für den Fall zusteht, dass die Krankenkassen von den gemeinsamen Empfehlungen abweichen.
[508] Gemeinsame Empfehlungen gemäß § 127 I a SGB V zur Zweckmäßigkeit von Ausschreibungen vom 02.07.2009, S. 3.

bung spricht, vollständig unter die in § 3 III, IV VOL/A-EG angeführten Ausnahmefallgruppen subsumieren, noch liegen in diesen Fällen durchweg Gründe für eine Nichtanwendbarkeit des Kartellvergaberechts und dem damit verbundenen Wegfall einer europarechtlich determinierten Hierarchie der Verfahrensarten vor. Die einzelnen in § 2 der Empfehlungen nach § 127 I a SGB V aufgelisteten Zweckmäßigkeitskriterien orientieren sich, wie im Folgenden zu zeigen sein wird, durchgehend an sozialrechtlichen Aspekten, welche sich nur selten mit den kartellvergaberechtlichen Anforderungen an ein ordnungsgemäßes, den vergaberechtlichen Grundsätzen des § 97 GWB genügendes, Vergabeverfahren decken.

Gerade dieser Widerspruch sozialrechtlicher Notwendigkeiten einerseits und kartellvergaberechtlicher Wertungen andererseits macht das ganze Dilemma deutlich, in welches sich der Sozialgesetzgeber durch die Abkehr vom Zulassungssystem und die Einführung eines Selektivvertragssystems im Bereich der Hilfsmittelversorgung begeben hat. Wegen der verschiedenen Regelungsintentionen beider Rechtsbereiche sind bestehende Übereinstimmungen zwischen den sozialrechtlich ausgestalteten gemeinsamen Empfehlungen zur Zweckmäßigkeit von Ausschreibungen nach § 127 I a SGB V und dem kartellvergaberechtlichen Katalog der Ausnahmetatbestände aus § 3 III, IV VOL/A-EG dem zufälligen Umstand geschuldet, dass sozialrechtliche Notwendigkeiten und vergaberechtliche Regelungen in diesem speziellen Bereich partiell parallel verlaufen. Daher vermag auch die zumindest teilweise vorhandene Vergaberechtskompatibilität der Zweckmäßigkeitskriterien den sozialrechtlich ausgerichteten Gesamtcharakter der gemeinsamen Empfehlungen nicht zu beeinflussen.

(1) Kosten-Nutzen-Relation von Ausschreibungen, § 2 Nr. 1 der Empfehlungen

Diesen Widerspruch zeigt schon der Blick auf das erste, in den gemeinsamen Empfehlungen aufgelistete Zweckmäßigkeitskriterium. Als solches führt § 2 Nr. 1 der Empfehlungen eine Kosten-Nutzen-Relation von Ausschreibungen auf. Im Einzelnen sieht der Empfehlungstext dabei vor, dass Ausschreibungen unterbleiben sollen, wenn der verwaltungstechnische und damit auch der finanzielle Aufwand eines Ausschreibungsverfahrens wegen einer als gering zu erwartenden Fallzahl im Missverhältnis zum Auftragsvolumen oder zu dem für die Krankenkassen voraussichtlich erreichbaren wirtschaftlichen Vorteil steht. Weiterhin wird den gesetzlichen Krankenkassen in diesem Papier im Rahmen der Kosten-Nutzen-Relation empfohlen, von einer Ausschreibung abzusehen, wenn durch diese für die Krankenkasse kein wirtschaftlicheres Ergebnis im Vergleich zu Vertragsverhandlungen zu erwarten ist.

Bereits dieses Kriterium macht die ausschließlich sozialrechtliche Orientierung der gemeinsamen Empfehlungen nach § 127 I a SGB V überaus deutlich. So zielen alle unter § 2 Nr. 1 der gemeinsamen Empfehlung angeführten Kriterien nahezu ausschließlich auf eine Kostenreduzierung im System der gesetzlichen Krankenversicherung ab. Wenn zu Erwarten steht, dass die Durchführung einer Ausschreibung für die Krankenkasse höhere Kosten verursachen könnte, als die Hilfsmittelversorgung im Wege der Vertragsverhandlung mit einzelnen Leistungserbringern sicherzustellen, wird den Krankenkassen von den Empfehlungspartnern geraten, die Durchführung einer Ausschreibung zu unterlassen. Dies mag der in § 4 IV SGB V verankerten Pflicht der gesetzlichen Krankenkassen zur sparsamen Verwendung der ihnen aus dem Gesundheitsfonds zugewiesenen Mittel genüge tun und mithin sozialrechtlichen Notwendigkeiten entsprechen. Eine solche Vorgehensweise ist aber nicht mit dem Ziel des europäischen Vergaberechts, welches in der Öffnung des gemeinsamen Binnenmarktes für das Auftragswesen der öffentlichen Hand besteht, vereinbar. So vermag die noch so berechtigte Erwartung des öffentlichen Auftraggebers, mittels eines Verhandlungsverfahrens ein wirtschaftlicheres Ergebnis erzielen zu können, allein nicht die Durchführung eines solchen Verfahrens zu rechtfertigen.[509] Auf dieses kann vielmehr entsprechend der obigen Ausführungen nur in den Ausnahmefällen des § 3 III, IV VOL/A-EG zurückgegriffen werden.

In den unter § 2 Nr. 1 der Empfehlungen angeführten Fallgruppen liegt jedoch weder ein das Verhandlungsverfahren legitimierender Ausnahmetatbestand, noch ein Grund für die Nichtanwendbarkeit des Kartellvergaberechts, mit der Konsequenz der Nichtgeltung der europarechtlich determinierten Vorschriften zur Hierarchie der Verfahrensarten, vor.

Im Hinblick auf die grundsätzliche Anwendbarkeit des Kartellvergaberechts könnte zwar im Fall eines geringen Auftragsvolumens infolge einer als gering zu erwartenden Zahl von Versorgungsfällen einer bestimmten Art daran gedacht werden, dass der Auftragswert den Schwellenwert nicht erreicht. Selbst wenn hinter diesem Zweckmäßigkeitskriterium wider Erwarten tatsächlich die Vermutung einer Unterschreitung der Schwellenwerte stehen würde, wovon wegen der sozialrechtlichen Ausrichtung der Empfehlungen wahrlich nicht auszugehen ist, wäre die Formulierung zu wenig konkret, um mit dem Kartellvergaberecht im Einklang zu stehen. Schließlich bedingt eine als gering prognostizierte Anzahl von Versorgungsfällen, insbesondere in Fällen kostspieliger Hilfsmittelversor-

---

[509] *Kaelble*, in: Müller/ Wrede, § 3 a Nr. 1-3 Rn. 91; VK Detmold, Beschl. v. 07.01.2000, Az.: VK 22-23/99.

gungen, nicht zwingend die Unterschreitung des maßgeblichen Schwellenwertes von 193.000 €.

Des Weiteren kann man zwar im Hinblick auf die Zulässigkeit eines Verhandlungsverfahrens aus Wirtschaftlichkeitsgründen an den bereits diskutierten Ausnahmetatbestand aus § 3 IV lit. a) VOL/A-EG denken. Bei näherer Betrachtung legitimiert dieser aber den Inhalt von § 2 Nr. 1 der Empfehlungen nicht. Denn unabhängig von der Frage, ob sich der sozialrechtliche Begriff der Wirtschaftlichkeit aus § 2 Nr. 1 der gemeinsamen Empfehlungen überhaupt mit dem kartellvergaberechtlichen Begriff der Wirtschaftlichkeit aus den §§ 3 IV lit. a), 20 I lit. c), 21 I VOL/A-EG deckt, gestattet § 3 IV lit. a) VOL/A-EG die Durchführung eines Verhandlungsverfahrens nur dann, wenn im Rahmen einer vorangegangenen Ausschreibung keine wirtschaftlichen Angebote abgegeben worden sind. Diesen Fall meint § 2 Nr. 1 der gemeinsamen Empfehlungen jedoch gerade nicht. Schließlich wird den Krankenkassen dort empfohlen, unter dem Gesichtspunkt der Wirtschaftlichkeit eine Prognoseentscheidung dahingehend zu treffen, ob sie ihren Bedarf überhaupt (erstmalig) ausschreiben.

(2) Enger Anbieterkreis, § 2 Nr. 2 der Empfehlungen

Auch das Kriterium des engen Anbieterkreises aus § 2 Nr. 2 der gemeinsamen Empfehlungen harmoniert nur sehr bedingt mit kartellvergaberechtlichen Wertungen. Danach raten die Empfehlungspartner vom Abschluss einer Rahmenvereinbarung im Wege der Ausschreibung nach § 127 I SGB V ab, wenn die konkrete Hilfsmittelleistung nur von einem engen Anbieterkreis erbracht werden kann. In dem Ausnahmetatbestand aus § 3 IV lit. c) VOL/A-EG kommt jedoch die Wertung zum Ausdruck, dass ein Verzicht des öffentlichen Auftraggebers auf einen Aufruf zum Wettbewerb in Form der Durchführung einer Ausschreibung bei der Vergabe öffentlicher Aufträge nur dann zulässig ist, wenn sich der Kreis der potentiellen Anbieter auf ein einziges Unternehmen reduziert hat. Lediglich wenn objektiv eine Monopolstellung eines Leistungserbringers hinsichtlich des nachzufragenden Hilfsmittels vorliegt, ist ein Wettbewerb um den Versorgungsauftrag unmöglich und die Durchführung einer Ausschreibung daher obsolet. Die Feststellung eines Oligopols reicht entgegen § 2 Nr. 2 der Empfehlungen gerade nicht aus, um den Abschluss von Rahmenvereinbarungen zur Hilfsmittelversorgung nach § 127 II SGB V im Wege des Verhandlungsverfahrens zu rechtfertigen.

(3) Gesundheitsrisiko für die Versicherten und Störung des Versorgungsablaufs, § 2 Nr. 5 und 6 der Empfehlungen

Nur teilweise mit den kartellvergaberechtlichen Vorgaben zur Hierarchie der Verfahrensarten in Einklang zu bringen sind auch die Zweckmäßigkeitskriterien aus § 2 Nr. 5 und 6 der gemeinsamen Empfehlungen. Dort wird unter den Schlagwörtern »Gesundheitsrisiko für die Versicherten« (§ 2 Nr. 5) und »Störungen im Versorgungsablauf« (§ 2 Nr. 6) von der Durchführung einer Ausschreibung abgeraten. Wenngleich aus sozialrechtlicher Sicht erstrebenswert, lassen sich die diesen Kriterien zugrunde liegenden Lebenssachverhalte zumindest nicht pauschal unter die Voraussetzungen zumindest eines Ausnahmetatbestandes aus § 3 III, IV VOL/A-EG subsumieren.

Der insoweit zunächst in Betracht kommende Tatbestand des § 3 IV lit. d) VOL/A-EG rechtfertigt, den Erwägungen unter E. I. 4. a) (4) folgend, den Abschluss von Rahmenvereinbarungen zur Hilfsmittelversorgung im Verhandlungsverfahren zur Vermeidung von Versorgungsengpässen unter dem Gesichtspunkt der Dringlichkeit in aller Regel nicht.

Soweit im Hinblick auf mögliche Störungen im Versorgungsablauf unter § 2 Nr. 6 der gemeinsamen Empfehlungen im Empfehlungstext davon ausgegangen wird, dass bestimmte produktübergreifende Versorgungen aus einer Hand erfolgen müssten, rechtfertigt dies den Verzicht auf eine Ausschreibung nur unter den engen Voraussetzungen des Ausnahmetatbestandes aus § 3 IV lit. e) VOL/A-EG.[510] Sollte jedoch bei einer produktübergreifenden Versorgung überhaupt von einer Erneuerung oder Erweiterung des Leistungsgegenstandes der ursprünglichen Versorgung gesprochen werden können, so legitimiert § 3 IV lit. e) VOL/A-EG die Vergabe einer (neuen) Rahmenvereinbarung im Wege des Verhandlungsverfahrens ohne vorherige Vergabebekanntmachung mit dem Leistungserbringer einer bereits erfolgten Versorgung nur dann, wenn lediglich dieser als Vertragspartner eine Kompatibilität der alten mit der neuen Hilfsmittelleistung gewährleisten kann.

---

510 Dazu näher unter F. I. 2.

(4) Nicht standardisierbare Leistungen und Leistungen mit hohem
Dienstleistungsanteil, § 2 Nr. 3 und 4 der Empfehlungen

Am ehesten, gleichwohl aber auch nicht vollständig, lassen sich die Zweckmäßigkeitskriterien aus § 2 Nr. 3 und 4 der gemeinsamen Empfehlungen mit den kartellvergaberechtlichen Vorgaben in Einklang bringen. So wird bei nicht standardisierbaren Leistungen nach § 2 Nr. 3 der Empfehlungen häufig die Annahme des Ausnahmetatbestandes aus § 3 III lit. b) VOL/A-EG oder sogar ein völliges Absehen vom Abschluss einer Rahmenvereinbarung nach § 127 I, II SGB V nahe liegen, während bei Versorgungen mit hohem Dienstleistungsanteil nach § 2 Nr. 4 der Empfehlungen eine gänzliche Nichtanwendbarkeit des Kartellvergaberechts unter dem Stichwort »nicht-prioritäre Dienstleistungen« zumindest in Betracht gezogen werden kann.[511]

Da trotz des unverbindlichen Charakters der gemeinsamen Empfehlungen zu Erwarten steht, dass die Krankenkassen sich in der Regel an diesen orientieren werden, tragen die Empfehlungspartner in Anbetracht des skizzierten Inhalts der gemeinsamen Empfehlungen eine Art der Mitverantwortlichkeit für eine gesetzlich determinierte kartellvergaberechtswidrige Auftragsvergabepraxis durch die gesetzlichen Krankenkassen im Bereich der Hilfsmittelversorgung.[512] Schließlich hätte durch eine näher am Kartellvergaberecht, namentlich an den Tatbeständen aus § 3 III, IV VOL/A-EG, orientierte Ausgestaltung der Zweckmäßigkeitsempfehlungen nach § 127 I a SGB V zumindest ermessenslenkend auf eine kartellvergaberechtlich und somit auch europarechtlich korrekte Auftragsvergabe durch die gesetzlichen Krankenkassen im Bereich der Hilfsmittelversorgung hingewirkt werden können.

II. Richtlinienkonforme Auslegung von § 127 I, II SGB V

Fraglich ist, ob der aufgezeigte Widerspruch zwischen der sozialrechtlichen Verfahrenswahloption der gesetzlichen Krankenkassen aus § 127 I 1, II 1 SGB V hinsichtlich der Art des Vergabeverfahrens beim Abschluss von Rahmenvereinbarungen zur Hilfsmittelversorgung einerseits und der kartellvergaberechtlichen Hierarchie der Verfahrensarten aus § 101 VII 1 GWB andererseits durch eine

---

511 Zur Einordnung eines Hilfsmittelversorgungsauftrags als Dienstleistungsvertrag siehe unter C. III. 2. c), zur Bereichsausnahme für nicht-prioritäre Dienstleistungen siehe unter C. IV.
512 So auch *Grienberger*, ZMGR 2009, 59 (68).

richtlinienkonforme Auslegung von § 127 I 1, II 1 SGB V aufgelöst werden kann. Auf diese Weise könnte zumindest im Einzelfall eine Kollision der Norm mit europarechtlichen Vorgaben samt den daraus resultierenden Folgen vermieden werden. Teilweise wird sogar vertreten, dass die richtlinienkonforme Auslegung mitgliedstaatlicher Vorschriften eine spezifische Umsetzung von Richtlinien entbehrlich machen könne.[513] Nach dieser Ansicht dient das Institut der richtlinienkonformen Auslegung mithin als Umsetzungsersatz. Ob diese Auffassung entgegen vielfach vorgebrachter Bedenken[514] haltbar ist, muss indes nur dann erörtert werden, wenn die Systematik aus § 127 I 1, II 1 SGB V einer richtlinienkonformen Auslegung im Hinblick auf die Vorgaben der Vergabekoordinierungsrichtlinie 2004/18/EG zur Hierarchie der vergaberechtlichen Verfahrensarten überhaupt zugänglich ist.

1. Grundsätzliches zur richtlinienkonformen Auslegung

Die Beantwortung dieser Fragestellung setzt unvermeidlich die Darstellung einiger grundsätzlicher Erwägungen der richtlinienkonformen Auslegung voraus.

Die richtlinienkonforme Auslegung stellt eine wesentliche, wenn nicht gar die wichtigste, Ausprägung des Grundsatzes der europarechtskonformen Auslegung dar.[515] Seit seiner ausdrücklichen Anerkennung durch den EuGH im Jahr 1984[516] gehört das Gebot der richtlinienkonformen Auslegung des nationalen Rechts zu den Grundsätzen der juristischen Methodenlehre[517] und wurde auch durch das BVerfG anerkannt.[518] Die richtlinienkonforme Auslegung nationalen Rechts fußt nach der Rechtsprechung des EuGH auf der mitgliedstaatlichen Verpflichtung

---

513 *Salzwedel*, in: Rengeling, S. 77 (96 f.), *Jarass*, EuR 1991, 211 (218), *Salzwedel*, UPR 1989, 41 (42); *Bleckmann*, DB 1984, 1574; ähnlich *Jarass/ Beljin*, JZ 2003, 768 (776 f.).
514 *Ruffert*, in: Calliess/ Ruffert, Art. 249 EGV Rn. 121; *Schürnbrand*, JZ 2007, 910 (914); *Herdegen*, WM 2005, 1921 (1927); *Nettesheim*, AöR 119 (1994), 261 (283); *von Danwitz*, VerwArch 84 (1993), 73 (76 ff.); *Everling*, ZGR 1992, 376 (383).
515 *Hatje*, in: Schwarze, Art. 10 EGV Rn. 28; Fischer, Rn. 253; Haratsch/ Koenig/ Pechstein, Rn. 346; *Jarass/ Beljin*, JZ 2003, 768 (774); *Herresthal*, EuZW 2007, 396 (397).
516 EuGH, Urt. v. 10.04.1984, Rs. C-14/83 (von Colson und Kamann/ Land NRW), Slg. 1984, 01891.
517 EuGH, Urt. v. 25.10.05, Rs. C-350/03 (Schulte/Badenia), EuZW 2005, 721; Urt. v. 05.10.04, Rs. C-397/01 (Pfeiffer), Slg. 2004, I-08835; Urt. v. 13.11.1990, Rs. C-106/89 (Marleasing), Slg. 1990, I-04135; Urt. v. 10.4.1984, Rs. 79/83 (Harz/ Deutsche Tradax), Slg. 1984, 01921; Urt. v. 10.04.1984, Rs. C-14/83 (von Colson und Kamann/ Land NRW), Slg. 1984, 01891.
518 BVerfGE 75, 223 (237).

aus Art. 288 III AEUV, die in der Richtlinie vorgesehenen Ziele zu erreichen, sowie auf der Obliegenheit der Mitgliedstaaten, alle geeigneten Mittel zur Erfüllung dieser Verpflichtung zu treffen. Während es nach herrschender Auffassung zwischen den übrigen anerkannten Auslegungskriterien des nationalen Rechts kein strenges Rangverhältnis gibt,[519] wird allein die richtlinienkonforme Auslegung richtigerweise überwiegend als interpretatorische Vorrangregel verstanden, die dazu führt, dass unter mehreren möglichen Auslegungsvarianten des nationalen Rechts diejenigen zu bevorzugen sind, die sich mit dem einschlägigen europarechtlichen Richtlinienrecht am besten vereinbaren lassen.[520]

Speziell auf das Vergaberecht bezogen hat der EuGH mehrfach betont, dass jeder Träger öffentlicher Gewalt die Auslegung des nationalen Rechts soweit wie möglich am Wortlaut und Zweck der Vergaberichtlinien ausrichten muss, um das mit der jeweiligen Vergaberichtlinie verfolgte Ziel zu erreichen und auf diese Weise dem Gebot aus Art. 288 III AEUV nachzukommen.[521] Adressaten der Pflicht zur richtlinienkonformen Auslegung nationalen Rechts sind folglich sowohl die Judikative als auch die Exekutive.[522] Mithin sind die nationalen Gerichte und die gesetzlichen Krankenkassen als Träger von öffentlicher Gewalt im Bereich des Systems der gesetzlichen Krankenversicherung zur richtlinienkonformen Auslegung nationaler Vorschriften gehalten.

Richtlinienkonform auszulegen sind in erster Linie diejenigen nationalen Rechtssätze, die ein Mitgliedstaat speziell zur Umsetzung einer Richtlinie erlassen hat, da er mit dem Erlass dieser Regelungen seine Absicht bekundet hat, seinen Verpflichtungen aus der jeweiligen Richtlinie in vollem Umfang nachkommen zu wollen.[523] Die richtlinienkonforme Auslegung ist aber nicht auf diese speziellen nationalen Umsetzungsregeln beschränkt, sondern betrifft darüber hinaus das gesamte nationale Recht, unabhängig davon, ob es vor oder nach der

---

519 Larenz/Canaris, S. 163 ff.; Engisch, S. 73 ff.; Looschelders/Roth, S. 192 ff.; *Canaris* in FS Bydlinski, S. 47 (65); *Höpfner*, JZ 2009, 403 (404); *Lutter*, JZ 1992, 593 (596); *Canaris*, JZ 1987, 543 (545).
520 *Dreher*, in: Immenga/ Mestmäcker, Vor §§ 97 ff. Rn. 97; Hatje, in: Schwarze, Art. 10 EGV Rn. 29; Brechmann, S. 259; *Höpfner*, JZ 2009, 403 (404); *Auer*, NJW 2007, 1106; *Herresthal*, EuZW 2007, 396 (397); *Schürnbrand*, JZ 2007, 910 (911); *Jarass/ Beljin*, JZ 2003, 768 (775); *Jarass*, EuR 1991, 211 (212); *Lutter*, JZ 1992, 593 (604); *Spetzler*, DB 1993, 553 (554); *Grundmann*, ZEuP 1996, 399; *Roth*, ZIP 1992, 1054 (1056); *Everling* in FS Carstens, S. 95 (101); *Canaris* in FS Bydlinski, S. 47 (68 ff.).
521 EuGH, Urt. v. 24.09.1998, Rs. C-76/97 (Tögel/ Niederösterreichische Gebietskrankenkasse), Slg. 1998, I-05357, Rn. 25; Urt. v. 17.09.1997, Rs. C-54/96 (Dorsch Consult), Slg. 1997, I-04961, Rn. 43.
522 *Hatje*, in: Schwarze Art. 10 EGV, Rn. 28; *Jarass/ Beljin*, JZ 2003, 768 (774).
523 EuGH, Urt. v. 16.12.1993, Rs. C-334/92 (Wagner Miret), Slg. 1993, I-06911, Rn. 20.

Richtlinie erlassen wurde, um die es geht.[524] Lediglich hinsichtlich mitgliedstaatlichen Rechts, das von der jeweiligen Richtlinie nicht erfasst wird, besteht keine europarechtliche Verpflichtung zu einer dann überschießenden richtlinienkonformen Auslegung.[525] Ferner ist der Kreis des Europarechts, welches als Maßstab für die europarechtskonforme Auslegung mitgliedstaatlichen Rechts in Betracht kommt, nicht auf unmittelbar innerstaatlich anwendbares Unionsrecht beschränkt.[526] Die Frage, ob den relevanten Bestimmungen der jeweiligen Richtlinie auch unmittelbar innerstaatliche Wirkung zukommt, ist mithin keine zwingend zu klärende Vorfrage der richtlinienkonformen Auslegung. Voraussetzung ist jedoch, dass die Umsetzungsfrist der entsprechenden Richtlinie abgelaufen ist.[527]

Demzufolge ist nicht nur eine richtlinienkonforme Auslegung des in Umsetzung der Vergaberichtlinien ergangenen deutschen Kartellvergaberechts, sondern auch von allen anderen nationalen Rechtssätzen geboten, die Berührungspunkte mit dem Anwendungsbereich der Vergaberichtlinien aufweisen.

Folglich ist auch § 127 SGB V, der nicht der Umsetzung der europäischen Vergaberichtlinien dient und in seiner aktuellen Fassung erst weit nach Ablauf der Umsetzungsfrist der Richtlinie 2004/18/EG[528] ins deutsche Recht integriert wurde, grundsätzlich der richtlinienkonformen Auslegung im Hinblick auf die Vergabekoordinierungsrichtlinie und deren nach Art. 249 III verbindlichen Zielvorgaben zugänglich. Schließlich wird die Vergabe von Rahmenvereinbarungen zur Hilfsmittelversorgung der Versicherten durch die gesetzlichen Krankenkassen entsprechend der Ergebnisse der bisherigen Bearbeitung vom Anwendungsbereich der Vergabekoordinierungsrichtlinie erfasst.

---

524 EuGH, Urt. v. 04.07.06, Rs. C-212/04 (Adeneler), NJW-RR 2006, 2465 (2467), Rn. 108; Urt. v. 24.09.1998, Rs. C-76/97 (Tögel/ Niederösterreichische Gebietskrankenkasse), Slg. 1998, I-05357, Rn. 25; Urt. v. 17.09.1997, Rs. C-54/96 (Dorsch Consult), Slg. 1997, I-04961, Rn. 43; Urt. v. 14.07.1994, Rs. C-91/92 (Faccini Dori), Slg. 1994, I-03325, Rn. 26; Urt. v. 16.12.1993, Rs. C-334/92 (Wagner Miret), Slg. 1993, I-06911, Rn. 20; Urt. v. 13.11.1990, Rs. C-106/89 (Marleasing), Slg. 1990, I-04135, Rn. 8; *Jarass/ Beljin*, JZ 2003, 768 (774); *Jarass*, EuR 1991, 211 (220); *Ruffert*, in: Calliess/ Ruffert, Art. 249 EGV Rn. 115.
525 *Mayer/ Schürnbrand*, JZ 2004, 545 (548 f.); *Ruffert*, in: Calliess/ Ruffert, Art. 249 EGV Rn. 118; Koenig/ Haratsch/ Pechstein, Rn. 346 b.
526 *Jarass/ Beljin*, JZ 2003, 768 (774); *Ruffert*, in: Calliess/ Ruffert, Art. 249 EGV Rn. 120.
527 EuGH, Urt. v. 04.07.06, Rs. C-212/04 (Adeneler), NJW-RR 2006, 2465 (2467), Rn. 115; *Ruffert*, in: Calliess/ Ruffert, Art. 249 EGV Rn. 119; Fischer, Rn. 257; *Herresthal*, EuZW 2007, 396 (398); *Jarass/ Beljin*, JZ 2003, 768 (775).
528 Die Vergabekoordinierungsrichtlinie 2004/18/EG war nach Art. 80 I 1 VKR bis zum 31.01.2006 in nationales Recht umzusetzen.

2. Verbindlichkeit der Zielvorgaben der Vergabekoordinierungsrichtlinie

Richtlinien sind nach Art. 288 III 1. HS AEUV nur hinsichtlich des zu erreichenden Ziels für die Mitgliedstaaten verbindlich. Damit ist das von der Richtlinie bezweckte Rechtsetzungsergebnis gemeint.[529] Die Wahl der Form und Mittel der Umsetzung des Regelungsziels der Richtlinie bleibt gemäß Art. 288 III 2. HS AEUV den Mitgliedstaaten überlassen. Auch wenn diese Wahlfreiheit nicht uneingeschränkt besteht,[530] folgt aus ihr, dass die Vorgaben der Richtlinien keinesfalls in Form eines eigens dazu erlassenen Gesetzes eins zu eins umzusetzen sind.

a) Rechtsetzungsauftrag der Vergabekoordinierungsrichtlinie

Um erörtern zu können, wie die Systematik des § 127 I, II SGB V im Einzelnen vor dem Hintergrund der Richtlinie 2004/18/EG richtlinienkonform ausgelegt werden muss, ist demnach zuvorderst zu ermitteln, welche verbindlichen Umsetzungsziele diese Richtlinie im Hinblick auf die Möglichkeit zur Durchführung des Verhandlungsverfahrens bei der Vergabe von öffentlichen Aufträgen durch öffentliche Auftraggeber vorgibt.

Trotz des nach dem Leitbild aus Art. 288 III AEUV rahmenartigen Charakters von Richtlinien verfügen viele Richtlinien über eine erhebliche normative Regelungsdichte, die den Umsetzungsspielraum der Mitgliedstaaten nicht unerheblich reduziert, gleichwohl aber europarechtlich unbedenklich ist.[531] So liegt es auch bei der hier maßgeblichen Vergabekoordinierungsrichtlinie 2004/18/EG.

Die Vergabekoordinierungsrichtlinie sieht in Art. 28 Unterabsatz 2 VKR entsprechend der obigen Ausführungen als verbindliches Umsetzungsziel für den nationalen Gesetzgeber vor, dass dieser durch mitgliedstaatliches Recht öffentliche Auftraggeber bei der Vergabe von öffentlichen Aufträgen grundsätzlich zur Durchführung eines offenen oder nichtoffenen Vergabeverfahrens verpflichten muss. Auf diese Weise soll das aus den Erwägungsgründen der Vergaberichtlinien folgende Ziel des europäischen Vergaberechts, welches in einer Öffnung

---

529 EuGH, Urt. v. 10.04.1984, Rs. 14/83 (von Colson und Kamann/ Land NRW), Slg. 1984, I-01891, Rn. 15 ff.; *Biervert*, in: Schwarze, Art. 249 EGV Rn. 24.
530 Wie unter E. I. 3. b) dargestellt, sind beispielsweise bloße Verwaltungsvorschriften ohne Außenwirkung nach der Rechtsprechung des EuGH zur Umsetzung von Richtlinien untauglich.
531 *Ruffert*, in: Calliess/ Ruffert, Art. 249 EGV Rn. 47; *Nettesheim*, in: Grabitz/ Hilf, Art. 249 EGV Rn. 133.

des gemeinsamen Binnenmarktes für Beschaffungstätigkeiten der öffentlichen Hand besteht, durch die Gewährleistung von Transparenz und damit einhergehendem Wettbewerb erreicht werden. Da eine Transparenz der Beschaffungstätigkeit der öffentlichen Hand am besten durch offene oder nichtoffene Vergabeverfahren erreicht wird, soll es den öffentlichen Auftraggebern durch nationales Recht nur dann gestattet werden das Verhandlungsverfahren bei der Vergabe von öffentlichen Aufträgen durchzuführen, wenn die Voraussetzungen eines Ausnahmetatbestandes aus den Art. 30 und 31 VKR vorliegen. Dementsprechend hat der EuGH für den Bereich der öffentlichen Bauaufträge entschieden, dass die Mitgliedstaaten weder befugt sind, Tatbestände für die Anwendung des Verhandlungsverfahrens zu schaffen, die in den einschlägigen Vergaberichtlinien nicht vorgesehen sind, noch die ausdrücklich in diesen Richtlinien vorgesehenen Tatbestände um Bestimmungen zu ergänzen, welche die Anwendung des Verhandlungsverfahrens erleichtern.[532]

b) Lückenhafte Umsetzungssituation in Deutschland

Dieses Umsetzungsziel der Vergabekoordinierungsrichtlinie hat der deutsche Gesetzgeber zwar zunächst durch die Kodifikation der Regelungen in den §§ 101 VII 1 GWB, 3 III, IV VOL/A-EG erreicht, indem er in den oben diskutierten Regelungen aus § 3 III, IV VOL/A-EG, welche die Zulässigkeit der Vergabe von öffentlichen Aufträgen im Wege des Verhandlungsverfahrens mit oder ohne vorheriger Vergabebekanntmachung normieren, die diesbezüglichen Richtlinienvorgaben aus den Art. 30 und 31 VKR detailgetreu umgesetzt hat. Dabei wurden weder neue Ausnahmetatbestände geschaffen, die in der Vergabekoordinierungsrichtlinie nicht vorgesehen sind, noch die in den Art. 30 und 31 VKR vorgesehenen Ausnahmefallgruppen inhaltlich in unzulässiger Weise ausgeweitet.

Durch Reformen im System der gesetzlichen Krankenversicherung hat der deutsche Gesetzgeber jedoch dieses, mit dem europäischen Recht harmonisierende, geschlossene System des Kartellvergaberechts in § 127 I, II SGB V einer europarechtlich unzulässigen Öffnung zugeführt. Denn durch diese Regelung gestattet er es bestimmten öffentlichen Auftraggebern, namentlich den gesetzlichen Krankenkassen, öffentliche Aufträge in Form von Rahmenvereinbarungen zur Hilfsmittelversorgung unabhängig vom Vorliegen eines Ausnahmetatbestandes aus den Art. 30 und 31 VKR bzw. deren nationaler Umsetzung in § 3 III, IV

---

532 EuGH, Urt. v. 13.01.2005, Rs. C-84/03 (Kommission/ Spanien), Slg. 2005, I-00139, Rn. 48.

VOL/A-EG im Wege des vergaberechtlichen Verhandlungsverfahrens zu vergeben. Er hat also im Sozialrecht einen Ausnahmetatbestand für das Verhandlungsverfahren geschaffen, der in der Vergabekoordinierungsrichtlinie nicht vorgesehen ist.

In Ansehung des verbindlichen Umsetzungsziels der Richtlinie 2004/18/EG und der nationalen Umsetzungssituation liegt die Intention einer richtlinienkonformen Auslegung von § 127 I, II SGB V demnach auf der Hand.

Es muss versucht werden, die Systematik aus § 127 I, II SGB V im Wege der richtlinienkonformen Auslegung dahingehend zu lesen, dass die gesetzlichen Krankenkassen bei der Vergabe von Rahmenvereinbarungen zur Hilfsmittelversorgung grundsätzlich im Wege eines offenes oder nichtoffenen Verfahrens vorgehen müssen und nur in den von Art. 30 und 31 VKR vorgesehenen Ausnahmefällen auf das Verhandlungsverfahren zurückgreifen, also eine Rahmenvereinbarung nach § 127 II SGB V schließen dürfen.

Dabei ist jedoch zu beachten, dass die Systematik aus § 127 I 1, II 1 SGB V im Wege der richtlinienkonformen Auslegung nicht in beliebiger Weise an die verbindlichen Umsetzungsziele aus den Art. 28 ff. VKR angenähert werden kann.

3. Methodische Grenzen der richtlinienkonformen Auslegung

Vielmehr ist zu berücksichtigen, dass auch die richtlinienkonforme Auslegung als interpretatorische Vorrangregel ihre Grenzen hat. Der EuGH verlangt zwar von den mitgliedstaatlichen Gerichten, dass sie den entsprechenden Richtlinien durch eine richtlinienkonforme Auslegung weitestgehende Geltung verschaffen, dies aber nur im Rahmen ihrer Zuständigkeit und unter voller Ausschöpfung, nicht aber Überschreitung, des Beurteilungsspielraums, den ihnen das nationale Recht gewährt.[533] Der Begriff der Zuständigkeit in diesem Zusammenhang ist nicht lediglich im prozessrechtlichen, sondern vielmehr im kompetenzrechtlichen Sinne zu verstehen und gewährleistet, dass der innerstaatliche Gewaltenteilungsgrundsatz aus Art. 20 II 2 GG als wichtige Grenze der Reichweite einer jeden Auslegung von Rechtssätzen bestehen bleibt.[534] Dies bringt der EuGH in sei-

---

533 EuGH, Urt. v. 05.05.1994, Rs. C-421/92 (Habermann-Beltermann), Slg. 1994, I-01657, Rn. 10; Urt. v. 13.11.1990, Rs. C-106/89 (Marleasing), Slg. 1990, I-04135, Rn. 8; Urt. v. 10.4.1984, Rs. 79/83 (Harz/ Deutsche Tradax), Slg. 1984, 01921, Rn. 28; Urt. v. 10.04.1984, Rs. C-14/83 (von Colson und Kamann/ Land NRW), Slg. 1984, 01891, Rn. 28.

534 *Canaris* in FS Bydlinski, S. 47 (56).

ner neueren Rechtsprechung noch deutlicher zum Ausdruck, in dem er konkret ausführt, dass die europarechtskonforme Auslegung nicht zu einer Auslegung des nationalen Rechts contra legem führen darf.[535] Diese contra legem Grenze ist funktionell zu verstehen und hat im innerstaatlichen Recht die Aufgabe, jenen Bereich der Rechtsfindung auszugrenzen, welcher der Rechtsanwendung und Rechtsfortbildung grundsätzlich verschlossen und in dem eine solche daher unzulässig ist.[536] Die mitgliedstaatlichen Gerichte sind also verpflichtet, die gleichen Methoden anzuwenden, um das von der Richtlinie verfolgte Ziel zu erreichen, wie sie für die Auslegung autonomen Rechts bestehen.[537] Der EuGH stellt mithin unmissverständlich klar, dass er die innerstaatlichen Grenzen der Rechtsfindung akzeptiert.[538]

Demnach ist der nationale Richter bei der Auslegung mitgliedstaatlichen Rechts verpflichtet, der jeweiligen Richtlinie effektive Geltung zu verschaffen, er muss sich dabei aber im Rahmen der bestehenden Auslegungsspielräume des nationalen Rechts halten.[539] Eine Überschreitung dieser Spielräume im Wege der richtlinienkonformen Auslegung des nationalen Rechts verlangt der EuGH nicht. Daraus folgt, dass die Reichweite der Pflicht zur richtlinienkonformen Auslegung von Mitgliedstaat zu Mitgliedstaat, in Abhängigkeit von der national maßgeblichen Auslegungsmethodik, variieren kann.[540]

Es gilt somit der Grundsatz, dass die mit Blick auf die Richtlinie gewonnene Auslegung nationalen Rechts auch dann eine nach den nationalen Auslegungsregeln vertretbare Auslegung sein muss, wenn man die Richtlinien außer Acht lässt.[541] Im Gegensatz zur nur ausnahmsweise möglichen unmittelbaren innerstaatlichen Anwendung von Richtlinienbestimmungen kann die richtlinienkonforme Auslegung also grundsätzlich nicht zur Unanwendbarkeit mitgliedstaatlicher Rechtsbestimmungen führen.[542]

Einer richtlinienkonformen Auslegung der Systematik aus § 127 I 1, II 1 SGB V vor dem Hintergrund der Richtlinie 2004/18/EG werden mithin durch die nationalen Auslegungsmethoden Grenzen gesetzt. Sie kommt demnach nur dann in

---

535 EuGH, Urt. v. 04.07.2006, Rs. C-212/04 (Adeneler), NJW-RR 2006, 2465 (2467), Rn. 110; Urt. v. 16.06.2005, Rs. C-105/03 (Pupino), Slg. 2005, I-05285, Rn. 47.
536 *Canaris* in FS Bydlinski, S. 47 (91); *Sperber*, EWS 2009, 358 (362).
537 EuGH, Urt. v. 05.10.04, Rs. C-397/01 (Pfeiffer), Slg. 2004, I-08835, Rn. 116.
538 Haratsch/ Koenig/ Pechstein, Rn. 346 c.
539 Jarass, EuR 1991, 211 (212).
540 *Frenz*, EWS 2009, 222 (223); *Jarass/ Beljin*, JZ 2003, 768 (775).
541 *Jarass/ Beljin*, JZ 2003, 768 (775); *Jarass*, EuR 1991, 211 (218); vgl. auch GA *Mischo*, Schlussantr. v. 17.03.1987 zu EuGH, Rs. 80/86 (Kolpinghuis Nijmegen), Slg. 1987, 03969, Ziff. 26.
542 *Jarass/ Beljin*, JZ 2003, 768 (775); *Beljin*, EuR 2002, 351 (369).

Betracht, wenn verschiedene Auslegungen der nationalen Norm möglich sind, nicht jedoch, wenn die Regelung so klar und eindeutig ist, dass sie keinerlei Auslegungsspielräume gewährt.[543] Sie ist dementsprechend dann unzulässig, wenn sie gegen den Wortlaut und den darin zum Ausdruck kommenden klar erkennbaren Willen des Gesetzgebers in Widerspruch tritt.[544] Dies ist insbesondere dann der Fall, wenn die Auslegung den Sinn und Zweck der Vorschrift ins Gegenteil verkehrt oder ihr jeden sinnvollen Anwendungsbereich entzieht.[545] Der Respekt vor dem demokratisch legitimierten Gesetzgeber verbietet es, im Wege der Auslegung einem nach seinem Wortlaut eindeutigen Gesetz einen entgegengesetzten Sinn zu verleihen, den normativen Gehalt einer Vorschrift grundlegend neu zu bestimmen oder das gesetzgeberische Ziel in einem wesentlichen Punkt zu verfehlen.[546]

a) Wortlaut von § 127 I 1, II 1 SGB V

Zunächst muss also geprüft werden, ob bereits der bloße Wortlaut der Systematik des § 127 I 1, II 1 SGB V so klar und eindeutig ist, dass er den zur richtlinienkonformen Auslegung notwendigen Spielraum nicht gewährt. So bildet der Gesetzestext in Form des Wortsinns den Ausgangspunkt der Auslegung einer jeden Norm.[547] Schließlich hat der Gesetzgeber seinen Willen im Gesetzestext objektiviert und dieser Wille soll durch die Auslegung wieder zu Tage gefördert werden. Der Wortsinn ist die Bedeutung eines Ausdrucks oder einer Wortverbindung im allgemeinen Sprachgebrauch, oder, falls vorhanden, im besonderen Sprachgebrauch des Redenden, hier also des Gesetzgebers.[548] Eine Überschreitung des äußersten Wortsinns stellt mithin grundsätzlich keine zulässige Auslegungsvariante der Norm mehr dar, da dann eine Auslegung gegen das Gesetz vorgenommen wird. Nur ausnahmsweise kann eine Auslegung gegen den Wortlaut der Norm vorgenommen werden, wenn dieser vordergründig ist und das

---

543 BVerfGE 88, 145 (166); BGH, Urt. v. 19.10.2004, Az.: XI ZR 337/03, NJW-RR 2005, 354 (355).). Zu den Besonderheiten der »*Quelle*- Entscheidung« des BGH wird im Rahmen der Erörterungen zur richtlinienkonformen Rechtsfortbildung unter E. II. 4. Stellung genommen.
544 BVerfGE 101, 312 (329); 98, 17 (45); 90, 263 (275); 71, 81 (105); 18, 97 (111); BGH, Urt. v. 16.08.2006, Az.: VIII ZR 200/05, NJW 2006, 3200 (3201).
545 *Auer*, NJW 2007, 1106 (1108).
546 BVerfGE 71, 81 (105); 54, 277 (299 f.); BVerwGE 105, 20 (23).
547 Adrian, S. 294; *Meyer*, Jura 1994, 455 (456); *Lutter*, JZ 1992, 593 (595).
548 Larenz/ Canaris, S. 141.

eigentliche, anderweitig erkennbare Regelungsziel des Gesetzgebers nicht zum Ausdruck bringt.[549]

Der Wortlaut von § 127 I 1 SGB V sieht in der Fassung, die er durch das GKV-OrgWG mit Wirkung zum 01.01.2009 erhalten hat, vor, dass Versorgungsverträge von den Krankenkassen, deren Landesverbänden oder Arbeitsgemeinschaften im Wege der Ausschreibung mit Leistungserbringern geschlossen werden »können«, insoweit dies zur Gewährleistung einer wirtschaftlichen und in der Qualität gesicherten Versorgung »zweckmäßig« ist. Zuvor, vom 01.04.2007 bis zum 31.12.2008, lautete der Wortlaut von § 127 I 1 SGB V dahingehend, dass die gesetzlichen Krankenkassen, ihre Landesverbände oder Arbeitsgemeinschaften Verträge im Wege der Ausschreibung mit den Leistungserbringern schließen »sollen«, soweit dies zur Gewährleistung einer wirtschaftlichen und in der Qualität gesicherten Versorgung »zweckmäßig« ist. Von der kartellvergaberechtlich nach § 101 VII 1 GWB bzw. dessen Richtlinienvorgabe aus Art. 28 Unterabsatz 2 VKR geltenden grundsätzlichen Pflicht zur Auftragsvergabe durch Ausschreibung, hat sich der Gesetzgeber demnach durch die Neufassung von § 127 I 1 SGB V noch weiter entfernt als dies ohnehin schon vor dem 01.01.2009 der Fall war. Schließlich wurden bereits an dem Begriff »sollen« aus § 127 I 1 SGB V a. F. Zweifel im Hinblick auf die Vereinbarkeit der Vorschrift mit europarechtlichen Vorgaben festgemacht, da diese Terminologie es den Krankenkassen gestattete, in atypischen Fällen von der für den Normalfall vorgesehenen gesetzlichen Vorgehensweise in Form einer Ausschreibung abzuweichen.[550] Insofern muss der Auffassung, wonach die Umstellung von § 127 I 1 SGB V in eine »Kann-Vorschrift« als sachgerecht eingeordnet wird,[551] aus europarechtlicher Sicht energisch widersprochen werden.

(1) Richtlinienkonforme Auslegung des Wortes »können« in § 127 I 1 SGB V

Um der verbindlichen Zielvorgabe aus Art. 28 Unterabsatz 2 VKR mittels richtlinienkonformer Auslegung genüge zu tun, wäre es vielmehr in einem ersten Schritt erforderlich, das Wort »können« in § 127 I 1 SGB V als »müssen« zu lesen und die Norm somit im Sinne einer grundsätzlichen Ausschreibungsverpflichtung zu verstehen. Dass dies eine Überdehnung des Wortlautes der Regelung darstellen würde erscheint nicht ausgeschlossen.

---

549 BVerfGE 88, 145 (166 ff.); 35, 263 (279); BVerwGE 105, 20 (23 f.).
550 *Wille*, MPJ 2008, 81 (86).
551 *Murawski*, in: Kruse/ Hänlein, § 127 Rn. 2.

Zwar ist die Forderung nach einer Umdeutung des Wortes »kann« in das Wort »muss« dem deutschen Recht nicht völlig fremd, wie ein Blick auf die Regelung § 36 II 3 BauGB zeigt, die die Möglichkeit der Ersetzung des gemeindlichen Einvernehmens durch die zuständige Bauaufsichtsbehörde normiert. Dort fordern Stimmen in Schrifttum und Rechtsprechung, dass die zuständige Behörde für den Fall, dass die in § 36 II 1 BauGB genannten Voraussetzungen nicht vorliegen, verpflichtet sei, das Einvernehmen der Gemeinde zu ersetzen, es also entgegen dem Wortlaut von § 36 II 3 BauGB ersetzen müsse.[552]

Doch auch im Rahmen des § 36 II 3 BauGB darf nicht verkannt werden, dass die Verwendung der Wörter »kann« und »muss« im deutschen öffentlichen Recht einer weitgehend einheitlichen Systematik folgt. Verwendet der Gesetzgeber in einer verwaltungsrechtlichen Norm das Wort »kann«, so beabsichtigt er damit in aller Regel, dem durch die Norm Berechtigten einen Ermessensspielraum hinsichtlich der Frage einzuräumen, ob und wie er von seiner normierten Berechtigung Gebrauch macht. Eine Verpflichtung zum Handeln entsteht nur dann, wenn von einer Ermessenreduzierung auf Null ausgegangen werden muss. Klassische Beispiele für solche Ermessenvorschriften stellen die Generalklauseln in den polizei- und ordnungsbehördlichen Gesetzen der Länder dar.[553] Verwendet der Gesetzgeber hingegen das Wort »muss«, soll regelmäßig zum Ausdruck gebracht werden, dass der Normadressat und Berechtigte im Falle des Vorliegens der Tatbestandsvoraussetzungen der jeweiligen Norm verpflichtet ist, von seiner Berechtigung Gebrauch zu machen.

Übertragen auf die vorliegende Problematik könnten diese Überlegungen zu dem rechtlichen Schluss führen, dass die vorgeschlagene richtlinienkonforme Auslegung von § 127 I 1 SGB V dessen Wortsinn überschreitet und daher eine unzulässige Überdehnung des Wortlauts darstellt, da eine Ermessenentscheidung in eine Rechtspflicht umgedeutet wird.

Bevor jedoch die Frage gestellt werden muss, ob diese Problematik einer abschließenden Bewertung zuzuführen ist, soll zur Gewährleistung der Übersichtlichkeit abschließend dargestellt werden, welche weiteren »Strapazierungen« des Wortlautes von § 127 I 1, II 1 SGB V in Kauf genommen werden müssen, um dieses Regelungssystem vollständig in Einklang mit den Vorgaben aus den Art. 28 ff. VKR zu bringen.

---

[552] *Dippel*, NVwZ 1999, 921 (924); OVG Koblenz, Beschl. v. 23.09.1998, Az.: 1 B 11493/98, NVwZ-RR 2000, 85 (86).
[553] Vgl. statt aller: § 11 hessSOG, § 8 I nwPolG, § 14 I nwOBG, § 12 I thürPAG, § 5 I thürOBG.

(2) Richtlinienkonforme Auslegung des Begriffs der »Zweckmäßigkeit« aus § 127 I 1 SGB V

So ist es nämlich zur Herstellung eines vollständigen Konsenses mit den nach Art. 288 III AEUV verbindlichen Zielvorgaben der Art. 28 ff. VKR und somit zur Herstellung einer europarechtskonformen Lesart von § 127 I, II SGB V in einem zweiten Schritt erforderlich, den Begriff der »Zweckmäßigkeit« aus § 127 I 1 SGB V im Sinne der Ausnahmefallgruppen aus den Art. 30 und 31 VKR zu interpretieren, welche die Auftragsvergabe, abweichend vom grundsätzlichen Ausschreibungsgebot aus Art. 28 Unterabsatz 2 S. 1 VKR, im Wege des Verhandlungsverfahrens gestatten. Demnach darf die Einschränkung der Pflicht zur Durchführung eines offenen oder nichtoffenen Verfahrens durch die Unzweckmäßigkeit eines solchen Verfahrens nur dann angenommen werden, wenn auch die Tatbestandvoraussetzungen zumindest eines Ausnahmetatbestandes der Art. 30 und 31 VKR vorliegen. Der Begriff der »Zweckmäßigkeit« müsste demnach durch Auslegung mit dem vergaberechtlichen Inhalt der Art. 30 und 31 VKR ausgefüllt und nicht, wie im Rahmen der gemeinsamen Empfehlungen nach § 127 I a SGB V, rein sozialrechtlich interpretiert werden.

Einer solchen Auslegung steht der Wortlaut der Norm auf den ersten Blick nicht unüberwindbar entgegen, zumal es sich bei dem Begriff der »Zweckmäßigkeit« um einen unbestimmten Rechtsbegriff handelt. Ein solcher ist dadurch gekennzeichnet, dass dessen Inhalt nicht durch einen fest umrissenen Sachverhalt ausgefüllt wird, sondern bei der Rechtsanwendung auf einen gegebenen Tatbestand im Einzelfall einer Fixierung bedarf.[554]

(3) Richtlinienkonforme Auslegung des Begriffs der »Ausschreibung« aus § 127 I 1 SGB V

Völlig zu Recht wird im Rahmen des bereits erwähnten Vertragsverletzungsbeschwerdeverfahrens zudem darauf hingewiesen, dass der rein nationale Terminus der »Ausschreibung« in § 127 I 1 SGB V nicht zwingend auch im Sinne einer europaweiten Ausschreibung im Rahmen des kartellvergaberechtlichen offenen oder nichtoffenen Verfahrens verstanden werden muss, sondern damit auch eine bundesweite Ausschreibung gemeint sein kann.[555] Daher muss die in § 127 I 1

---

554 Creifelds, Stichwort »Unbestimmte Rechtsbegriffe«.
555 Schreiben des Beschwerdeführers vom 24.06.2009, zitiert nach *Stelzer*, WzS 2010, 46 (51).

SGB V verwendete Begrifflichkeit im Wege der richtlinienkonformen Auslegung als europaweite Ausschreibung interpretiert werden. Eine solche Auslegung ist mit dem Wortsinn des nationalen Begriffes der »Ausschreibung« durchaus vereinbar. Schließlich ist die Ausschreibung im eigentlichen Sinne wesentlicher Bestandteil des offenen und nichtoffenen Verfahrens.

(4)   Entbehrlichkeit einer richtlinienkonformen Interpretation von
        § 127 II 1 SGB V

Bei einer derartigen Lesart von § 127 I 1 SGB V erübrigt sich eine richtlinienkonforme Interpretation von § 127 II 1 SGB V, um das verbindliche Umsetzungsziel aus den Art. 28 ff. VKR zu erreichen.

Denn wenn § 127 I 1 SGB V bei richtlinienkonformer Auslegung im Sinne einer grundsätzlichen Ausschreibungspflicht verstanden wird, von der zugunsten des Verhandlungsverfahrens mit oder ohne vorheriger Vergabebekanntmachung nur dann abgewichen werden darf, wenn im Gewand der Unzweckmäßigkeit die Voraussetzungen eines der in den Art. 30 und 31 VKR aufgeführten Ausnahmetatbestände vorliegen, stünde § 127 II 1 SGB V, ohne dass es einer Anpassung seiner Lesart bedürfte, im Einklang mit den Vorgaben der Vergabekoordinierungsrichtlinie 2004/18/EG.

Denn der Wortlaut der Norm – »Soweit Ausschreibungen nach Absatz 1 nicht durchgeführt werden, [...] schließen die Krankenkassen [...] Verträge mit Leistungserbringern [...].« – bestimmt dann eindeutig und unmissverständlich, dass ein Rahmenvereinbarungsschluss im Wege des vergaberechtlichen Verhandlungsverfahrens nur dann zulässig ist, wenn keine Ausschreibung und mithin kein offenes oder nichtoffenes Verfahren nach § 127 I SGB V durchgeführt wurde. Das Absehen von einer Ausschreibung nach § 127 I SGB V wäre aber bei einer wie oben angedachten europarechtskonformen Lesart von § 127 I 1 SGB V nur dann möglich, wenn es nach den Art. 30 und 31 VKR auch vergaberechtlich zulässig ist.

Da also im Rahmen von § 127 II 1 SGB V eine Überschreitung des äußersten Wortsinns zur Verwirklichung einer im Hinblick auf die Vergabekoordinierungsrichtlinie erfolgenden richtlinienkonformen Auslegung überhaupt nicht in Rede steht, beurteilt sich die Frage, ob die vorgeschlagene richtlinienkonforme Auslegung der Systematik aus § 127 I 1, II 1 SGB V über die äußerste Grenze des Wortsinns der Norm hinaus geht und daher unzulässig ist, allein nach den bei § 127 I 1 SGB V aufgeworfenen Problemstellungen.

Die dort skizzierte Frage, ob der Wortlaut von § 127 I 1 SGB V wirklich so klar und eindeutig ist, dass die vorgeschlagene richtlinienkonforme Auslegung eine unzulässige Überschreitung des äußersten Wortsinns darstellen würde, muss jedoch dann nicht abschließend geklärt werden, wenn die dargestellte richtlinienkonforme Lesart von § 127 I 1, II 1 SGB V jedenfalls daran scheitert, dass sie mit dem anderweitig zum Ausdruck kommenden Sinn und Zweck der Systematik aus § 127 I, II SGB V unvereinbar ist.

b) Sinn und Zweck der Systematik aus § 127 I, II SGB V

Eine richtlinienkonforme Auslegung liefe entsprechend dem oben Dargestellten dem Sinn und Zweck der Systematik aus § 127 I, II SGB V zuwider, wenn sie dessen anderweitig klar erkennbares Regelungsziel ins Gegenteil verkehrt.

Wie bereits im Rahmen dieser Bearbeitung festgestellt,[556] verfolgt der Gesetzgeber ausweislich der Gesetzesbegründung die Intention, die gesetzlichen Krankenkassen gerade nicht zur vorrangigen Vornahme von Ausschreibungen beim Abschluss von Rahmenvereinbarungen zur Hilfsmittelversorgung zu verpflichten.[557] Dahinter steht die Absicht, ihnen flexiblere Möglichkeiten zum Abschluss von Versorgungsverträgen an die Hand zu geben, um auf diese Weise die Versorgung der versicherten Mitglieder sicherstellen zu können.

Um dies zu erreichen, hat der Gesetzgeber durch das GKV-OrgWG mit Wirkung zum 01.01.2009 das Wort »sollen« in § 127 I 1 SGB V nicht, wie es die richtlinienkonforme Auslegung gebieten würde, durch das Wort »müssen«, sondern durch das Wort »können« ersetzt. Insofern hat der Gesetzgeber seiner Regelungsintention im Wortlaut der Vorschrift korrekt Ausdruck verliehen. Demnach stützt der auf diese Weise anderweitig zum Ausdruck gekommene Sinn und Zweck der Systematik aus § 127 I, II SGB V die erheblichen Bedenken, welche bereits nach dem Wortlautverständnis gegen die rechtsdogmatische Zulässigkeit der vorgeschlagenen richtlinienkonformen Auslegung der Systematik sprechen.

Dazu kommt, dass der Gesetzgeber in § 127 I 4 SGB V selbst zum Ausdruck bringt, dass die oben vorgeschlagene Auslegung des Zweckmäßigkeitsbegriffes aus § 127 I 1 SGB V im Sinne der Ausnahmetatbestände der Art. 30 und 31 VKR nicht seiner Vorstellung von der Zweckmäßigkeit einer Ausschreibung entspricht. So werden in § 127 I 4 SGB V exemplarisch zwei Konstellationen angeführt, in denen die Durchführung einer Ausschreibung zur Vergabe von Rah-

---

556 Siehe unten unter E. I. 2. b).
557 BT-Drs. 16/10609, S. 72.

menvereinbarungen in der Hilfsmittelversorgung nicht zweckmäßig ist. Dabei handelt es sich zum einen um Konstellationen, in denen die Hilfsmittel für einen bestimmten Versicherten individuell angefertigt werden müssen und zum anderen um Hilfsmittelversorgungssachverhalte mit hohem Dienstleistungsanteil. Geht man nun, insbesondere vor dem Hintergrund der speziellen Abgrenzungsregelung aus § 99 VII 1 GWB, davon aus, dass auch in letzterer Konstellation trotz hohem Nebenleistungsanteil oft ein Lieferauftrag im Sinne von § 99 II GWB bzw. Art. 1 II lit. c) VKR vorliegen wird, unterfallen beide Regelbeispiele dem Anwendungsbereich des Kartellvergaberechts, was das Bestehen einer grundsätzlichen Ausschreibungspflicht zur Folge hat. Keines der beiden Regelbeispiele lässt sich jedoch pauschal unter einen der in § 3 III, IV VOL/A-EG bzw. Art. 30 und 31 VKR aufgeführten Ausnahmetatbestände subsumieren.

Daraus kann geschlossen werden, dass der Sinn und Zweck der Verwendung des Terminus der »Zweckmäßigkeit« nicht darin besteht, diese Begrifflichkeit vergaberechtlich auszufüllen. Vielmehr ist die Zweckmäßigkeit einer Ausschreibung im Sinne von § 127 I 1 SGB V nach dem Willen des Gesetzgebers rein sozialrechtlich zu verstehen. Einem solchen Verständnis der Zweckmäßigkeit folgen auch der GKV-Spitzenverband und die Spitzenorganisationen der Leistungserbringer auf Bundesebene in den bereits diskutierten gemeinsamen Empfehlungen nach § 127 I a SGB V zur Zweckmäßigkeit von Ausschreibungen.

Folglich sprechen nahezu alle Anhaltspunkte dafür, dass die vorgeschlagene richtlinienkonforme Auslegung den gesetzgeberischen Zweck von § 127 I, II SGB V ins Gegenteil verkehren würde. Eine andere Deutung wäre allenfalls unter dem Gesichtspunkt denkbar, dass der Sozialgesetzgeber bei der Ausarbeitung der Systematik aus § 127 I, II SGB V in Verkennung der Reichweite des Anwendungsbereichs des Kartellvergaberechts fälschlicherweise davon ausgegangen ist, dass Rahmenvereinbarungen zur Hilfsmittelversorgung nach § 127 II SGB V dem Anwendungsbereich des Kartellvergaberechts nicht unterfallen.

c) Kein Verbleib eines nennenswerten eigenständigen Anwendungsbereichs von § 127 I, II SGB V

Letztlich muss aber auch dieser Gedanke nicht zu Ende geführt werden. Schließlich liegt es nach den bisherigen Ergebnissen der Bearbeitung auf der Hand, dass für die Systematik aus § 127 I, II SGB V bei der vorgeschlagenen richtlinienkonformen Auslegung kaum noch ein eigenständiger Anwendungsbereich verbleibt.

Eigenständige Bedeutung hätte § 127 I, II SGB V als lex specialis dann lediglich noch beim Abschluss von Rahmenvereinbarungen zur Hilfsmittelversorgung außerhalb der Geltung des Kartellvergaberechts. Eine Verfahrenswahloption der Krankenkassen bestünde mithin nur noch für die Vergabe von Rahmenvereinbarungen deren Auftragswert den maßgeblichen Schwellenwert von 193.000 € nicht erreicht oder für solche Rahmenvereinbarungen, welche als Einzelaufträge nicht-prioritäre Dienstleistungen zum Gegenstand haben. Schließlich kollidiert die Systematik des § 127 I, II SGB V außerhalb des Anwendungsbereiches der Vergabekoordinierungsrichtlinie 2004/18/EG nicht mit unionsrechtlichen Vorgaben, weshalb sich die Frage nach einer richtlinienkonformen Auslegung in diesem Bereich nicht stellt. Solche Konstellationen werden in der Praxis jedoch so gut wie niemals vorkommen. Dies beruht zunächst darauf, dass durch die Zusammenfassung der Einzelaufträge zu Rahmenvereinbarungen mit bis zu vierjähriger Laufzeit nahezu immer der Schwellenwert von 193.000 € überschritten wird und folglich regelmäßig keine Unterschwellenaufträge denkbar sind. Des Weiteren führt das Abgrenzungskriterium aus § 99 VII 1 GWB bzw. Art. 1 II lit. d) Unterabsatz 2 VKR in seiner Auslegung durch den EuGH dazu, dass Rahmenvereinbarungen nach § 127 I, II SGB V über Dienstleistungen im Sinne von § 99 IV GWB, die dann nach Anhang I Teil B Ziff. 25 zur VOL/A-EG als kartellvergaberechtsfreie nicht-prioritäre Dienstleistungen einzustufen wären, im Rahmen der Hilfsmittelversorgung eher theoretischer Natur sind. Geht man sogar davon aus, dass das in diesen Fällen möglicherweise anwendbare Vergabeprimärrecht eine Ausschreibung fordert,[558] wäre sogar überhaupt kein eigenständiger Anwendungsbereich der Vorschrift mehr vorhanden.

Ungeachtet ihrer naheliegenden Unvereinbarkeit mit dem Wortlaut von § 127 I 1, II 1 SGB V scheidet daher auch eine teilweise in Rechtsprechung und Schrifttum vorgeschlagene andere Form der richtlinienkonformen Auslegung der Systematik des § 127 I, II SGB V aus, wonach diese Regelung gespalten ausgelegt und danach durch die nationalen Rechtsanwender schlichtweg so verstanden werden solle, dass sie beim Abschluss von Rahmenvereinbarungen oberhalb der Schwellenwerte keine Geltung beanspruche, während sie bei Aufträgen unterhalb der Schwellenwert vollumfänglich gelte.[559]

---

[558] Diese Fragestellung wurde unter D. III. ausdrücklich offen gelassen und soll nicht Gegenstand dieser Bearbeitung sein.
[559] So 1. VK Bund, Beschl. v. 21.12.2009, Az.: VK 1 212/09, 15 und *Stelzer*, WzS 2009, 303 (308) der zwar nicht ausdrücklich von einer gespaltenen Auslegung spricht, die Regelung aus § 127 I, II SGB V aber ebenfalls so verstanden wissen möchte, dass sie nur unterhalb, nicht aber oberhalb der Schwellenwerte zur Anwendung gelangt.

d) Zwischenergebnis

Als Ergebnis muss daher festgehalten werden, dass eine richtlinienkonforme Auslegung bereits deshalb an der contra legem-Grenze scheitert, weil der Systematik aus § 127 I, II SGB V bei einer richtlinienkonformen Lesart nahezu kein eigenständiger Anwendungsbereich mehr verbleibt. Ein solches Auslegungsergebnis wäre nicht mit dem verfassungsrechtlichen Grundsatz der Gewaltenteilung aus Art. 20 II 2 GG vereinbar.

Eine endgültige Entscheidung der Fragestellung, ob schon der Wortlaut von § 127 I 1 SGB V so klar und eindeutig ist, dass er keinen Spielraum für eine richtlinienkonforme Auslegung gewährt, ist daher obsolet.

Somit ist die Systematik aus § 127 I, II SGB V einer europarechtskonformen Auslegung im engeren Sinne im Hinblick auf die Vorgaben aus den Art. 28 ff. VKR nicht zugänglich. Zwar ist den Vorschlägen[560] in Rechtsprechung und Literatur zuzugeben, dass wegen der bestehenden Divergenz ein Bedürfnis nach europarechtskonformer Auslegung der Systematik besteht, jedoch scheitert eine solche an der auch vom EuGH anerkannten nationalen methodischen Grenze der Auslegungsmöglichkeiten.

4. Richtlinienkonforme Rechtsfortbildung der Systematik aus § 127 I, II SGB V

Überlegenswert erscheint jedoch, ob die Systematik aus § 127 I, II SGB V im Wege der richtlinienkonformen richterlichen Rechtsfortbildung dahingehend teleologisch reduziert werden kann, dass diese nur bei Rahmenvereinbarungen greift, deren Auftragswert unterhalb von 193.000 € liegt oder die Dienstleistungsaufträge im Sinne von § 99 IV GWB bzw. Art. 1 II lit. d) Unterabsatz 1 VKR zum Gegenstand haben.[561] Da solche Aufträge nicht in den Anwendungsbereich der Vergabekoordinierungsrichtlinie fallen, würde eine Kollision der Systematik des § 127 I, II SGB V mit den europarechtlichen Vorgaben zur Hie-

---

560 Siehe Fußnote 559.
561 Auch auf diese Weise könnte den Interpretationsvorschlägen der 1. VK Bund und *Stelzers,* siehe Fußnote 559, entsprochen werden.

rarchie der Verfahrensarten aus den Art. 28 ff. VKR auf diese Weise vermieden.[562]

a) Herleitung der Pflicht zur richtlinienkonformen Rechtsfortbildung

Eine Pflicht zur richtlinien- bzw. europarechtskonformen Rechtsfortbildung wurde vom EuGH zwar bisher noch nicht ausdrücklich angesprochen. So wird in dessen Entscheidungen regelmäßig nur die Pflicht aller Träger öffentlicher Gewalt in den Mitgliedstaaten betont, die Auslegung nationalen Rechts soweit als möglich am Sinn und Zweck des Unionsrechts zu orientieren.[563]

In der Literatur wird eine Pflicht zur richtlinienkonformen Rechtsfortbildung mitgliedstaatlichen Rechts jedoch zutreffenderweise nahezu einhellig angenommen.[564] Begründen lässt sich diese Pflicht damit, dass der vom EuGH verwendete europarechtliche Terminus der richtlinienkonformen Auslegung nach den Methodenkategorien des deutschen Rechts auch die Pflicht der Judikative zur richtlinienkonformen Rechtsfortbildung umfasst.[565] Überdies wird zutreffenderweise angeführt, dass sich nur schwerlich begründen lässt, warum eine europarechtskonforme Auslegung, nicht aber eine europarechtlich orientierte richterliche Rechtsfortbildung geboten sein soll, solange die für eine solche Rechtsfortbildung geltenden innerstaatlichen Voraussetzungen und Grenzen gewahrt werden.[566]

Diesen Literaturstimmen hat sich jüngst auch der BGH in seinem viel beachteten »*Quelle*-Urteil«[567] angeschlossen, in dem er sich an einer richtlinienkonformen Auslegung einer mitgliedstaatlichen Vorschrift gehindert sah, aber eine

---

562 Lediglich für den Fall, dass der Abschluss solcher Rahmenvereinbarungen im Einzelfall wegen bestehendem grenzüberschreitenden Interesse den Vorgaben des Vergabeprimärrechts unterfällt und dieses tatsächlich die Durchführung einer Ausschreibung fordert, bestünde die Problematik auch bei einer teleologischen Reduktion der Systematik aus § 127 I, II SGB V fort.
563 Siehe Fußnoten 521 und 533.
564 *Hatje*, in: Schwarze, Art. 249 EGV Rn. 29; *von Bogdandy*, in: Grabitz/ Hilf, Art. 10 EGV Rn. 55; *Höpfner*, JZ 2009, 403 (404); *Herresthal*, EuZW 2007, 396; *Schürnbrand*, JZ 2007, 910 (912 f.); *Unberath*, ZEuP 2005, 5 (8); *Jarass/ Beljin*, JZ 2003, 768 (774 f.); *Odersky*, ZEuP 1998, 485 (486); *Nettesheim*, AöR 119 (1994), 261 (284); *Canaris* in FS Bydlinski, S. 47 (81 ff.).
565 *Herresthal*, EuZW 2007, 396 (397); *Möllers/ Möhring*, JZ 2008, 919 (922).
566 *Jarass/ Beljin*, JZ 2003, 768 (774).
567 BGH, Urt. v. 26.11.2008, Az.: VIII ZR 2005/05, NJW 2009, 427.

teleologische Reduzierung der Norm[568] im Wege der europarechtskonformen Rechtsfortbildung vornahm. Zur Begründung einer richterlichen Pflicht zur richtlinienkonformen Rechtsfortbildung führt auch der BGH zutreffend aus, dass der vom EuGH geprägte Grundsatz der richtlinienkonformen Auslegung von den nationalen Gerichten mehr als eine bloße Auslegung im engeren Sinne des deutschen Rechtsverständnisses verlangt, da der Gerichtshof bei der Verwendung des Begriffes Auslegung nicht von der im deutschen Rechtskreis - im Gegensatz zu anderen europäischen Rechtsordnungen - üblichen rechtsdogmatischen Unterscheidung zwischen Auslegung und Rechtsfortbildung ausgeht.[569]

Mithin schließt das Verlangen des EuGH nach europarechtskonformer Auslegung mitgliedstaatlichen Rechts neben der Auslegung desselben im engeren Sinne auch eine richterliche Rechtsfortbildung des nationalen Rechts ein, welche daher teilweise als richtlinienkonforme Auslegung im weiteren Sinne bezeichnet wird.[570] Die Unterschiede zwischen europarechtskonformer Auslegung einerseits und europarechtskonformer Rechtsfortbildung andererseits sind folglich nicht europarechtlicher, sondern rein mitgliedstaatlicher Natur.

b) Methodische Grenzen der richtlinienkonformen Rechtsfortbildung

Auch im Rahmen einer solchen richtlinienkonformen Rechtsfortbildung sind freilich die mitgliedstaatlichen methodischen Grenzen der Rechtsfortbildung einzuhalten, die sich in der vom EuGH gezogenen, funktionell zu verstehenden contra-legem Grenze manifestieren.[571] Die ergibt sich bereits aus dem Umstand, dass die Pflicht zur richtlinienkonformen Rechtsfortbildung nach ihrer zutreffen-

---

568 In der Sache ging es in dem Rechtsstreit um die Vorschrift des § 439 IV BGB, welche, so hatte der EuGH zuvor auf eine entsprechende Vorlagefrage des BGH geantwortet, gegen Art. 3 der Richtlinie 1999/44/EG verstößt, indem sie den Verkäufer auch bei einem Verbrauchsgüterkauf berechtigt, im Falle der Herstellung des vertragsgemäßen Zustandes durch Nacherfüllung in Form der Ersatzlieferung, von dem Käufer Wertersatz für die Nutzung des gelieferten vertragswidrigen Verbrauchsgutes zu verlangen. Der BGH stellte zunächst fest, dass eine richtlinienkonforme Auslegung von § 439 IV BGB mangels vorhandenen Auslegungsspielraums nicht möglich sei und nahm sodann eine teleologische Reduzierung der Norm im Wege einer richtlinienkonformen Rechtsfortbildung vor. Mittlerweile wurde durch eine Klarstellung in § 474 II 1 BGB eine europarechtskonforme Rechtslage herbeigeführt.
569 BGH, Urt. v. 26.11.2008, Az.: VIII ZR 200/05, NJW 2009, 427 (428); *Canaris* in FS Bydlynski, S. 47 (81).
570 *Frenz*, EWS 2009, 222 (224).
571 BGH, Urt. v. 26.11.2008, Az.: VIII ZR 200/05, NJW 2009 S. 427 (429).

den Herleitung nur eine nationale Unterart der vom EuGH in ständiger Rechtsprechung propagierten Pflicht zur europarechtskonformen Auslegung mitgliedstaatlichen Rechts darstellt. Die europarechtskonforme richterliche Rechtsfortbildung muss also nach deutschem Recht zulässig sein. Wie das zitierte »Quelle-Urteil« des BGH zeigt, stellt der Wortsinn einer Norm bei der richtlinienkonformen Rechtsfortbildung jedenfalls kein grundsätzlich unüberwindbares rechtliches Hindernis dar.[572]

(1) Bestehen einer planwidrigen Regelungslücke

Nach deutschem Recht setzt eine richterliche Rechtsfortbildung im Wege der teleologischen Reduktion zunächst eine verdeckte Regelungslücke im Sinne einer planwidrigen Unvollständigkeit des Gesetzes voraus.[573]

Die Regelungslücke ist vorliegend darin zu sehen, dass der Sozialgesetzgeber den Geltungsbereich der Systematik aus § 127 I, II SGB V nicht auf den Abschluss von Rahmenvereinbarungen beschränkt hat, die dem entgegenstehenden deutschen Kartellvergaberecht nicht unterfallen. Es besteht somit schon nach innerstaatlichen Maßstäben eine Regelungslücke, weshalb es vorliegend nicht auf die Klärung der umstrittenen Frage ankommt, ob das Europarecht selbst Lücken im nationalen Recht bedingen kann.[574]

Diese Unvollständigkeit des Gesetzes müsste überdies planwidrig sein. Die durch die jeweilige Norm zum Ausdruck gekommene Wertungsentscheidung steht einer Fortbildung der Norm unter dem Gesichtspunkt der Planwidrigkeit entgegen, wenn der nationale Gesetzgeber von der unionsrechtlich determinierten Vorgabe bewusst abgewichen ist, indem er diese Vorgabe korrekt ausgelegt hat, aber eine konforme Ausgestaltung des nationalen Rechts ablehnt.[575] Das Gleiche gilt, wenn der Gesetzgeber die Richtlinienvorgabe unzutreffend ausgelegt hat, aber hinreichend deutlich macht, dass die nationale Norm auch bei jedem anderen Verständnis der Vorgabe Bestand haben soll.[576] In diesen Fällen ist eine bestehende Gesetzeslücke nicht planwidrig, weshalb kein Raum für eine

---

572 In diesem Sinne auch *Unberath*, ZEuP 2005, 5 (8).
573 BVerfGE 88, 145 (167); BGHZ 149, 165 (174); BGH, Urt. v. 26.11.2008, Az.: VIII ZR 200/05, NJW 2009, 427 (429); BGH, Beschl. v. 20.01.2005, Az.: IX ZB 134/04, NJW 2005 1508 (1510); BVerwGE 105, 20 (23 f.); *Gebauer*, in: Gebauer/ Wiedmann, Kap. 3 Rn. 49; *Canaris* in FS Bydlinski, S. 47 (82 f.); *Herresthal*, EuZW 2007, 396 (400).
574 Siehe dazu *Höpfner*, JZ 2009, 403 ff.; *Möllers/ Möhring*, JZ 2008, 919 ff.
575 *Herresthal*, EuZW 2007, 396 (400).
576 *Herresthal*, EuZW 2007, 396 (400).

(europarechtskonforme) Rechtsfortbildung besteht. Von einer planwidrigen Regelungslücke kann hingegen ausgegangen werden, wenn die in der nationalen Norm zum Ausdruck gekommene Wertungsentscheidung auf ein unzutreffendes Verständnis des Unionsrechts durch den nationalen Gesetzgeber zurückzuführen ist und die maßgebliche Norm darauf beruht.[577]

Vorliegend gestattet der Gesetzgeber es den gesetzlichen Krankenkassen, deren Landesverbänden oder Arbeitsgemeinschaften über § 127 II SGB V, abweichend von den unionsrechtlich determinierten Vorgaben des Kartellvergaberechts, Rahmenvereinbarungen zur Hilfsmittelversorgung grundsätzlich im Wege des vergaberechtlichen Verhandlungsverfahrens zu schließen. Damit verfolgt er das Ziel, den Krankenkassen flexiblere Möglichkeiten des Vertragsschlusses an die Hand zu geben, damit diese die Versorgung der Versicherten sicherstellen können. Dazu hat er eigens die bis zum 31.12.2008 bestehende grundsätzliche Ausschreibungspflicht zugunsten einer Ausschreibungsoption gelockert.

Man könnte daher davon ausgehen, dass der Gesetzgeber den Krankenkassen mit § 127 II SGB V bewusst richtlinienwidrig diese Möglichkeit verschaffen wollte. Dafür spricht, dass er sich der möglichen Anwendbarkeit des Kartellvergaberechts auf die Auftragsvergabe der gesetzlichen Krankenkassen durchaus bewusst war, wie die bereits dargestellte Überarbeitung von § 69 SGB V im Zuge des GKV-OrgWG und § 69 II SGB V n.F. zeigt.[578] Die bestehende Regelungslücke wäre dann nicht planwidrig.

Gegen eine solche Annahme spricht jedoch, dass der Gesetzgeber, wie bereits unter E. I. 2. b) ausgeführt, ausweislich der Gesetzesbegründung zum GKV-OrgWG fälschlicherweise davon ausging, dass das Kartellvergaberecht auf Rahmenvereinbarungen nach § 127 II SGB V mangels Vorliegens eines öffentlichen Auftrages gar nicht anwendbar sei. Daraus kann geschlossen werden, dass der Gesetzgeber sich durchaus richtlinienkonform verhalten wollte, dabei aber den Anwendungsbereich der Vergabekoordinierungsrichtlinie verkannte, zumal er das vormals weitgehend geschlossene System des Leistungserbringerrechts durch die Novellierung von § 69 SGB V grundsätzlich für die Anwendung des Kartellvergaberechts geöffnet hat. Dem deutschen Sozialgesetzgeber zu unterstellen, dass er auch dann an der aktuellen Konzeption von § 127 I, II SGB V festgehalten hätte, wenn er sich über die tatsächliche Reichweite des Geltungsbereichs des europäisch geprägten Kartellvergaberechts bewusst gewesen wäre, ginge zu weit. Schließlich finden sich keine hinreichend deutlichen Anhaltspunkte in der Gesetzesbegründung, die auf einen solchen Willen des Gesetzgebers

---

577 *Herresthal*, EuZW 2007, 396 (400).
578 Siehe unter C. I. 1.

schließen lassen. Lediglich der in der Gesetzesbegründung zum GKV-OrgWG zum Ausdruck kommende Wille, die Krankenkassen nicht zur vorrangigen Durchführung von Ausschreibungen verpflichten zu wollen,[579] reicht für eine solche Unterstellung schon deshalb nicht aus, da der Gesetzgeber in der Begründung zum GKV-OrgWG ebenfalls seine rechtsirrige Auffassung zum Ausdruck bringt, dass das Kartellvergaberecht auf den Abschluss von Rahmenvereinbarungen nach § 127 II SGB V nicht anwendbar sei.[580] Zudem ist schon aufgrund der Rechtstreue und Redlichkeit des Gesetzgebers anzunehmen, dass er bei Kenntnis der Richtlinienwidrigkeit seiner Rechtsetzung eine richtlinienkonforme Ausgestaltung des nationalen Rechts vorgenommen hätte.[581]

Mithin ist die bestehende Regelungslage in § 127 I, II SGB V als planwidrig anzusehen.

(2) Unzulässigkeit der vollständigen Reduktion von § 127 I, II SGB V im Wege der Rechtsfortbildung

Problematisch ist jedoch auch in diesem Zusammenhang, dass die vorgeschlagene teleologische Reduktion im Wege der richterlichen Rechtsfortbildung der Systematik aus § 127 I, II SGB V nahezu jedweden Anwendungsbereich raubt, mithin also zu einer vollständigen Reduktion des Rechtssatzes führt. Zur Begründung dieser Annahme kann auf die Ausführungen zur richtlinienkonformen Auslegung verwiesen werden.[582] Die Totalreduktion einer Norm ist nach überwiegender Ansicht aber auch im Rahmen der richtlinienkonformen Rechtsfortbildung unzulässig und macht diese daher rechtlich unmöglich.[583]

Namentlich *Herresthal* vertritt jedoch die Auffassung, dass für eine richtlinienkonforme Rechtsfortbildung - im Gegensatz zu einer autonom national motivierten Rechtsfortbildung - selbst der vollständige Funktionsverlust einer Norm keine funktionale Grenze darstelle.[584] Diese Ansicht führt auf die vorliegende

---

579 BT-Drs. 16/10609, S. 72.
580 BT-Drs. 16/10609, S. 72.
581 *Frenz*, EWS 2009, 222 (224); *Pfeiffer*, NJW 2009, 412 (413); *Möllers/ Möhring*, JZ 2008, 919 (922).
582 Siehe unten unter E. II. 3. c).
583 *Gebauer*, in: Gebauer/ Wiedmann, Kap. 3 Rn. 51; *Canaris* in FS Bydlinski, S. 47 (94); *Sperber*, EWS 2009, 358 (362); *Schürnbrand*, JZ 2007, 910 (916); *Herdegen*, WM 2005, 1921 (1927); *Unberath*, ZEuP 2005, 5 (8); ähnlich *Jarass/ Beljin*, JZ 2003, 768 (775); *Möllers*, JZ 2009, 405 (406).
584 *Herresthal*, EuZW 2007, 396 (400).

Problematik bezogen zu dem Ergebnis, dass eine vollständige Reduktion der Systematik aus § 127 I 1, II 2 SGB V die contra legem Grenze nicht überschreitet. Eine europarechtskonforme Rechtsfortbildung in Form einer teleologischen Reduktion der Systematik aus § 127 I, II SGB V auf den Abschluss kartellvergaberechtsfreier Rahmenvereinbarungen wäre danach also zulässig, weshalb im Folgenden geklärt werden muss, ob dieser Auffassung gefolgt werden kann.

Gegen den nahezu vollständigen Verlust des Anwendungsbereichs und der damit einhergehenden Sinnentleerung einer Regelung als Folge von deren teleologischer Reduktion spricht zunächst der verfassungsrechtliche Grundsatz der Gewaltenteilung aus Art. 20 II 2 GG. Nach diesem ist die vollständige Reduktion einer Norm ausschließlich dem Gesetzgeber vorbehalten und gehört daher nicht zum methodischen Repertoire der Rechtsprechung.[585] Schließlich greift die Judikative dadurch so weit in den verfassungsrechtlichen garantierten Zuständigkeitsbereich der Legislative ein, dass dieser in Folge des Entfallens eines eigenständigen Anwendungsbereichs der betroffenen Norm in deren Regelungsbereich nahezu gänzlich beseitigt wird.[586] Diesen Erwägungen tritt *Herresthal* mit dem Argument entgegen, dass die Judikative sich bei der europarechtskonformen Rechtsfortbildung mit ihrer abweichenden Vorstellung nicht an die Stelle der nationalen Legislative setze, sondern dem höherrangigem Gebot des ebenfalls demokratisch legitimierten europäischen Gesetzgebers entspreche.[587] Aus diesem Grund sei im Rahmen der richtlinienkonformen Rechtsfortbildung eine Neubestimmung der traditionellen Grenzen der Rechtsfortbildung dahingehend angezeigt, dass der vollständige Funktionsverlust einer Norm nicht die contra legem Grenze überschreite.[588] Faktisch verschiebt diese Ansicht mithin bei der europarechtskonformen Rechtsfortbildung nationalen Rechts die contra legem Grenze.

Auch nach der vorgetragenen Argumentationskette von *Herresthal* liegt jedoch systematisch gesehen ein Eingriff der Judikative in die verfassungsrechtlich gewährleistete Kompetenz der gesetzgebenden Gewalt vor. Dieser soll aber durch seinen Zweck, nämlich der Durchsetzung von Vorgaben des europäischen Gesetzgebers gerechtfertigt sein. Bei dieser Sichtweise wird jedoch verkannt, dass Art. 20 II 2 GG den Bereich der nationalen Gesetzgebung – nur diese kann mit dem Begriff der Gesetzgebung in Art. 20 II 2 GG gemeint sein – unabhängig davon schützt, zu welchem Zweck in deren Zuständigkeitsbereich eingegriffen wird. Folglich wird die eigenständige Zuständigkeit des nationalen Gesetzgebers

---

585 *Schürnbrand*, JZ 2007, 910 (916).
586 Ähnlich *Canaris* in FS Bydlinski, 47 (94).
587 *Herresthal*, EuZW 2007, 396 (399).
588 *Herresthal*, EuZW 2007, 396 (399 f.).

auch dann in verfassungswidriger Weise verletzt, wenn ein Eingriff in diese Zuständigkeit durch die Gerichte zu dem Zweck erfolgt, europarechtlichen Zusammenhängen genüge zu tun. Dies gilt erst recht vor dem Hintergrund, dass der Grundsatz der Gewaltenteilung ein tragendes Organisationsprinzip des Grundgesetzes ist,[589] welches zudem als Bestandteil von Art. 20 GG der Ewigkeitsgarantie aus Art. 79 III GG unterliegt. Art. 79 III GG selbst stellt wiederum gemäß Art. 23 I 3 GG eine Schranke bei der Übertragung von Hoheitsrechten durch die Bundesrepublik Deutschland auf die Europäische Union dar. Mangels Übertragungsmöglichkeit entsprechender Hoheitsrechte ist die Union mithin nicht befugt, von der Bundesrepublik Deutschland im Rahmen der mitgliedstaatlichen Durchsetzung von Unionsrecht eine Modifikation des Gewaltenteilungsgrundsatzes durch eine Neubestimmung der contra legem Grenze zu fordern. Schließlich wird der Gewaltenteilungsrundsatz durch den Schutz der Art. 79 III und 23 I 3 GG unveränderbar gewährleistet. Dementsprechend ist es auch nur konsequent, dass der EuGH von den mitgliedstaatlichen Gerichten verlangt, dass sie den entsprechenden Richtlinien durch eine richtlinienkonforme Auslegung weitestgehende Geltung verschaffen, dies aber nur im Rahmen ihrer Zuständigkeit und unter voller Ausschöpfung, nicht aber Überschreitung, des Beurteilungsspielraums, den ihnen das nationale Recht gewährt.[590] Er fordert hingegen nicht, dass die mitgliedstaatlichen Grenzen des Beurteilungsspielraums, also unter anderem der Gewaltenteilungsgrundsatz des Art. 20 II 2 GG, vor europarechtlichen Hintergründen neu zu definieren sind.[591]

Demnach müssen aus verfassungsrechtlichen Gründen für eine europarechtlich veranlasste richterliche Rechtsfortbildung die gleichen Grenzen gelten, welche für eine autonom national motivierte Rechtsfortbildung Geltung beanspruchen. Auch die richtlinienkonforme Rechtsfortbildung ist nicht möglich, wenn sie zu einem Ergebnis führt, welches ohne Bestehen der Richtlinie unvertretbar wäre.[592] Das Gericht hat also bei der Auflösung der durch die Richtlinie hervorgerufenen Normenkollision im Wege der Rechtsfortbildung nicht mehr Kompetenzen als bei rein nationalen Sachverhalten.[593] Dass eine ohne gemeinschaftsrechtliche Determination erfolgende richterliche Rechtsfortbildung ihre funktionale Grenze spätestens im nahezu vollständigen Verlust des Anwendungsberei-

---

589 BVerfGE 67, 100 (130); 34, 52 (59); 3, 225 (247).
590 Siehe Fußnote 533.
591 So auch *Schürnbrand*, JZ 2007, 910 (917).
592 *Unberath*, ZEuP 2005, 5 (8).
593 *Sperber*, EWS 2009, 358 (362).

ches der Norm findet,[594] wird indes auch von der zitierten Ansicht *Herresthals* nicht in Abrede gestellt.[595]

Zudem spricht der Grundsatz der Rechtssicherheit, welcher aus dem Rechtsstaatsprinzip des Art. 20 III GG abgeleitet wird,[596] gegen die Zulässigkeit der vollständigen Reduktion einer nationalen Regelung im Wege der richterlichen Rechtsfortbildung. Diese Rechtssicherheit setzt Klarheit und Verlässlichkeit des Rechts voraus.[597] Rechtsklarheit ist aber nur gewährleistet, wenn die Rechtsfolgen einer Norm für den Bürger erkennbar sind.[598] Diese Erkennbarkeit ist jedoch nicht gegeben, wenn man alleine die nationale Regelung betrachtet, da die dann zu Tage tretenden Rechtsfolgen wegen der vollständigen Reduktion der Norm gerade nicht greifen. Diesen Bedenken tritt der BGH im »Quelle-Fall« mit der Argumentation entgegen, dass der verständige Bürger keinen Vertrauensschutz in die sich aus dem Wortlaut der Norm ergebenden Rechtsfolgen beanspruchen kann, da er vor dem Hintergrund des Regelungsgehaltes der jeweiligen Richtlinie damit rechnen muss, dass das nationale Recht an diese angepasst wird.[599] Diese Ausführungen des BGH sind freilich vor dem Hintergrund des von ihm entschiedenen Falls zu sehen, in dem der dort streitigen Regelung des § 439 IV BGB außerhalb des Verbrauchsgüterkaufs nach den §§ 474 ff. BGB durchaus noch ein nicht unerheblicher eigenständiger Anwendungsbereich verblieb. Bei der vorliegend in Rede stehenden nahezu vollständigen Reduktion von § 127 I, II SGB V erscheint jedoch äußerst fraglich, ob der Bürger mit einer gänzlichen Sinnentleerung der Norm vor dem Hintergrund der Vergabekoordinierungsrichtlinie rechnen muss. Vielmehr wird er regelmäßig darauf vertrauen, dass der Mitgliedstaat die Richtlinie korrekt in nationales Recht umsetzt, so dass die sich aus ihr ergebenden Konsequenzen direkt aus dem nationalen Umsetzungsrecht ersichtlich werden.[600] Dieses Vertrauen des Bürgers ist auch nach der Rechtsprechung des EuGH geschützt.[601] Des Weiteren konnte sich der BGH im »*Quelle*-Fall« zur Verneinung einer Gefährdung der Rechtsklarheit darauf berufen, dass die recht-

---

594 Kramer, S. 200 f.; *Canaris*, WM 1978, 686 (691); *Canaris*, NJW 1987, 609 (612).
595 *Herresthal*, EuZW 2007, 396 (400).
596 BVerfGE 49, 148 (164); 45, 142 (167); 15, 313 (319); 13, 261 (271); 7, 194 (196); 7, 89 (92); 2, 380 (403).
597 *Leisner*, in: Sodan, Art. 20 Rn. 54: *Sachs*, in: Sachs, Art. 20 Rn. 122; *Grzeszick*, in: Maunz/ Dürig, Art. 20 VII Rn. 50 ff; Stern I, S. 829.
598 *Frenz*, EWS 2009, 222 (225).
599 BGH, Urt. v. 26.11.2008, Az.: VIII ZR 200/05, NJW 2009, 427 (430).
600 *Frenz*, EWS 2009, 222 (225).
601 EuGH, Urt. v. 10.05.2001, Rs. C-144/99 (Kommission/ Niederlande), Slg. 2001, I-03541, Rn. 17; Urt. v. 23.03.1995, Rs. C-365/93 (Kommission/ Griechenland), Slg. 1995, I-00499, Rn. 9.

liche Problematik um die Reichweite von § 439 IV BGB in Rechtsprechung und Literatur von Beginn an in hohem Maße umstritten war.[602] Dies gilt jedoch nicht für die hier erörterte Problematik, da die Diskussion um eine mögliche Europarechtswidrigkeit des § 127 I, II SGB V trotz oder gerade wegen der Entscheidung des LSG NRW vom 14.04.2010 bis zum heutigen Tage bei Weitem nicht in dem Maße gediehen ist, wie seinerzeit die Diskussion um eine mögliche Europarechtswidrigkeit von § 439 IV BGB.

Mithin sprechen zwei tragende Staatsprinzipien dagegen, eine richterliche Rechtsfortbildung, auch wenn sie unionsrechtlich motiviert ist, bis zur vollständigen Reduktion der von ihr betroffenen Regelung als zulässige Form einer Rechtsgewinnung zu erachten.

Überdies sprechen erhebliche unionsrechtliche Gründe gegen eine solche richtlinienkonforme Rechtsfortbildung nationaler Normen. Nimmt man nämlich eine solche Rechtsfortbildung vor, lässt sich das Institut der richtlinienkonformen Auslegung, welches im weiteren Sinne auch die nationale Kategorie der Rechtsfortbildung erfasst, systematisch kaum noch von der, nur unter bestimmten Voraussetzungen ausnahmsweise zulässigen, unmittelbaren innerstaatlichen Wirkung von Richtlinienbestimmungen unterscheiden. Schließlich ließen sich dann mit einer richtlinienkonformen Rechtsfortbildung nahezu identische Ergebnisse erzielen, da in der Sache bei einer vollständigen Reduktion wegen der faktisch bewirkten Nichtanwendbarkeit der reduzierten Norm eine unmittelbare inner-staatliche Richtlinienwirkung vorläge.[603] Auf diese Weise würden die eigentlich klaren Grenzen beider Institute verwischt.[604] Dies wäre aber sehr bedenklich, da die Pflicht zur richtlinienkonformen Auslegung und Rechtsfortbildung auch alle horizontalen Rechtsverhältnisse, also Rechtsbeziehungen zwischen Privatrechtssubjekten, erfasst,[605] während eine unmittelbare innerstaatliche Wirkung von Richtlinien nur vertikaler Natur sein kann, da eine Richtlinie nach Art. 288 III 1. HS AEUV nicht selbst Verpflichtungen für private Unionsbürger begrün-

---

602 BGH, Urt. v. 26.11.2008, Az.: VIII ZR 200/05, NJW 2009, 427 (430).
603 So im Ergebnis auch *Frenz*, EWS 2009, 222 (224 f.) und *Kruis/ Michl*, EWS Heft 2 aus 2009, S. V; ähnlich *Heimermann*, ZGS 2009, 211 (213).
604 So auch *Jarass*, EuR 1991, 211 (218).
605 EuGH, Urt. v. 14.07.1994, Rs. C-91/92 (Faccini Dori), Slg. 1994 I-03325, Rn. 23 f.; Urt. v. 10.04.1984, Rs. C-14/83 (von Colson und Kamann/ Land NRW), Slg. 1984, 01891, Rn. 26; Fischer, Rn. 255.

den kann.[606] Dem kann gerade hier auch nicht mit dem Argument begegnet werden, dass die horizontale Wirkung letztlich nicht auf der Richtlinie selbst, sondern auf dem fortgebildeten nationalen Recht fußt, da die Zulässigkeit der vollständigen Reduktion einer mitgliedstaatlichen Vorschrift im Wege der Rechtsfortbildung nach der Ansicht *Herresthals* gerade vom Unionsrecht in Form der Richtlinie gefordert wird.

Zu Recht wird daher betont, dass die unmittelbare innerstaatliche Wirkung und die richtlinienkonforme Auslegung strikt voneinander zu trennen sind.[607] Bei einer vollständigen teleologischen Reduktion einer nationalen Vorschrift im Wege der richterlichen Rechtsfortbildung handelt es sich aber um eine unmittelbare innerstaatliche Richtlinienwirkung, der formell das Kleid einer richtlinienkonformen Auslegung im weiteren Sinne umgehängt wurde.[608]

Unter zusätzlicher Berücksichtigung der dargestellten verfassungsrechtlichen Bedenken ist somit festzuhalten, dass die nationale contra legem Grenze in ihrer hergebrachten Form auch für die europarechtlich determinierte richterliche Rechtsfortbildung nationaler Rechtssätze unveränderten Bestand haben muss. Einer objektiven Wirkung von Richtlinien in der nationalen Rechtsordnung außerhalb einer zulässigen, unmittelbar innerstaatlichen Wirkung derselben muss aus den dargestellten Gründen eine Absage erteilt werden.[609] Die zitierte Ansicht *Herresthals* ist demnach mit der Folge abzulehnen, dass eine teleologische Reduktion der Geltung der Systematik aus § 127 I, II SGB V auf nicht von der Vergabekoordinierungsrichtlinie erfasste Rahmenvereinbarungen im Wege der richtlinienkonformen Rechtsfortbildung ausscheidet. Stattdessen muss vielmehr untersucht werden, ob die entsprechenden Vorgaben der Vergabekoordinierungsrichtlinie 2004/18/EG unmittelbare innerstaatliche Wirkung entfalten und auf diese Weise durch ihren Anwendungsvorrang die Systematik aus § 127 I, II SGB V bei Aufträgen oberhalb der Schwellenwerte verdrängen.

---

606 EuGH, Urt. v. 07.01.2004, Rs. C-201/02 (Delena Wells), Slg. 2004, I-00723, Rn. 56; Urt. v. 04.12.1997, Rs. C-97/96 (Daihatsu Deutschland), Slg. 1997, I-06843, Rn. 24; Urt. v. 26.09.1996, Rs. C-168/95 (Arcaro), Slg. 1996, I-04705, Rn. 36 ff.; Urt. v. 13.11.1990, Rs. C-106/89 (Marleasing), Slg. 1990, I-04135, Rn. 6; Urt. v. 22.02.1990, Rs. C-221/88 (Busseni), Slg. 1990, I-00495, Rn. 23; Urt. v. 08.10.1987, Rs. 80/86 (Kolpinghuis Nijmegen), Slg. 1987, 03969, Rn. 9; Urt. v. 11.06.1987, Rs. 14/86 (Pretore di Salò/ X), Slg. 1987, 02545, Rn. 19; Urt. v. 12.05.1987, verb. Rs. 372 bis 374/85 (Traen), Slg. 1987, 02141, Rn. 24; Urt. v. 26.02.1986, Rs. 152/84 (Marshall I), Slg. 1986, 00723, Rn. 48.
607 *Ruffert*, in: Calliess/ Ruffert, Art. 249 EGV Rn. 120; Hobe, Rn. 288; *Frenz*, EWS 2009, 222 (223 f.); GA *Darmon*, Schlußantr. v. 14.11.1989 zu EuGH, Rs. C-177/88 (Dekker), Slg. 1990, I-03941, Ziff. 15.
608 So *Frenz*, EWS 2009, 222 (225).
609 So im Ergebnis auch *Schürnbrand*, JZ 2007, 910 (918).

5. Ergebnis

Da die Kollision zwischen der Systematik aus § 127 I, II SGB V und den verbindlichen Zielvorgaben aus den Art. 28 ff. VKR demnach weder durch eine richtlinienkonforme Auslegung, noch durch eine entsprechende Rechtsfortbildung der Systematik aus § 127 I, II SGB V aufgelöst werden kann, ist eine Begutachtung der eingangs aufgeworfenen Problematik, ob das Institut der richtlinienkonformen Auslegung neben der Schaffung einer Einzelfallgerechtigkeit auch als genereller Umsetzungsersatz fungieren kann, obsolet.

Dies bedeutet zugleich, dass das erwähnte Vertragsverletzungsbeschwerdeverfahren[610] bei korrekter rechtlicher Würdigung[611] von der EU-Kommission nur dann ohne Anrufung des EuGH nach Art. 258 Absatz 2 AEUV eingestellt werden kann, wenn die Bundesrepublik Deutschland als Mitgliedstaat der Union die Norm des § 127 SGB V in europarechtskonformer Art und Weise novelliert. Der Forderung des Beschwerdeführers nach einer richtlinienkonformen Auslegung der Systematik aus § 127 I, II SGB V[612] kann aus den angeführten rechtlichen Gründen nicht nachgekommen werden. Ein bloßer Hinweis an die nationalen Rechtsanwender zur Vornahme einer europarechtskonformen Auslegung der Systematik aus § 127 I, II SGB V kann demnach nicht ausreichend sein, um der bestehenden Vertragsverletzung abzuhelfen und somit zu vermeiden, dass der EuGH die Systematik aus § 127 I, II SGB V im Rahmen einer von der Kommission zu erhebenden Vertragsverletzungsklage nach Art. 258 Absatz 2 AEUV als europarechtswidrig einstuft.[613]

III. Unmittelbare innerstaatliche Wirkung von Art. 28 Unterabsatz 2 VKR

Da eine richtlinienkonforme Auslegung und Rechtsfortbildung der europarechtswidrigen Systematik aus § 127 I, II SGB V an der contra legem Grenze

---

610 Siehe Fußnoten 27 und 28.
611 Demgegenüber wird Seitens der EU-Kommission bisher – allerdings ohne eingehende Begründung – ausweislich des Schreibens vom 11.06.2009 die irrige Auffassung vertreten, dass Vertragsschlüsse nach § 127 II SGB V keine öffentlichen Aufträge darstellen, weshalb es keiner richtlinienkonformen Interpretation von § 127 I, II SGB V bedürfe (wiedergegeben bei *Stelzer*, WzS 2009, 336 (340)).
612 Schreiben des Beschwerdeführers vom 24.06.2009, zitiert über *Stelzer*, WzS 2010, 46 (51).
613 Einen solchen Hinweis hatte die Kommission in dem Vertragsverletzungsbeschwerdeverfahren hinsichtlich § 22 I 1 SVHV mit der Registriernummer: 2001/4883, SG (2001) A/10118 genügen lassen, um das Verfahren einzustellen. Siehe dazu auch unter C. I. 2.

scheitert und mithin auf diesem Wege kein Gleichlauf zwischen europäischem Vergaberecht und der Systematik des § 127 I, II SGB V hergestellt werden kann, muss nunmehr die Frage aufgeworfen werden, ob den Vorgaben des europäischen Vergaberechts zumindest vorübergehend, bis zu einer notwendigen Novellierung von § 127 I, II SGB V durch den deutschen Gesetzgeber, damit hinreichend Rechnung zu tragen ist, dass den europarechtlichen Vorgaben zur Hierarchie der vergaberechtlichen Verfahrensarten aus Art. 28 Unterabsatz 2 VKR innerstaatlich unmittelbare Wirkung zuzuerkennen ist. Für die unmittelbare Wirkung von Richtlinien gilt die nationale contra legem Grenze nämlich nicht,[614] weshalb eine unmittelbare innerstaatliche Wirkung entfaltende Richtlinienbestimmung entgegenstehendes nationales Recht vollständig zu verdrängen vermag. Daher stellt sich die Frage nach einer möglichen unmittelbaren innerstaatlichen Wirkung von Richtlinienbestimmungen insbesondere dann, wenn eine richtlinienkonforme Auslegung des nationalen Rechts an der contra legem Grenze scheitert.[615] Ferner hängt die Möglichkeit der unmittelbaren Wirkung von Richtlinienbestimmungen nicht von der Rechtsgrundlage der Richtlinie, sondern allein von den ihr innewohnenden Eigenschaften ab und kommt daher auch bei Bestimmungen einer auf die Binnenmarktkompetenz aus Art. 114 AEUV gestützten Richtlinie in Betracht.[616]

Für die vorliegend zu diskutierende Konstellation gilt es im Rahmen der Erörterungen zur unmittelbaren Wirkung die Besonderheit zu beachten, dass ein Einklang der nationalen Rechtslage mit den verbindlichen Vorgaben der Vergabekoordinierungsrichtlinie bereits dann erreicht wird, wenn die Systematik aus § 127 I, II SGB V durch eine unmittelbare innerstaatliche Wirkung von Art. 28 Unterabsatz 2 VKR lediglich unanwendbar wird, soweit es um den Abschluss von Rahmenvereinbarungen geht, die dem Anwendungsbereich der Richtlinie 2004/18/EG unterfallen. Nicht erforderlich ist es hingegen, dass die maßgeblichen Richtlinienvorgaben aus Art. 28 Unterabsatz 2 VKR an die Stelle der unanwendbaren nationalen Regelung treten. Dies unterscheidet die vorliegende Umsetzungssituation von den klassischen Konstellationen, in denen die unmittelbare innerstaatliche Wirkung von Richtlinienbestimmungen in Betracht gezogen wird.

Schließlich hat der deutsche Gesetzgeber die Vergabekoordinierungsrichtlinie durch das Kartellvergaberecht ordnungsgemäß umgesetzt, diese an sich korrekte Umsetzung jedoch nachträglich durch die Implementierung der europarechtswid-

---

614 *Jarass*, EuR 1991, 211 (218); Hobe, Rn. 288.
615 *Dreher*, in: Immenga/ Mestmäcker, Vor §§ 97 ff. Rn. 97.
616 EuGH, Urt. v. 01.06.1999, Rs. C-319/97 (Kortas), Slg. 1999, I-03143, Rn. 22, 24 ff.

rigen Systematik des § 127 I, II SGB V torpediert. Die dadurch entstandene Rechtslage hat zur Folge, dass bereits eine Unanwendbarkeit von § 127 I, II SGB V einen Einklang des innerstaatlichen Vergaberechtssystems mit den Vorgaben der Vergabekoordinierungsrichtlinie herbeiführen würde. Denn dann würde die mit der Richtlinie 2004/18/EG im Einklang stehende kartellvergaberechtliche Hierarchie der Verfahrensarten aus den §§ 101 VII 1 GWB, 3 I, III, IV VOL/A-EG mangels speziellerer Vorschriften im Sozialrecht auch für den Abschluss von Rahmenvereinbarungen zur Hilfsmittelversorgung durch die gesetzlichen Krankenkassen gelten. Dies hätte zur Folge, dass solche Versorgungsverträge vorbehaltlich des Eingreifens eines Ausnahmetatbestandes im Wege des offenen Verfahrens abzuschließen sind. Eines Rückgriffs auf Art. 28 Unterabsatz 2 VKR in Form von dessen unmittelbarer innerstaatlicher Anwendung gegenüber der Systematik aus § 127 I, II SGB V bedürfte es dann nicht mehr.

Mit anderen Worten reicht eine unmittelbare innerstaatliche Wirkung von Art. 28 Unterabsatz 2 VKR in Form einer bloßen Sperrwirkung aus, um eine Europarechtskonformität der nationalen Rechtslage herzustellen, einer Ersetzungswirkung bedarf es hingegen nicht. Eine unmittelbare innerstaatliche Sperrwirkung von Richtlinienbestimmungen hat auch der EuGH anerkannt.[617]

Diese Form der unmittelbaren Wirkung von Art. 28 Unterabsatz 2 VKR trägt dem, auch im Verhältnis zu den Interessen der Mitgliedstaaten anwendbaren,[618] Verhältnismäßigkeitsprinzip, welches als ungeschriebener Bestandteil des Europarechts anerkannt ist,[619] hinreichend Rechnung, da sie gegenüber einem direkten Rückgriff auf die Richtlinienbestimmung den milderen Eingriff in die nationale Rechtsordnung darstellt, aber zur Erreichung einer richtlinienkonformen nationalen Rechtslage vorliegend gleich geeignet ist.

---

617 EuGH, Urt. v. 26.09.2000, Rs. C-443/98 (Unilever), Slg. 2000, I-07535, Rn. 45 ff.; Urt. v. 16.09.1999, Rs. C-435/97 (WWF), Slg. 1999, I-05613, Rn. 68 ff.; Urt. v. 26.09.1996, Rs. C-168/95 (Arcaro), Slg. 1996, I-04705, Rn. 39 ff.; Urt. v. 30.04.1996, Rs. C-194/94 (CIA Security International), Slg. 1996, I-02201, Rn. 51 ff; Urt. v. 22.06.1989, Rs. 103/88 (Fratelli Costanzo/ Stadt Mailand), Slg. 1989, 01839, Rn. 28 ff.
618 *Calliess*, in: Calliess/ Ruffert, Art. 5 EGV Rn. 52; *Streinz*, in: Streinz, Art. 5 EGV Rn. 46; *Pache*, NVwZ 1999, 1033 (1036 ff.); *Jarass*, EuGRZ 1994, 209 (214 f.).
619 *Calliess*, in: Calliess/ Ruffert, Art. 249 EGV Rn. 51; *Streinz*, in: Streinz, Art. 5 EGV Rn. 46; *Kischel*, EuR 2000, 380 ff.

1. Ausnahmecharakter der unmittelbaren innerstaatlichen Wirkung von Richtlinienbestimmungen

Grundsätzlich besteht die Eigenart einer Richtlinie zwar gemäß Art. 288 III AEUV darin, dass sie, im Gegensatz zur Verordnung nach Art. 288 II AEUV, nicht für die Rechtssubjekte im jeweiligen Mitgliedstaat, sondern nur für die Mitgliedstaaten selbst hinsichtlich des zu erreichenden Ziels verbindlich ist, indem diese verpflichtet werden, die Zielvorgaben der Richtlinie innerhalb einer in der Richtlinie bestimmten Umsetzungsfrist in nationales Recht zu transferieren. Mit Ablauf dieser Umsetzungsfrist muss das Ziel der Richtlinie im nationalen Recht erreicht sein. Erst nach der erfolgten Umsetzung entfalten die Zielvorgaben der Richtlinie nach der Konzeption von Art. 288 III AEUV eine rechtlich verbindliche Wirkung in den Mitgliedstaaten. Diese Rechtsverbindlichkeit der Richtlinienziele beruht dann aber nicht mehr auf der Richtlinie als solcher, sondern auf den nationalen Umsetzungsregelungen im jeweiligen Mitgliedstaat, also auf mitgliedstaatlichem Recht selbst.

Ausnahmsweise kann einer Richtlinie jedoch schon vor deren Umsetzung aus sich selbst heraus unmittelbare Wirkung in den Mitgliedstaaten zukommen. Dem stehen der Wortlaut und die Systematik von Art. 288 III AEUV nicht zwingend entgegen. So hat der EuGH bereits früh entschieden, dass Richtlinien, obgleich sie nicht wie Verordnungen unmittelbar gelten, ähnliche Wirkungen wie Verordnungen haben können.[620] Danach darf ein Mitgliedstaat, der die in der Richtlinie vorgeschriebenen Regelungsziele nicht fristgerecht in nationales Recht transferiert hat, dem Einzelnen nicht die eigene Säumnis der ihm aus der Richtlinie erwachsenen Verpflichtungen entgegen halten können.[621] Dahinter steckt der im Grundsatz von Treu und Glauben verwurzelte Gedanke, dass der Mitgliedstaat aus der Nichtbeachtung des Unionsrechts für sich keinen Nutzen ziehen darf.[622]

---

620 EuGH, Urt. v. 19.01.1982, Rs. 8/81 (Becker), Slg. 1982, 00053, Rn. 21; Urt. v. 05.04.1979, Rs. 148/78 (Ratti), Slg. 1979, 01629, Rn. 19 f.
621 EuGH, Urt. v. 14.07.1994, Rs. C-91/92 (Faccini Dori), Slg. 1994, I-03325, Rn. 23; Urt. v. 12.07.1990, Rs. C-188/89 (Foster/ British Gas), Slg. 1990, I-03313, Rn. 16; Urt. v. 22.02.1990, Rs. C-221/88 (Busseni), Slg. 1990, I-00495, Rn. 22; Urt. v. 08.10.1987, Rs. 80/86 (Kolpinghuis Nijmegen), Slg. 1987, 03969, Rn. 8; Urt. v. 24.03.1987, Rs. 286/85 (McDermott und Cotter), Slg. 1987, 01453, Rn. 12; Urt. v. 04.12.1986, Rs. 71/85 (Federatie Nederlandse Vakbeweging), Slg. 1986, 03855, Rn. 14; Urt. v. 26.02.1986, Rs. 152/84 (Marshall I), Slg. 1986, 00723, Rn. 47; Urt. v. 22.02.1984, Rs. 70/83 (Kloppenburg/ Finanzamt Leer), Slg. 1984, 01075, Rn. 3; Urt. v. 19.01.1982, Rs. 8/81 (Becker), Slg. 1982, 00053, Rn. 24; Urt. v. 05.04.1979, Rs. 148/78 (Ratti), Slg. 1979, 01629, Rn. 22; Urt. v. 04.12.1974, Rs. 41/74 (van Duyn/ Home Office), Slg. 1974, 01337, Rn. 12.
622 Vgl. EuGH, Urt. v. 14.07.1994, Rs. C-91/92 (Faccini Dori), Slg. 1994, I-03325, Rn. 22.

Es wäre nämlich nicht hinnehmbar, wenn ein Mitgliedstaat, dem vom Unionsgesetzgeber die Pflicht zum Erlass bestimmter Regelungen auferlegt wurde, die seine Beziehungen oder die Beziehungen staatlicher Einrichtungen zu den Bürgern regeln sollen, sich auf die Nichterfüllung seiner Pflichten berufen könnte, um den Bürgern diese Rechte zu versagen.[623] Demnach stellt die Direktwirkung von Richtlinien nach der Rechtsprechung des EuGH eine Art der Sanktionsmöglichkeit gegenüber umsetzungssäumigen Mitgliedstaaten dar. Überdies würde es die praktische Wirksamkeit (effet utile) des Unionsrechts erheblich abschwächen, wenn sich die Mitgliedstaaten durch bloße Nichtumsetzung ihren gemeinschaftsrechtlichen Verpflichtungen entziehen könnten.[624]

Daher kann sich der Einzelne in Ermangelung fristgerecht erlassener Umsetzungsakte auf Bestimmungen einer Richtlinie gegenüber allen innerstaatlichen, nicht richtlinienkonformen Regelungen berufen, wenn die Richtlinienbestimmungen hinreichend genau und inhaltlich unbedingt ausgestaltet sind.[625] Man spricht in diesem Zusammenhang vom so genannten »self-executing« Charakter einer Richtlinienbestimmung.[626]

Auf Basis dieser Grundsätze soll im Folgenden erarbeitet werden, ob der Regelung aus Art. 28 Unterabsatz 2 VKR unmittelbare innerstaatliche Wirkung zu-

---

623 EuGH, Urt. v. 14.07.1994, Rs. C-91/92 (Faccini Dori), Slg. 1994, I-03325, Rn. 23.
624 EuGH, Urt. v. 12.07.1990, Rs. C-188/89 (Foster/ British Gas), Slg. 1990, I-03313, Rn. 16; Urt. v. 22.02.1990, Rs. C-221/88 (Busseni), Slg. 1990, I-00495, Rn. 22; Urt. v. 10.06.1982, Rs. 255/81 (Grendel), Slg. 1982, 02301, Rn. 9 ff.; Urt. v. 19.01.1982, Rs. 8/81 (Becker), Slg. 1982, 00053, Rn. 23; Urt. v. 05.04.1979, Rs. 148/78 (Ratti), Slg. 1979, 01629, Rn. 21; Urt. v. 29.11.1978, Rs. 21/78 (Delkvist), Slg. 1978, 02327, Rn. 18/21; Urt. v. 23.11.1977, Rs. 38/77 (Enka), Slg. 1997, 02203, Rn. 9/10; Urt. v. 01.02.1977, Rs. 51/76 (Nederlandse Ondernemingen), Slg. 1977, 00113, Rn. 20/24; Urt. v. 04.12.1974, Rs. 41/74 (van Duyn/ Home Office), Slg. 1974, 01337, Rn. 12.
625 EuGH, Urt. v. 04.03.1999, Rs. C-258/97 (HI), Slg. 1999, I-01405, Rn. 34; Urt. v. 30.04.1996, Rs. C-194/94 (CIA Security International), Slg. 1996, I-02201, Rn. 42, 44; Urt. v. 12.07.1990, Rs. C-188/89 (Foster/ British Gas), Slg. 1990, I-03313, Rn. 16; Urt. v. 22.02.1990, Rs. C-221/88 (Busseni), Slg. 1990, I-00495, Rn. 22; Urt. v. 17.10.1989, verb. Rs. 231/87 und 129/88 (Ufficio distrettuale delle imposte dirette die Fiorenzuola d'Arda/ Comune di Carpaneto Piacentino), Slg. 1989, 03233, Rn. 30; Urt. v. 27.06.1989, Rs. 50/88 (Kühne/ Finanzamt München III), Slg. 1989, 01925, Rn. 23; Urt. v. 20.09.1988, Rs. 31/87 (Beentjes), Slg. 1988, 04635, Rn. 40; Urt. v. 08.10.1987, Rs. 80/86 (Kolpinghuis Nijmegen), Slg. 1987, 03969, Rn. 7; Urt. v. 04.12.1986, Rs. 71/85 (Federatie Nederlandse Vakbeweging), Slg. 1986, 03855, Rn. 13; Urt. v. 15.05.1986, Rs. 222/84 (Johnston/ Chief Constable of the Royal Ulster Constabulary), Slg. 1986, 01651, Rn. 54; Urt. v. 15.01.1983, Rs. 126/82 (Smit), Slg. 1983, 00073, Rn. 10; Urt. v. 19.01.1982, Rs. 8/81 (Becker), Slg. 1982, 00053, Rn. 25; Urt. v. 12.06.1980, Rs. 88/79 (Staatsanwaltschaft/ Grunert), Slg. 1980, 01827, Rn. 14; Urt. v. 05.04.1979, Rs. 148/78 (Ratti), Slg. 1979, 01629, Rn. 23.
626 Vgl. *Biervert*, in: Schwarze, Art. 249 EGV Rn. 28; Streinz, Rn. 451.

erkannt werden kann. Dann könnten sich die Leistungserbringer im Hilfsmittelbereich gegenüber den gesetzlichen Krankenkassen dergestalt auf diese Richtlinienbestimmung berufen, dass die Systematik aus § 127 I, II SGB V beim Abschluss von Rahmenvereinbarungen zur Hilfsmittelversorgung innerhalb des Anwendungsbereichs der Vergabekoordinierungsrichtlinie unanwendbar ist.

Soweit lediglich die Unanwendbarkeit innerstaatlichen Rechts im Wege der unmittelbaren Wirkung entgegenstehender Richtlinienbestimmungen beansprucht wird, ohne dass eine Richtlinienvorschrift selbst Anwendung finden soll, wird vertreten, dass eine hinreichende Genauigkeit und inhaltliche Unbedingtheit der entsprechenden Bestimmung nicht vorliegen müsse und es vielmehr ausreiche, eine Überschreitung des Umsetzungsspielraums durch den Mitgliedstaat festzustellen.[627] Noch darüber hinausgehend wird sogar teilweise die Auffassung geäußert, dass eine solche Sperrwirkung von Richtlinienbestimmungen nicht nur bei fehlender Genauigkeit und Unbedingtheit der einzelnen Bestimmung, sondern völlig befreit von den Voraussetzungen der Direktwirkung von Richtlinienbestimmungen Platz greifen könne.[628]

Praktische Bedeutung kommt zumindest der letztgenannten Auffassung jedoch nicht zu, da der EuGH in der Rechtssache *Arcaro* entschieden hat, dass das Europarecht über keinen Mechanismus verfügt, welcher es einem mitgliedstaatlichen Gericht gestattet, von einer nicht umgesetzten Richtlinienbestimmung abweichende nationale Normen zu eliminieren, wenn die betreffende Richtlinienvorschrift nicht vor dem nationalen Gericht in Anspruch genommen werden kann.[629] Er knüpft die Sperrwirkung von Richtlinienbestimmungen mithin explizit an das Vorliegen der Voraussetzungen für deren unmittelbar innerstaatliche Wirkung. Dies ist auch konsequent, da diese Sperrwirkung nichts anderes als eine Form eben dieser unmittelbaren innerstaatlichen Wirkung von Richtlinienbestimmungen darstellt.[630]

Folglich muss in jedem Fall ein Umsetzungsdefizit nach Ablauf der Umsetzungsfrist vorliegen. Ob aus dem Urteil des EuGH in der Rechtssache *Arcaro* darüber hinaus die Notwendigkeit abzuleiten ist, dass die Richtlinienbestimmungen, gegen welche die nationale Vorschrift verstößt, hinreichend genau und inhaltlich unbedingt ausgestaltet sind, erscheint zumindest fraglich, da sich die unmittelbare Wirkung dieser Bestimmung in der Verdrängung der nationalen Vorschrift erschöpft und sie nicht selbst angewandt werden soll. Daher spricht

---

627 Streinz, Rn. 451.
628 *Bach*, JZ 1990, 1108 (1112 f.).
629 EuGH, Urt. v. 26.09.1996, Rs. C-168/95 (Arcaro), Slg. 1996, I-04705, Rn. 43.
630 So im Ergebnis auch *Ruffert*, in: Calliess/ Ruffert, Art. 249 EGV Rn. 102.

viel dafür, die Aussage des EuGH in der Rechtssache *Arcaro* im Sinne der erstgenannten Ansicht von *Streinz*[631] zu verstehen. Letztendlich kann diese Problematik jedoch dahinstehen, wenn sich herausstellen sollte, dass jedenfalls Art. 28 Unterabsatz 2 VKR alle Voraussetzungen für dessen unmittelbar innerstaatliche Wirkung erfüllt.

2. Unvollständige Umsetzung der Richtlinie 2004/18/EG

Erste Voraussetzung einer unmittelbaren Wirkung ist entsprechend dem Vorgenannten, dass die Vergabekoordinierungsrichtlinie innerhalb ihrer Umsetzungsfrist nicht oder nicht vollständig in nationales Recht umgesetzt wurde. Ein Umsetzungsdefizit wurde bereits im Rahmen der bisherigen Bearbeitung festgestellt. Zwar hat der Gesetzgeber zunächst die verbindlichen Zielvorgaben der Vergabekoordinierungsrichtlinie korrekt im nationalen Kartellvergaberecht umgesetzt. Jedoch hat er dieses geschlossene Kartellvergaberechtssystem in der rechtsirrigen Auffassung, der Abschluss von Rahmenvereinbarungen zur Hilfsmittelversorgung nach § 127 II SGB V unterfalle diesem nicht, nachträglich durch die Einführung der Systematik aus § 127 I, II SGB V in europarechtswidriger Weise geöffnet, indem er einen in der Richtlinie 2004/18/EG nicht vorgesehenen Tatbestand zur Anwendung des Verhandlungsverfahrens bei der Vergabe von öffentlichen Aufträgen durch bestimmte öffentliche Auftraggeber geschaffen hat. Dies bedingt zwar keinesfalls das vollständige Fehlen einer Umsetzung der Richtlinie 2004/18/EG, jedoch ist in der momentan gültigen nationalen Rechtslage, nach welcher die gesetzlichen Krankenkassen jedwede Arten von Rahmenvereinbarungen zur Hilfsmittelversorgung, ohne Rücksicht auf deren Besonderheiten im Einzelfall, im Wege des vergaberechtlichen Verhandlungsverfahrens abschließen dürfen, eine unvollständige Umsetzung der Richtlinie 2004/18/EG zu sehen. Schließlich ist die in Art. 80 I 1 VKR geregelte Umsetzungsfrist bereits seit dem 01.02.2006 abgelaufen.

Aus dem Umstand, dass lediglich eine unvollständige Umsetzung der Vergabekoordinierungsrichtlinie vorliegt, folgt für die weitere Bearbeitung, dass freilich nicht die gesamte Richtlinie, sondern lediglich die nicht korrekt umgesetzten Vorgaben zur Hierarchie der vergaberechtlichen Verfahrensarten aus Art. 28 Unterabsatz 2 VKR auf ihre hinreichende Genauigkeit und inhaltliche Unbedingtheit untersucht werden müssen.

---

[631] Siehe Fußnote 627.

3. Hinreichende Genauigkeit von Art. 28 Unterabsatz 2 VKR

Zunächst müsste Art. 28 Unterabsatz 2 VKR also eine hinreichend genaue Ausgestaltung aufweisen. Wie auch bei der Ermittlung der inhaltlichen Unbedingtheit, untersucht der EuGH die jeweiligen Bestimmungen nach Rechtsnatur, Systematik und Wortlaut um herauszufinden, ob eine hinreichende Genauigkeit vorliegt.[632] Nach diesem Wertungsmaßstab ist eine Bestimmung hinreichend genau, wenn sie für den Mitgliedstaat eine klare und eindeutige Verpflichtung begründet, die für eine Ermessensausübung keinen Raum lässt.[633] Sie muss also rechtlich in sich abgeschlossen sein und als solche von jedem Gericht angewandt werden können.[634]

Art. 28 Unterabsatz 2 S. 1 VKR normiert zunächst, dass öffentliche Auftraggeber öffentliche Aufträge im Wege des offenen oder nichtoffenen Verfahrens vergeben. Art. 28 Unterabsatz 2 S. 3 VKR schränkt diese grundsätzliche Verpflichtung dahingehend ein, dass die Vergabe unter den tatsächlichen und rechtlichen Umständen, die in den Art. 30 und 31 VKR ausdrücklich genannt sind, auch im Wege des Verhandlungsverfahrens erfolgen kann. Art. 28 Unterabsatz 2 VKR lässt mithin keinen Zweifel an der Verpflichtung der öffentlichen Auftraggeber aufkommen, bei der Vergabe von öffentlichen Aufträgen grundsätzlich das offene oder nichtoffene Verfahren anwenden zu müssen. Auch die einzelnen Ausnahmetatbestände aus Art. 30 VKR (Verhandlungsverfahren mit Veröffentlichung einer Bekanntmachung) und Art. 31 VKR (Verhandlungsverfahren ohne Veröffentlichung einer Bekanntmachung) sind klar und unzweideutig. Schließlich hat der deutsche Gesetzgeber viele der Ausnahmetatbestände nahezu wortgetreu in § 3 III, IV VOL/A-EG übernommen.

Mithin ist die Bestimmung des Art. 28 Unterabsatz 2 VKR hinreichend genau, um unmittelbare innerstaatliche Wirkung entfalten zu können.

---

632 EuGH, Urt. v. 04.12.1974, Rs. 41/74 (van Duyn/ Home Office), Slg. 1974, 01337, Rn. 12; Urt. v. 17.12.1970, Rs. 33/70 (S.A.C.E./ Finanzministerium Italiens), Slg. 1970, 01213, Rn. 13; Urt. v. 06.10.1970, Rs. 9/70 (Grad/ Finanzamt Traunstein), Slg. 1970, 00825, Rn. 6.
633 EuGH, Urt. v. 23.02.1994, Rs. C-236/92 (Comitato di coordinamento per la difesa della Cava/ Regione Lombardia), Slg. 1994, I-00483, Rn. 10; Urt. v. 04.12.1986, Rs. 71/85 (Federatie Nederlandse Vakbeweging), Slg. 1986, 03855, Rn. 13; Urt. v. 26.02.1986, Rs. 152/84 (Marshall I), Slg. 1986, 00723, Rn. 52; Urt. v. 15.12.1983, Rs. 5/83 (Rienks), Slg. 1983, 04233, Rn. 8; Urt. v. 22.09.1983, Rs. 271/82 (Ministère Public/ Auer), Slg. 1983, 02727, Rn. 16.
634 EuGH, Urt. v. 27.06.1989, Rs. 50/88 (Kühne/ Finanzamt München III), Slg. 1989, 01925, Rn. 26; Urt. v. 22.05.1980, Rs. 131/79 (Regina/ Secretary of State for Home Affairs), Slg. 1980, 01585, Rn. 13.

4. Unbedingte Ausgestaltung von Art. 28 Unterabsatz 2 VKR

Um die abstrakte Eignung der Vorgabe zur Direktwirkung letztendlich bejahen zu können, muss Art. 28 Unterabsatz 2 VKR zudem inhaltlich unbedingt ausgestaltet sein. Dieses Erfordernis erfüllt eine Richtlinienbestimmung nach ständiger Rechtsprechung des EuGH dann, wenn sie vorbehaltlos und ohne an eine Bedingung geknüpft zu sein anwendbar ist, sowie zur Erfüllung ihrer Wirksamkeit keiner weiteren Maßnahmen der Organe der Mitgliedstaaten oder der Union bedarf.[635] Sie ist hingegen bedingt, wenn sie den Mitgliedstaaten zu ihrer Umsetzung ein Wahlrecht zwischen verschiedenen Möglichkeiten oder einen Gestaltungsspielraum einräumt.[636] Danach kann es beispielsweise trotz hinreichender Genauigkeit an einer inhaltlichen Unbedingtheit von Richtlinienbestimmungen fehlen, wenn den Mitgliedstaaten bei der Finanzierung inhaltlich klar umrissener Begünstigungen ein Gestaltungsspielraum eingeräumt wird.[637] Inhaltlich nicht unbedingt sind beispielsweise die Regelungen der Art. 29 und 32 VKR, denn dort wird es in das Ermessen der Mitgliedstaaten gestellt, ob sie öffentlichen Auftraggebern unter bestimmten Voraussetzungen gestatten, einen wettbewerblichen Dialog durchzuführen (Art. 29 I VKR) oder Rahmenvereinbarungen über eine Vielzahl von öffentlichen Einzelaufträgen abzuschließen (Art. 32 I VKR). Diese Richtlinienbestimmungen bedürfen zu ihrer Wirksamkeit mithin weiterer Maßnahmen der mitgliedstaatlichen Legislative.

Die Pflicht zur Durchführung eines offenen oder nichtoffenen Vergabeverfahrens aus Art. 28 Unterabsatz 2 VKR ist hingegen nicht an den Eintritt weiterer Bedingungen geknüpft. Sie steht zwar unter dem Vorbehalt, dass keine Umstände vorliegen, die ein Verhandlungsverfahren gestatten, jedoch sind die Voraussetzungen, unter denen dieser Vorbehalt greift, in der Richtlinie selbst, namentlich in den Art. 30 und 31 VKR, dezidiert geregelt. Mithin bedarf die Verpflichtung ihrem Wesen nach zur Erfüllung ihrer Wirksamkeit keiner konkretisierenden Maßnahme der Mitgliedstaaten oder der Organe der Union mehr. Anders wäre dies lediglich für den hier nicht vorliegenden Fall zu bewerten, dass die Richtlinie eine Befugnis der Mitgliedstaaten vorsähe, nach eigenem Ermessen,

---

635 EuGH, Urt. v. 23.02.1994, Rs. C-236/92 (Comitato di coordinamento per la difesa della Cava/ Regione Lombardia), Slg. 1994, I-00483, Rn. 9; Urt. v. 20.09.1988, Rs. 31/87 (Beentjes), Slg. 1988, 04635, Rn. 43; Urt. v. 12.05.1987, verb. Rs. 372 bis 374/85 (Traen), Slg. 1987, 02153, Rn. 25; Urt. v. 04.12.1974, Rs. 41/74 (van Duyn/ Home Office), Slg. 1974, 01337, Rn. 13/14.
636 Fischer, Rn. 233.
637 EuGH, Urt. v. 19.11.1991, verb. Rs. C-6/90 und C-9/90 (Francovich), Slg. 1991, I-05357, Rn. 26.

ggf. unter europarechtlich vorgegebenen Rahmenbedingungen festzulegen, wann abweichend von der grundsätzlichen Ausschreibungspflicht ein Verhandlungsverfahren durchgeführt werden darf.

Die Richtlinienbestimmung des Art. 28 Unterabsatz 2 VKR weist mithin nicht nur eine hinreichende Genauigkeit auf, sondern ist auch inhaltlich unbedingt ausgestaltet. Die oben aufgeworfene Frage, ob dies bei der unmittelbar innerstaatlichen Wirkung von Richtlinienbestimmungen in Form der bloßen Sperrwirkung nationaler Vorschriften überhaupt erforderlich ist, muss daher keiner abschließenden Beantwortung zugeführt werden. Die Bestimmung des Art. 28 Unterabsatz 2 VKR ist somit von den ihr innewohnenden Eigenschaften her geeignet, unmittelbare innerstaatliche Wirkungen zu entfalten und auf diesem Wege die Systematik aus § 127 I, II SGB V im Geltungsbereich der Vergabekoordinierungsrichtlinie zu eliminieren.

5. Reichweite und Grenzen der unmittelbaren innerstaatlichen Wirkung

Bisher wurde jedoch nur die abstrakte Eignung von Art. 28 Unterabsatz 2 VKR zur Direktwirkung im nationalen Recht festgestellt. Klärungsbedürftig ist jedoch darüber hinaus, wie weit diese grundsätzliche Möglichkeit zur unmittelbaren Wirkung von Art. 28 Unterabsatz 2 VKR reicht. Zwar greift bei der Direktwirkung von Richtlinienbestimmungen die contra legem Grenze nicht, dafür bestehen jedoch aufgrund der Systematik von Art. 288 III AEUV und dem Prinzip der begrenzten Einzelermächtigung andere Beschränkungen, die sich insbesondere darüber verhalten, in welchen Rechtsverhältnissen eine Berufung auf die unmittelbare Wirkung von Richtlinienbestimmungen möglich ist.

a) Zulässige vertikale und unzulässige umgekehrt vertikale unmittelbare Wirkung von Richtlinienbestimmungen

Anerkannt ist zunächst eine so genannte vertikale unmittelbare Richtlinienwirkung, die es zulässt, dass sich ein Einzelner auf eine hinreichend genaue und inhaltlich unbedingte Richtlinienbestimmung gegenüber dem Mitgliedstaat berufen kann.[638] Unzulässig ist hingegen eine umgekehrt vertikale Direktwirkung von Richtlinienbestimmungen, so dass ein Mitgliedstaat nicht unmittelbar aus einer

---

638 EuGH, Urt. v. 26.02.1986, Rs. 152/84 (Marshall I), Slg. 1986, 00723, Rn. 46; Urt. v. 5.4.1979, Rs. 148/78 (Ratti), Slg. 1979, 01629 Rn. 18/23.

Richtlinienbestimmung gegen den Einzelnen vorgehen kann, die Bestimmungen dem Einzelnen also keine Verpflichtungen auferlegen können.[639] Den Begriff des Staates in diesem Sinne formuliert der EuGH äußerst weit. So zählt eine Einrichtung, die unabhängig von ihrer Rechtsform kraft staatlichen Rechtsakts unter staatlicher Aufsicht eine Leistung im öffentlichen Interesse zu erbringen hat und dazu mit besonderen Rechten ausgestattet ist, die über dasjenige hinausgehen, was für Beziehungen zwischen Privatrechtssubjekten kennzeichnend ist, zu den Rechtssubjekten, denen der Einzelne unmittelbar wirkende Richtlinienbestimmungen entgegenhalten kann.[640]

b) Unzulässigkeit einer horizontalen unmittelbaren Wirkung von Richtlinienbestimmungen

Darüber hinaus wird eine horizontale Direktwirkung von Richtlinien, also ihre Heranziehung in der Beurteilung eines Rechtsverhältnisses zwischen Bürgern, entgegen der Vorstöße einiger Generalanwälte,[641] in ständiger Rechtsprechung des EuGH abgelehnt,[642] da der verbindliche Charakter einer Richtlinie nach Art. 288 III AEUV nur für jeden Mitgliedstaat, an den sie gerichtet wird, besteht.[643]

---

639 EuGH, Urt. v. 4.12.1997, Rs. C-97/96 (Daihatsu Deutschland), Slg. 1997, I-06843, Rn. 24; Urt. v. 26.9.1996, Rs. C-168/95 (Arcaro), Slg. 1996, I-04705, Rn. 36; Urt. v. 13.11.1990, Rs. C-106/89 (Marleasing), Slg. 1990, I-04135, Rn. 6; Urt. v. 22.02.1990, Rs. C-221/88 (Busseni), Slg. 1990, I-00495, Rn. 23; Urt. v. 08.10.1987, Rs. 80/86 (Kolpinghuis Nijmegen), Slg. 1987, 03969, Rn. 9; Urt. v. 11.06.1987, Rs.14/87 (Pretore di Salò/ X), Slg. 1987, 02545, Rn. 19; Urt. v. 12.05.1987, verb. Rs. 372 bis 374/85 (Traen), Slg. 1987, 02153, Rn. 24; Urt. v. 26.02.1986, Rs. 166/ 84 (Marshall I), Slg. 1986, 00723, Rn. 48.
640 EuGH, Urt. v. 12.07.1990, Rs. C-188/89 (Foster/ British Gas), Slg. 1990, I-03313, Rn. 20.
641 GA *Lenz*, Schlussantr. v. 09.02.1994 zu EuGH, Rs. C-91/92 (Faccini Dori), Slg. 1994, I-03325, Ziff. 43 ff.; GA *Jacobs*, Schlussantr. v. 27.01.1994 zu EuGH, Rs. C-316/93 (Vaneetveld), Slg. 1994, I-00763, Ziff. 18 ff.; GA *van Gerven*, Schlussantr. v. 26.01.1993 zu EuGH, Rs. C-271/91 (Marshall II), Slg. 1993, I-04367, Ziff. 12.
642 EuGH, Urt. v. 10.03.2005, Rs. C-235/03 (QDQ Media), Slg. 2005, I-01937, Rn. 16; Urt. v. 05.10.2004, verb. Rs. C-397 bis 403/01 (Pfeiffer), Slg. 2004, I-08835, Rn. 108 f.; Urt. v. 13.07.2000, Rs. C-456/98 (Centrosteel), Slg. 2000, I-06007, Rn. 15; Urt. v. 11.07.1996, verb. Rs. C-71 bis 73/94 (Eurim Pharma), Slg. 1996, I-03603, Rn. 26; Urt. v. 14.07.1994, Rs. C-91/92 (Faccini Dori), Slg. 1994, I-03325, Rn. 19 ff.; Urt. v. 11.06.1987, Rs.14/87 (Pretore di Salò/ X), Slg. 1987, 02545, Rn. 19; Urt. v. 26.02.1986, Rs. 152/84 (Marshall I), Slg. 1986, 00723, Rn. 47 f.
643 EuGH, Urt. v. 14.07.1994, Rs. C-91/92 (Faccini Dori), Slg. 1994, I-03325, Rn. 22; Urt. v. 26.02.1986, Rs. 152/84 (Marshall I), Slg. 1986, 00723, Rn. 48.

Eine Ausdehnung der unmittelbaren Wirkung von Richtlinien auf Rechtsbeziehungen zwischen den einzelnen Bürgern würde dazu führen, dass der Union die Befugnis zukommt, mit unmittelbarer Wirkung Verpflichtungen der Bürger zu statuieren, obwohl ihr dies nur in den Fällen gestattet ist, in denen ihr die Befugnis zum Erlass von per se nach Art. 288 II AEUV unmittelbar wirkenden Verordnungen zukommt.[644] Daher ist die Ausweitung der Direktwirkung von Richtlinien auf Horizontalverhältnisse nicht mit dem Prinzip der begrenzten Einzelermächtigung aus Art. 2 VI AEUV vereinbar.[645]

In der Literatur wird bisweilen zwischen einer echten und einer unechten bzw. negativen Horizontalwirkung von Richtlinien unterschieden.[646] Letztere liege dann vor, wenn ein Privatrechtssubjekt im Privatrechtsverhältnis geltend macht, dass eine innerstaatliche Norm gegen eine Richtlinie verstoße und daher unangewendet bleiben müsse.[647] Die unechte Horizontalwirkung stellt nach dieser Ansicht also eine unmittelbar innerstaatliche Sperrwirkung von Richtlinien im Rechtsverhältnis zwischen Einzelnen dar. Der EuGH unterscheidet jedoch, wie sich aus seinen Ausführungen im Urteil zur Rechtssache *Pfeiffer* ergibt, entgegen der Ansicht einiger Generalanwälte[648], systematisch nicht zwischen echter und unechter Horizontalwirkung, weshalb er auch letztere als bloße Unterart der Horizontalwirkung ablehnt.[649]

c) Differenzierende Betrachtung bei drittbelastender unmittelbarer Wirkung von Richtlinienbestimmungen

Eine weitere Variante der unmittelbaren innerstaatlichen Richtlinienwirkung stellt die so genannte drittbelastende Richtlinienwirkung dar.[650] Diese charakterisiert sich als Kombination der zulässigen vertikalen und unzulässigen umgekehrt vertikalen Direktwirkung von Richtlinien und liegt demzufolge vor, wenn ein Bürger eine Berechtigung aus einer Richtlinie gegenüber dem Mitgliedstaat gel-

---

644 EuGH, Urt. v. 14.07.1994, Rs. C-91/92 (Faccini Dori), Slg. 1994, I-03325, Rn. 24.
645 So auch *Schürnbrand*, JZ 2007, 910 (914).
646 Koenig/ Haratsch/ Pechstein, Rn. 343 a; *Reich/ Rörig*, EuZW 2002, 87 (88 f.).
647 Koenig/ Haratsch/ Pechstein, Rn. 343 a.
648 GA *Alber*, Schlussantr. v. 18.01.2000 zu EuGH, Rs. C-343/98 (Collino), Slg. 2000, I-06659, Ziff. 25 ff.; GA *Saggio*, Schlussantr. v. 16.12.1999 zu EuGH, verb. Rs. C-240 bis 244/98 (Oceano), Slg. 2000, I-04941, Ziff. 29 ff.
649 EuGH, Urt. v. 05.10.2004, verb. Rs. C-397 bis 403/01 (Pfeiffer), Slg. 2004, I-08835, Rn. 108 f.
650 *Ruffert*, in: Calliess/ Ruffert, Art. 249 EGV Rn. 89 ff.; Fischer, Rn. 240 sprechen in diesen Konstellationen von unmittelbarer Richtlinienwirkung in Dreiecksverhältnissen.

tend macht (vertikale Wirkung), die dieser nur durch einen hoheitlichen Eingriff gegenüber einem anderen Privaten verwirklichen kann (umgekehrt vertikale Wirkung).[651] Von einer horizontalen Direktwirkung kann in diesen Fällen nicht gesprochen werden, da der unmittelbare Anspruchsadressat der Staat und nicht ein anderes Privatrechtssubjekt ist. Zur Zulässigkeit einer solchen drittbelastenden Direktwirkung von Richtlinien hat der EuGH ausdrücklich erstmals in der Rechtssache *Wells* Stellung genommen.[652]

Grundsätzlich gilt danach auch in solchen Konstellationen, dass eine unmittelbare Wirkung von Richtlinienbestimmungen nur Rechte, nicht aber Pflichten des Einzelnen begründen kann.[653] Gleichwohl sind bloße negative Auswirkungen auf Rechte Dritter hinzunehmen und versagen dem Einzelnen, selbst wenn deren Eintritt gewiss ist, nicht das Recht, sich gegenüber dem Mitgliedstaat unmittelbar auf Richtlinienbestimmungen zu berufen, welche ihm Rechte verleihen.[654] Mit der grundsätzlichen Unzulässigkeit einer umgekehrt vertikalen Direktwirkung von Richtlinien ist es hingegen nicht vereinbar, dass sich ein Einzelner gegenüber einem Mitgliedstaat auf Bestimmungen einer Richtlinie beruft, wenn es sich um eine Verpflichtung des Staates handelt, die unmittelbar im Zusammenhang mit der Erfüllung einer anderen Verpflichtung steht, die aufgrund der Richtlinie einem Dritten obliegt.[655] Der EuGH unterscheidet mithin im Rahmen der drittbelastenden Direktwirkung von Richtlinien zwischen unzulässigen echten Rechtspflichten Dritter und zulässigen faktischen Belastungen Dritter infolge der Berufung eines Einzelnen auf Richtlinienbestimmungen gegenüber dem Staat.

d) Zulässige Form der drittbelastenden unmittelbaren Wirkung von Art. 28 Unterabsatz 2 VKR

Nach dem hier vorgeschlagenen Modell würde die Berufung eines Leistungserbringers auf die unmittelbare innerstaatliche Wirkung von Art. 28 Unterabsatz 2 VKR dazu führen, dass die gesetzlichen Krankenkassen, welche als öffentliche Auftraggeber staatsgebunden und daher in Folge des weiten Staatsbegriffes des EuGH als staatliche Stellen einzuordnen sind,[656] verpflichtet werden, alle Rah-

---

651 Haratsch/ Koenig/ Pechstein, Rn. 344.
652 EuGH, Urt. v. 07.01.2004, Rs. C-201/02 (Delena Wells), Slg. 2004, I-00723, Rn. 54 ff.
653 EuGH, Urt. v. 07.01.2004, Rs. C-201/02 (Delena Wells), Slg. 2004, I-00723, Rn. 56.
654 EuGH, Urt. v. 07.01.2004, Rs. C-201/02 (Delena Wells), Slg. 2004, I-00723, Rn. 57.
655 EuGH, Urt. v. 07.01.2004, Rs. C-201/02 (Delena Wells), Slg. 2004, I-00723, Rn. 56.
656 Damit korrespondierend wurde bereits unter D. II. festgestellt, dass die gesetzlichen Krankenkassen auch durch die Grundfreiheiten verpflichtet werden.

menvereinbarungen zur Hilfsmittelversorgung, entgegen der unanwendbaren Systematik aus § 127 I, II SGB V, aber vorbehaltlich der Ausnahmetatbestände des § 3 III, IV VOL/A-EG, nach § 101 VII 1 GWB grundsätzlich im Wege des offenen Verfahrens abzuschließen. Dies begründet ein Teilnahmerecht des Leistungserbringers im Hilfsmittelbereich am Auswahlverfahren entsprechend der kartellvergaberechtlichen Bestimmungen, welches beim Abschluss solcher Rahmenvereinbarungen im Wege des vergaberechtlichen Verhandlungsverfahrens, insbesondere wenn dieses ohne vorherige Vergabebekanntmachung erfolgt, nicht gewährleistet ist. Im Grundsatz kann hier also von einer zulässigen vertikalen unmittelbaren Wirkung von Art. 28 Unterabsatz 2 VKR gesprochen werden, da sich die Leistungserbringer als Privatrechtssubjekte gegenüber dem Staat in Form der gesetzlichen Krankenkassen auf ihre Rechte aus einer Richtlinie berufen.

Die Folge der Berufung eines Leistungserbringers auf Art. 28 Unterabsatz 2 VKR gegenüber der Systematik aus § 127 I, II SGB V ist jedoch nicht nur die Verpflichtung der Krankenkassen zur Durchführung einer Ausschreibung. Zugleich bewirkt die Berufung auf Art. 28 Unterabsatz 2 VKR bei bereits laufenden oder abgeschlossenen Vergabeverfahren, dass derjenige Leistungserbringer, der im europarechtswidrigen Vergabeverfahren nach § 127 II SGB V den Zuschlag erhalten hätte, zugunsten des kartellvergaberechtlich zu bevorzugenden Bieters seine günstige Position verliert und somit belastet wird, indem ein bereits geschlossener Vertrag mit einer Unwirksamkeitsfolge belegt oder der anvisierte Vertragsschluss durch ein Zuschlagsverbot verhindert wird.

Die Nichtigkeit eines nach § 127 II SGB V im Wege des Verhandlungsverfahrens geschlossenen Versorgungsvertrages ergibt sich dabei aus § 101 b I Nr. 2 GWB. Soweit ein öffentlicher Auftrag von einem öffentlichen Auftraggeber ohne Beteiligung anderer Unternehmen am Vergabeverfahren und ohne gesetzliche Legitimierung dieser Vorgehensweise unmittelbar an ein Unternehmen vergeben wird, ist der mit diesem Unternehmen geschlossene Vertrag nach dieser Vorschrift nichtig, wenn der Verstoß fristgerecht in einem Nachprüfungsverfahren geltend gemacht wird. Als ein Verstoß gegen dieses Verbot der so genannten de-facto-Vergabe wird, entgegen des einen anderen Eindruck vermittelnden und unklaren Wortlauts von § 101 b I Nr. 2 GWB, ein Vertragsschluss angesehen, der ohne das vergaberechtlich vorgeschriebene Verfahren vollzogen wurde.[657] Bei einem Rahmenvereinbarungsschluss zur Hilfsmittelversorgung nach § 127 II SGB V im Wege des Verhandlungsverfahrens liegt, vorbehaltlich des Eingrei-

---

657 *König*, in: Kulartz/ Kus/ Portz, § 101 b Rn. 3.

fens eines Ausnahmetatbestandes aus § 3 III, IV VOL/A-EG, eine Missachtung der kartellvergaberechtlichen Hierarchie der Vergabeverfahren aus § 101 VII 1 GWB vor, weshalb es sich regelmäßig um de-facto-Vergaben handelt. Ein diese de-facto-Vergaben legitimierendes Gesetz im Sinne von § 101 b I Nr. 2 GWB stellt § 127 I, II SGB V aber gerade nicht dar, da die dortige Systematik ihrerseits nicht mit höherrangigem Recht, namentlich mit Art. 28 Unterabsatz 2 VKR, im Einklang steht.[658]

Sollte der Zuschlag hingegen noch nicht an den vom Auftraggeber bevorzugten Leistungserbringer erteilt worden sein, ergibt sich nach § 115 I GWB ein Zuschlagsverbot, wenn sich ein anderer Leistungserbringer im Beschwerdeverfahren vor der Vergabekammer unmittelbar auf Art. 28 Unterabsatz 2 VKR beruft und diese die Krankenkasse in Textform über den Nachprüfungsantrag informiert.

Wegen der regelmäßig eintretenden Drittbelastung bei einer unmittelbaren Berufung auf Art. 28 Unterabsatz 2 VKR liegt hier im Ergebnis kein Fall der ohne weiteres zulässigen vertikalen Direktwirkung von Richtlinienbestimmungen, sondern eine drittbelastende unmittelbare Richtlinienwirkung vor, deren Zulässigkeit sich nach den Kriterien bemisst, die der EuGH in der Rechtssache *Wells* aufgestellt hat.

Daher muss die Frage geklärt werden, ob in der negativen Folge für den anderen, sich nicht auf die Vergabekoordinierungsrichtlinie berufenden Leistungserbringers, eine lediglich faktisch negative Belastung zu sehen ist, oder ob durch die Berufung eines Leistungserbringers auf Art. 28 Unterabsatz 2 VKR eine staatliche Verpflichtung aktiviert wird, die unmittelbar im Zusammenhang mit einer Verpflichtung des anderen Leistungserbringers steht. Die Abgrenzung zwischen beiden Fallgruppen gestaltet sich jedoch im Einzelfall äußerst schwierig, weshalb die so genannte »*Wells*-Formel« des EuGH in der Literatur teilweise als bloße Faustregel bezeichnet wird.[659] Vorliegend kann indes davon profitiert werden, dass der EuGH in seinem Urteil zur Rechtssache *Wells* seine einschlägige ältere und bisweilen sehr unklare Rechtsprechung den beiden Fallgruppen – faktische Belastung des Dritten und echte Rechtspflicht des Dritten – zugeordnet hat. Interessant ist in diesem Zusammenhang vor allem die Zuordnung der Entscheidung in der Rechtssache *Fratelli Costanzo* aus dem Jahr 1989.[660] In dieser, die Richtlinie 71/305/EWG über die Koordinierung der Verfahren zur Vergabe

---

658 So auch 3. VK Bund, Beschl. v. 12.11.2009, Az.: VK 3 193/09, 24.
659 So *Ruffert*, in: Calliess/ Ruffert, Art. 249 EGV Rn. 93.
660 EuGH, Urt. v. 22.06.1989, Rs. C-103/88 (Fratelli Costanzo/ Stadt Mailand), Slg. 1989, 01861.

öffentlicher Bauaufträge betreffenden Entscheidung, antwortete der EuGH auf die Vorlagefrage eines italienischen Gerichts dahingehend, dass Art. 29 V der Richtlinie 71/305/EWG[661] unmittelbar innerstaatlich anwendbar sei. Die Tatsache, dass die Direktwirkung dieser Richtlinienbestimmung – auf die sich der Kläger des Ausgangsverfahrens als ausgeschlossener Bieter nunmehr berufen konnte – eine belastende Wirkung für den bisherigen Ausschreibungsgewinner haben würde, indem dieser seine günstige Position als Vertragspartner verliert, problematisierte der EuGH seinerzeit nicht.[662]

Durch die Entscheidung in der Rechtssache *Wells* hat der EuGH knapp 15 Jahre später das »*Fratelli Costanzo*-Urteil« systematisch verortet, indem er es richtigerweise der Fallgruppe einer drittbelastenden unmittelbaren Richtlinienwirkung zuordnet und die Belastung des zunächst erfolgreichen Bieters in Form des Verlustes seiner günstigen Position als noch zulässige, bloß faktisch negative Auswirkung auf Rechte Dritter einordnet.[663] Folglich hat der EuGH durch die »*Wells*-Entscheidung« nachträglich klargestellt, dass er die in vergaberechtlichen Dreieckskonstellationen typischerweise zu Tage tretenden Drittbelastungen, die immer dann auftreten, wenn der im Rahmen eines europarechtswidrig durchgeführten Vergabeverfahrens zunächst erfolgreiche Bieter, dieser Stellung dadurch verlustig wird, dass ein übergangener Bieter unter direkter Berufung auf die einschlägigen Bestimmungen in den Vergaberichtlinien das Vergabeverfahren angreift, als zulässige Form der drittbelastenden unmittelbaren Wirkung von Richtlinienbestimmungen einstuft. Auf Basis dieses Verständnisses ist es nur konsequent, dass der EuGH auch in weiteren Entscheidungen die unmittelbar innerstaatliche Wirkung einzelner Bestimmungen aus Vergaberichtlinien grundsätzlich bejaht hat.[664]

---

661 Art. 29 V der Richtlinie 71/305/EWG, der im Wesentlichen Art. 55 VKR entspricht, sah vor dem Ausschluss preislich ungewöhnlich niedriger Angebote durch den öffentlicher Auftraggeber die Verpflichtung desselben vor, den entsprechenden Bieter zur Vorlage der erforderlichen Belege aufzufordern und diesem so die Gelegenheit zu geben, die trotz des niedrigen Preises vorhandene Seriösität seines Angebots nachzuweisen. Diese Vorschrift wurde im italienischen Rechtssystem zwar zunächst korrekt umgesetzt, jedoch nachträglich im Wege eines Dekrets dergestalt europarechtswidrig verändert, dass das Verfahren der kontradiktorischen Überprüfung zum Zwecke der Beschleunigung des gesamten Vergabeverfahrens durch ein mathematisches Ausschlusskriterium ersetzt wurde.
662 Vgl. EuGH, Urt. v. 22.06.1989, Rs. C-103/88 (Fratelli Costanzo/ Stadt Mailand), Slg. 1989, 01861, Rn. 28 ff.
663 EuGH, Urt. v. 07.01.2004, Rs. C-201/02 (Delena Wells), Slg. 2004, I–00723, Rn. 57.
664 EuGH, Urt. v. 24.09.1998, Rs. C-76/97 (Tögel/ Niederösterreichische Gebietskrankenkasse), Slg. 1998, I-05357, Rn. 41 ff.; EuGH, Urt. v. 17.09.1997, Rs. C-54/96 (Dorsch Consult), Slg. 1997, I-04961, Rn. 44.

Im Ergebnis kann also festgehalten werden, dass die direkte Berufung eines Leistungserbringers auf Art. 28 Unterabsatz 2 VKR gegenüber den gesetzlichen Krankenkassen, deren Landesverbänden oder Arbeitsgemeinschaften zulässig ist. Die infolge dieser Berufung typischerweise eintretenden negativen Folgen für den bisher bevorzugten Leistungserbringer stellen zulässige, bloß faktisch negative Auswirkungen dar.

IV. Gesamtergebnis und rechtsdogmatische Folgen der unmittelbaren innerstaatlichen Wirkung von Art. 28 Unterabsatz 2 VKR

Dogmatisch hat die hier vorgeschlagene und zulässige unmittelbar innerstaatliche Wirkung von Art. 28 Unterabsatz 2 VKR zur Folge, dass die Anwendbarkeit der Systematik aus § 127 I, II SGB V insoweit gesperrt wird, als deren Inhalt im Widerspruch zur Hierarchie der Verfahrensarten nach Art. 28 Unterabsatz 2 VKR steht. Die Unanwendbarkeit betrifft mithin nicht die Vorgaben zum Inhalt der Rahmenvereinbarungen aus § 127 I 2, 3, II 2 SGB V sowie die Veröffentlichungs- und Informationsverpflichtungen der Krankenkassen aus § 127 II 3, 4 SGB V, da diese Regelungen nicht die Verfahrenswahl betreffen und demnach keinen europarechtswidrigen Inhalt aufweisen. Daher erscheint es sachgerecht, von einer partiellen Unanwendbarkeit der Systematik aus § 127 I, II SGB V zu sprechen. Für die gesetzlichen Krankenkassen bedeutet dies, dass im Anwendungsbereich des europäischen Vergaberechts für die Vergabe von Rahmenvereinbarungen zur Hilfsmittelversorgung die Vorgaben des Kartellvergaberechts, insbesondere im Hinblick auf die Hierarchie der Verfahrensarten, uneingeschränkte Anwendung finden. Ein direkter Rückgriff auf Art. 28 Unterabsatz 2 VKR findet nicht statt.

Auch das vergeblich zur Abwehr des Vergaberechtsregimes bemühte Beitrittsrecht vertragsloser Leistungserbringer aus § 127 II a SGB V zu Rahmenvereinbarungen nach § 127 II SGB V bleibt von der unmittelbaren innerstaatlichen Wirkung des Art. 28 Unterabsatz 2 VKR unberührt, da es nicht im Widerspruch zur Hierarchie der Verfahrensarten steht. Praktische Bedeutung kommt dem Beitrittsrecht gleichwohl innerhalb des Anwendungsbereiches der Vergabekoordinierungsrichtlinie nicht mehr zu, da es infolge der Unanwendbarkeit von § 127 II 1 SGB V seine Bezugsverträge verliert. Schließlich ist der nach § 127 II 1 SGB V optional vorgesehene Abschluss von Rahmenvereinbarungen im Wege des Verhandlungsverfahrens aufgrund der unmittelbaren Wirkung von Art. 28 Unterabsatz 2 VKR nicht zulässig. Ob der Gesetzgeber über den Wortlaut von § 127 II a SGB V hinaus befugt ist, den Leistungserbringern ein wirksames Beitrittsrecht zu Rahmenvereinbarungen zu gewähren, die nach Durchführung einer Ausschreibung oder im Einzelfall rechtmäßig in einem anderen Verfahren geschlossen wurden, hängt von dem europarechtlichen Schicksal eines solchen Beitrittsrechts vor dem Hintergrund von Art. 32 II Unterabsatz 2 S. 2 VKR ab, dessen Klärung jedoch im Rahmen der Zielsetzung dieser Bearbeitung offen gelassen werden kann.

Da § 127 I, II SGB V aber keinesfalls nichtig, sondern lediglich im Geltungsbereich der Vergabekoordinierungsrichtlinie partiell unanwendbar ist, bleibt sie für Sachverhalte außerhalb des Anwendungsbereichs der Vergabekoordinierungsrichtlinie vollumfänglich anwendbar. Dies betrifft den Abschluss von Rahmenvereinbarungen zur Hilfsmittelversorgung mit Auftragswerten, welche unterhalb der Schwellenwerte liegen und die Vergabe von Rahmenvereinbarungen über Dienstleistungen im Rahmen der Hilfsmittelversorgung, die dann als nichtprioritäre Dienstleistungen nach Anhang I Teil B Ziff. 25 zur VOL/A-EG bzw. Anhang II Teil B Ziff. 25 zur Vergabekoordinierungsrichtlinie vom Geltungsbereich des europäischen Vergaberechts ausgenommen sind. Da jedoch der Auftragswert infolge des Charakters der Hilfsmittelversorgungsverträge nach § 127 I, II SGB V als Rahmenvereinbarungen im Sinne des Kartellvergaberechts in nahezu allen Fällen über dem maßgeblichen Schwellenwert von 193.000 € liegen wird und Versorgungsverträge über Dienstleistungen im Hilfsmittelbereich zwar grundsätzlich denkbar sind, aber nur in Ausnahmekonstellationen tatsächlich vorkommen werden, ist der verbleibende Anwendungsbereich der Systematik des § 127 I, II SGB V verschwindend gering.

Die im Wege der unmittelbaren innerstaatlichen Wirkung von Art. 28 Unterabsatz 2 VKR herbeigeführte partielle Unanwendbarkeit von § 127 I, II SGB V ist von jedem Gericht zu beachten. Schließlich hat der EuGH klargestellt, dass die Möglichkeit der unmittelbaren Berufung eines Einzelnen auf Bestimmungen einer Richtlinie nicht im Sinne einer Einrede zu verstehen ist, sondern die unmittelbar innerstaatliche Wirkung einer Richtlinienbestimmung von Amts wegen berücksichtigt werden muss.[665] Das Gericht ist von sich aus gehalten, nationales Recht auf seine Vereinbarkeit mit Europarecht zu prüfen und im Zweifelsfall eine Vorlage nach Art. 267 AEUV zum EuGH vorzunehmen. Im Übrigen sind auch alle Träger öffentlicher Gewalt in den Mitgliedstaaten von Amts wegen zur

---

665 EuGH, Urt. v. 24.10.1996, Rs. C-72/95 (Kraaijeveld), Slg. 1996, I-05403, Rn. 55; Urt. v. 11.07.1991, Rs. 87/90 (Verholen), Slg. 1991, I-03757, Rn. 15.

Anwendung unmittelbar wirkender Richtlinienbestimmungen verpflichtet.[666] Trotz teilweise vorgebrachter Kritik an dieser Rechtsprechung[667] wäre es nach insoweit überzeugender Begründung des EuGH widersprüchlich, auf der einen Seite zu entscheiden, dass die Einzelnen sich vor den nationalen Gerichten auf die unmittelbare Wirkung einer Richtlinie zu dem Zweck berufen können, das Verhalten der Verwaltung beanstanden zu lassen, auf der anderen Seite aber die Auffassung zu vertreten, dass die Verwaltung nicht verpflichtet ist, die Bestimmungen der Richtlinie dadurch einzuhalten, dass sie die entgegenstehenden Vorschriften des nationalen Rechts unangewendet lässt.[668] Konsequenterweise hat der EuGH daher im »*Großkrotzenburg*-Urteil«, welchem bezeichnenderweise kein Vorabentscheidungs-, sondern ein Vertragsverletzungsverfahren nach Art. 258 Unterabsatz 2 AEUV zugrunde lag entschieden, dass eine Verwaltungsbehörde eine Richtlinienbestimmung anzuwenden hat, obwohl sich im konkreten Fall kein Einzelner auf deren Einhaltung berief.[669] Da die hier vorliegende Sperrwirkung von Richtlinienbestimmungen lediglich einen Unterfall der unmittelbaren innerstaatlichen Wirkung von Richtlinienbestimmungen darstellt, ist freilich auch diese Sperrwirkung durch alle staatlichen Stellen von Amts wegen zu beachten.[670]

Demnach sind die gesetzlichen Krankenkassen als Träger von öffentlicher Gewalt im System der gesetzlichen Krankenversicherung europarechtlich gezwungen, die Systematik aus § 127 I, II SGB V in dem beschriebenen Umfang unangewendet zu lassen und Rahmenvereinbarungen zur Hilfsmittelversorgung mit Leistungserbringern im Anwendungsbereich der Richtlinie 2004/18/EG entsprechend den Vorgaben des nationalen Kartellvergaberechts gemäß § 101 VII 1 GWB im Wege des offenen Verfahrens zu schließen. Es besteht also entgegen

---

666 EuGH, Urt. v. 24.10.1996, Rs. C-72/95 (Kraaijeveld), Slg. 1996, I-05403, Rn. 55; Urt. v. 22.06.1989, Rs. C-103/88 (Fratelli Costanzo/ Stadt Mailand), Slg. 1989, 01861, Rn. 31, 33.
667 *Pagenkopf*, NVwZ 1993, 216 (222 f.); *Papier*, DVBl 1993, 809 (813 f.); *Pietzcker* in FS Everling, S. 1095 (1105 ff.).
668 EuGH, Urt. v. 22.06.1989, Rs. C-103/88 (Fratelli Costanzo/ Stadt Mailand), Slg. 1989, 01861, Rn. 31.
669 EuGH, Urt. v. 11.08.1995, Rs. C-431/92 (Kommission/ Deutschland), Slg. 1995, I-02189.
670 EuGH, Urt. v. 19.09.2000, Rs. C-287/98 (Linster), Slg. 2000, I-06917, Rn. 31 ff.; EuGH, Urt. v. 16.09.1999, Rs. C-435/97 (WWF), Slg. 1999, I-05613, Rn. 68 ff.; EuGH, Urt. v. 22.06.1989, Rs. C-103/88 (Fratelli Costanzo/ Stadt Mailand), Slg. 1989, 01861, Rn. 31.

der partiell unanwendbaren Systematik aus § 127 I, II SGB V keine Ausschreibungsoption, sondern eine diesbezügliche Verpflichtung.[671]

Auch ein wahlweiser Rückgriff auf das nichtoffene Verfahren ist grundsätzlich nicht zulässig. Zwar sieht Art. 28 Unterabsatz 2 S. 1 VKR ein echtes Wahlrecht der öffentlichen Auftraggeber zwischen dem offenen und dem nichtoffenen Vergabeverfahren vor, jedoch erfolgt im Rahmen der hier vorgeschlagenen Form der unmittelbaren Wirkung von Art. 28 Unterabsatz 2 VKR kein direkter Rückgriff auf diese Richtlinienbestimmung, da sich deren unmittelbare Wirkung in der partiellen Eliminierung der Systematik aus § 127 I, II SGB V erschöpft. Maßgeblich für die Verfahrenswahl der gesetzlichen Krankenkassen bei der Vergabe von Rahmenvereinbarungen zur Hilfsmittelversorgung ist also das uneingeschränkt anwendbare nationale Kartellvergaberecht, welches noch über die Vorgabe aus Art. 28 Unterabsatz 2 S. 1 VKR hinausgeht, indem die öffentlichen Auftraggeber nach § 101 VII 1 1. HS GWB verpflichtet werden, ein offenes Verfahren im Sinne von § 101 II GWB durchzuführen.

Aus den unter E. I. 5. dargestellten Gründen kann es die Vorschrift des § 69 II 3 SGB V den Krankenkassen jedoch im Einzelfall unter Berücksichtigung des gesetzlichen Versorgungsauftrages gestatten, entgegen § 101 VII 1 GWB Rahmenvereinbarungen im Wege des nichtoffenen Verfahrens abzuschließen, ohne dass eine solche Vorgehensweise mit europäischem Sekundärrecht in Konflikt gerät.

Das nach dem unanwendbaren § 127 II 1 SGB V optional wählbare Verhandlungsverfahren im Sinne von § 101 V GWB beim Abschluss von Rahmenvereinbarungen zur Hilfsmittelversorgung kann jedoch auch unter Berücksichtigung des gesetzlichen Versorgungsauftrages der Krankenkassen nach § 69 II 3 SGB V lediglich in den Fällen durchgeführt werden, in denen die Voraussetzungen zumindest eines Ausnahmetatbestandes aus § 3 III, IV VOL/A-EG vorliegen. Ein freies Wahlrecht der gesetzlichen Krankenkassen hinsichtlich der vergaberechtlichen Verfahrensart beim Abschluss von Rahmenvereinbarungen zur Hilfsmittelversorgung, vergleichbar mit dem Wahlrecht der Sektorenauftraggeber aus § 101 VII 2 GWB, existiert folglich nicht.

---

671 Exakt diese Frage warf das LSG Mecklenburg Vorpommern, Beschl. v. 24.08.2009, Az.: L 6 B 171/09, 20 f. auf, ließ deren Beantwortung aber mangels Entscheidungserheblichkeit im konkreten Fall offen.

F. Fallgruppen einer kartellvergaberechtlich zulässigen Wahl des Verhandlungsverfahrens bei der Vergabe von Rahmenvereinbarungen zur Hilfsmittelversorgung

Ausgehend von den unter E. I. 4. a) und b) angestellten Erwägungen kommen nur einzelne Ausnahmekonstellationen in Betracht, in denen ein Tatbestand des Kataloges aus § 3 III, IV VOL/A-EG erfüllt und mithin der Abschluss von Rahmenvereinbarungen zur Hilfsmittelversorgung im Verhandlungswege gestattet ist. Die relevantesten Fälle sollen im Folgenden kurz aufgezeigt werden.

Dabei sind jedoch Versorgungssachverhalte, die Vertragsverhandlungen ohne vorherige öffentliche Vergabebekanntmachung zulassen (§ 3 IV VOL/A-EG) von solchen zu unterscheiden, die Vertragsverhandlungen nur nach einem Teilnahmewettbewerb gestatten (§ 3 III VOL/A-EG).

I. Vergabe von Rahmenvereinbarungen zur Hilfsmittelversorgung im Wege des Verhandlungsverfahrens ohne vorherige Vergabebekanntmachung, § 3 IV VOL/A-EG

Zunächst sollen Sachverhalte aufgezeigt werden, in denen die Vergabe von Rahmenvereinbarungen zur Hilfsmittelversorgung im Wege des Verhandlungsverfahrens ohne vorherigen Teilnahmewettbewerb nach § 3 IV VOL/A-EG zulässig ist.

1. Leistungserbringung nur durch ein Unternehmen möglich,
    § 3 IV lit. c) VOL/A-EG

Der Abschluss einer Rahmenvereinbarung im Verhandlungsverfahren ohne vorherige öffentliche Aufforderung zur Teilnahme ist insbesondere dann kartellvergaberechtlich zulässig, wenn die Wahl dieses Verfahrens wegen technischer Besonderheiten der konkreten Versorgung oder in Folge des Bestehens eines Ausschließlichkeitsrechts unumgänglich ist (§ 3 IV lit. c) VOL/A-EG). Dies ist immer dann der Fall, wenn die gesetzliche Krankenkasse als öffentlicher Auftraggeber nach Durchführung einer sorgfältigen, europaweiten Marktforschung – eine bloße Nachfrage bei Auftragsberatungsstellen genügt wegen deren zumeist nur begrenzter Marktübersicht nicht[672] – darlegen kann, dass die Versorgung mit des hinsichtlich seiner genauen Zweckbestimmung oder seines therapeutischen Nutzens alternativlos dastehenden Hilfsmittels aufgrund der Besonderheiten im Einzelfall, objektiv nur von einem einzigen Leistungserbringer durchgeführt werden kann.

Denkbar ist in diesem Zusammenhang vor allem, dass das zur Versorgung einer bestimmten medizinischen Diagnose zwingend benötigte Hilfsmittel Patentschutz genießt. In Betracht kommt aber auch der Fall, dass das patentierte Hilfsmittel trotz vorhandener Alternativen eine signifikante therapeutische Verbesserung darstellt, die sich in einer überlegenen Wirkung gegenüber ähnlichen Hilfsmitteln ausdrückt.[673]

Jedoch ist der Tatbestand des § 3 IV lit. c) VOL/A-EG auch bei patentgeschützten Hilfsmitteln ohne Behandlungsalternative oder mit überlegenem therapeutischen Nutzen nur dann erfüllt, wenn es keinen anderen Leistungserbringer gibt, der das patentierte Hilfsmittel ebenfalls zur Verfügung stellen kann. So hat der EuGH im Zusammenhang mit der Arzneimittelbeschaffung durch das spanische Gesundheitssystem klargestellt, dass ein Verhandlungsverfahren nicht allein durch die Existenz eines Ausschließlichkeitsrechts legitimiert wird, sondern nur in Betracht kommt, wenn hinsichtlich der durch ein Ausschließlichkeitsrecht geschützten Leistung kein Wettbewerb existiert.[674] Schließlich ist es denkbar, dass ein weiterer Leistungserbringer das Hilfsmittel im Rahmen einer Lizenz des Patentinhabers ebenfalls anbietet und daher mit dem Patentinhaber in einem von diesem zugelassenen Wettbewerb (so genanntes Co-Marketing) steht.[675] § 3 IV lit. c) VOL/A-EG rechtfertigt daher unter Umständen auch dann kein Verhandlungsverfahren, wenn das patentgeschützte Hilfsmittel außerhalb bestehender Lizenzen wegen des Grundsatzes der Erschöpfung des Patentschutzes durch erstmaliges Inverkehrbringen innnerhalb des Europäischen Wirtschaftsraums rechtmäßig auch beispielsweise von Sanitätshäusern vertrieben wird oder als Parallel-

---

672 *Kaelble*, in: Müller/ Wrede, § 3 a Nr. 1-3 Rn. 177.
673 So *Wille*, A&R 2009, 164 (166) in Bezug auf Arzneimittel.
674 EuGH, Urt. v. 03.05.1994, Rs. C-328/92 (Kommission/ Spanien), Slg. 1994, I-01569, Rn. 17.
675 So auch *Wille*, A&R 2008, 164 (166) in Bezug auf Arzneimittel.

import zur Verfügung steht.[676] In diesen Fällen stehen der gesetzlichen Krankenkasse trotz des Bestehens eines Ausschließlichkeitsrechts neben dem Patentinhaber weitere Leistungserbringer als potentielle Rahmenvereinbarungspartner zur Verfügung, die von der Krankenkasse nicht von vornherein ausgeschlossen werden dürfen.[677] Das Gleiche gilt wegen der zeitlichen Befristung von Patentrechten[678] auch für den Fall, dass der Patentschutz bis zum Zeitpunkt der geplanten Auftragsvergabe erlischt sowie dann, wenn notwendige Rechte bis dahin erworben werden können.[679]

Aber nicht nur unter dem rechtlichen Gesichtspunkt des Bestehens eines Ausschließlichkeitsrechts, sondern auch bedingt durch tatsächliche Umstände in Form von technischen Besonderheiten einer bestimmten Art der Hilfsmittelversorgung kommt nach § 3 IV lit. c) VOL/A-EG der zulässige Abschluss von Rahmenvereinbarungen im Wege des Verhandlungsverfahrens ohne vorherige Vergabebekanntmachung in Betracht. So kann die sachgerechte Versorgung mit einem bestimmten Hilfsmittel eine besondere Befähigung und/oder eine spezielle Ausstattung des Leistungserbringers erforderlich machen. Denkbar ist dies insbesondere bei technisch äußerst anspruchsvollen und komplexen Hilfsmitteln oder bei sehr speziellen Hilfsmitteln, die nur im Rahmen äußerst seltener Indikationen zur Anwendung kommen. Die bloße Behauptung, dass eine Gesamtheit von Arbeiten komplex und schwierig sei, genügt freilich nicht als Beweis dafür, dass die Leistung nur einem einzigen Unternehmen anvertraut werden kann.[680] Nur wenn eine ordnungsgemäße Markterforschung zu dem Ergebnis führt, dass lediglich ein einziger europäischer Leistungserbringer die zur Deckung des Bedarfs notwendige Hilfsmittelleistung erbringen kann, darf mit diesem ohne vorherige Bekanntmachung einer Vertragsschlussabsicht verhandelt werden.

---

676 In diesen Fällen dürfte jedoch zu bedenken sein, dass der Anbieter möglicherweise nicht in der Lage ist, die gesetzliche Krankenkasse im Zuge der gesamten Laufzeit der Rahmenvereinbarung von bis zu vier Jahren mit der benötigten Menge an Hilfsmitteln zu versorgen, da sich die Erschöpfung des Patentschutzes immer nur auf das einzelne, innerhalb des Europäischen Wirtschaftsraums vom Patentinhaber oder mit dessen Zustimmung von Dritten in Verkehr gebrachte Produkt bezieht (Schulte, § 9 PatG Rn. 20). Nur dieses konkrete Produkt kann also rechtmäßig von Dritten vertrieben werden.
677 *Wille*, A&R 2009, 164 (166).
678 So ist die Schutzdauer des Patentes in § 16 I 1 PatG grundsätzlich auf 20 Jahre festgelegt.
679 *Kaelble*, in: Müller-Wrede, § 3 a Nr. 1-3 Rn. 184; *Haak/ Reimnitz*, in: Willenbruch/ Bischoff, § 3 a VOL/A Rn. 80.
680 EuGH, Urt. v. 14.09.2004, Rs. C-385/02 (Kommission/ Italien), VergabeR 2004, 710 (713), Rn. 21.

2. Zusätzliche Lieferungen zur Erneuerung oder Erweiterung,
§ 3 IV lit. e) VOL/A-EG

Weiterhin kann zugunsten eines Verhandlungsverfahrens ohne vorherige öffentliche Aufforderung zur Teilnahme von der Durchführung einer Ausschreibung nach § 3 IV lit. e) VOL/A-EG abgesehen werden, wenn es aus sozialrechtlichen Gründen erforderlich wird, eine bereits bestehende Hilfsmittelversorgung von Versicherten durch den bisherigen Leistungserbringer zu erneuern oder zu erweitern.

a) Erneuerung der Leistung

Unter Erneuerung im Sinne der Vorschrift versteht man die Anpassung der ursprünglichen Lieferung an den neuesten Stand der Technik oder den Austausch von Teilen, um Abnutzungserscheinungen zu begegnen, wobei die zusätzlichen Lieferungen die ursprünglichen Lieferungen nicht als Ganzes ersetzen dürfen.[681]

Eine Erneuerung der Leistung im Sinne von § 3 IV lit. e) VOL/A-EG kann etwa erforderlich werden, um die Funktionsfähigkeit des Hilfsmittels entsprechend der Vorgabe aus § 33 I 4 SGB V zu erhalten oder die erfolgte Hilfsmittelleistung nach dem gesetzlichen Versorgungsauftrag aus § 2 I 3 SGB V im Zuge des medizinischen Fortschritts an den Stand der medizinischen Erkenntnisse anzupassen. Allerdings dürfen solche Erneuerungsleistungen, so sich für deren Vergabe denn überhaupt eine Rahmenvereinbarung eignet, nur dann im Verhandlungsverfahren an den bisher versorgenden Leistungserbringer vergeben werden, wenn die Erneuerung des bisherigen Hilfsmittels durch einen anderen Leistungserbringer zu erheblichen technischen Schwierigkeiten führen würde. Solche Schwierigkeiten können zum einen unter Kompatibilitätsgesichtspunkten entstehen, wenn zur Instandsetzung oder Aktualisierung eines Hilfsmittels, durch den mit einem Ausschreibungsverfahren möglicherweise einhergehenden Wechsel des Leistungserbringers, Fremdersatzteile oder –zubehör verwendet werden müssen. Zum anderen kann einem Leistungserbringer wegen der technischen Komplexität des vertragsgegenständlichen Hilfsmittels eines anderen Leistungserbringers aber auch das erforderliche Know-how fehlen, um das Hilfsmittel im Sinne von § 3 IV lit. e) VOL/A-EG zu erneuern.

---

681 *Haak/ Reimnitz*, in: Willenbruch/ Bischoff, § 3 a VOL/A Rn. 96; *Kaelble*, in: Müller-Wrede, § 3 a Nr. 1-3 Rn. 213.

b) Erweiterung der Leistung

Erweiterung meint hingegen eine Ausdehnung des ursprünglichen Lieferumfangs nach Stückzahl, Gebrauchstauglichkeit oder Zweckbestimmung.[682] Die Erweiterung ist gegenständlich nicht auf einen Teil der ursprünglichen Leistung beschränkt.[683] Die Notwendigkeit einer Erweiterung des Versorgungsumfangs kann sich stellen, wenn der Versicherte zur Behandlung einer bestimmten Indikation Anspruch auf eine produktübergreifende Versorgung mit mehreren Hilfsmitteln hat, die aus medizinisch technischen Gründen zwingend aus der Hand eines Leistungserbringers erfolgen muss (vgl. § 2 Nr. 6 der gemeinsamen Empfehlungen nach § 127 I a SGB V). Denkbar ist dies für den Fall der medizinischen Notwendigkeit zur Versorgung eines Versicherten mit verschiedenen, miteinander zu kombinierenden Hilfsmitteln. Als Beispiel kann der Versorgungsbedarf schwerstbehinderter Versicherter angeführt werden, welche zum Ausgleich ihrer Behinderungen zahlreicher, teilweise zusammenwirkender Hilfsmittel bedürfen, weshalb eine Kompatibilität derselben unerlässlich ist.

c) Allgemeines

In jedem Fall sind jedoch die Voraussetzungen von § 3 IV lit. e) VOL/A-EG eng auszulegen und daher nicht erfüllt, wenn auch ein drittes Unternehmen (rechtlich und tatsächlich) dazu in der Lage ist, den Erneuerungs- oder Erweiterungsbedarf zu decken und Waren zu liefern, die mit denjenigen der ursprünglichen Anschaffung identisch oder kompatibel sind.[684]

Zudem eröffnet der Tatbestand des § 3 IV lit. e) VOL/A-EG den gesetzlichen Krankenkassen selbstverständlich nur dann die Möglichkeit des Abschlusses eines dem Kartellvergaberecht unterfallenden (neuen) Hilfsmittelversorgungsvertrages im Wege des Verhandlungsverfahrens, wenn der Erneuerungs- oder Erweiterungsbedarf nicht schon in einem möglicherweise bestehenden ursprünglichen (Rahmen-)Versorgungsvertrag geregelt ist.

---

682 *Haak/ Reimnitz*, in: Willenbruch/ Bischoff, § 3 a VOL/A Rn. 98; *Kaelble*, in: Müller-Wrede, § 3 a Nr. 1-3 Rn. 215; im Hinblick auf eine Bestandaufstockung durch Erhöhung der Stückzahl speziell bei Medizinprodukten: 1. VK Bund, Beschl. v. 12.02.2003, Az.: VK 1 03/03, 10.
683 *Kaelble*, in: Müller-Wrede, § 3 a Nr. 1-3 Rn. 215; *Haak/ Reimnitz*, in: Willenbruch/ Bischoff, § 3 a VOL/A Rn. 98.
684 OLG Düsseldorf, Beschl. v. 28.05.2003, Az.: Verg 10/03, NZBau 2004, 175 (176).

Zuletzt ist daran zu erinnern, dass die Laufzeit solcher nach § 3 IV lit. e) VOL/A-EG zulässigerweise verhandelten Rahmenvereinbarungen gemäß § 3 IV lit. e) S. 2 VOL/A-EG drei Jahre nicht überschreiten darf und somit kürzer ist, als die generell bei Rahmenvereinbarungen nach § 4 VII VOL/A-EG zulässige Höchstlaufzeit von vier Jahren.

3. Übergang ins Verhandlungsverfahren mangels annehmbarer Angebote, § 3 IV lit. a) VOL/A-EG

Schließlich können die gesetzlichen Krankenkassen Rahmenvereinbarungen mit den Leistungserbringern verhandeln, wenn zuvor in einem offenen oder zulässigerweise durchgeführten nichtoffenen Verfahren gar keine oder keine wirtschaftlichen Angebote abgegeben worden sind (§ 3 IV lit. a) VOL/A-EG). Der Ausnahmetatbestand ist also nicht anwendbar, wenn das vorangegangene Verfahren ein wettbewerblicher Dialog war, da der wettbewerbliche Dialog als Vorverfahren in § 3 IV lit. a) VOL/A-EG - im Gegensatz zur ähnlich aufgebauten Vorschrift des § 3 III lit. a) VOL/A-EG - gerade nicht erwähnt wird.

Voraussetzung einer solchen Vorgehensweise ist zunächst, dass die vorangegangene Ausschreibung vom Auftraggeber mangels Angeboten (§ 20 I lit. a) VOL/A-EG) oder mangels wirtschaftlicher Ergebnisse (§ 20 I lit. c) VOL/A-EG) außenwirksam nach § 20 VOL/A-EG aufgehoben wurde.[685] Erfolgte die Aufhebung hingegen nur zum Schein, ist der Rückgriff auf ein Verhandlungsverfahren nach § IV lit. a) VOL/A-EG versperrt.[686]

Eine Ausschreibung hat kein wirtschaftliches Ergebnis im Sinne von § 20 I lit. c) VOL/A-EG, wenn alle abgegebenen Angebote unwirtschaftlich sind. Ein Angebot ist als unwirtschaftlich zu erachten, wenn es ein unangemessenes Preis-Leistungs-Verhältnis aufweist.[687] Dies ist immer dann der Fall, wenn es den Marktpreis für die Leistung erheblich überschreitet.[688] Davon kann indes nicht bereits dann ausgegangen werden, wenn lediglich der Auftraggeber den Preis subjektiv für überhöht hält, obwohl er den gegebenen Marktverhältnissen ent-

---

685 *Kaelble*, in: Müller-Wrede, § 3 a Nr. 1-3 Rn. 166; *Haak/ Reimnitz*, in: Willenbruch/ Bischoff, § 3 a VOL/A Rn. 57.
686 *Kaelble*, in: Müller-Wrede, § 3 a Nr. 1-3 Rn. 166.
687 *Haak/ Reimnitz*, in: Willenbruch/ Bischoff, § 3 a VOL/A Rn. 59; *Kaelble*, in: Müller-Wrede, § 3 a Nr. 1-3 Rn. 158.
688 *Haak/ Reimnitz*, in: Willenbruch/ Bischoff, § 3 a VOL/A Rn. 59; *Kaelble*, in: Müller-Wrede, § 3 a Nr. 1-3 Rn. 158.

spricht.[689] Geboten ist vielmehr eine objektive Einzelfallprüfung, die die allgemeinen Erfahrungssätze und die bekannt gegebenen Wirtschaftlichkeitskriterien berücksichtigt.[690] Indizien für den Marktpreis können im Rahmen dieser Prüfung eine ordnungsgemäße Kostenschätzung des Auftraggebers oder aktuelle Preise bei vergleichbaren Projekten sein, wobei sich jedoch im Zweifelsfall die Einholung eines entsprechenden Marktgutachtens empfehlen wird.[691] In der Praxis wird eine erhebliche Überschreitung des Marktpreises durch den angebotenen Preis angenommen, wenn dieser die Kostenschätzung des Auftraggebers um mehr als 23 % übersteigt[692] bzw. 10 % oberhalb eines festgelegten Leistungstarifs liegt.[693]

Das zur Aufhebung führende Scheitern der vorangegangenen Ausschreibung aus den in § 3 IV lit. a) VOL/A-EG genannten Gründen rechtfertigt indes dann nicht den Rückgriff auf das Verhandlungsverfahren, wenn das Scheitern dem öffentlichen Auftraggeber zuzurechnen ist und er daher den Tatbestand zur Durchbrechung der Hierarchie der Verfahrensarten missbraucht.[694] Demnach dürfen die Ausschreibungsbedingungen die Erfüllung des Auftrags nicht bis an die Grenze zur Unmöglichkeit erschweren und auf diese Weise bewirken, dass keine Angebote eingehen, die den Ausschreibungsbedingungen entsprechen oder dass die Ausschreibung kein wirtschaftliches Ergebnis hat.[695]

Da ein völliges Fehlen von Angeboten praktisch kaum vorkommen dürfte, kann bei der Vergabe von Rahmenvereinbarungen zur Hilfsmittelversorgung durch die gesetzlichen Krankenkassen eine außenwirksame Aufhebung der Ausschreibung nach § 20 VOL/A-EG nur dann erfolgen, wenn kein Leistungserbringer für die einzelnen, unter der Rahmenvereinbarung zusammengefassten, Hilfsmittelleistungen ein wirtschaftliches Angebot abgegeben hat. Als Maßstab für den Marktpreis eines Hilfsmittels dürfte in vielen Fällen neben der ordnungsgemäßen Kostenschätzung die Erstattung heranzuziehen sein, die für Hilfsmittelleistungen dieser Art in der jeweiligen Produktart des Hilfsmittelverzeichnisses nach § 139 SGB V üblich ist. Entsprechend der zitierten Entscheidungspraxis

---

689 VK Südbayern, Beschl. v. 21.08.2003, Az.: 32-07/03, IBR 2004, 41; *Portz*, in: Kulartz/ Marx/ Portz/ Prieß, § 26 Rn. 45; *Fett*, in: Willenbruch/ Bischoff, § 26 VOL/A Rn. 80.
690 *Haak/ Reimnitz*, in: Willenbruch/ Bischoff, § 3 a VOL/A Rn. 59.
691 *Lischka*, in: Müller-Wrede, § 26 Rn. 65.
692 OLG Frankfurt, Beschl. v. 28.06.2005, Az.: 11 Verg 21/04, VergabeR 2006, 131 (135).
693 VK Detmold, Beschl. v. 19.12.2002, Az.: VK 21-41/02.
694 OLG Dresden, Beschl. v. 16.10.2001, Az.: WVerg 0007/01, VergabeR 2002, 142 (145); *Haak/ Reimnitz*, in: Willenbruch/ Bischoff, § 3 a VOL/A Rn. 58; *Portz*, in: Kulartz/ Marx/ Portz/ Prieß, § 26 Rn. 47; *Kaelble*, in: Müller-Wrede, § 3 a Nr. 1-3 Rn. 163.
695 *Haak/ Reimnitz*, in: Willenbruch/ Bischoff, § 3 a VOL/A Rn. 58.

kann dann regelmäßig von einer erheblichen Überschreitung des Marktpreises ausgegangen werden, wenn alle Angebote diese Pauschale um mindestens 10 % übersteigen. Sollte für die zu vergebende Hilfsmittelleistung hingegen (noch) keine Produktart im Hilfsmittelverzeichnis existieren, können als Maßstab für die Ermittlung eines Marktpreises ergänzend zur eigenen Kostenschätzung die Erstattungssummen in diesbezüglichen Verträgen anderer Krankenkassen herangezogen werden. Alternativ kann auch auf die Versorgungspraxis mit solchen Hilfsmitteln im Rahmen der privaten Krankenversicherung Bezug genommen werden. In diesen Fällen dürfte es sich jedoch wegen der geringeren Verlässlichkeit des so ermittelten Marktpreises empfehlen, erst dann von einer erheblichen Überschreitung des Marktpreises auszugehen, wenn dieser um mindestens 20 % überschritten wird.

In jedem Fall ist bei einem anschließenden Verhandlungsverfahren entsprechend der Vorgabe aus § 3 IV lit. a) VOL/A-EG darauf zu achten, dass die Bedingungen des ursprünglich ausgeschriebenen Auftrags nicht grundlegend geändert werden. Der Begriff der Auftragsbedingungen ist dabei umfassend zu verstehen und bezieht die Verdingungsunterlagen einschließlich der bisherigen Leistungsbeschreibung mit ein.[696] Wann eine grundlegende Änderung der Auftragsbedingungen vorliegt, ist einzelfallabhängig. Änderungen dürften regelmäßig die Erheblichkeitsschwelle überschreiten und somit grundlegend sein, wenn der bisherige Auftragsgegenstand durch eine wesentliche Veränderung der Leistungsbeschreibung modifiziert wird[697] oder nunmehr eine erheblich abweichende Kostenschätzung des Auftraggebers vorgenommen wird.[698] Schließlich wird die Durchführung eines Verhandlungsverfahrens nach dem Sinn und Zweck der Vorschrift des § 3 IV lit. a) VOL/A-EG deshalb zugelassen, weil eine Vergabe der Leistung im vorausgegangenen Ausschreibungsverfahren nicht möglich war. Daher würde es der ratio legis von § 3 IV lit. a) VOL/A-EG widersprechen, ein Verhandlungsverfahren zu legitimieren, wenn infolge einer Veränderung der Leistungsbeschreibung oder Kostenabschätzung zu Erwarten steht, dass ein Ausschreibungsverfahren nicht erneut scheitern würde.

Wenn die einzelne Krankenkasse also beispielsweise die Versorgung von Gonarthrose-Patienten mit Kniebandagen ausgeschrieben hat und auf Basis einer Kostenschätzung von 150 € pro Versorgungsfall keine wirtschaftlichen Angebote erhielt, darf sie dem nun folgenden Verhandlungsverfahren keine Kosten-

---

[696] *Kulartz*, in: Kulartz/ Marx/ Portz/ Prieß, § 3 a Rn. 79.
[697] *Müller-Wrede*, in: Ingenstau/ Korbion, § 3 a VOB/A Rn. 21; *Rusam*, in: Heiermann/ Riedl/ Rusam, § 3 a VOB/A Rn. 10; *Kaelble*, in: Müller-Wrede, § 3 a Nr. 1-3 Rn. 104.
[698] *Kaelble*, in: Müller-Wrede, § 3 a Nr. 1-3 Rn. 104.

schätzung von 300 € pro Versorgungsfall zugrunde legen. Ebenso darf sie nach einer mangels Angeboten gescheiterten Ausschreibung zur Deckung des Versorgungsbedarfes bei hallux-valgus Fehlstellungen mit beweglichen, während des gesamten Tagesablaufes tragbaren, Korrekturschienen nicht dazu übergehen, im Rahmen eines anschließend durchgeführten Verhandlungsverfahrens die Versorgung mit starren Nachtschienen zum Leistungsgegenstand zu machen.

4. Bestehen einer Bekanntmachungspflicht aus § 127 II 3 SGB V

Obgleich die Ausnahmetatbestände des § 3 IV lit. a), c) und e) VOL/A-EG es den Krankenkassen unter den soeben skizzierten Umständen gestatten, eine dem Kartellvergaberecht unterfallende Rahmenvereinbarung über Versorgungen mit den entsprechenden Hilfsmittelleistungen im Wege des Verhandlungsverfahrens ohne vorherige Vergabebekanntmachung abzuschließen, muss darauf hingewiesen werden, dass die Krankenkassen gleichwohl sozialrechtlich nach § 127 II 3 SGB V verpflichtet sind, die Absicht über die Versorgung mit bestimmten Hilfsmitteln Rahmenvereinbarungen schließen zu wollen, in geeigneter Weise öffentlich bekannt zu machen. Die Geltung dieser sozialrechtlichen Obliegenheit wird durch die unmittelbar innerstaatliche Wirkung von Art. 28 Unterabsatz 2 VKR nicht berührt, da sie zu dieser Richtlinienbestimmung nicht in Widerspruch steht. § 127 II 3 SGB V verpflichtet die Krankenkasse jedoch im Gegensatz zu den Bekanntmachungsobliegenheiten des Kartellvergaberechts nicht dazu, eine bestimmte Form der Bekanntmachung einzuhalten. Vielmehr genügt es, ein Veröffentlichungsmedium zu wählen, durch welches alle potentiellen Vertragspartner erreicht werden können, wozu allerdings eine Bekanntmachung auf der kasseneigenen Homepage ebenso wenig genügt, wie die interessierten Leistungserbringern eröffnete Möglichkeit der Eintragung in eine Mailing-Liste oder eine Leistungserbringerdatenbank.[699]

---

[699] *Butzer*, in: Becker/ Kingreen, § 127 Rn. 21.

II. Vergabe von Rahmenvereinbarungen zur Hilfsmittelversorgung im Wege des Verhandlungsverfahrens mit vorheriger Vergabebekanntmachung, § 3 III VOL/A-EG

Seltener werden Konstellationen sein, in denen die Voraussetzungen eines Tatbestandes aus § 3 III VOL/A-EG erfüllt sind, es den gesetzlichen Krankenkassen also gestattet ist, Rahmenvereinbarungen zur Hilfsmittelversorgung im Wege eines Verhandlungsverfahrens mit vorheriger Vergabebekanntmachung zu schließen.

1. Unmöglichkeit der vorherigen Gesamtpreisfestlegung, § 3 III lit. b) VOL/A-EG

Wirkliche praktische Relevanz dürften in diesem Bereich allenfalls Konstellationen haben, in denen eine vorherige Festlegung des Gesamtpreises der einzelnen, unter der Rahmenvereinbarung zusammengefassten, wiederkehrenden Versorgungsleistungen wegen ihrer Natur nicht möglich ist (§ 3 III lit. b) VOL/A-EG). Zu denken ist in diesem Zusammenhang an bestimmte Krankheitsbilder oder Verletzungen, die zwar regelmäßig den Einsatz eines bestimmten Hilfsmittels erfordern, die Versorgung mit diesem aber in Abhängigkeit vom einzelnen Befund und konkreten Heilungsverlauf stark variierende Zusatzleistungen wie Anpassung, Beratung etc. umfasst, deren Umfang und Kostenintensivität nicht absehbar ist.

Entsprechend der gebotenen engen Auslegung der Ausnahmetatbestände muss in diesen Fällen jedoch eine objektive Unmöglichkeit der Festlegung des Gesamtpreises vorliegen, weshalb sich der Auftraggeber nicht auf fehlende eigene Fachkompetenz als Begründung für die Unmöglichkeit der Gesamtpreisbildung berufen kann.[700] Diese objektive Unmöglichkeit muss sich nach dem Wortlaut der Regelung ausdrücklich auf die Festlegung des Gesamtpreises beziehen. Dies lässt den Schluss zu, dass die durchaus vorhandene Möglichkeit zur Festlegung von Einzelpreisen für bestimmte Teile der Leistung, aus denen sich die zu beschaffende Gesamtleistung zusammensetzt, nicht zwingend die objektive Unmöglichkeit der Bildung des Gesamtpreises für alle Leistungsteile ausschließt.

Wegen der unter E. I. 4. b) (2) dargestellten Auflösung der Schnittmenge des Tatbestandes aus § 3 III lit. b) VOL/A-EG mit dem Anwendungsbereich des

---

700 *Kaelble*, in: Müller-Wrede, § 3 a Nr. 1-3 Rn. 114; *Haak/ Reimnitz*, in: Willenbruch/ Bischoff, § 3 a VOL/A Rn. 40.

wettbewerblichen Dialoges nach § 3 VII VOL/A-EG, ist in diesen Konstellationen jedoch nur dann ein Rückgriff auf das Verhandlungsverfahren zulässig, wenn die Möglichkeit der Bildung des Gesamtpreises nach einer sorgfältigen Prognose der Krankenkasse erst während oder nach Abschluss der Durchführung der Leistung möglich ist. Wenn die Festlegung des Gesamtpreises hingegen bereits im Zuge des Vergabeverfahrens zu erwarten steht, ist nicht das Verhandlungsverfahren, sondern die Durchführung eines wettbewerblichen Dialogs nach den §§ 101 IV GWB, 3 VII VOL/A-EG statthaft.

2. Nur auszuschließende Angebote, § 3 III lit. a) VOL/A-EG

Darüber hinaus sind indes zumindest theoretisch Konstellationen denkbar, in denen es den gesetzlichen Krankenkassen gemäß § 3 III lit. a) VOL/A-EG gestattet ist, nach erfolglosem Vorverfahren ins Verhandlungsverfahren mit und unter besonderen Voraussetzungen auch ohne vorherige Vergabebekanntmachung überzugehen. Dieser Ausnahmetatbestand weist zahlreiche Entsprechungen mit dem Tatbestand des § 3 IV lit. a) VOL/A-EG auf. Unterschiede bestehen jedoch insoweit, als dass das erfolglose Vorverfahren im Rahmen von § 3 III lit. a) VOL/A-EG auch ein zulässigerweise durchgeführter wettbewerblicher Dialog sein kann und die Gründe des Scheiterns des Vorverfahrens andere sein müssen.

So müssen sämtliche im Rahmen des vorangegangenen Vergabeverfahrens abgegebenen Angebote bereits auf der ersten Wertungsstufe zulässigerweise ausgeschlossen worden sein (§ 19 III, IV VOL/A-EG).[701] Sofern auch nur ein einziges Angebot im vorausgegangenen Vergabeverfahren nicht auf der ersten, sondern erst auf einer späteren Wertungsstufe rechtmäßig ausgeschlossen werden konnte, gestattet § 3 III lit. a) VOL/A-EG dem Auftraggeber keinen Übergang in das Verhandlungsverfahren.[702]

Werden mithin im Rahmen einer Ausschreibung zur Deckung eines bestimmten Hilfsmittelversorgungsbedarfes 20 Angebote abgegeben, von denen 10 nicht

---

[701] Die vormals gültige Formulierung dieses Ausnahmetatbestandes in § 3 a Nr. 1 V lit. a) VOL/A 2006 ließ es noch ausreichen, dass alle Angebote im vorangegangenen Vergabeverfahren ausschließbar (§§ 23 Nr. 1, 25 Nr. 1 II VOL/A 2006) oder obligatorisch auszuschließen waren (§ 25 Nr. 1 I VOL/A 2006). Wie der starre Verweis auf die Regelungen der §§ 23 Nr. 1, 25 Nr. 1 II VOL/A in § 3 a Nr. 1 V lit. a) VOL/A 2006 zeigte, kam es nur auf die Möglichkeit des Ausschlusses an. Irrelevant war im Gegensatz zur aktuellen Rechtslage, ob der Auftraggeber letztendlich von seinem Ermessen, gleichwohl von einem Ausschluss abzusehen, tatsächlich Gebrauch machte.

[702] *Kaelble*, in: Müller-Wrede, § 3 a Nr. 1-3 Rn. 101.

unterschrieben sind (§ 19 III lit. b) VOL/A-EG), 5 nicht alle erforderlichen Nachweise enthalten (§ 19 III lit. a) VOL/A-EG) und 4 verspätet eingehen (§ 19 III lit. e) VOL/A-EG), aber das verbleibende lediglich an fachlicher Unrichtigkeit krankt, weil das Hilfsmittel vermeintlich nicht den zum Leistungsgegenstand gemachten Qualitätsanforderungen des Hilfsmittelverzeichnisses für diese Produktart entspricht, legitimiert § 3 III lit. a) VOL/A-EG keine (Neu-)Vergabe der Leistung im Verhandlungsverfahren.

Weitere Voraussetzung eines Übergangs ins Verhandlungsverfahren nach § 3 III lit. a) VOL/A-EG ist, dass die ursprünglichen Auftragsbedingungen nicht grundlegend verändert werden. Hier gelten die gleichen Anforderungen wie im Rahmen des Tatbestandes aus § 3 IV lit. a) VOL/A-EG, weshalb vollumfänglich auf die dortigen Ausführungen unter F. I. 3. verwiesen werden kann.

Wenn die Krankenkassen im Falle des Vorliegens der Voraussetzungen von § 3 III lit. a) VOL/A-EG in das anschließende Verhandlungsverfahren alle Leistungserbringer einbeziehen, die formell ordnungsgemäße, also keinen Tatbestand aus § 19 III VOL/A-EG erfüllende, Angebote abgegeben haben und die zur Erfüllung der versorgungsvertraglichen Pflichten erforderliche Fachkunde, Leistungsfähigkeit und Zuverlässigkeit besitzen, können die Krankenkassen sogar gemäß § 3 III lit. a) 2. HS VOL/A-EG von einem vorherigen Teilnahmewettbewerb absehen. Wie sich jedoch aus der Richtlinienvorgabe in Art. 30 I lit. a) Unterabsatz 2 VKR ergibt, dürfen dann aber an den Verhandlungen keine Bieter beteiligt werden, die nicht auch in das vorausgegangene Vergabeverfahren involviert waren. Soll in den Fällen des § 3 III lit. a) 1. HS VOL/A-EG das Verhandlungsverfahren hingegen gewählt werden, um auch weitere Leistungserbringer beteiligen zu können, ist eine vorherige Vergabebekanntmachung unumgänglich.

Ob dem Ausnahmetatbestand des § 3 III lit. a) VOL/A-EG im Bereich der Rahmenvereinbarungen zur Hilfsmittelversorgung jedoch große praktische Bedeutung zukommt, muss freilich bezweifelt werden, da aufgrund der existierenden Leistungserbringervielfalt und der Erfahrungen aus den bisherigen Ausschreibungen davon auszugehen ist, dass regelmäßig viele Angebote zur Bedarfsdeckung eingehen. Die Wahrscheinlichkeit, dass alle Angebote bereits auf der ersten Wertungsstufe ausscheiden, erscheint folglich überschaubar.

3. Keine eigenständige Bedeutung von § 127 II 3 SGB V

Sollte es den Krankenkassen im Einzelfall nach dem Vorgesagten gestattet sein, Rahmenvereinbarungen zur Hilfsmittelversorgung im Wege des Verhandlungsverfahrens mit vorheriger öffentlicher Aufforderung zur Teilnahme im Sinne von

§ 101 V 1. Alt. GWB zu schließen, kommt der sozialrechtlichen Obliegenheit aus § 127 II 3 SGB V zur Bekanntmachung der Vertragsschlussabsicht keine eigenständige Bedeutung mehr zu. Schließlich gehen die Anforderungen, die an die vorherige öffentliche Aufforderung zur Teilnahme im Rahmen des Verhandlungsverfahrens zu stellen sind, über diejenigen hinaus, die eine ordnungsgemäße Bekanntmachung im Sinne von § 127 II 3 SGB V erfordert. So sind die gesetzlichen Krankenkassen im Rahmen der Durchführung eines Verhandlungsverfahrens mit vorheriger Vergabebekanntmachung nach § 15 I, II VOL/A-EG verpflichtet, die Aufforderung Teilnahmeanträge zu stellen in einem vorgeschriebenen Muster dem Amt für amtliche Veröffentlichungen der Europäischen Gemeinschaften zu übermitteln und durch dieses nach § 15 III 2 VOL/A-EG im Supplement zum Amtsblatt der Europäischen Gemeinschaften europaweit bekannt machen zu lassen. Hinsichtlich der nach § 127 II 3 SGB V vorgeschriebenen Bekanntmachung der Vertragsabsicht steht den Krankenkassen hingegen die Auswahl des Publikationsmediums frei, solange interessierte Leistungserbringer erreicht werden.[703] Folglich wird die Verpflichtung aus § 127 II 3 SGB V durch die Aufforderung zur europaweiten Veröffentlichung der Teilnahmeanträge nach § 15 VOL/A-EG gleichsam automatisch mit erfüllt, da durch eine Veröffentlichung im Supplement zum EU-Amtsblatt jeder vertragsgeeignete Leistungserbringer erreicht werden kann.

III. Beweislast und Darlegungsobliegenheit der gesetzlichen Krankenkassen, § 24 II lit. f) VOL/A-EG

Weicht die gesetzliche Krankenkasse als öffentlicher Auftraggeber vom prioritär durchzuführenden offenen oder nichtoffenen Vergabeverfahren ab, trägt sie die Darlegungs- und Beweislast für die Existenz der außergewöhnlichen tatsächlichen oder rechtlichen Umstände, welche nach dem vorstehend Ausgeführten die Durchführung des Verhandlungsverfahrens mit oder ohne vorherigen Teilnahmewettbewerb rechtfertigen. Schließlich liegt die Beweislast immer bei demje-

---

703 Siehe Fußnote 434.

nigen, der sich auf das Vorliegen der Ausnahmevoraussetzungen beruft.[704] Dementsprechend sind die Krankenkassen, wenn sie Rahmenvereinbarungen zur Hilfsmittelversorgung im Wege des vergaberechtlichen Verhandlungsverfahrens schließen, gemäß § 24 II lit. f) VOL/A-EG verpflichtet, die Gründe für die Verfahrenswahl in einer als Vergabevermerk bezeichneten Dokumentation aktenkundig zu machen. Es müssen also die tatsächlichen oder rechtlichen Umstände angeführt werden, die bei der konkreten Auftragsvergabe die Voraussetzungen eines Ausnahmetatbestandes erfüllen und somit die Durchführung des Verhandlungsverfahrens legitimieren.

IV. Rahmenvereinbarungsschluss im Verhandlungsverfahren contra kartellvergaberechtsfreie Einzelvereinbarung nach § 127 III SGB V

Allerdings dürfte in vielen Konstellationen, in denen die Wahl des Verhandlungsverfahrens zulässigerweise in Betracht kommt, fraglich sein, ob sich diese Leistungen überhaupt zur Zusammenfassung in Rahmenvereinbarungen eignen. Häufig wird es nämlich für die Krankenkassen praktikabler sein, die Versorgung der Versicherten in solchen Konstellationen über Einzelvereinbarungen nach § 127 III SGB V sicherzustellen. Dies gilt insbesondere bei Hilfsmitteln zur Behandlung seltener Krankheiten oder Leiden und in Fällen, in denen der Umfang einer bestimmten Hilfsmittelversorgung in Abhängigkeit des Heilungsverlaufs des ihr zugewiesenen Krankheitsbildes stark variieren kann.

Da Einzelvereinbarungen im Sinne von § 127 III SGB V zwar der Sache nach auch öffentliche Aufträge im Sinne von § 99 I GWB sind, deren Auftragwert jedoch den maßgeblichen Schwellenwert von 193.000 € praktisch nie erreicht, greift das Kartellvergaberecht mit seiner strengen Hierarchie der Verfahrensarten

---

704 EuGH, Urt. v. 18.11.2004, Rs. C-126/03 (Kommission/ Deutschland), Slg. 2004, I-11197, Rn. 23; Urt. v. 14.09.2004, Rs. C-385/02 (Kommission/ Italien), Slg. 2004, I-08121, Rn. 19; Urt. v. 10.04.2003, verb. Rs. C-20 und 28/01 (Kommission/ Deutschland), Slg. 2003, I-03609, Rn. 59; Urt. v. 28.03.1996, Rs. C-318/94 (Kommission/ Deutschland), Slg. 1996, I-01949, Rn. 13; Urt. v. 03.05.1994, Rs. C-328/92 (Kommission/ Spanien), Slg. 1994, I-01569, Rn. 16; Urt. v. 10.03.1987, Rs. C-199/85 (Kommission/ Italien), Slg. 1987, 01039, Rn. 14; Schaller, § 3 a VOL/A Rn. 10; *Kaelble*, in: Müller-Wrede, § 3 a Nr.1-3 Rn. 149; *Müller-Wrede*, in: Ingenstau/ Korbion, § 3 a VOB/A Rn. 34; *Külpmann*, in: Kapellmann/ Messerschmidt, § 3 a VOB/A Rn. 42.

dann regelmäßig nicht ein. Bei einem eindeutigen grenzüberschreitenden Interesse an dem Auftrag sind jedoch im Rahmen der Vergabe von Einzelversorgungsaufträgen nach § 127 III SGB V die Rahmenvorgaben des Vergabeprimärrechts zu beachten.[705]

---

705 Siehe dazu die Ausführungen unter D.

G. Fazit und Ausblick

Nach den erzielten Ergebnissen drängt sich das Fazit der Bearbeitung förmlich auf. Indem der Sozialgesetzgeber zur Senkung der Ausgaben der gesetzlichen Krankenkassen im Bereich der Hilfsmittelversorgung das Zulassungssystem der Leistungserbringer aus § 126 SGB V a.F. zugunsten des aktuellen Selektivvertragssystems abgeschafft hat, hat er hinsichtlich des Abschlusses von Rahmenvereinbarungen – wenn auch unbeabsichtigt – ein Einfallstor zur Anwendbarkeit des europäisch geprägten Kartellvergaberechts geöffnet. Die auf Basis des Beitrittrechts aus § 127 II a SGB V rechtlich konstruierten »Abwehrmaßnahmen« gegen die Geltung diese Regelungsregimes schlagen fehl. An dieser Bewertung kann nach den Ergebnissen der vorliegenden Untersuchung kein Zweifel bestehen. Zu Recht betont daher *Burgi* in diesem Zusammenhang: »Wer Marktöffnung sät, wird Vergaberecht ernten!«.[706]

Vor diesem Hintergrund sollte in Zukunft eine Verlagerung der rechtlichen Diskussion um die kartellvergaberechtlichen Aspekte im Rahmen der Hilfsmittelversorgung der Versicherten durch die gesetzlichen Krankenkassen stattfinden. Anstelle einer, nicht nur in der Rechtsprechung, sondern vor allem im sozialrechtlichen Schrifttum intensiv geführten Debatte um die generelle Anwendbarkeit des europäisch geprägten Kartellvergaberechts auf den Abschluss von Hilfsmittelversorgungsverträgen durch die Krankenkassen, muss der Fokus der Erörterungen künftig darauf gerichtet werden, wie und in welchem Maße den Besonderheiten der Hilfsmittelversorgung als Teil des Systems der gesetzlichen Krankenversicherung im durch das Kartellvergaberecht gezogenen Rahmen europarechtskonform Rechnung getragen werden kann. Das europäisch geprägte Vergaberecht sollte in diesem Zusammenhang nicht länger als ein dem Sozialrecht wesensfremdes Rechtsgefüge betrachten werden.[707] Vielmehr muss erarbeitet werden, inwieweit im Vergaberecht bestehende Spielräume mit sozialrechtlichen Erwägungen ausgefüllt werden können. Da das Sozialrecht einerseits und das europäische Vergaberecht andererseits jedoch verschiedene Ziele verfolgen, sind diese Spielräume zwar - wie die vorliegende Bearbeitung zeigt - nicht allzu

---

706 *Burgi*, NZBau 2008, 480 (481).
707 Burgi erkennt in dem Verhältnis zwischen Sozialrecht und Vergaberecht Parallelen zu dem Musical «Die Schöne und das Biest", vgl. die Darstellung von *Basteck*, NZBau 2006, 497.

groß, aber dennoch in Teilbereichen vorhanden. Auf diese Weise kann ein, wenn auch nur in ein enges Korsett gezwängtes, auf die Bedürfnisse des Systems der gesetzlichen Krankenversicherung zugeschnittenes »Sozialvergaberecht« entwickelt werden, welches sich nicht in Widerspruch zu europarechtlichen Vorgaben setzt.

So muss zum einen der klar formulierte Auftrag des Sozialgesetzgebers aus § 69 II 3 SGB V, wonach bei der Anwendung des Kartellvergaberechts auf Rechtsbeziehungen des Leistungserbringerrechts der Versorgungsauftrag der gesetzlichen Krankenkassen besonders zu berücksichtigen ist, speziell im Hinblick auf die Vergabe von Hilfsmittelversorgungsverträgen mit Leben gefüllt werden.[708] Dies muss freilich auf einem Weg stattfinden, den die Vergabekoordinierungsrichtlinie 2004/18/EG als europarechtlich zulässig vorgibt. Ein Anwendungspotential von § 69 II 3 SGB V besteht daher insoweit, als das Kartellvergaberecht die Optionen der Vergabekoordinierungsrichtlinie nicht voll ausschöpft oder bestimmte verbindliche Zielvorgaben dieser Richtlinie verschärft hat. In diesem schmalen Bereich kommt der Regelung des § 69 II 3 SGB V bzw. dem gesetzlichen Versorgungsauftrag der Krankenkassen ganz allgemein durchaus das Potential zu, autonom national motivierte Vorgaben des Kartellvergaberechts zu durchbrechen.

Zum anderen muss der auch unabhängig von der Maßgabe aus § 69 II 3 SGB V bestehende kartellvergaberechtliche Spielraum beim Abschluss von Rahmenvereinbarungen zur Hilfsmittelversorgung rechtswissenschaftlich konturiert und sodann von den Krankenkassen praktisch ausgeschöpft werden. Es ist bezeichnend, dass sich eine Vielzahl von Beiträgen im Schrifttum dazu verhält, ob Rahmenvereinbarungen zur Hilfsmittelversorgung als öffentliche Aufträge im Sinne von § 99 I GWB einzustufen und somit vom Anwendungsbereich des Kartellvergaberechts erfasst sind, während sich zu der Frage, in welchen Konstellationen der Abschluss solcher Verträge nach den Vorgaben des Kartellvergaberechts im Verhandlungsverfahren zulässig ist, bisher nicht eine einzige Veröffentlichung findet. Lediglich für den Abschluss von Arzneimittelrabattverträgen wurden diesbezüglich bereits einige Vorstöße vorgenommen.[709]

---

708 Dies gilt auch für den Fall, dass der Gesetzgeber die Regelung des § 69 II 3 SGB V im Zuge der Novellierung des SGB V durch das AMNOG tatsächlich streicht, vgl.die Darstellungen in Fußnote 500. Denn ausweislich der Begründung zum diesbezüglichen Art. 1 Nr. 9 lit. b) AMNOG ist der Gesetzgeber der Ansicht, dass der gesetzliche Versorgungsauftrag der Krankenkassen bei der Anwendung des Vergaberechts auch ohne eine besondere gesetzliche Regelung zu berücksichtigen ist.
709 Vgl. *Wille*, A&R 2009, 164; *Lietz/ Natz*, A&R 2009, 1 (7 f.).

Dabei sollte man sich nicht davon beirren lassen, dass das LSG NRW durch den mehrfach zitierten Beschluss vom 14.04.2010 in der Rechtssache L 21 KR 69/09 SFB auf die sofortige Beschwerde der Antragsgegnerinnen den Beschluss der 3. VK Bund vom 12.11.2009 in der Sache VK 3 193/09 aufgehoben und die Ansicht vertreten hat, dass Rahmenvereinbarungen zur Hilfsmittelversorgung – entgegen der im Rahmen dieser Bearbeitung gewonnen Ergebnisse – keine öffentlichen Aufträge im Sinne von § 99 GWB darstellen. Eine abschließende und auch für die gesamte Praxis verbindliche Klärung der Problematik ist in dem Beschluss des LSG NRW nämlich nicht zu sehen. Schließlich ist eine solche dem EuGH vorbehalten, da es um die Auslegung von Unionsrecht geht. Insbesondere vor dem Hintergrund, dass die Legislative plant, die Zuständigkeit für Beschwerden gegen Beschlüsse der Vergabekammern auch im Bereich des Leistungserbringerrechts auf die Oberlandesgerichte zu übertragen,[710] dürfte künftig wieder Bewegung in diese Problematik kommen, da die Oberlandesgerichte im Gegensatz zu den Landessozialgerichten eine konsequente Anwendung des unionsrechtlich determinierten Vergaberechts praktizieren. So ist es nicht unwahrscheinlich, dass die Entscheidung des LSG NRW künftig in Frage gestellt und möglicherweise eine auch für die Praxis verbindliche Klärung dieser Rechtsfrage durch den EuGH herbeigeführt wird.

---

710 Siehe Fußnote 504.

Literaturverzeichnis

Adrian, Axel: Grundprobleme einer juristischen Methodenlehre - die begrifflichen und (»fuzzy«)logischen Grenzen der Befugnisnormen zur Rechtsprechung des Europäischen Gerichtshofes und die Maastricht-Entscheidung des Bundesverfassungsgerichtes, Berlin 2009 (zitiert: Adrian).

Althaus, Stefan: Öffentlich rechtliche Verträge als öffentliche Aufträge nach § 99 GWB, NZBau 2000, 277 ff.

Auer, Marietta: Neues zu Umfang und Grenzen der richtlinienkonformen Auslegung, NJW 2007, 1106 ff.

Bach, Albrecht: Direkte Wirkungen von EG-Richtlinien, JZ 1990, 1108 ff.

Bamberger, Heinz Georg/ Roth, Herbert: Kommentar zum Bürgerlichen Gesetzbuch, Band 1: §§ 1 bis 610, CISG, 2. Auflage, München 2007 (zitiert: *Grüneberg/ Sutschet*, in: Bamberger/ Roth).

Basteck, Vincent: Sozialrecht und Vergaberecht – Die schöne und das Biest?, Fachtagung »Vergaberechtliche Strukturen im Sozialwesen« am 27.04.2006, NZBau 2006, 497 ff.

Bauer, Jobst-Hubertus/ Krieger, Jens Günther: Das Orakel von Luxemburg: Altersgrenzen für Arbeitsverhältnisse zulässig - oder doch nicht?, NJW 2007, 3672 ff.

Bechtold, Rainer: GWB, Kartellgesetz, Gesetz gegen Wettbewerbsbeschränkungen, Kommentar, 5. Auflage, München 2008 (zitiert: *Bearbeiter*, in: Bechtold).

Becker, Ulrich/ Kingreen, Thorsten: SGB V, Gesetzliche Krankenversicherung, Kommentar, München 2009 (zitiert: *Bearbeiter*, in: Becker, Kingreen).

Beljin, Sasa: Die Zusammenhänge zwischen dem Vorrang, den Instituten der innerstaatlichen Beachtlichkeit und der Durchführung des Gemeinschaftsrechts, EuR 2002, 351 ff.

Berg, Werner: Gesundheitsschutz als Aufgabe der EU, Baden-Baden 1997 (zitiert: Berg).

Bernhardt, Dirk: Doppelte Regulierung im Leistungsbeschaffungsrecht der GKV?, ZESAR 2008, 128 ff.

Beyerlin, Ulrich: Umsetzung von EG-Richtlinien durch Verwaltungsvorschriften, EuR 1987, 126 ff.

Bleckmann, Albert: Gleichbehandlung von Männern und Frauen hinsichtlich des Zugangs zur Beschäftigung - Anmerkung zum Urteil des Europäischen Gerichtshofs in der Rechtssache 14/83 vom 10.4.1984 -, DB 1984, 1574 ff.

Bloch, Eckhard/ Pruns, Katrin: Ausschreibungspflichten bei der Leistungserbringung in der GKV, SGb 2007, 645 ff.

Boesen, Arnold: Vergaberecht, Kommentar zum 4. Teil des GWB, Köln 2000 (zitiert: Boesen).

Boldt, Antje: Müssen gesetzliche Krankenkassen das Vergaberecht beachten?, NJW 2005, 3757 ff.

Brechmann, Winfried: Die richtlinienkonforme Auslegung – zugleich ein Beitrag zur Dogmatik der EG-Richtlinie, München 1994 (zitiert: Brechmann).

Brixius, Kerstin/ Esch, Oliver: Rabattverträge im Lichte des Vergaberechts, Frankfurt am Main 2007 (zitiert: Brixius/ Esch).

Brixius, Kerstin/ Maur, Alexander: Chancengleichheit und Wettbewerbsfairness beim Abschluss von Rabattverträgen – eine Zwischenbilanz, PharmR 2007, 451 ff.

Bühring, Christian/ Linnemanstöns, Heike: § 127 SGB V n. F. - Ausschreibung, Rahmenvertrag oder Einzelvereinbarung, MedR 2008, 149 ff.

Burgard, Claus: Medizinprodukterechtliche Regelungen im GKV-OrgWG, MPJ 2009, 4 ff.

Burgi, Martin: Die Vergabe von Dienstleistungskonzessionen: Verfahren, Vergabekriterien, Rechtsschutz, NZBau 2005, 610 ff.

Burgi, Martin: Hilfsmittelverträge und Arzneimittel-Rabattverträge als öffentliche Lieferaufträge?, NZBau 2008, 480 ff.

Burgi, Martin/ Ruhland, Bettina: Das Grünbuch der EG-Kommission zu öffentlich-privaten Partnerschaften (ÖPP) und die Vergaberechtsreform, VergabeR 2005, 1 ff.

Byok, Jan/Jaeger, Wolfgang: Kommentar zum Vergaberecht – Erläuterungen zu den vergaberechtlichen Vorschriften des GWB und der VgV, 2. Auflage, Frankfurt am Main 2005 (zitiert: *Bearbeiter*, in: Byok/Jaeger).

Calliess, Christian/ Ruffert, Matthias: EUV / EGV – Das Verfassungsrecht der Europäischen Union mit Europäischer Grundrechtecharta, Kommentar, 3. Auflage, München 2007 (zitiert: *Bearbeiter*, in: Calliess/Ruffert).

Canaris, Claus-Wilhelm: Die Kreditkündigung gemäß § 247 BGB und der »Wandel der Normsituation«, WM 1978, 686 ff.

Canaris, Claus-Wilhelm: Zinsberechnungs- und Tilgungsverrechnungsklauseln beim Annuitätendarlehen – Zugleich ein Beitrag zur Abgrenzung von § 8 und § 9 AGB-Gesetz, NJW 1987, 609 ff.

Canaris, Claus-Wilhelm: Die Bedeutung allgemeiner Auslegungs- und Rechtsfortbildungskriterien im Wechselrecht - Zugleich eine Besprechung der Urteile des BGH vom 26-5-1986, II ZR 260/85 und vom 27-10-1986, II ZR 103/86 -, JZ 1987, 543 ff.

Canaris, Claus-Wilhelm: Die richtlinienkonforme Auslegung und Rechtsfortbildung im System der juristischen Methodenlehre, in: Koziol, Helmut (Hrsg.), Im Dienste der Gerechtigkeit – Festschrift für Franz Bydlinski, Wien 2001 47 ff. (zitiert: *Canaris* in FS Bydlinski).

Creifelds, Carl: Rechtswörterbuch, 19. Auflage, München 2007 (zitiert: Creifelds).

Dalichau, Gerhard: Gesetzliche Krankenversicherung, Sozialgesetzbuch (SGB), Fünftes Buch (V), Loseblatt-Kommentar, Essen 2009 (zitiert: *Dalichau*, in: Dalichau).

Danwitz, Thomas von: Normkonkretisierende Verwaltungsvorschriften und Gemeinschaftsrecht, VerwArch 84 (1993), 73 ff.

Detterbeck, Steffen: Allgemeines Verwaltungsrecht mit Verwaltungsprozessrecht, 6. Auflage, München 2008 (zitiert: Detterbeck).

Diehr, Matthias: »Vergabeprimärrecht« nach der An-Post-Rechtsprechung des EuGH, VergabeR 2009, 719 ff.

Di Fabio, Udo: Verwaltungsvorschriften als ausgeübte Beurteilungsermächtigung – Plädoyer für eine Neubestimmung der normkonkretisierenden Verwaltungsvorschriften im System der Rechtsquellen, DVBl. 1992, 1338 ff.

Dippel, Martin: Alte und neue Anwendungsprobleme der §§ 36, 38 BauGB, NVwZ 1999, 921 ff.

Dreher, Meinrad: Der Anwendungsbereich des Kartellvergaberechts, DB 1998, 2579 ff.

Dreher, Meinrad: Der Auftragsbegriff nach § 99 GWB und die Tätigkeit der gesetzlichen Krankenkassen, NZBau 2009, 273 ff.

Ebsen, Ingwer: Das GKV-Vergaberecht nach dem Gesetz zur Weiterentwicklung der Organisationsstrukturen in der gesetzlichen Krankenversicherung (GKV-OrgWG), in: Ebsen, Ingwer (Hrsg.), Vergaberecht und Vertragswettbewerb in der gesetzlichen Krankenversicherung, Frankfurt am Main 2009, 9 ff. (zitiert: *Verfasser* in Ebsen).

Ebsen, Ingwer: Rechtliche Anforderungen an Krankenkassen als Nachfrager im Vertragswettbewerb, Die BKK 2010, 76 ff.

Engelmann, Klaus: Sozialrechtsweg in Streitigkeiten zwischen Institutionen der gesetzlichen Krankenversicherung und Leistungserbringern bei wettbewerbs- und kartellrechtlichem Bezug, NZS 2000, 213 ff.

Engelmann, Klaus: Keine Geltung des Kartellvergaberechts für Selektivverträge der Krankenkassen mit Leistungserbringern, SGb 2008, 133 ff.

Engelmann, Klaus/ Voelzke, Thomas/ Schlegel, Rainer: Juris Praxis Kommentar, SGB V, Gesetzliche Krankenversicherung, Saarbrücken 2008 (zitiert: *Bearbeiter*, in: jurisPK-SGB V).

Engisch, Karl: Einführung in das juristische Denken, 10. Auflage, Stuttgart 2005 (zitiert: Engisch).

Erman, Walter: Bürgerliches Gesetzbuch, Band 1: §§ 1 bis 758, AGG, UKlaG, 12. Auflage, Köln 2008 (zitiert: *Hohloch*, in: Erman).

Esch, Oliver: Zur Reichweite der Ausschreibungspflicht gesetzlicher Krankenkassen, MPR 2009, 149 ff.

Everling, Ulrich: Zur direkten innerstaatlichen Wirkung der EG-Richtlinien - Ein Beispiel richterlicher Rechtsfortbildung auf der Basis gemeinsamer Rechtsgrundsätze, in: Börner, Bodo (Hrsg.), Einigkeit und Recht und Freiheit – Festschrift für Karl Carstens zum 70. Geburtstag am 14. Dezember 1984, Band 1: Europarecht, Völkerrecht, Köln 1984, 95 ff. (zitiert: *Everling* in FS Carstens).

Everling, Ulrich: Zur Auslegung des durch EG-Richtlinien angeglichenen nationalen Rechts, ZGR 1992, 376 ff.

Fischer, Hans Georg: Europarecht, 2. Auflage, Köln 2008 (zitiert: Fischer).

Franke, Horst: Rechtsschutz bei der Vergabe von Rahmenvereinbarungen, ZfBR 2006, 546 ff.

Franke, Horst/ Kemper, Ralf/ Zanner, Christian/ Grünhagen, Matthias: VOB-Kommentar: Bauvergaberecht, Bauvertragsrecht, Bauprozessrecht, 3. Auflage, München 2007 (zitiert: *Mertens*, in: Franke/ Kemper/ Zanner/ Grünhagen).

Frenz, Walter: Das Quelle-Urteil des BGH: Richtlinienkonforme Rechtsfortbildung - Auslegung contra legem?, EWS 2009, 222 ff.

Gabriel, Marc: Vergaberechtliche Vorgaben beim Abschluss von Verträgen zur integrierten Versorgung (§§ 140 a ff. SGB V), NZS 2007, 344 ff.

Gassner, Ulrich M.: § 69 SGB V und das Kartellvergaberecht, in: Ebsen, Ingwer (Hrsg.), Vergaberecht und Vertragswettbewerb in der gesetzlichen Krankenversicherung, Frankfurt am Main 2009, 9 ff. (zitiert: *Verfasser* in Ebsen).

Gebauer, Martin/ Wiedmann, Thomas: Zivilrecht unter europäischem Einfluss – die richtlinienkonforme Auslegung des BGB und anderer Gesetze; Erläuterung der wichtigsten EG-Verordnungen, Stuttgart 2005 (zitiert: *Gebauer*, in: Gebauer/ Wiedmann).

Goodarzi, Ramin/ Junker, Maike: Öffentliche Ausschreibungen im Gesundheitswesen, NZS 2007, 632 ff.

Grabitz, Eberhard/ Hilf, Meinhard: Das Recht der Europäischen Union, Loseblatt-Kommentar, Band I: EUV, Art. 1 bis 38 EGV, Band II: Art. 136 EGV bis Ende, 40. Erg. Lfg., München 2010, (zitiert: *Bearbeiter*, in: Grabitz/ Hilf).

Graef, Eberhard: Rahmenvereinbarungen bei der Vergabe von öffentlichen Aufträgen de lege lata und de lege ferenda, NZBau 2005, 561 ff.

Grienberger, Carla: Aktuelle Probleme in der Hilfsmittelversorgung, ZMGR 2009, 59 ff.

Gröning, Jochem: Das Konzept der neuen Koordinierungsrichtlinie für die Beschaffung durch Rahmenvereinbarungen, VergabeR 2005, 156 ff.

Grundmann, Stefan: Richtlinienkonforme Auslegung im Bereich des Privatrechts – insbesondere - der Kanon der nationalen Auslegungsmethoden als Grenze?, ZEuP 1996, 399 ff.

Haak, Sandra/ Degen, Stephan: Rahmenvereinbarung nach dem neuen Vergaberecht, VergabeR 2005, 164 ff.

Haratsch, Andreas/ Koenig, Christian/ Pechstein, Matthias: Europarecht, 6. Auflage, Tübingen 2009 (zitiert: Haratsch/ Koenig/ Pechstein).

Hartmann, Peter/ Suoglu, Bingül: Unterliegen die gesetzlichen Krankenkassen dem Kartellvergaberecht nach §§ 97 ff. GWB, wenn sie Hilfsmittel ausschreiben?, SGb 2007, 404 ff.

Hausmann, Friedrich Ludwig : Ausschreibung von Dienstleistungskonzessionen - Chancen und Risiken, VergabeR 2007, Sonderheft 2a, 325 ff.

Heiermann, Wolfgang/ Riedl, Richard/ Rusam, Martin: Handkommentar zur VOB: Teile A und B, Rechtsschutz im Vergabeverfahren, 11. Auflage, Wiesbaden, Berlin 2008 (zitiert: *Bearbeiter*, in: Heiermann/ Riedl/ Rusam).

Heiermann, Wolfgang/ Zeiss, Christopher/ Kullack, Andrea Maria/ Blaufuß, Jörg: Juris Praxis Kommentar, Vergaberecht, GWB – VgV – VOB/A, 2. Auflage, Saarbrücken 2008 (zitiert: *Bearbeiter*, in: jurisPK-VergR).

Heimermann, Ines: Nutzungsersatz des Käufers bei der Lieferung einer mangelhaften Sache - Pflicht zur richtlinienkonformen Rechtsfortbildung contra legem, ZGR 2009, 211 ff.

Herdegen, Matthias: Richtlinienkonforme Auslegung im Bankrecht: Schranken nach Europa- und Verfassungsrecht, WM 2005, 1921 ff.

Hermann, Christopher: Arzneimittelrabattverträge und Hilfsmittelverträge als öffentliche Lieferaufträge?, in: Ebsen, Ingwer (Hrsg.), Vergaberecht und Vertragswettbewerb in der gesetzlichen Krankenversicherung, Frankfurt am Main 2009, 9 ff. (zitiert: *Verfasser* in Ebsen).

Herresthal, Carsten: Voraussetzungen und Grenzen der gemeinschaftsrechtskonformen Rechtsfortbildung, EuZW 2007, 396 ff.

Hertkorn-Ketterer, Bettina: Quo Vadis Versorgungsverträge?, MTD Heft 7 aus 2009, 6 ff.

Hertwig, Stefan: Praxis der öffentlichen Auftragsvergabe, 4. Auflage, München 2009 (zitiert: Hertwig).

Heßhaus, Matthias: Ausschreibungen durch die gesetzlichen Krankenkassen, VergabeR 2007, Sonderheft 2a, 333 ff.

Hesselmann, Hildegard/ Motz, Thomas: Integrierte Versorgung und Vergaberecht, MedR 2005, 498 ff.

Hinkelmann, Julia: Der Beitritt zu ausgehandelten Versorgungsverträgen, MTD Heft 2 aus 2010, 6 ff.

Hobe, Stephan: Europarecht (mit Vertrag von Lissabon), 4. Auflage, Köln 2009 (zitiert: Hobe).

Höpfner, Clemens: Über Sinn und Unsinn der so genannten »richtlinienkonformen Rechtsfortbildung«, JZ 2009, 403 ff.

Immenga, Ulrich/ Mestmäcker, Ernst-Joachim: Wettbewerbsrecht, GWB, Kommentar zum deutschen Kartellrecht, 4. Auflage, München 2007 (zitiert: *Bearbeiter*, in: Immenga/ Mestmäcker).

Ingenstau, Heinz/ Korbion, Hermann/ Locher, Horst/ Vygen, Klaus: VOB, Teile A und B, Kommentar, 16. Auflage, Neuwied 2007 (zitiert: *Bearbeiter*, in: Ingenstau/ Korbion).

Jarass, Hans D. : Richtlinienkonforme bzw. EG-rechtskonforme Auslegung nationalen Rechts, EuR 1991, 211 ff.

Jarass, Hans D./ Beljin, Sasa: Unmittelbare Anwendung des EG-Rechts und EG-rechtskonforme Auslegung, JZ 2003, 768 f.

Kaeding, Nadja: Ausschreibungspflicht der gesetzlichen Krankenkassen oberhalb der Schwellenwerte, PharmR 2007, 239 ff.

Kapellmann, Klaus/ Messerschmidt, Burkhard: VOB, Teile A und B, Vergabe- und Vertragsordnung für Bauleistungen mit Vergabeverordnung (VgV), Kommentar, 2. Auflage, München 2007 (zitiert: *Bearbeiter*, in: Kapellmann/ Messerschmidt).

Kingreen, Thorsten: Die Entwicklung des Gesundheitsrechts 2007/2008, NJW 2008, 3393 ff.

Kischel, Uwe: Die Kontrolle der Verhältnismäßigkeit durch den Europäischen Gerichtshof, EuR 2000, 380 ff.

Klöck, Oliver: Die Anwendbarkeit des Vergaberechts auf Beschaffungen durch die gesetzlichen Krankenkassen, NZS 2008, 178 ff.

Knauff, Matthias: Neues europäisches Vergabeverfahrensrecht: Rahmenvereinbarungen, VergabeR 2006, 24 ff.

Knispel, Ulrich: Neuregelungen im Leistungserbringerrecht der GKV durch das GKV-OrgWG, GesR 2009, 236 ff.

Koenig, Christian/ Klahn, Daniela/ Schreiber, Kristina: Die Ausschreibungspflichtigkeit von Rabattverträgen gem. § 130a Abs. 8 SGB V nach den Vorgaben des europäischen Vergaberechts, GesR 2007, 559 ff.

Koenig, Christian/ Klahn, Daniela/ Schreiber, Kristina:Die Kostenträger der gesetzlichen Krankenversicherung als öffentliche Auftraggeber im Sinne des europäischen Vergaberechts, ZESAR 2008, 5 ff.

Kohout, Sonja Johanna: Kartellvergaberecht und interkommunale Zusammenarbeit, Stuttgart 2008 (zitiert Kohout).

Kramer, Ernst A.: Juristische Methodenlehre, 2. Auflage, Berlin 2005 (zitiert: Kramer).

Krauskopf, Dieter: Soziale Krankenversicherung, Pflegeversicherung, Loseblatt-Kommentar, Band 1, 68. Erg. Lfg., München 2010 (zitiert: *Bearbeiter*, in: Krauskopf).

Kruis, Tobias/ Michl, Walther: Und es geht doch?! Zur richtlinienkonformen Reduktion durch den BGH als Antwort auf das »Quelle«-Urteil des EuGH, EuZW 2/2009, V.

Kruse, Jürgen/ Hänlein, Andreas: Sozialgesetzbuch V, Gesetzliche Krankenversicherung, Lehr- und Praxiskommentar, 3. Auflage, Baden-Baden 2009 (zitiert: *Bearbeiter*, in: Kruse/ Hänlein)

Kulartz, Hans-Peter/ Marx, Friedhelm/ Portz, Norbert/ Prieß, Hans-Joachim: Kommentar zur VOL/A, Köln 2007 (zitiert: *Bearbeiter*, in: Kulartz/ Marx/ Portz/ Prieß).

Kulartz, Hans-Peter/ Kus, Alexander/ Portz, Norbert: Kommentar zum GWB-Vergaberecht, 2. Auflage, Köln 2009 (zitiert: *Bearbeiter*, in: Kulartz/ Kus/ Portz).

Kunze, Thomas/ Kreikebohm, Ralf: Sozialrecht versus Wettbewerbsrecht – dargestellt am Beispiel der Belegung von Rehabilitationseinrichtungen (Teil 1), NZS 2003, 5 ff.

Landmann, Robert von/ Rohmer, Gustav: Gewerbeordnung, Loseblatt-Kommentar, 55. Erg. Lfg., München 2009 (*Kahl*, in: Landmann/ Rohmer).

Langen, Eugen/ Bunte, Hermann-Josef: Kommentar zum deutschen und europäischen Kartellrecht, Band 1: Deutsches Kartellrecht, 10. Auflage, Neuwied 2006 (zitiert: *Bearbeiter*, in: Langen/ Bunte).

Larenz, Carl/ Canaris, Claus-Wilhelm: Methodenlehre der Rechtswissenschaft, 4. Auflage, Berlin 2000 (zitiert: Larenz/ Canaris).

Leinemann, Ralf: Das neue Vergaberecht - Erläuterung des GWB, der SektVO und VgV 2009 mit VOB/A, VOB/B Ausgabe 2009, VOL/A und VOF im Entwurf, Köln 2010 (zitiert: Leinemann).

Leiterer, Stephan/ Gürtner, Klaus: Kasseler Kommentar zum Sozialversicherungsrecht, Band 1, 63. Erg. Lfg., München 2009 (zitiert: *Hess*, in: KassKomm).

Lenz, Carl Otto/ Borchardt, Klaus-Dieter: EG-Vertrag - Kommentar zu dem Vertrag zur Gründung der Europäischen Gemeinschaften, 4. Auflage, Köln 2006 (zitiert: *Bearbeiter*, in: Lenz/ Borchardt).

Lietz, Christine/ Natz, Alexander: Vergabe- und kartellrechtliche Vorgaben für Rabattverträge über patentgeschützte Arzneimittel, A&R 2009, 1 ff.

Loewenheim, Ulrich/ Meessen, Karl M./ Riesenkampff, Alexander: Kartellrecht, Kommentar, 2. Auflage, München 2009 (zitiert: *Bearbeiter*, in: Loewenheim/ Meessen/ Riesenkampff).

Looschelders, Dirk/ Roth, Wolfgang: Juristische Methodik im Prozess der Rechtsanwendung, Berlin 1996 (zitiert: Looschelders/ Roth).

Lorff, Günther Joachim: Unterliegen die gesetzlichen Krankenversicherungsleistungen der EU-Ausschreibungspflicht, ZESAR 2007, 104 ff.

Lutter, Marcus: Die Auslegung angeglichenen Rechts, JZ 1992, 593 ff.

Maaßen, Hans Joachim/ Schermer, Joachim/ Wiegand, Dietrich/ Zipperer, Manfred: Sozialgesetzbuch Fünftes Buch - SGB V - Gesetzliche Krankenversicherung GKV, Loseblatt-Kommentar, Band 2: §§ 69 bis 185, Heidelberg 1998 (zitiert: *Orlowski*, in: Maaßen/ Schermer/ Wiegand/ Zipperer).

Maunz, Theodor/ Dürig, Günter: Grundgesetz, Loseblatt-Kommentar, Band III: Art. 17 bis 27, 56. Erg. Lfg. 2009 (zitiert: *Grzeszick*, in: Maunz/ Dürig).

Mayer, Christian/ Schürnbrand, Jan: Einheitlich oder gespalten? - Zur Auslegung nationalen Rechts bei überschießender Umsetzung von Richtlinien, JZ 2004, 545 ff.

Meyer, Peter: Die Grundsätze der Auslegung im Europäischen Gemeinschaftsrecht, Jura 1994, 455 ff.

Meyer-Hofmann, Bettina/ Tönnemann, Sven: Stromeinkauf an der European Energy Exchange - Ein Fall für das Verhandlungsverfahren ohne vorherige Bekanntmachung?, ZfBR 2009, 554 ff.

Möllers, Thomas M. J./ Möhring, Alexandra: Recht und Pflicht zur richtlinienkonformen Rechtsfortbildung bei generellem Umsetzungswillen des Gesetzgebers – Zugleich Besprechung von EuGH Rs. C-404/06 (Quelle AG/Bundesverband der Verbraucherzentralen und Verbraucherverbände), JZ 2008, 919 ff

Motzke, Gerd/ Pietzcker, Jost/ Prieß, Hans-Joachim: Beck'scher VOB/A-Kommentar: Verdingungsordnung für Bauleistungen Teil A, München 2001 (zitiert: *Sterner*, in: Beck'scher VOB/A Komm.).

Müller-Wrede, Malte: Verdingungsordnung für Leistungen – VOL/A, 2. Auflage, Köln 2007 (zitiert: *Bearbeiter*, in: Müller-Wrede).

Müller-Wrede, Malte: Kompendium des Vergaberechts – Systematische Darstellung unter Berücksichtigung des EU-Vergaberechts (zitiert: *Bearbeiter*, in: Müller-Wrede VergR).

Nettesheim, Martin: Auslegung und Fortbildung nationalen Rechts im Lichte des Gemeinschaftsrechts, AöR 119 (1994), 261 ff.

Pache, Eckhard: Der Grundsatz der Verhältnismäßigkeit in der Rechtsprechung der Gerichte der Europäischen Gemeinschaften, NVwZ 1999, 1033 ff.

Pagenkopf, Martin: Zum Einfluß des Gemeinschaftsrechts auf nationales Wirtschaftsverwaltungsrecht – Versuch einer praktischen Einführung, NVwZ 1993, 216 ff.

Palandt, Otto: Bürgerliches Gesetzbuch, 69. Auflage, München 2010 (zitiert: *Grüneberg*, in: Palandt).

Papier, Hans-Jürgen: Direkte Wirkung von Richtlinien der EG im Umwelt- und Technikrecht - Verwaltungsverfahrensrechtliche Probleme des nationalen Vollzuges, DVBl. 1993, 809 ff.

Peters, Horst: Handbuch der Krankenversicherung Teil II - Sozialgesetzbuch V, Band 3: §§ 69 bis 177, 73. Erg. Lfg., Stuttgart 2009 (zitiert: *Hencke*, in: Peters).

Pfeiffer, Thomas: Richtlinienkonforme Auslegung gegen den Wortlaut des nationalen Gesetzes - Die Quelle-Folgeentscheidung des BGH, NJW 2009, 412 ff.

Pielow, Johann-Christian: Gewerbeordnung, Kommentar, München 2009 (zitiert: *Pielow*, in: Pielow).

Pieroth, Bodo/ Schlink, Bernhard: Grundrechte, Staatsrecht II, 25. Auflage, Heidelberg 2009 (zitiert: Pieroth/ Schlink).

Pietzcker, Jost: Zur Nichtanwendung europarechtswidriger Gesetze seitens der Verwaltung, in: Due, Ole (Hrsg.), Festschrift für Ulrich Everling, Baden-Baden 1995, 1095 ff. (*zitiert*: Pietzcker in FS Everling).

Plagemann, Hermann/ Ziegler, Ole: Neues Sozialvergaberecht, GesR 2008, 617 ff.

Reich, Norbert/ Rörig, Ursula: Realkreditvertrag als Haustürgeschäft widerrufbar, EuZW 2002, 87 ff.

Reidt, Olaf/ Stickler, Thomas/ Glahs, Heike: Vergaberecht: Kommentar, 2. Auflage, Köln 2003 (zitiert: *Bearbeiter*, in: Reidt/ Stickler/ Glahs).

Rengeling, Hans-Werner: Europäisches Umweltrecht und Europäische Umweltpolitik, Köln 1988 (zitiert: *Salzwedel*, in: Rengeling).

Rixecker, Roland/ Säcker, Franz Jürgen: Münchener Kommentar zum Bürgerlichen Gesetzbuch, Band 2: Schuldrecht Allgemeiner Teil: §§ 241 bis 432, 5. Auflage, München 2007 (zitiert: *Gaier*, in: MüKo).

Rixen, Stephan: Vergaberecht oder Sozialrecht in der gesetzlichen Krankenversicherung ? – Ausschreibungspflichten von Krankenkassen und Kassenärztlichen Vereinigungen, GesR 2006, 49 ff.

Rohde, Evelyn: Formelle und gesetzliche Rahmenbedingungen für Ausschreibungen im Hilfsmittelbereich, MPR 2004, 57 ff.

Roth, Wulf-Henning: »Video«-Nachlese oder das (immer noch) vergessene Gemeinschaftsrecht, ZIP 1992, 1054 ff.

Sachs, Michael: Grundgesetz, Kommentar, 5. Auflage, München 2009 (zitiert: *Sachs*, in: Sachs).

Salzwedel, Jürgen: Probleme der Umsetzung europäischen Gemeinschaftsrechts in das Umwelt- und Technikrecht der Mitgliedstaaten, UPR 1989, 41 ff.

Salzwedel, Jürgen/ Reinhardt, Michael: Neuere Tendenzen im Wasserrecht, NVwZ 1991, 946 ff.

Schäffer, Rebecca: Die Anwendung des europäischen Vergaberechts auf sozialrechtliche Dienstleistungserbringungsverträge, ZESAR 2009, 374 ff.

Schaller, Hans: Verdingungsordnung für Leistungen (VOL), Teile A und B, Kommentar, 4. Auflage, München 2008 (zitiert: Schaller).

Schickert, Jörg/ Schulz, Stefan: Hilfsmittelversorgung 2009 – Ausschreibung und Verhandlungsverträge der Krankenkassen, MPR 2009, 1 ff.

Schmid, Rolf: Verlieren die Kassen die Lust an Ausschreibungen?, MTD Heft 5 aus 2009, 3.

Schmid, Rolf : Überall lauern die Fallstricke im GKV-WSG - Bericht über die IIR Konferenz im Juni 2008, MTD Heft 8 aus 2008, 10 ff.

Schürnbrand, Jan: Die Grenzen richtlinienkonformer Rechtsfortbildung im Privatrecht, JZ 2007, 910 ff.

Schulte, Rainer: Patentgesetz mit Europäischem Patentübereinkommen - Kommentar auf der Grundlage der deutschen und europäischen Rechtsprechung, 8. Auflage, Köln 2008 (zitiert: Schulte).

Schwarze, Jürgen: EU-Kommentar, 2. Auflage, Baden-Baden 2009 (zitiert: *Bearbeiter*, in: Schwarze).

Selmayr, Martin/ Kamann, Hans-Georg/ Ahlers, Sabine: Lehren aus den Tabakurteilen des EuGH für die künftige Kompetenzordnung der EU-Verfassung, EWS 2003, 49 ff.

Sodan, Helge: Grundgesetz, Beck'scher Kompakt-Kommentar, München 2009 (zitiert: *Leisner*, in: Sodan).

Sormani-Bastian, Laura: Die vergaberechtlichen Rahmenbedingungen für den Abschluss von Leistungserbringungsverträgen nach § 69 Abs. 1 SGB V im Überblick, ZESAR 2010, 13 ff.

Sperber, Christian: Die Grundlage richtlinienkonformer Rechtsfortbildung im Zivilrecht, EWS 2009, 358 ff.

Spetzler, Wolfgang: Wirkung und Einfluß des Rechts der Europäischen Gemeinschaft auf das nationale Steuerrecht, DB 1993, 553 ff.

Stelzer, Dierk: Müssen gesetzliche Kranken- und Pflegekassen Lieferaufträge über Hilfs- und Pflegehilfsmittel oberhalb des Schwellenwertes europaweit öffentlich ausschreiben? - Bestandsaufnahme der Rechtspositionen in den Vertragsverletzungsbeschwerdeverfahren im Kontext des EuGH-Urteils vom 11. Juni 2009 u.a. und der Reformgesetze in der GKV -, WzS 2009, 267 ff., 303 ff., 336 ff, 368 ff., WzS 2010, 22 ff., 46 ff.

Stern, Klaus: Das Staatsrecht der Bundesrepublik Deutschland, Band 1: Grundbegriffe und Grundlagen des Staatsrechts, Strukturprinzipien der Verfassung, 2. Auflage, München 1984 (zitiert: Stern I); Band 3.1: Allgemeine Lehren der Grundrechte. Grundlagen und Geschichte, nationaler und internationaler Grundrechtskonstitutionalismus, juristische Bedeutung der Grundrechte, Grundrechtsberechtigte, Grundrechtsverpflichtete, München 1988 (zitiert: Stern III/1).

Stolz, Bernhard/ Kraus, Philipp: Sind Rabattverträge zwischen gesetzlichen Krankenkassen und pharmazeutischen Unternehmen öffentliche Aufträge nach § 99 GWB?, VergabeR 2008, 1 ff.

Sträter, Burkhard/ Natz, Alexander: Rabattverträge zwischen Krankenkassen und pharmazeutischen Unternehmen - Kartellrechtliche Grenzen und vergaberechtliche Vorgaben, PharmR 2007, 7 ff.

Streinz, Rudolf: EUV, EGV - Vertrag über die Europäische Union und Vertrag zur Gründung der Europäischen Gemeinschaft, München 2003 (zitiert: *Streinz*, in: Streinz).

Streinz, Rudolf: Europarecht, 8. Auflage, Heidelberg 2008 (zitiert: Streinz)

Tettinger, Peter J./ Wank, Rolf: Gewerbeordnung, Kommentar, 7. Auflage, München 2004 (zitiert: *Tettinger*, in: Tettinger/ Wank).

Unberath, Hannes: Die richtlinienkonforme Auslegung am Beispiel der Kaufrechtsrichtlinie, ZEuP 2005, ff.

Uwer, Dirk: Der rechtliche Rahmen der Insolvenz von Krankenkassen, GesR 2009, 113 ff.

Voßkuhle, Andreas: Beteiligung Privater an der Wahrnehmung öffentlicher Aufgaben und staatliche Verantwortung, VVDStRL 62, 266 ff.

Weyand, Rudolf: Praxiskommentar Vergaberecht zu GWB, VgV, VOB/A, VOL/A, VOF, 2. Auflage, München 2007 (zitiert: Weyand).

Weyd, Jens: Anmerkung zu EuGH, Urt. v. 11.06.2009, Rs. C-300/07 (Hans und Christophorus Oymanns), ZESAR 2009, 403 ff.

Wille, Marion: Ausschreibungen im Hilfsmittelbereich, MPJ 2008, 81 ff.

Wille, Marion: Arzneimittel mit Patentschutz - Vergaberechtliche Rechtfertigung eines Direktvertrages?, A&R 2008, 164 ff.

Willenbruch, Klaus/ Bischoff, Kristina: Kompaktkommentar Vergaberecht, Köln 2008 (zitiert: *Bearbeiter*, in: Willenbruch/ Bischoff).

Wolf, Joachim: Die Kompetenz der Verwaltung zur »Normsetzung« durch Verwaltungsvorschriften, DÖV 1992, 849 ff.